Die ertrag- und umsatzsteuerliche Behandlung von Subventionen und Zuschüssen

Europäische Hochschulschriften

European University Studies

Publications Universitaires Européennes

Reihe II **Rechtswissenschaft**

Series II Law

Série II Droit

Band/Volume **5454**

Gunter Mühlhaus

Die ertrag- und umsatzsteuerliche Behandlung von Subventionen und Zuschüssen

Mit eingehender Analyse der steuersystematischen Erfassung von Investitionszuschüssen und Untersuchung der Rechtmäßigkeit des Wahlrechts in R 6.5 Abs. 2 der Einkommensteuerrichtlinien

PL ACADEMIC RESEARCH

Bibliografische Information der Deutschen Nationalbibliothek
Die Deutsche Nationalbibliothek verzeichnet diese Publikation in der Deutschen Nationalbibliografie; detaillierte bibliografische Daten sind im Internet über http://dnb.d-nb.de abrufbar.

Zugl.: Köln, Univ., Diss., 2012

D 38
ISSN 0531-7312
ISBN 978-3-631-62740-2

www.peterlang.de

In Andenken an meinen Vater

Vorwort

Diese Arbeit wurde im Wintersemester 2012/2013 von der Juristischen Fakultät der Universität zu Köln als Inauguraldissertation angenommen.

Mein aufrichtiger Dank gilt meiner Doktormutter, Frau Professor Dr. Johanna Hey, für die wissenschaftliche Betreuung, vielfältige Anregungen und die Korrektur der Arbeit.

Besonderen Dank schulde ich ebenfalls Herrn Professor Dr. Stephan Eilers für die Übernahme und zügige Durchführung des Zweitreferats.

Meiner Familie, insbesondere meiner Ehefrau Nicole, danke ich für ihre Unterstützung, ihre Rücksichtnahme und ihren Zuspruch während der Erstellung der Arbeit. Ohne ihren Rückhalt wäre die Anfertigung der Arbeit unmöglich gewesen.

Professor Dr. Annette Stuhldreier danke ich für die sorgfältige Korrekturarbeit und die vielen wertvollen und konstruktiven Hinweise und Anregungen.

Schließlich danke ich meinen treuen Weggefährten, vor allem Insa Wolfmüller, für ihren Beistand, den außerordentlichen Zusammenhalt auf dem gemeinsamen Weg und die gewisse Leichtigkeit, die es ebenfalls bedurfte, um die Arbeit zu vollenden.

Düsseldorf, im Februar 2013 Gunter Mühlhaus

Inhaltsverzeichnis

Abkürzungsverzeichnis

a.A.	andere Ansicht
a.a.O	am angegebenen Ort
ABIEG	Amtsblatt der europäischen Gemeinschaft
abl.	ablehnend
Abs.	Absatz
Abschn.	Abschnitt
AEAO	Anwendungserlass zur Abgabenordnung
AEU	Vertrag über die Arbeitsweise der Europäischen Union
Anm.	Anmerkung
AO	Abgabenordnung
Art.	Artikel
Aufl.	Auflage
AZollSatzV	Verordnung über das Prüfverfahren zur Anwendung von Antidumpingzollsätzen und Ausgleichszollsätzen
BB	Betriebs-Berater
Bd.	Band
Beschl.	Beschluss
BerlinFG	Berlinförderungsgesetz
BewG	Bewertungsgesetz
BFH	Bundesfinanzhof
BGBl.	Bundesgesetzblatt
BGH	Bundesgerichtshof
BilMoG	Gesetz zur Modernisierung des Bilanzrechts (Bilanzrechtsmodernisierungsgesetz)
BiRiLiG	Bilanzrichtliniengesetz
BMF-Schr.	Schreiben des Bundesministeriums der Finanzen
BSchVG	Gesetzes über den gewerblichen Binnenschiffsverkehr
BStBl.	Bundessteuerblatt
bspw.	beispielsweise
BVerfG	Bundesverfassungsgericht
BVerfGE	Entscheidung des Bundesverfassungsgerichts
BVerwG	Bundesverwaltungsgericht
BVerwGE	Entscheidung des Bundesverwaltungsgerichts
bzw.	beziehungsweise
d.	des
DB	Der Betrieb
ders.	derselbe
d.h.	das heißt

Diss.	Dissertation
DÖV	Die öffentliche Verwaltung
DStJG	Deutsche Steuerjuristische Gesellschaft e.V.
DStR	Deutsches Steuerrecht
DStRE	Deutsches Steuerrecht Entscheidungsdienst
DStZ	Deutsche Steuer-Zeitung
dt.	deutsch
DVBl.	Deutsches Verwaltungsblatt
EFG	Entscheidungen der Finanzgerichte
EFRE	Europäischer Fonds für Regionale Entwicklung
Engl.	Englisch
EU	Europäische Union
EuGH	Europäischer Gerichtshof
EuZW	Europäische Zeitschrift für Wirtschaftsrecht
EG oder EGV	Vertrag zur Gründung der Europäischen Gemeinschaft
EUR	Euro
EStÄndG	Einkommensteueränderungsgesetz
EStDV	Einkommensteuer-Durchführungsverordnung
EStG	Einkommensteuergesetz
EStH	Hinweise zur Einkommensteuerrichtlinie
EStR	Einkommensteuerrichtlinie
FGO	Finanzgerichtsordnung
ff.	folgende [z.B. Seiten, Paragraphen]
f.	folgende [z.B. Seite, Paragraph]
FR	Finanzrundschau
GATT	General Agreement on Tariffs and Trade (dt.: Allgemeines Zoll- und Handelsabkommen
GBl.	Gesetzblatt
GbR	Gesellschaft bürgerlichen Rechts
GmbHR	GmbH-Rundschau
GmS-OGB	Gemeinsamen Senats der obersten Gerichtshöfe des Bundes
GoB	Grundsätze ordnungsgemäßer Buchführung
GrS	Großer Senat
Habil.-Schr.	Habilitations-Schrift
Halbs.	Halbsatz
HdSW	Handbuch der Sozialwissenschaften
HFA	Hauptfachausschuss
HGrG	Haushaltsgrundsätzegesetz (Gesetz über die Grundsätze des Haushaltsrechts des Bundes und der Länder
hrsg.	herausgegeben

i.d.R.	in der Regel
IdW	Institut der Wirtschaftsprüfer
InvZulEStahlG	Gesetz über die Investitionszulage für Investitionen in der Eisen- und Stahlindustrie
InvZulG	Investitionszulagengesetz
IStR	Internationales Steuerrecht
JbFStR	Jahrbuch der Fachanwälte für Steuerrecht
KHG	Gesetzes zur wirtschaftlichen Sicherung der Krankenhäuser und zur Regelung der Krankenhauspflegesätze (Krankenhausfinanzierungsgesetz)
Ltd.	Limited
LuftVG	Luftverkehrsgesetz
m.	mit
m.E.	meines Erachtens
m.w.N.	mit weiteren Nachweisen
MuSchG	Mutterschutzgesetz
MühlstruG	Mühlenstrukturgesetz
Mrd.	Milliarde
MwStSystRL	Mehrwertsteuersystemrichtlinie
NVwZ	Neue Zeitschrift für Verwaltungsrecht
NwVbl.	Nordrhein-Westfälische Verwaltungsblätter
OVG	Oberverwaltungsgericht
ProdGewStatG	Gesetz über die Statistik im produzierenden Gewerbe
R	Richtlinie
Rdnr.	Randnummer
RGH	Reichsgerichtshof
RIW	Recht der internationalen Wirtschaft
Rn.	Randnummer
Rs.	Rechtssache
Rspr.	Rechtsprechung
RStBl.	Reichssteuerblatt
S.	Seite
Slg.	Sammlung der Rechtsprechung des Gerichtshofes und des Gerichts Erster Instanz
Sp.	Spalte
st. Rspr.	ständige Rechtsprechung
StabG	Gesetz zur Förderung der Stabilität und des Wachstums der Wirtschaft
StÄndG	Steueränderungsgesetz
StEK	Verwaltungsanweisungen im Steuerrecht

StBauFG	Städtebauförderungsgesetz
SteinKAnpG	Gesetzes zur Anpassung und Gesundung des deutschen Steinkohlenbergbaus und der deutschen Steinkohlenbergbaugebiete (kurz: Steinkohleanpassungsgesetz)
StGB	Strafgesetzbuch
StuW	Steuer und Wirtschaft
SubvG	Subventionsgesetz
Tz.	Teilzeile
Ubg.	Die Unternehmensbesteuerung
u.a.	und andere
u.ä.	und ähnliche
übers.	übersetzt
Univ.	Universität
UR	Umsatzsteuer-Rundschau
Urt.	Urteil
usw.	und so weiter
UStAE	Umsatzsteuer-Anwendungserlass
v.	vom/von
VGH	Verwaltungsgerichtshof
vgl.	vergleiche
VVDStRL	Veröffentlichungen der Vereinigung der Deutschen Staatsrechtslehrer
VwVfG	Verwaltungsverfahrensgesetz
WoPG	Wohnungsbau-Prämiengesetzes
WPg	Die Wirtschaftsprüfung
z.B.	zum Beispiel
zit.	zitiert
zugl.	zugleich

Einführung in das Thema

Zuschüsse und Subventionen haben als Finanzierungsmittel und „Anreiz-System“ für Unternehmen, ob von der öffentlichen Hand oder von der Privatwirtschaft einen beachtlichen Umfang erreicht.

Die gesamtwirtschaftliche Bedeutung allein von öffentlichen Subventionen hat in der Bundesrepublik Deutschland – trotz wiederholter politischer Ankündigungen zum Abbau – keineswegs an Stellenwert verloren. Mit 21,5 Mrd. EUR Subventionen des Bundes im Jahr 2008, was einer Quote von 0,9 % im Verhältnis zum Bruttoinlandsprodukt entspricht, hat allein das Volumen öffentlicher Subventionen nach wie vor einen beachtlichen Umfang.

Die Begriffe „Subvention“ und „Zuschuss“ haben längst in fast allen Bereichen des Alltags Einzug gefunden und scheinen dabei auf immer neue Sachverhalte ausgedehnt zu werden.

Entsprechend der immer neuen Erscheinungsformen hat sich auch eine breitgefächerte Begrifflichkeit herausgebildet. Bedeutungsgleich mit dem Begriff "*Zuschuss*" werden häufig die Begriffe Zuwendung, Abfindung Prämie, Zulage, Beihilfe Subvention, Entschädigung oder auch (Geld-)Preis verwendet.

Eine Abgrenzung zu anderen Rechtsinstituten, wie bspw. zur Schenkung oder zu gegenseitigen Verträgen i.S. der §§ 320 ff. BGB ist aufgrund der vielfältigen Begrifflichkeiten schwierig.

Ertragsteuerlich sollen sich Zuschüsse nach dem Wunsch des Zuschussempfängers möglichst nicht sofort gewinnerhöhend auf das Ergebnis des Zuschussempfängers auswirken. Der Steuerpflichtige strebt danach, die Steuerbelastungen aus der Zuschussgewährung möglichst zu vermeiden bzw. diese durch Verteilung über einen längeren Zeitraum zu strecken. Dieses Ansinnen beruhen auf dem Grundgedanken, dass die vom Zuschussgeber beabsichtigte Stärkung des Zuschussempfängers durch die Vermögenszuwendung nicht unmittelbar wieder geschwächt werden dürfe, indem die durch den Zuschuss beim Empfänger eingetretene Vermögensmehrung durch die Vereinnahmung wegbesteuert oder durch die Gesellschafter ausgeschüttet werden. Beim Zuschussgeber ist von Interesse, wie sich eine Zuschussgewährung bei ihm ertragsteuerlich auswirkt. Zentrales Problem ist hier, unter welchen Voraussetzungen eine für den Zuschuss erhaltene Gegenleistung als immaterielles Wirtschaftsgut zu aktivieren ist.

Im Umsatzsteuerrecht stellt sich die Frage, wann eine Zuschusszahlung als Entgelt i.S. des § 1 Abs. 1 Nr. 1 UStG für eine im Gegenzug erbrachte Leistung der Umsatzsteuer unterliegt. Zentrales Problem ist die Auslegung der Tatbestandsmerkmale „*Leistung*“ und „*Entgelt*“. Des Weiteren gilt es zu klären, wann ein Zuschuss als ein zusätzliches Entgelt gemäß § 10 Abs. 1 Satz 3 UStG in die Bemessungsgrundlage der Umsatzsteuer einzubeziehen ist. Die Beantwortung dieser Fragen ist für den Steuerpflichtigen von großer Bedeutung, da sich hiernach das Anfallen von Umsatzsteuer richtet.

Ziel der Arbeit

Ziel der Arbeit ist es, einen Zuschussbegriff für das Steuerrecht zu entwickeln, der es ermöglicht, den Zuschuss möglichst trennscharf von anderen Rechtsinstituten abzugrenzen und anhand dessen die unterschiedlichen Problemfelder im Ertrag- und Umsatzsteuerrecht untersucht werden können.

Im Ertragsteuerrecht soll die in Rechtsprechung und Literatur kontrovers diskutierte Frage der steuersystematischen Erfassung von Zuschüssen analysiert und ausgewertet werden. Im Zentrum der ertragsteuerlichen Untersuchung steht dabei der Investitionszuschuss und damit verbunden die Frage, ob er zu einer Minderung der Anschaffungs- bzw. Herstellungskosten des bezuschussten Wirtschaftsguts führen kann. Hierbei wird auch die Rechtmäßigkeit des Wahlrechts in R 6.5 Abs. 2 der Einkommensteuerrichtlinien untersucht, das dem Steuerpflichtigen die Möglichkeit eröffnet einen Investitionszuschuss wahlweise als sofortige Betriebseinnahmen oder als Minderungen der Anschaffungs- bzw. Herstellungskosten zu erfassen. Außerdem werden alle Möglichkeiten untersucht, die zu einer Vermeidung einer sofortigen Ertragsauswirkung beim Zufluss eines Zuschusses beim Zuschussempfänger führen können, um eine grundsätzlich unerwünschte „Wegbesteuerung des Zuschusses" zu vermeiden. Hierbei wird insbesondere untersucht, ob und wann ggf. ein passiver Abgrenzungsposten beim Zuschussempfänger zu bilden und später wieder aufzulösen ist. Beim Zuschussgeber ist spiegelbildlich zu klären, ob sich die Zuschussgewährung stets sofort gewinnmindernd auswirkt und ob es Gründe geben kann, die die Aktivierung eines immateriellen Wirtschaftsguts nach sich ziehen.

Im Umsatzsteuerrecht soll – wie bereits in der Einleitung angedeutet – einerseits untersucht werden, unter welchen Voraussetzungen eine Zuschusszahlung im Zweipersonenverhältnis ein Entgelt für eine Leistung i.S. des § 1 Abs. 1 Nr. 1 UStG darstellt bzw. wann der Zuschuss im Dreipersonenverhältnis als zusätzliches Entgelt gemäß § 10 Abs. 1 Satz 3 UStG in die Bemessungsgrundlage der Umsatzsteuer einzubeziehen ist.

In beiden Fällen ist besonderes Augenmerk auf die gemeinschaftsrechtlichen Vorgaben der MwStSystRL, die entsprechende Rechtsprechung des EuGH und die nationale Rechtsprechung des BFH zu richten. Der EuGH hat Kriterien vorgegeben, anhand derer ein Entgelt bzw. ein zusätzliches Entgelt von „echten"

Zuschüssen abgegrenzt werden kann. Dabei ist zu untersuchen, ob sich die Rechtsprechung des BFH stets im Einklang mit der Rechtsprechung des EuGH befindet.

Gang der Arbeit

Im Kapitel I der Arbeit wird eine eingehende Analyse der Begriffe „Subventionen“ und „Zuschüsse“ vorgenommen, in deren Ergebnis ein für die Untersuchung einheitlicher Zuschussbegriff gebildet werden soll. Dieser soll als Grundlage für die folgende Untersuchung von Zuschüssen im Ertragsteuer- und Umsatzsteuerrecht dienen.

Im Kapitel II. der Arbeit sind die ertragsteuerlichen Probleme im Zusammenhang mit der Zuschussgewährung zu untersuchen. Dabei wird zunächst auf die Fragestellungen seitens des Zuschussempfängers und im Anschluss des Zuschussgebers eingegangen.

Im Kapitel III. der Arbeit werden die umsatzsteuerlichen Fragestellungen untersucht. Dabei erfolgt zunächst eine eingehende Betrachtung, unter welchen Umständen ein Zuschuss im Zweipersonenverhältnis als Entgelt für eine Leitung i.S. des § 1 Abs. 1 Nr. 1 UStG zu erfassen ist. Im Anschluss schließt sich die Untersuchung des Dreipersonenverhältnisses an, mit dem Problemfeld, wann die Zuschusszahlung als zusätzliches Entgelt in die Bemessungsgrundlage der Umsatzsteuer gemäß § 10 Abs. 1 Satz 3 UStG einzubeziehen ist.

Kapitel I Abgrenzung des Untersuchungsobjekts

A. Typische Erscheinungsformen von Subventionen und Zuschüssen

Im Wirtschaftsleben treten Subventionen und Zuschüsse in den verschiedensten Formen auf. Sie können von privater oder öffentlicher Seite, für bestimmte einzelne Wirtschaftsgüter oder zur Förderung eines Betriebs, eines Wirtschaftszweigs oder einer Region gewährt werden.

Die öffentliche Hand gewährt bspw. Zuschüsse zur Bereitstellung von Ausbildungsplätzen in Betrieben[1], zur Bildung und Erhaltung eines Schwerbehindertenarbeitsplatzes[2], zur Studentenwohnraumförderungen[3], Ausgleichszahlungen für die Beförderung von Schülern durch private Omnibusunternehmen[4], Existenzgründungsbeihilfen[5] oder Finanzierungsbeihilfen[6] zur Strukturverbesserung der Molkereiwirtschaft.

Auch Abwrack- und Stilllegungsprämien zählen dazu. Bereits in den 60er Jahren sind Abwrackprämien im Bereich des gewerblichen Binnenschiffsverkehrs[7] aufgekommen. Hier wurde Schifffahrtstreibenden eine Prämie gezahlt, die unwirtschaftlichen Schiffe abzuwracken. In ähnlicher Weise ist Mühlenbauern eine Abfindung für die Stilllegung von Mühlen gezahlt worden.[8] Aktuellstes Beispiel ist die im Jahr 2009 gewährte Umweltprämie für den Erwerb eines neuen Kraftfahrzeugs wegen Verschrottung des zugelassenen Altfahrzeugs.[9]

Auch im privaten Bereich werden eine Vielzahl von Zuwendungen unter den Stichworten Subvention und Zuschuss diskutiert. So gibt es bspw. einen Zuschuss eines Arbeitgebers zu baulichen Sicherheitsmaßnahmen am Wohnhaus seines Arbeitnehmers[10], den Zuschuss eines Schrotthändlers an seinen Zulieferer

---

1 Vgl. Urt. d. *BFH* v. 5.4.1984, IV R 96/82, BStBl. II 1984, S. 552.

2 Vgl. Urt. d. *BFH* v. 22.1.1992, X R 23/89, BStBl. II 1992, S. 488.

3 Vgl. Urt. d. *FG* Baden-Württemberg v. 3.5.1991, 1 K 139/87, EFG 1991, S. 600.

4 Vgl. Urt. d. *BFH* v. 3.7.1986, IV R 109/84, BStBl. II 1986, S. 608.

5 Vgl. Urt. d. *BFH* v. 18.9.2002, X R 41/01, BFH/NV 2003, S. 43.

6 Vgl. Urt. d. *BFH* v. 28.10.1980, VIII R 34/76, BStBl. II 1981, S. 161.

7 Vgl. § 32 a des Gesetzes über den gewerblichen Binnenschiffsverkehr (BSchVG) vom 8.1.1969, BGBl. I 1969, S. 66.

8 Vgl. Urt. d. *BFH* v. 22.7.1982, IV R 111/79, BStBl. II 1982, S. 655, Abfindungen nach dem Mühlenstrukturgesetz.

9 Vgl. *Martini/Roth*, FR 2009, S. 846.

10 Vgl. Urt. d. *BFH* v. 5.4.2006, IX R 109/00, BStBl. II 2006, S. 541.

zur Anschaffung eines Krans, um die Geschäftsbeziehung zu pflegen[11], Werkzeugkostenzuschüsse bei der Durchführung aufwendiger Aufträge (Raum- und Luftfahrt oder Automobilindustrie[12]) durch den Auftraggeber an den Auftragnehmer, um kundengebundene Maschinenwerkzeuge, Formen, Modelle und Vorrichtungen herzustellen[13], Entwicklungskostenzuschüsse bei Gemeinschaftsprojekten mehrerer Unternehmen[14], Baukostenzuschüsse, die ein Versorgungsunternehmen von seinen Kunden verlangt[15], bis hin zu Zuschüssen einer privaten Denkmalstiftung.[16]

Diese kleine Auswahl von Beispielen verschiedener Vorteilsgewährungen soll zeigen, wie weit das Begriffsverständnis von Subventionen und Zuschüssen inhaltlich reicht. Sie lässt erahnen, dass sich eine begriffliche Bestimmung von Zuschüssen und Subventionen aufgrund der breit gefächerten Erscheinungsformen schwierig gestaltet.

Aufgrund der Vielgestaltigkeit gibt es auch vielfältige Terminologien für Zuschüsse und Subventionen, die eine begriffliche Erfassung zusätzlich verkomplizieren.

B. Terminologien

Subventionen und Zuschüsse tragen in der Praxis die unterschiedlichsten Bezeichnungen.[17] In ihrer Benennung liegt mitunter ein Stück Finanzpsychologie.[18] Häufig werden die Begriffe „*Subvention*" und „*Zuschuss*" synonym gebraucht. Hierneben werden – wie eingangs bereits erwähnt – auch Begriffe wie Zuwendung, Abfindung, Prämie und überwiegend im öffentlichen Bereich Zulage, Beihilfe sowie Entschädigung oder (Geld-)Preis verwendet.

Allerdings kann nicht davon ausgegangen werden, dass die in der Praxis verwendeten Terminologien stets auch identische Begriffsinhalte aufweisen. Die Verwendung der verschiedenen Begriffe unterliegt einem großen Maß an Willkür und ist sicher nicht zuletzt aufgrund der fehlenden Begriffsdefinition uneinheitlich.

---

11 Vgl. Urt. d. *BFH* v. 16.5.1957, IV 82/56, BStBl. III 1957, S. 342.

12 Vgl. *Wulf/Scheffbuch*, DStR 2000, S. 1884.

13 Vgl. Urt. d. *BFH* v. 29.11.2000, I R 87/99, BStBl. II 2002, S. 655.

14 Vgl. *Mattausch* in Festschrift Beisse 1997, Herausgeber Budde, S. 341.

15 Vgl. *Meißner* DB 2003, S. 2080.

16 Vgl. Urt. d. *BFH* v. 20.6.2007, X R 13/06, BStBl. II 2007, S. 879.

17 Vgl. *Weber-Grellet* in Kirchhof/Söhn/Mellinghoff, EStG – Kommentar, Stand: 211. Ergänzungslieferung, August 2010, § 4, Rdnr. D 280.

18 Vgl. *Groh*, DB 1988, S. 2417 (2417).

Aus der Verwendung des Begriffs „*Subvention*“ oder „*Zuschuss*“ kann daher nicht auf einen bestimmten Begriffsinhalt geschlossen werden.

Im Ertrag- und Umsatzsteuerrecht sind Zuschüsse und Subventionen in eine Reihe verschiedener Untergruppen eingeteilt worden. Die Einteilung ist dabei meist unter bestimmten steuerlichen Gesichtspunkten erfolgt. Vielleicht kann aus den verschiedenen Arten auf einen Begriff geschlossen werden, der dieser Untersuchung zugrunde gelegt werden kann.

C. Arten von Zuschüssen und Subventionen

I. Öffentliche und private Zuschüsse

Zuschüsse und Subventionen in Gestalt finanzieller Zuwendungen kommen in den verschiedensten Formen vor, z.B. als Zuwendung der öffentlichen Hand oder als Zuwendung von privater Seite.

1. Öffentliche Zuschüsse

Im Fall des öffentlichen Zuschusses handelt es sich beim Zuschussgeber um die öffentliche Hand, d.h. eine juristische Person des öffentlichen Rechts.[19] Dazu zählen grundsätzlich die EU, der Bund, die Länder und Gemeinden sowie die Anstalten und Stiftungen des öffentlichen Rechts.[20] Der öffentliche Zuschussgeber handelt durch eine Subventionsbehörde, die in seinem Namen entscheidet und Erklärungen abgibt.[21]

2. Sonderform: Zulagen

Eine besondere Art öffentlicher Zuschüsse sind die Zulagen.[22] Zulagen können nur von der öffentlichen Hand aufgrund ausdrücklicher gesetzlicher Regelungen

---

19 Vgl. *Uhlig*, Grundsätze ordnungsgemäßer Bilanzierung für Zuschüsse, Düsseldorf 1989, S. 48.

20 Vgl. *Möller*, Gemeindliche Subventionsverwaltung, Stuttgart 1963, S. 49; *Alewell*, Subventionen als betriebswirtschaftliche Frage, Köln und Opladen 1965, S. 82.

21 Vgl. *Henke*, Das Recht der Wirtschaftssubventionen als öffentliches Vertragsrecht, Tübingen 1979, Sp. 1529.

22 Vgl. z.B. InvZulG 2005, InvZulG 2007, InvZulG 2010; zur Gewährung von Investitionszulagen nach dem InvZulG 2007; *Wünnemann*, DStR 2008, S. 1363; zum InvZulG 2010; *Haupt*, DStR 2009, S. 1070.

gewährt werden.[23] Im Unterschied zu Zuschüssen sind Zulagen nicht nach ihrer Gewährung zweckbestimmt zu verwenden, vielmehr ist umgekehrt die Durchführung bestimmter Investitionen Voraussetzung für ihre Gewährung.[24]

3. Private Zuschüsse

Im Gegensatz zu öffentlichen Zuschüssen, die in der Regel aus struktur- oder wirtschaftspolitischen Gründen gewährt werden und häufig keine unmittelbare Gegenleistungsverpflichtung des Zuschussempfängers vorsehen, beruhen private Zuschüsse, die im Rahmen einer Geschäftsbeziehung unter fremden Dritten gewährt werden, grundsätzlich auf einem ökonomischen Austauschverhältnis.[25] Mit privaten Zuschüssen soll der Empfänger zu einem Verhalten veranlasst werden, das er unter gewöhnlichen Umständen nicht treffen würde.[26]

---

23 Besonders hervorzuheben ist die Investitionszulage, mit der Investitionen in bestimmte Regionen (Fördergebiet) gelenkt werden sollen.
Fördergebiete sind hiernach die Länder Berlin, Brandenburg, Mecklenburg - Vorpommern, Sachsen, Sachsen - Anhalt und Thüringen nach dem Gebietsstand vom 3.10.1990.
Anspruch auf Investitionszulage haben Steuerpflichtige im Sinne des EStG und des KStG, die im Fördergebiet begünstigte Investitionen vornehmen.
Begünstigte Investitionen sind die Anschaffung und die Herstellung von neuen abnutzbaren beweglichen Wirtschaftsgütern des Anlagevermögens, die mindestens fünf Jahre nach ihrer Anschaffung oder Produktion (Fünfjahreszeitraum) zum Anlagevermögen eines Betriebs oder einer Betriebsstätte im Fördergebiet gehören (1), in einer Betriebsstätte eines Betriebs des verarbeitenden Gewerbes, eines Betriebs der produktionsnahen Dienstleistungen oder des Beherbergungsgewerbes des Anspruchsberechtigten im Fördergebiet verbleiben (2)und in jedem Jahr zu nicht mehr als 10 vom Hundert privat genutzt werden (3) zudem muss es sich um Erstinvestitionen handelt (4).
Rechtsgrundlage ist das InvZulG 2007 vom 23.2.2007 (BGBl. I S. 282) bzw. das InvZulG 2010 vom 7.12.2008 (BGBl. I S. 2350).

24 Vgl. *Clausen* in Herrmann/Heuer/Raupach, § 5 EStG, Anm. 1600.

25 Vgl. *HFA*: Entwurf einer Verlautbarung: Zur Bilanzierung privater Zuschüsse, WPg 1996, S. 30 (30); *HFA*: Stellungnahme 2/1996: Zur Bilanzierung privater Zuschüsse, WPg 1996, S. 710 (709).

26 Bspw. fordern Energieversorgungsunternehmen von ihren Kunden Zuschüsse, da sie den Strom zu unwirtschaftlichen Preisen liefern (Ertrags(ausgleichs)zuschüsse) oder sie erhalten von Großabnehmern elektrischer Energie Zuschüsse zu den Baukosten von Stromversorgungsanlagen (Investitionszuschuss).

II. Investitionszuschüsse und Erfolgszuschüsse

Nach der Zielsetzung, die der Zuschussgeber mit seiner Unterstützung verfolgt, lassen sich Erfolgs- und Investitionszuschüsse unterscheiden.[27]

1. Investitionszuschüsse

Investitionszuschüsse, vereinzelt auch als Kapitalzuschüsse bezeichnet, dienen der Anschaffung oder Herstellung von Wirtschaftsgütern.[28] Investitionszuschüsse geben dem Investitionsempfänger also die Möglichkeit, Investitionen überhaupt durchzuführen oder regen sogar erst zu Investitionen an.[29] Sie stellen grundsätzlich einmalige Zuwendungen dar, die aber bei Vorliegen der Voraussetzungen auch mehrmals gewährt werden können.[30]

Investitionszuschüsse werden in der Literatur mitunter auch als echte Zuschüsse bezeichnet, da ihre Gewährung ohne unmittelbaren wirtschaftlichen Zusammenhang mit einer Gegenleistung des Zuschussempfängers erfolgt.[31] Die Terminologie „echter Zuschuss“ entstammt dem Umsatzsteuerrecht und bezeichnet dort Zuschüsse, die keinen Entgeltcharakter aufweisen. Die Verwendung des echten Zuschusses im Ertragsteuerrecht sollte zur Vermeidung noch größerer Verwirrung jedoch vermieden werden, weil den Begriff des echten Zuschusses im Ertragsteuerrecht und im Umsatzsteuerrecht auf den ersten Blick unterschiedliche Bedeutung beizumessen ist.

2. Erfolgszuschüsse (Aufwands- und Ertragszuschüsse)

Erfolgszuschüsse werden zur Förderung der (allgemeinen) betrieblichen Aktivitäten oder zur Liquiditätsverbesserung gewährt und stehen daher – im Gegensatz zu den Investitionszuschüssen – nicht im Zusammenhang mit der Anschaffung oder Herstellung von Vermögensgegenständen.[32] Bei den Erfolgszuschüssen

---

27 Vgl. *Horschitz/Groß/Fanck*, Bilanzsteuerrecht und Buchführung, 11. Aufl., 2007, S. 293.

28 Vgl. *Horschitz/Groß/Fanck*, Bilanzsteuerrecht und Buchführung, 11. Aufl., 2007, S. 294; *Ellrott/Brendt* in Beck'scher Bilanz-Kommentar, 7. Aufl., 2010, § 255, Rn. 113; *Ehmcke* in Blümich, EStG-Kommentar, 107. Ergänzungslieferung, 2010, § 6, Rz. 330.

29 Vgl. *Groh*, BB 1973, S. 743 (742).

30 Vgl. *Küting*, DStR 1996, S.277 (276).

31 Vgl. *Horschitz/Groß/Fanck*, Bilanzsteuerrecht und Buchführung, 11. Aufl., 2007, S. 294; *Wilhelm/Hennig*, Kleines Handbuch der Steuerbilanz, 2. Aufl., 2002, S. 140.

32 Vgl. *Winnefeld*, Bilanz-Handbuch, 4. Aufl., München 2006, S. 937, Rn. 542.

handelt es sich in der Regel um laufend gewährte Zuwendungen, die sich in Ertrags- und Aufwandszuschüsse unterteilen lassen.[33]

Ertrags- und Aufwandszuschüsse werden in der Literatur vereinzelt auch als unechte Zuschüsse bezeichnet, da ihre Gewährung häufig wirtschaftlich mit einer Gegenleistung des Zuschussempfängers verknüpft ist.[34] Die Terminologie „unechter Zuschuss" entstammt dem Umsatzsteuerrecht und bezeichnet dort Zuschüsse mit Entgeltcharakter. Eine uneingeschränkte Übertragung der Begrifflichkeit auf Ertragszuschüsse ist m.E. jedoch nicht sachgerecht, da es durchaus Ertragszuschüsse geben kann, die keinen Entgeltcharakter aufweisen und daher umsatzsteuerlich keine unechten Zuschüsse darstellen.

Bei Aufwands- und Ertragszuschüssen kann die Gegenleistung des Zuschussempfängers in der Durchführung einer bezuschussten Maßnahme (z.B. Werbung oder Forschung und Entwicklung) oder in der Übernahme einer – meist ertragsmindernden – Verpflichtung (z.B. Eingehung eines Wettbewerbsverbots, Nutzungsüberlassung) bestehen.[35]

a. Ertragszuschüsse

Bei Ertragszuschüssen gewährt der Zuschussgeber Zuschüsse als Ausgleich für Ertragsausfälle.[36] Ertragszuschüsse sollen also die Erlöse aufbessern.[37]

Beispiele: Prämie für fünfjährigen Verzicht auf Vermarktung von Agrarprodukten, Zuschüsse zu den Lohnkosten von Forschungs- und Entwicklungspersonal, Ausgleichszahlungen an Verkehrsbetriebe für Schülerbeförderung, Beihilfen an den Bergbau, Beihilfen zur Herstellung von Schmieröl aus Altöl, Denaturierungsprämien in der Landwirtschaft, Zuschüsse wegen Sturm- und Ernteschäden, Zuschüsse zu Entwicklungs-/Gemeinschaftsprojekten bei der Zivilluftfahrt.

b. Aufwandszuschüsse

Als Aufwandszuschuss können solche Leistungen bezeichnet werden, die bestimmte Aufwendungen ganz oder teilweise abnehmen bzw. erstatten.[38] Auf-

---

33 Vgl. *Küting*, DStR 1996, S. 277 (276).

34 Vgl. *Horschitz/Groß/Fanck*, Bilanzsteuerrecht und Buchführung, 11. Aufl., 2007, S. 294; *Wilhelm/Henning*, Kleines Handbuch der Steuerbilanz, 2. Aufl., 2002, S. 140.

35 Vgl. *HFA*: Entwurf einer Verlautbarung: Zur Bilanzierung privater Zuschüsse, WPg 1996, S. 32 (30).

36 Vgl. *Küting*, DStR 1996, S. 277 (276).

37 Vgl. *Groh*, DB 1988, S. 2417 (2417).

wandszuschüsse sollen also die Belastungen aus einer bestimmten Aufwandsquelle abmildern.[39]

Ein Aufwandszuschuss ist bei wirtschaftlicher Betrachtung einem Ertragszuschuss sehr ähnlich. Es besteht lediglich ein gradueller Unterschied, ob durch die Zuschusszahlung eine Aufwandsminderung bewirkt wird oder ob damit Ertragsausfälle kompensiert werden.[40]

Beispiele: Ausgleichszahlungen an Verkehrsbetriebe für die Schülerbeförderung, Zinszuschüsse im Rahmen der Werftenhilfe.

III. Verlorene, bedingt rückzahlbare und verrechenbare Zuschüsse

Zuschüsse können entsprechend ihrer Rückforderbarkeit in nicht rückzahlbare (verlorene), bedingt rückzahlbare und verrechenbare Zuschüsse unterteilt werden.

1. Verlorene (nicht rückzahlbare) Zuschüsse

Als verlorene Zuschüsse werden Zuschüsse bezeichnet, die ohne eine Rückzahlungsverpflichtung gewährt werden.[41] Investitionszulagen und öffentliche Ertragszuschüsse werden dem Zuschussempfänger folglich gewährt, ohne dass die empfangenen Beiträge zurückzuzahlen sind.[42] Investitions- und Aufwandszuschüsse können als nicht rückzahlbar ausgestaltet werden. Häufig sehen die Zuschussvorschriften eine allgemeine Rückzahlungsklausel bei nicht bestimmungsgemäßer Verwendung des Zuschusses vor. Die bestimmungsgemäße Verwendung liegt in diesen Fällen ausschließlich im Einflussbereich des Zuschussempfängers.[43]

2. Bedingt rückzahlbare Zuschüsse

Zuschüsse werden häufig auch mit speziellen Rückzahlungsklauseln ausgestattet. In diesen Fällen handelt es sich um bedingt rückzahlbare Zuschüsse. Es las-

---

38 Vgl. *Groh*, DB 1988, S. 2417 (2417).
39 Vgl. *Groh*, BB 1973, S. 743 (742).
40 Vgl. *Kupsch*, Wpg 1984, S. 370 (369).
41 Vgl. *Clausen* in Herrmann/Heuer/Raupach, § 5 EStG, Anm. 1600.
42 Vgl. *Küting*, DStR 1996, S. 277 (276).
43 Vgl. *HFA*, Stellungnahme HFA 1/1984, WPg 1984, S. 613 (612).

sen sich dabei Zuschüsse mit auflösend bedingter und aufschiebend bedingter Rückzahlungsklausel voneinander unterscheiden.

Eine aufschiebend bedingte Rückzahlungsverpflichtung macht das rechtswirksame Eintreten der Belastung von dem ungewissen Eintritt eines künftigen Ereignisses abhängig.[44] Die aufschiebend bedingte Rückzahlungsverpflichtung entsteht erst mit dem Eintritt des Ereignisses (Bedingung). Im Zeitpunkt der Zuschussgewährung ist folglich noch nicht abzusehen, ob es zu einer Rückzahlung kommen wird. Dagegen entfällt bei Zuschüssen mit auflösend bedingter Rückzahlungsverpflichtung die Rückzahlung mit Eintritt der Bedingung.[45] Die Verpflichtung zur Rückzahlung des Zuschusses entsteht bereits rechtswirksam im Zeitpunkt der Zuschussgewährung. Über die endgültige Rechtswirksamkeit besteht jedoch Unsicherheit, da sie vom Eintritt eines künftigen und ungewissen Ereignisses abhängig ist.

3. Verrechenbare Zuschüsse

Verrechenbare Zuschüsse werden mit anderen Zahlungen oder Leistungen des Zuschussgebers verrechnet. Es werden im Rahmen eines Austauschverhältnisses (z.B. Mietvertrag) vom Zuschussgeber (Mieter) dem Zuschussempfänger (Vermieter) unter dem Vorbehalt Zuschüsse gewährt, dass der Zuschussbetrag auf das laufend geschuldete Leistungsentgelt (Miete) angerechnet wird. Bei diesen Zuschüssen besteht ein gegenseitiger Leistungsaustausch.[46] Damit stellt sich die Frage, ob es sich hierbei nicht regelmäßig um einen gegenseitigen Vertrag handelt, und ob dies nicht ggf. einen Zuschuss begrifflich ausschließt. Die Frage lässt sich durch die Einteilung in die verschieden Gruppen nicht beantworten.

D. Zwischenergebnis: Erscheinungsformen, Terminologien, Arten

Die typischen Erscheinungsformen, Terminologien und verschiedenen Arten von Zuschüssen und Subventionen geben einen ersten Einblick, welche Fallkonstellationen als Zuschüsse und Subventionen erfasst werden können. Insbesondere die verschiedenen Arten können in einzelnen Teilbereichen des Steuerrechts wichtige Unterscheidungsmerkmale liefern. Diese ermöglichen es die

---

44 Vgl. *Uhlig*, Grundsätze ordnungsgemäßer Bilanzierung für Zuschüsse, Düsseldorf 1989, S. 121ff.

45 Vgl. *Küting*, DStR 1996, S. 277 (276).

46 Vgl. *Küting*, DStR 1996, S. 277 (276).

Subventionen und Zuschüsse bereits auf die eine oder andere Weise voneinander abzugrenzen. Für eine Klärung der Frage, wann eine Vermögenszuwendung begrifflich eine Subvention bzw. einen Zuschuss darstellt, reicht dies jedoch nicht aus. Ganz im Gegenteil. Es scheint auf den ersten Blick vielmehr so, als werde jede nicht ganz eindeutige Vertragsbeziehung gerne vorschnell als Zuschuss oder Subvention bezeichnet. Griffig Begriffsmerkmale sind nicht erkennbar geworden.

Für die Bestimmung des Untersuchungsgegenstandes ist daher eine eingehende begriffliche Auseinandersetzung erforderlich. Zur Begriffsbestimmung kommt man nicht umhin, sich mit den Subventions- und Zuschussbegriffen im Gesetz, der Rechtsprechung und der Wissenschaft zu befassen und mögliche Begriffselemente systematisch aufzuschlüsseln.

Dabei sollen die Begriffe „Subvention" und „Zuschuss" zunächst unterschieden und einzeln untersucht werden, um Gemeinsamkeiten und ggf. auch Unterschiede herauszuarbeiten. Im Ergebnis soll ein einheitlicher Untersuchungsgegenstand als Grundlage für die anschließende Untersuchung im Ertrag- und Umsatzsteuerrecht stehen. Den Ausgangspunkt der Untersuchung soll dabei der Subventionsbegriff bieten, da dieser bereits auf eine lange Geschichte zurückblicken kann.

E. Der Begriff der Subvention

Das Wort „Subvention" leitet sich aus dem lateinischen Verb „subventire" ab und bedeutet so viel, wie unterstützen oder helfen, es meint aber auch den Gegenstand selbst, durch den geholfen wird.[47]

Schon im Merkantilismus wurde das Mittel der Subventionierung angewandt und blieb bis in die Gegenwart untrennbar mit der wirtschaftlichen Entwicklung verknüpft, wenn auch, je nach Zeitgeist, in unterschiedlicher Intensität.

Unter Hinweis auf ihren Ausnahmecharakter ist die Gewährung von Subventionen im marktwirtschaftlichen System bereits früh kritisch betrachtet worden.[48] So ist es nicht verwunderlich, dass der Begriff der Subvention im Laufe

---

47 Vgl. *Jansen*, Die Bilanzierung von Zuwendungen an Industrieunternehmen im handelsrechtlichen Jahresabschluss, München (Univ. Diss. 1987) 1988, S. 5.

48 Vgl. *Meinhold*, Subventionen, in: HdSW, hg. V. Erwin v. Beckerath u.a., Bd. X, Göttingen 1959, Sp. 237 – 246.

der Zeit immer wertgeladener wurde und Subventionstatbestände eine negative Beurteilung erfahren haben.[49]

Die bestehende Unklarheit des Begriffs erklärt sich daraus, dass das Subventionsrecht bisher seitens des Gesetzgebers keine abschließende Normierung erfahren hat.[50] In der Verwaltungspraxis, der Wirtschaftswissenschaft, in den verschiedenen Fachdisziplinen der Rechtswissenschaft und in der Umgangssprache[51] wird der Subventionsbegriff unterschiedlich verwendet.[52]

Dabei ist der Subventionsbegriff bereits Gegenstand einer Vielzahl von Untersuchungen geworden. Das Ergebnis dieser Untersuchungen ist ernüchternd.[53] Die Auslegung des Begriffs bleibt in Rechtsprechung und Literatur umstritten. Eine allgemein anerkannte Definition des Begriffs Subvention hat sich bis heute nicht durchgesetzt, wenngleich wissenschaftliche und gesetzgeberische Bemühungen wichtige Einzelelemente unter verfassungs-, verwaltungs-, straf- und steuerrechtlichen Gesichtspunkten ans Licht gehoben haben.[54]

---

49 Vgl. *Smith*, Der Wohlstand der Nationen. Eine Untersuchung seiner Natur und seiner Ursachen. Übersetzt aus dem Englischen von H. C. Recktenwald, München 1974, S. 411 ff.

50 Vgl. *Jochum*, Die Steuervergünstigung, Berlin 2006, S. 36.

51 In der Alltagssprache wird der Begriff der Subvention auf immer neue Sachverhalte ausgedehnt. Subvention ist in der Umgangssprache nicht nur Wirtschaftsförderung durch den Staat, sondern auch Förderung durch Private. So „*subventioniert*" beispielsweise ein gewinnbringender Konzernteil einen anderen. Im umgangssprachlichen Gebrauch des Begriffes bedeutet Subvention zumal häufig etwas grundsätzlich Negatives. Der Empfänger ist finanziell schwach und ist auf „*Geschenke*" eines leistungsstarken Partners, zumeist des Staates, angewiesen.

52 Vgl. *Ehlers*, DVBl. 1993, S. 861; Stober, Handbuch des Wirtschaftsverwaltungs- und Umweltrechts, § 110 II 1, S. 1221.

53 Etwas überzogen, aber im Kern zutreffend hat *Andel* hierzu festgestellt: *„Der Grenzertrag der Diskussion um den Subventionsbegriff tendiert gegen Null, nicht selten ist er negativ.“*, vgl. *Andel*, Subventionen als Instrument des finanzwirtschaftlichen Interventionismus, Tübingen 1970, S. 4; so auch *Rodi*, Die Subventionsrechtsordnung, Tübingen 2000, S. 29,

54 Vgl. *Götz*, Recht der Wirtschaftssubventionen, München und Berlin 1966; *Rüfner*, Formen öffentlicher Verwaltung im Bereich der Wirtschaft, 1967; *Ipsen*, Verwaltung durch Subventionen, VVDStRL 25 (1967), S. 257 ff; *Zacher*, Verwaltung durch Subventionen, VVDStRL 25 (1967), 308 ff; *Kirchhoff*, Subvention als Instrument der Lenkung und Koordinierung, Berlin 1973; *Schetting*, Rechtspraxis der Subventionierung, Berlin 1973; Kirchhof, Verwalten durch mittelbares Einwirken, 1975; Bleckmann, Subventionsrecht, 1978; *Gröbner*, Subventionen, 1983; *Rodi*, Die Subventionsrechtsordnung, Tübingen 2000; von *Schweinitz*, Abschreibungen zwischen Aufwands- und Subventionstatbestand, Berlin 2005; *Jochum*, Die Steuervergünstigung, Berlin 2006.

Im Folgenden sollen daher die unterschiedlichen Auslegungsmöglichkeiten aus den Rechts- sowie den Finanz- und Wirtschaftswissenschaften dargestellt werden. Wobei begriffliche Merkmalen gefunden werden sollen, die übereinstimmend als Kennzeichen der Subvention gelten können.

I. Der Begriff „Subvention" im Gesetz

Vereinzelt ist der Begriff der Subvention im positiven Recht enthalten. Ggf. kann eine gesetzliche Begriffsbestimmung für die Festlegung des Untersuchungsgegenstandes herangezogen werden.

1. Die Legaldefinition im deutschen Strafgesetzbuch

Die derzeit einzige gesetzliche Definition (Legaldefinition) des Begriffs „Subvention" enthält § 264 Abs. 7 StGB.[55]

> Gem. § 264 StGB ist eine *„Subvention im Sinne dieser Vorschrift*
> 1. *eine Leistung aus öffentlichen Mitteln nach Bundes- oder Landesrecht an Betriebe oder Unternehme, die wenigstens zum Teil*
>   *a.) ohne marktmäßige Gegenleistung gewährt wird und*
>   *b.) der Förderung der Wirtschaft dienen soll;*
> 2. *eine Leistung aus öffentlichen Mitteln nach dem Recht der Europäischen Gemeinschaft, die wenigstens zum Teil ohne marktmäßige Gegenleistung gewährt wird. Betrieb und Unternehmen im Sinne des Satzes 1 Nr. 1 ist auch das öffentliche Unternehmen."*

Die Definition dient der Bekämpfung der Wirtschaftskriminalität. Im Zusammenhang mit dem Subventionsbegriff des § 264 StGB ist noch das Gesetz gegen die missbräuchliche Inanspruchnahme von Subventionen (Subventionsgesetz - SubvG) zu erwähnen, dass die Vorschrift des § 264 StGB ergänzt. Eine weiterführende Begriffsbestimmung erfolgt im SubvG jedoch nicht. Es wird auf die Definition des § 264 StGB Bezug genommen.

Auch wenn § 264 StGB eine griffige Definition liefert, ist diese aufgrund ihres Strafcharakters sehr eng gefasst. Diese Einengung konnte der Gesetzgeber im Strafrecht auch vornehmen, da bspw. Manipulationen im Bereich der indirekten Subventionen (Steuervergünstigungen) durch den Tatbestand der Steuerhinterziehung gemäß § 370 AO strafrechtlich hinreichend erfasst sind.[56]

---

55 Vgl. ausführlich *Lenckner/Peron* in Schönke/Schröder, Strafgesetzbuch, Kommentar, § 264, Rn. 1 ff.

56 Vgl. *Rodi*, Die Subventionsrechtsordnung, Tübingen 2000, S. 33.

Nach dem Wortlaut bezeichnet die Definition in § 264 StGB eine Subvention *„im Sinne dieser Vorschrift"*, so dass die Legaldefinition nach herrschender Meinung keine Geltung über das Strafrecht hinaus beansprucht.[57]

Als Untersuchungsgegenstand für die ertragsteuerliche und umsatzsteuerliche Behandlung von Subventionen und Zuschüssen kann die Definition in § 264 StGB nicht herangezogen werden.

2. Subventionsbegriff in weiteren deutschen Gesetzen

Abgesehen von der Legaldefinition des § 264 StGB beziehen sich verschiedene Bundesgesetze auf den Begriff der Subvention, ohne ihn zu definieren.[58] Die §§ 3, 5 und 6 ProdGewStatG begründen Mitteilungspflichten über Subventionen, ohne den Begriffsinhalt der Subvention zu bestimmen. Ähnliche Mitteilungspflichten können gemäß § 93a AO auch durch Rechtsverordnung statuiert werden, wobei § 93a AO nicht näher bestimmt, welche Leistungen unter den Begriff der Subvention fallen. Ähnliches gilt für § 3 AZollSatzV oder § 32 Abs. 1 N. 3a LuftVG.

3. Der Subventionsbegriff in der GATT[59]/WTO[60]-Rechtsordnung

Das Allgemeine Zoll- und Handelsabkommen (GATT) befasst sich seit 1947 in den Artikeln VI und XVI ausdrücklich mit Subventionen (engl. *„subsidies"*; franz. *„subventions"*), ohne jedoch den Begriff zu definieren.[61]

Die Artikel wurden allerdings durch den Subventionskodex '79[62] und den Subventionskodex '94[63] konkretisiert und fortentwickelt. Der Subventionsko-

57 Vgl. *Jochum*, Die Steuervergünstigung, Berlin 2006, S. 37; a. A. *Fischer* ist der Ansicht, diese Definition sei für das gesamte öffentliche Recht maßgeblich, *Fischer*, Strafgesetzbuch und Nebengesetze, 58. Aufl., München 2010, § 264, Rn. 6.

58 Vgl. *Jochum*, Die Steuervergünstigung, Berlin 2006, S. 37.

59 Engl.: General Agreement on Tariffs and Trade.

60 Engl.: World Trade Organization.

61 Vgl. *Rodi*, Die Subventionsrechtsordnung, Tübingen 2000, S. 37.

62 *„Subventionskondex '79"* - Übereinkommen zur Auslegung und Anwendung der Artikel VI, XVI und XXIII des Allgemeinen Zoll- und Handelsabkommens vom 12. April 1979.

63 *„Subventionskondex '94"* - Übereinkommen über Subventionen und Ausgleichsmaßnahmen vom 15. April 1994. Deutscher Text: ABl.EG 1994 L 336, 156.

dex '79 brachte erstmals eine verbindliche, wenn auch wenig konkrete Festlegung des Subventionsbegriffs.[64]

In Art. I des Subventionskodex '94 findet sich schließlich eine konkrete Begriffsbestimmung einer Subvention. Diese lautet:

„Artikel I Begriffsbestimmung einer Subvention

1.1. Im Sinne dieses Übereinkommens liegt eine Subvention vor, wenn

a) 1. eine Regierung oder öffentliche Körperschaft im Gebiet eines Mitglieds (in diesem Übereinkommen "Regierung" genannt) eine finanzielle Beihilfe leistet, d. h. wenn

i) diese Praktik der Regierung einen direkten Transfer von Geldern (z. B. Zuschüsse, Kredite und Kapitalzufuhren) sowie potentielle direkte Transfers von Geldern oder Verbindlichkeiten (z. B. Kreditbürgschaften) beinhaltet;

ii) die Regierung auf normalerweise zu entrichtende Abgaben verzichtet oder diese nicht erhebt (z. B. Steueranreize wie Steuergutschriften);

iii) eine Regierung Waren oder Dienstleistungen, die nicht zur allgemeinen Infrastruktur gehören, zur Verfügung stellt oder Waren aufkauft;

iv) eine Regierung Zahlungen an einem Fördermechanismus leistet oder eine private Einrichtung mit der Wahrnehmung einer oder mehrerer der in i) bis iii) genannten Aufgaben, die normalerweise der Regierung obliegen, betraut oder dazu anweist und sich diese Praktik in Reiner Weise von den Praktiken unterscheidet, die normalerweise von den Regierungen ausgeübt werden

oder

a) 2. irgendeine Form der Einkommens- oder Preisstützung im Sinne des Artikels XVI des GATT 1994 besteht

und

b) dadurch ein Vorteil gewährt wird. [...]"

An diesem Begriff fällt auf, dass er extrem weit und instrumental gefasst ist. Die Weite der Begriffsbildung lässt sich wohl auf das Streben nach einer umfassenden Ermittlung staatlicher Subventionen zurückführen. Ein derartig weiter

---

64 Vgl. *Schoch*, Unbestimmte Rechtsbegriffe im Rahmen des GATT, Europäische Hochschulschriften, Vol. 1659, Frankfurt/M., Berlin, Bern, New York, Paris, Wien, 1994, S. 176.

Subventionsbegriff stellt sich jedoch regelmäßig für eine Reihe von Rechtsfolgen als ungeeignet dar.[65]

4. Zwischenergebnis: Subventionsbegriff im Gesetz

Es lässt sich zusammenfassend festhalten, dass der Begriff der Subvention im Gesetz zumeist ohne eine konkrete Legaldefinition verwendet wird. Sofern der Gesetzgeber eine Legaldefinition verwendet, ist entweder der Anwendungsbereich von vornherein stark begrenzt, oder aber der Subventionsbegriff sehr weit gefasst.

Der deutsche Gesetzgeber hat den Begriff der Subvention in § 264 StGB in sehr konkreter Weise definiert, wobei er den Geltungsanspruch ausdrücklich für das Strafrecht beschränkte. Der Subventionskodex '94 mit internationalem Geltungsbereich verwendet hingegen in Art. I einen sehr weiten Subventionsbegriff, der eine Anknüpfung von Rechtsfolgen kaum möglich und zusätzliche Einschränkungen erforderlich macht. Ein einheitlicher Rechtsbegriff der Subvention findet sich nicht. Vielmehr wird ihm für den jeweiligen Zweck ein anderer Begriffsinhalt zugewiesen. Als kleinster gemeinsamer Bedeutungsnenner kann die Vorteilsgewährung aus staatlichen Mitteln genannt werden.

II. Verwendung des Subventionsbegriffs in Subventionsberichten

Gemäß § 12 Abs. 2 und 3 StabG ist es die Aufgabe der Bundesregierung dem Bundestag und dem Bundesrat alle zwei Jahre einen Bericht über die Entwicklungen der Finanzhilfen und der Steuervergünstigungen vorzulegen. Die Bundesregierung fasst die zu berücksichtigenden Finanzhilfen und Steuervergünstigungen unter dem Oberbegriff „*Subventionen*" zusammen und nennt den Bericht daher „*Subventionsbericht*".[66]

Der Subventionsbericht grenzt den Begriff praktisch nach seiner Aufgabe ab. Unter Subvention werden Hilfen aus dem Bundeshaushalt gefasst, die mittelbar oder unmittelbar die Wirtschaft beeinflussen.[67] Diese Hilfen bestehen entweder in Ausgaben oder in Einnahmeverzichten.

---

65 Vgl. *Rodi*, Die Subventionsrechtsordnung, Tübingen 2000, S. 38.

66 Eine Vielzahl von Bundesländern (z.B. Bayern, Niedersachsen) erstellt eigene Subventionsberichte mit teilweise abweichenden Begriffsbestimmungen.

67 Vgl. 22. Subventionsbericht – Bericht der Bundesregierung über die Finanzhilfen des Bundes und der Steuervergünstigungen für die Jahre 2007 – 2010, S. 11.

Dabei erhebt der Subventionsbericht nicht den Anspruch festzustellen, was eine Subvention von anderen Rechtsinstituten abgrenzt, sondern verwendet, wie andere Berichte auch, einen zweckorientierten Sachbegriff. Aufgrund einer fehlenden verbindlichen Konkretisierung variiert der Subventionsbegriff von Bericht zu Bericht.[68]

Auch die Bundesregierung verwendet damit den Subventionsbegriff nicht in Form eines allgemeinverbindlichen Rechtsbegriffs. Er dient vielmehr der Einordnung bestimmter staatlicher Hilfen an Private, wobei es auf die Form nicht ankommt.[69]

---

68 Vgl. *Jochum*, Die Steuervergünstigung, Berlin 2006, S. 42.

69 Vgl. Abgrenzung des Subventionsbegriffs im 22. Subventionsbericht – Bericht der Bundesregierung über die Finanzhilfen des Bundes und der Steuervergünstigungen für die Jahre 2007 – 2010, S. 8. Hier heißt es:
„Abgrenzung des Subventionsbegriffs
[...] Der Subventionsbegriff des Bundes konzentriert sich entsprechend dem gesetzlichen Auftrag auf Leistungen für private Unternehmen und Wirtschaftszweige. § 12 StWG nennt als Finanzhilfen insbesondere Bundesmittel für Anpassungs-, Erhaltungs- und Produktivitätshilfen an Betriebe und Wirtschaftszweige. Soweit Hilfen diesen Kategorien nicht zugeordnet werden können, werden sie als sonstige Leistungen erfasst. Als mittelbar wirkende Subventionen werden Hilfen berücksichtigt, die bestimmte Güter und Leistungen für private Haushalte unmittelbar verbilligen, aber mittelbar dem Wirtschaftsgeschehen zugerechnet werden können. Dies gilt etwa für die Hilfen im Wohnungsbau.
Eine ähnliche Abgrenzung gilt für die Steuervergünstigungen, die entsprechend den Finanzhilfen zu gliedern sind. Dabei wird eine steuerliche Sonderregelung dann als Subvention und somit als Steuervergünstigung im Sinne des Subventionsberichts gesehen, wenn es sich um mittel- oder unmittelbar wirkende Begünstigungen einzelner Sektoren oder Teilbereiche der Wirtschaft handelt. Steuervergünstigungen sind auch unmittelbar wirkende Sonderregelungen, die die Wirtschaft allgemein gegenüber der Allgemeinheit begünstigen.
Steuerliche Sonderregelungen, die nach dieser Begriffsabgrenzung nicht den Subventionen zugeordnet werden, aber subventionsähnliche Tatbestände darstellen, sind nachrichtlich in Anlage 3 aufgeführt. Hierbei handelt es sich um Regelungen, die mittelbar die Wirtschaft im Allgemeinen begünstigen – wie z. B. der Einkommensteuerfreibetrag für Belegschaftsrabatte – und um Regelungen, die nicht die Wirtschaft, sondern – mittel- oder unmittelbar – einen abgrenzbaren sonstigen gesellschaftlichen Bereich begünstigen. Dies sind vor allem Begünstigungen für gemeinnützige Organisationen, Vereine, Kirchen, Parteien, den Gesundheitssektor und die Sozialversicherungen. Die wesentlichen methodischen und datenmäßigen Grundlagen für die in diesem Bericht enthaltenen Steuervergünstigungen (vgl. Anlage 2) und sonstigen steuerlichen Regelungen (vgl. Anlage 3) werden in Anlage 6, Abschnitt 5 erläutert.
6. Nicht zu den Subventionen rechnen finanzielle Aufwendungen des Bundes für allgemeine Staatsaufgaben wie die Grundlagenforschung, wobei die Abgrenzung im Einzel-

Aufgrund der Zweckorientiertheit und der daraus resultierenden Unbeständigkeit des Subventionsbegriffs in den Subventionsberichten, ist dieser für die vorliegende Untersuchung ungeeignet.

---

fall durchaus schwierig sein kann. Auch an Bundesunternehmen geleistete Zuweisungen und Zuschüsse sowie Kapitalaufstockungen bei diesen sind nicht enthalten. Bundesbürgschaften sind ebenfalls nicht aufgeführt. Der Hauptgrund dafür ist, dass aufgrund des typischerweise geringen Ausfallrisikos mit hoher Wahrscheinlichkeit nicht mit dem Abfluss von Haushaltsmitteln gerechnet werden muss. Im Zuge der Maßnahmen zur Bankenrettung verzeichneten die Bürgschaften des Bundes zwar einen enormen Anstieg, allerdings muss auch hier die Wahrscheinlichkeit des Ausfalls als eher gering eingestuft werden. Zudem ist unstrittig, dass staatliches Eingreifen notwendig war, um die Funktionsfähigkeit der Volkswirtschaft insgesamt zu sichern. Damit zielen die Maßnahmen weniger auf die Unterstützung eines einzelnen Sektors oder gar einzelner Unternehmen ab, was ebenfalls gegen eine Einordnung als Finanzhilfe spricht. Schließlich wird die Entwicklung der Bundesbürgschaften und sonstigen Gewährleistungen an anderer Stelle, u. a. regelmäßig im vom Bundesfinanzministerium herausgegebenen Finanzbericht, dargestellt.

Entsprechend seiner speziellen Aufgabe spiegelt der Subventionsbericht nur denjenigen Teil staatlicher Aufgabenerfüllung wider, bei dem durch finanzielle Mittel des Bundes oder durch Steuervergünstigungen die Wirtschaft beeinflusst wird. Über einzelne Fachpolitiken geben andere Berichte der Bundesregierung Auskunft (vgl. Anlage 6, Abschnitt 1).

7. Sowohl die Frage der Zuordnung einzelner Tatbestände zu den Subventionen als auch die generelle Abgrenzung des Subventionsbegriffs im Subventionsbericht geben immer wieder Anlass zur Diskussion sowohl in der Wissenschaft als auch auf politischer Seite. Entsprechend den Bestimmungen des StWG liegt dem Subventionsbericht eine eher enge Abgrenzung des Subventionsbegriffs zugrunde. Mit der generellen Einschränkung auf Hilfen für private Unternehmen und Wirtschaftszweige werden weite Bereiche des Bundeshaushalts nicht erfasst, die nach anderen Subventionsabgrenzungen den Subventionen zugerechnet werden können. Ausführlichere Erläuterungen zum hier verwendeten Subventionsbegriff, zu den damit verbundenen Abgrenzungsproblemen und zum Vergleich mit anderen Subventionsabgrenzungen enthält Anlage 6.

8. Wie in allen vorhergehenden Berichten ist auch mit diesem Subventionsbericht eine Durchsicht bestehender und neu hinzugekommener Regelungen im Hinblick auf noch zu erfassende Finanzhilfen und Steuervergünstigungen erfolgt. Die im Vergleich zum 21. Subventionsbericht neu aufgenommenen Finanzhilfen, Steuervergünstigungen und steuerlichen Sonderregelungen sind in Anlage 4 aufgeführt.“

III. Der Subventionsbegriff der Mehrwertsteuersystemrichtlinie[70]

Nach Art. 73 MwStSyRL bestimmt sich die Bemessungsgrundlage für Lieferungen und Dienstleistungen nach dem Wert der Gegenleistung, die der Lieferant oder der Dienstleistende vom Abnehmer oder einem Dritten erhält. Dieser Begriffsbestimmung wird ergänzend hinzugefügt: *„einschließlich der unmittelbar mit dem Preis dieser Umsätze zusammenhängenden Subventionen“.*[71] Diese Vorschrift ist inhaltsgleich mit Art. 11 Teil A Abs. 1 lit. a der Sechsten Umsatzsteuerrichtlinie[72], die bis zum 31.12.2006 galt und von der MwStSyRL ersetzt worden ist.

Zweck der Vorschrift ist folglich die Klärung der Frage, welche Bestandteile zur Bemessungsgrundlage für die Ermittlung des Entgeltes gehören. Dabei knüpft die Richtlinie für die Ermittlung der Bemessungsgrundlage an die tatsächlich erhaltene Gegenleistung an.[73]

Nach Ar. 73 MwStSyRL ist es gleichgültig, ob die Gegenleistung vom Empfänger der Leistung (Lieferung oder Dienstleistung) oder von einem Dritten ganz oder teilweise erbracht wird. Entscheidend ist nur, dass die von Dritten, auch von einer öffentlichen Kasse, erbrachte Gegenleistung zu deren Wert gehört, wenn der Unternehmer sie *„für diese Umsätze“* erhält.[74]

Dabei soll die Richtlinie sicherstellen, dass die Besteuerungsgrundlage die gesamte Gegenleistung für die Lieferung von Gegenständen oder für Dienstleistungen umfasst, unabhängig davon, ob diese Gegenleistung vom Dienstleistungsempfänger oder von einem Dritten, der eine öffentliche Einrichtung sein könne, erbracht werde. Daher bilde, wenn ein Dritter, auch eine öffentliche Einrichtung, eine Prämie für eine bestimmte, an eine Privatperson erbrachte Dienstleistung zahlt, diese Prämie unabhängig davon, ob sie tatsächlich als eine unmittelbar mit dem Preis des Umsatzes zusammenhängende Subvention anzusehen sei, einen Teil der Besteuerungsgrundlage.

---

70 Richtlinie 2006/112/EG des Rates v. 28.11.2006 über das gemeinsame Mehrwertsteuersystem (Mehrwertsteuersystemrichtlinie - MwStSystRL), Abl. L 347 v. 11.12.2006, S. 1, zuletzt konsolidiert durch Richtlinie 2009/69/EG des Rates v. 25.6.2009 L 175 12 4.7.2009 v. 28.11.2006, letzte Änderung v. 25.6.2009, veröffentlicht am 1.1.2010.

71 Vgl. Titel VII, Kapitel 2, Art. 73 MwStSystRL.

72 Sechste Richtlinie 77/388/EWG des Rates zur Harmonisierung der Rechtsvorschriften der Mitgliedstaaten über die Umsatzsteuern – Gemeinsames Mehrwertsteuersystem: einheitliche steuerpflichtige Bemessungsgrundlage v. 17.5.1977.

73 Vgl. Urt. d. *BFH* v. 19.7.2007, V R 11/05, DStRE 2008, S. 30 (31).

74 Vgl. *List*, BB 2005, S. 241.

Nach dem Normzweck sollen auch die unmittelbar mit dem Preis dieser Umsätze zusammenhängenden Subventionen einbezogen werden.

Eine Begriffsbestimmung der Subvention enthält Art. 73 MwStSystRL nicht. Der Subventionsbegriff wird fachspezifisch verwendet, in dem er als beachtlich für die Steuerbemessungsgrundlage herangezogen wird. Für die Klärung des Inhalts des Subventionsbegriffs kann die MwStSystRL nicht herangezogen werden. Vielmehr erweist sich die Begriffsverwendung als auslegungsbedürftig.

IV. Der Subventionsbegriff in der Rechtsprechung

1. Bundesverwaltungsgericht und Oberverwaltungsgerichte

Für die Verwaltungsgerichte war der Begriff der Subvention maßgeblich mit der Frage nach der Eröffnung des Verwaltungsrechtswegs verknüpft.

1958 äußerte sich das BVerwG erstmals zum Subventionsbegriff.[75] Streitig war die Eröffnung des Verwaltungsrechtsweges bei einem Subventionsverhältnis, dessen Grundlage ein öffentlich-rechtlicher Vertrag war. Das BVerwG umschrieb Subventionen hier als öffentlich-rechtliche Leistungen des Staates, die zur Erreichung eines bestimmten, im öffentlichen Interesse gelegenen Zwecks gewährt werden.[76]

Das BVerwG stufte den Streit als eine öffentlich-rechtliche Streitigkeit ein und bejahte die Eröffnung des Verwaltungsrechtswegs. Allerdings war es keinesfalls eindeutig, dass Streitigkeiten im Zusammenhang mit Subventionen stets den Verwaltungsrechtsweg eröffneten.

Der dritte Zivilrechtssenat des Bundesgerichtshofs fällte am 30.4.1959[77] ein Sachurteil zu der Frage, wie der Kreis der zu Beteiligenden bei staatlichen Stützungs- und Hilfsmaßnahmen für die Wirtschaft abzugrenzen ist. Damit war nach Auffassung des BGH in diesem Fall nicht der Verwaltungsrechtsweg eröffnet, sondern der Zivilrechtsweg zu beschreiten.

Den Schlusspunkt bei der Klärung der Frage des richtigen Rechtswegs im Zusammenhang mit Subventionen setzte ein Urteil des OVG Saarlouis vom 6.5.1959.[78] Das OVG definierte in diesem Zusammenhang eine Subvention als eine Leistung, die *„unentgeltlich gegebenen wird, wobei ihr Erfolg für den*

---

75 Vgl. Urt. d. *BVerwG* v. 19.12.1958, VII C 204/57, NJW 1959, S. 1098.

76 Vgl. Urt. d. *BVerwG* v. 19.12.1958, VII C 204/57, NJW 1959, S. 1098.

77 Vgl. Urt. d. *BGH* v. 30.4.1959, III ZR 24/58, NJW 1959, S. 1429.

78 Vgl. Urt. d. *OVG Saarlouis* v. 6.5.1959, DÖV 1959, S. 708.

Empfänger einen Vermögenszuwachs bedeutet, während ihre Funktion für die öffentliche Verwaltung, die sie gewährt, in der Erzielung eines bestimmten Interventionserfolges öffentlichen Interesses liegt.“[79]

Das OVG Saarlouis führt aus, dass sich die Verwaltung zur Erreichung dieses Erfolges auch der rechtlichen Gestaltungsmöglichkeit des Zivilrechts bedienen kann. *„Aus dem weiteren Moment, dass der Staat nicht befugt sei, etwas zu verschenkten, er also nicht mit seinen Geldmitteln wie ein Privatmann schalten und walten dürfe, sondern sie für seine staatlichen Zwecke zu verwenden habe, womit also die Subventionierung nur auf der Rechts- und Verfassungsgrundlage erfolgen dürfe“*, folgte nach Ansicht des OVG Saarlouis, *„dass das in der Subventionierung liegende gesetzlich zugelassene Ziel öffentlicher Aufgabenerledigung durch wirtschaftliche Begünstigung Privater nicht eine fiskalische Staatsbetätigung, sondern eine Hoheitstätigkeit darstellt.“*[80]

Damit war die Bestimmung des Rechtswegs bei Auftreten des Sonderfalls einer Subvention gelöst.[81]

Insgesamt muss jedoch festgestellt werden, dass der Begriff der Subvention in der Rechtsprechung der Verwaltungsgerichte nicht als feststehender Rechtsbegriff gebraucht wird und daher nur wenig zu einer umfassenden Klärung des Subventionsbegriffs beitragen kann.

Die vom Bundesverwaltungsgericht in seiner Entscheidung vom 19.12.1958[82] vorgenommene Begriffsdeutung will das Gericht nicht in den Rang einer allgemeingültigen Definition erheben. Wird in dieser Entscheidung der Subventionsbegriff einigermaßen rechtstechnisch verwendet, verwendet ihn das Gericht in anderen Entscheidungen lediglich umgangssprachlich oder wirtschaftlich, als Hilfe ohne Gegenleistung.[83] Soweit der Begriff erläutert wird, geschieht dies meist eher beiläufig.[84] So verwendet das Bundesverwaltungsgericht den Begriff der Subvention bis in die Gegenwart in zahllosen Entscheidungen[85], ohne diesen allgemeinverbindlich zu definieren.

---

79 Vgl. Urt. d. *OVG Saarlouis* v. 6.5.1959, DÖV 1959, S. 708.

80 Vgl. Urt. d. *OVG Saarlouis* v. 6.5.1959, DÖV 1959, S. 708.

81 Vgl. *v. Schweinitz*, Abschreibungen zwischen Aufwands- und Subventionstatbestand, Berlin 2005, S. 84.

82 Vgl. Urt. d. *BVerwG* v. 19.12.1958, VII C 204/57, NJW 1959, S. 1098.

83 Vgl. Urt. d. *BVerwG* v. 23.5.1995, 1 C 32/92, BVerwGE 98, S. 280 (293): hier spricht das Gericht von der Subventionierung von Privaten durch Private als eine Form der mittelbaren Subventionierung.

84 Vgl. *Jochum*, Die Steuervergünstigung, Berlin 2006, S. 40.

85 Vgl. beispielhaft: Entscheidungen d. *BVerwG* v. 16.6.1997, BVerwGE 105, S. 55 (59); v. 8.4.1997, BVerwGE 104, S. 220 (230); v. 30.1.1997, BVerwGE 104, S. 60 (68); v. 29.8.1996, BVerwGE 102, S. 39 (44); v. 7.6.1996, BVerwGE 101, S. 211 (225);

Ähnlich unübersichtlich ist die Verwendung der Begrifflichkeit in der Rechtsprechung der Oberverwaltungsgerichte. So liefert das OVG Münster in einer Entscheidung eine Begriffsbestimmung, die die Subvention als Bereitstellung öffentlicher Mittel zu einem bestimmten Zweck umschreibt.[86] Diese Definition wich damit doch ganz erheblich von der oben erwähnten Begriffsbestimmung des OVG Saarlouis[87] ab.

Auch die Äußerungen der ordentlichen Gerichtsbarkeit sind ähnlich unspezifisch.[88] Dabei sind jedoch die Urteile zum Tatbestand des Subventionsbetrugs außer Acht zu lassen, weil hier eine gesetzliche Definition gegeben ist.[89]

2. Bundesfinanzhof

Im Zusammenhang mit der umsatzsteuerrechtlichen Frage, inwieweit die Zahlung eines Geldbetrages einer öffentlichen Stelle als Entgelt eines Leistungsaustauschs umsatzsteuerbar ist, verwendet der BFH mitunter den Begriff der „Subvention".[90] Die Ursachen der Verwendung des Subventionsbegriffs liegen maßgeblich darin begründet, dass die MwStSyRL den Subventionsbegriff aufgreift und sich der BFH mit in diesem Zusammenhang ergangenen Urteilen des EuGH auseinandersetzt.[91] Eine inhaltliche Begriffsbestimmung der Subvention erfolgt durch den BFH in diesem Zusammenhang nicht.

Auch bei ertragsteuerlichen Fragestellungen findet sich gelegentlich der Begriff der Subvention, wenn Probleme öffentlicher Zuschüsse erörtert werden. Ganz überwiegend verwendet der BFH jedoch den Begriff des Zuschusses.[92] Eine eigene Begriffsdefinition der Subvention erfolgt durch den BFH nicht. Der Subventionsbegriff bleibt insoweit konturlos.

---

v. 24.4.1996, BVerwGE 101, S. 99 (112); v. 28.6.1995, BVerwGE 99, S. 53 (56); v. 23.5.1995, BVerwGE 98, S. 280 (298); v. 16.2.1995, BVerwGE 98, S. 12 (18); v. 26.1.1995, BVerwGE 97, S. 331 (344); v. 10.3.1994, BVerwGE 95, S. 213 (228); v. 18.10.1990, BVerwGE 87, S. 37 (52).

86 Vgl. Urt. d. *OVG Münster* v. 18.6.1996, 14 A 847/92, NwVBl. 1996, S. 482 (483).

87 Vgl. Urt. d. *OVG Saarlouis* v. 6.5.1959, DÖV 1959, S. 708.

88 Vgl. *Jochum*, Die Steuervergünstigung, Berlin 2006, S. 40.

89 Vgl. Urt. v. *BGH* v. 30.4.1959, III ZR 24/58, NJW 1959, S. 1429: hier werden Subventionen als staatliche Stützungs- und Hilfsmaßnahmen bezeichnet werden.

90 Vgl. Urt. d. *BFH* v. 9.10.2003, V R 51/02, BStBl. II 2004, S. 322; Urt. d. *BFH* v. 8.3.1990, V R 67/89, BStBl. II 1990, S. 708; Urt. d. *BFH* v. 27.06.1996, V R 35/95, BFH/NV 1997, 155.

91 Vgl. bspw. Urt. d. *BFH* v. 24.6.2009, IV R 26/06, BStBl. II 2009, S. 781; Urt. d. *BFH* v. 14.12.2006, III R 27/03, BStBl. II 2007, S. 332; Urt. d. *BFH* v. 8.10.2003, II R 44/99, BFH/NV 2004, S. 470.

92 Der Zuschussbegriff des BFH wird später ausführlich erörtert.

3. Bundesverfassungsgericht

Auch das Bundesverfassungsgericht hat sich wiederholt mit dem Subventionswesen beschäftigt.[93] Das BVerfG definierte den Begriff der Subvention in zwei Entscheidungen[94] als freiwillige Zuwendung des Staates, mit deren Hilfe er ein bestimmtes Verhalten der Bürger fördert, das ihm aus wirtschafts-, sozial- und gesellschaftspolitischen Gründen erwünscht ist. Das BVerfG verwendet diese Definition jedoch nicht, um eine trennscharfe Abgrenzung zu erreichen. Es kommt vielmehr in der Form einer Leitlinie daher.[95]

So diskutiert das BVerfG die Frage, ob Bundeszuschüsse zur Rentenversicherung nicht als reine Subventionen des Staates für die Versicherungsgemeinschaften anzusehen sind, kommt aber zu dem Schluss, dass darin zumindest auch ein Ausgleich für die der Versichertengemeinschaft aus Gründen des Allgemeinwohls auferlegten öffentlichen Last liegt.[96] Im Bereich der Sozialversicherungen hat das Gericht eine Pflicht des Staates zur Subventionierung konfessioneller Krankenhäuser begründet. Eine solche Pflicht des Staates besteht nach Auffassung des Gerichts aufgrund der Pflicht zur Sicherstellung der Krankenhausversorgung. Offen ließ das BVerfG dabei, wie eine Subventionierung aussehen soll. Die Subventionierung hat dabei allerdings nach Maßgabe des Krankenhausfinanzierungsgesetzes zu erfolgen.[97]

Im ersten Urteil zur Parteienfinanzierung stellt das Gericht klar, dass Finanzzuweisungen an die Parteien nicht mit dem Hinweis darauf gerechtfertigt werden können, dass der Staat in weitem Umfang gesellschaftliche Vereinigungen, Verbände und Gruppen subventioniere.[98] Gesellschaftliche Vereinigungen würden staatliche Finanzhilfen für wirtschaftliche, soziale und kulturelle Zwecke zugewendet, die von den hierzu berufenen Staatsorganen als förderungswürdig anerkannt worden sind, was nicht mit dem Grundsatz zu vereinen sei, dass sich die demokratische Willensbildung frei und offen vom Volk zu den Staatsorganen vollziehen muss.[99]

93 Vgl. wegen Bundeszuschüssen zur Rentenversicherung – Urt. d. BVerfG v. 26.3.1980, 1 BvR 122/76, BVerfGE 54, S. 11 (30); wegen einer Pflicht des Staates zur Sicherstellung der Krankenhausversorgung hat das Gericht eine Pflicht zur Subventionierung konfessioneller Krankenhäuser statuiert – Urt. d. *BVerfG* v. 25.3.1980, BVerfGE 53, S. 366.

94 Vgl. Beschl. d. *BVerfG* v. 12.2.1964, BVerfGE 17, S. 210 (216); Urt. d. *BVerfG* v. 13.5.1986, BVerfGE 72, S. 175 (193).

95 Vgl. *Jochum*, Die Steuervergünstigung, Berlin 2006, S. 39.

96 Vgl. Urt. d. *BVerfG* v. 26.3.1980, BVerfGE 54, S. 11 (30).

97 Vgl. Urt. d. *BVerfG* v. 25.3.1980, BVerfGE 53, S. 366.

98 Vgl. Urt. d. *BVerfG* v. 19.7.1966, BVerfGE 20, S. 56.

99 Vgl. Urt. d. *BVerfG* v. 19.7.1966, BVerfGE 20, S. 56.

Bei einer Analyse der Rechtsprechung des BVerfG hinsichtlich der Begriffsmerkmale der Subvention wird deutlich, dass der Subventionsgeber stets die öffentliche Finanzwirtschaft, d.h. der Staat ist.[100] Subventionsempfänger sind private Vereine, Unternehmen bis hin zum einzelnen Bürger. Die große Bandbreite in der das BVerfG den Begriff der Subvention gebraucht, macht deutlich, dass das Gericht die Subvention als einen finanziellen, sozialen oder steuerlichen Vorteil betrachtet. Eine allgemeingültige Begriffsbestimmung hat das BVerfG nicht hervorgebracht.[101]

4. Europäischer Gerichtshof

Zur Auslegung von Art 11 Teil A Abs. 1 lit. a der Sechsten Umsatzsteuerrichtlinie (heute: Art. 73 MwStSyRL) hat sich der EuGH bereits mehrfach mit Subventionen befasst.

In seinem Urteil vom 29.2.1996[102] befasste sich der EuGH mit der Vergütung an Landwirte, die dafür erfolgte, die Milcherzeugung endgültig aufzugeben. Vorlagefrage war, ob diese Vergütung eine Geldleistung ist, die nach der Richtlinie zu versteuern wäre. In diesem Urteil findet der EuGH Abgrenzungskriterien zwischen Entgelt und Nichtentgelt der Subvention in dem Charakter der Umsatzsteuer als Verbrauchsteuer. Ein wichtiges Abgrenzungskriterium sieht der EuGH darin, dass der von der Gemeinschaft gezahlte Ausgleich dem allgemeinen Interesse an der Förderung des ordnungsgemäßen Funktionierens des Milchmarktes der Gemeinschaft dient. Eine konturenscharfe Definition des Subventionsbegriffs nimmt der EuGH nicht vor.

Im Jahr 2001 befasst sich der EuGH mit der Rs. Office Produits Wallons (OPW)[103]. Der EuGH stellt im Rahmen seiner Entscheidung fest, dass die Richtlinie Subventionsfälle mit drei Beteiligten erfasst. Ein solches Dreiecksverhältnis beinhaltet die öffentliche Einrichtung, die die Subvention gewährt (1), den Wirtschaftsteilnehmer, der die Subvention erhält (2) und den Käufer des vom subventionierten Wirtschaftsbeteiligten gelieferten Gegenstandes bzw. dem Empfänger der vom subventionierten Wirtschaftsbeteiligten erbrachten Dienstleistung (3).

---

100 Vgl. *Bleckmann*, Subventionsrecht, Stuttgart 1978, S. 13; Stober, Handbuch des Wirtschaftsverwaltungs- und Umweltrechts, Stuttgart 1989, S. 1221.

101 Vgl. *Jochum*, Die Steuervergünstigung, Berlin 2006, S. 39.

102 Vgl. Urt. d. *EuGH* v. 29.2.1996, C-215/94, Rs. Mohr, EuGHE I 1996, S. 959, BB 1996, S. 1596.

103 Vgl. Urt. d. *EuGH* v. 22.11.2001, C-184/00, Rs. Office des produits wallons, Slg. 2001, I-9115, Rn. 10.

Nach dem Verständnis des EuGH ist der Subventionsgeber eine öffentliche Stelle, die dem Subventionsempfänger, einem Steuerpflichtigen, einen Vorteil zuwendet.

Schließlich hatte der EuGH in der Rs. Keeping Newcastle Warm Limited[104] zum Subventionsbegriff festgestellt, dass es sich bei Subventionen nach allgemeinem Verständnis um Zahlungen handelt, die im allgemeinen Interesse liegen.[105]

Die Rechtsprechung des EuGH zu Art. 73 der MwStSyRL dient in erster Linie der Klärung der Frage, in welchen Konstellationen Subventionen umsatzsteuerpflichtig im Sinne der Richtlinie sind. In seinen Entscheidungen entwickelt er Kriterien, die der Abgrenzung von Subventionen zum zusätzlichen Entgelt dienen.

Der Begriffsinhalt der Subvention bleibt weitgehend konturlos. Auf einen gemeinsamen Nenner gebracht kann man festhalten, dass eine Subvention nach dem Verständnis des EuGH hiernach eine von einer öffentlichen Stelle geleistete Zahlung an eine Person des Wirtschaftslebens ist. Es erfolgt keine Begriffsbestimmung, anhand derer man den Untersuchungsgegenstand hinreichend konkret abgrenzen könnte.

In der Rechtsprechung des EuGH findet sich deutlich häufiger als der Begriff der Subvention der Begriff der Beihilfe. Der Umstand, dass sich der EuGH in seiner Rechtsprechung eingehend mit dem Begriff der Beihilfe befasst, liegt darin begründet, dass dieser in Art. 107 – 109 AEU[106] verwendet wird.

Der EuGH gebraucht den Subventionsbegriff jedoch keineswegs synonym mit dem Begriff der Beihilfe.[107] Der Begriff der Beihilfe ist nach Auffassung des EuGH weiter gefasst als der Subventionsbegriff.[108] Während die Beihilfe auch Maßnahmen umfassen kann, die Belastungen mindern können, die typischerweise Unternehmen zu tragen haben, wird der Begriff der Subvention nur auf

104 Vgl. Urt. d. *EuGH* v. 13.6.2002, C-353/00, Rs. Keeping Newcastle Warm Ltd., IStR 2002, S. 457.

105 Vgl. Urt. d. *EuGH* v. 13.6.2002, C-353/00 Rs. Keeping Newcastle Warm Ltd., IStR 2002, S. 457.

106 Bis zum 30. November 2009: Art. 87 – 89 EG. Der Vertrag zur Gründung der Europäischen Gemeinschaft (EG-Vertrag; kurz: EGV oder EG) ist durch Artikel 2 des Vertrags von Lissabon mit Wirkung zum 1. Dezember 2009 in „Vertrag über die Arbeitsweise der Europäischen Union" umbenannt worden.

107 Vgl. *Jochum*, Die Steuervergünstigung, Berlin 2006, S. 41.

108 Vgl. Urt. d. *EuGH* v. 27.6.2000, C-404/97, Rs. Kommission/Portugiesische Republik, Slg. 2000, I-4897, Tz. 44; Urt. d. *EuGH* v. 15.3.1994, C-387/92, Rs. Banco Exterior de Espana, Slg. 1994, I-877, Tz. 13; Urt. d. *EuGH* v. 19.5.1999, C-6/97, Rs. Italien/Kommission, Slg. 1999, I-2981, Tz. 15.

positive Leistungen begrenzt.[109] Nach dem Verständnis des EuGH sind Subventionen folglich nur die direkten Beihilfen, während der Begriff der Beihilfe alle Maßnahmen umfasst, auch jene, die Belastungen vermindern.[110] Eine besondere Rechtsfolge hat diese Unterscheidung allerdings nicht für den EuGH.

Da in Art. 107 – 109 AEU die Rechtsfolgen an den Begriff der Beihilfe anknüpfen, bestand grundsätzlich keine Veranlassung seitens des EuGH in diesem Kontext einen eigenständigen Subventionsbegriff neben dem Beihilfebegriff zu entwickeln.[111]

Es kann daher festgestellt werden, dass es sich bei dem Beihilfebegriff um einen spezifischen, europarechtlich geprägten Begriff handelt, der zwar viele Merkmale aufweist, die auch auf den Subventionsbegriff zutreffen, jedoch letztlich keinesfalls deckungsgleich mit dem Subventionsbegriff ist.[112] Zur Begriffsklärung kann die Rechtsprechung des EuGH zu den Beihilfen nicht weiter herangezogen werden.

5. Zwischenergebnis: Subventionsbegriff in der Rechtsprechung

Die Analyse der deutschen und europäischen Rechtsprechung führt hinsichtlich eines allgemeingültigen Subventionsbegriffs zu keinem abschließenden Ergebnis. Insgesamt findet der Subventionsbegriff häufig untechnische und beiläufige Erwähnung. Versucht man die Begriffsverwendung im Verfassungs- und Verwaltungsrecht auf einen kleinen gemeinsamen Nenner zu bringen, so stellt die Subvention eine staatliche Vorteilsgewährung ohne Gegenleistung dar.[113]

V. Der Subventionsbegriff in der Literatur

1. Subventionsbegriff in der verwaltungsrechtlichen Literatur

Die Diskussion in der verwaltungsjuristischen Literatur ist wenig geeignet, die Konturen des Subventionsbegriffs zu schärfen. Eine nicht unbeachtliche Strömung in der Literatur vertritt sogar die Auffassung, dass es einen allgemeingül-

---

109 So bereits Urt d. *EuGH* v. 23.2.1961, Rs. 30/59, De Gesamenlijke Steenkolemijnen/EGKS, Slg. 1961, 43, Urt. d. EuGH v. 2.7.1974, Rs. 173/73, Italienische Republik/Kommission, Slg. 1974, 709 ff.

110 Vgl. *Jochum*, Die Steuervergünstigung, Berlin 2006, S. 41.

111 Vgl. *Jochum*, Die Steuervergünstigung, Berlin 2006, S. 41.

112 Vgl. *Jochum*, Die Steuervergünstigung, Berlin 2006, S. 42.

113 Vgl. umfassend: *Jochum*, Die Steuervergünstigung, Berlin 2006, S. 42.

tigen Subventionsbegriff nicht geben könne und auch nicht müsse.[114] Andere wiederum sind der Ansicht, dass eine Notwendigkeit bestünde einen zu ähnlichen Rechtsinstituten möglichst exakt abgrenzbaren Begriff zu entwickeln.[115]

Durch einige Autoren wird ein Subventionstypus umschrieben, der mehr oder weniger konkrete Tatbestandsmerkmale aufweist.[116] Andere grenzen nach Rechtsgebieten ab und entwickeln so einen strafrechtlichen oder verwaltungsrechtlichen Subventionsbegriff.[117] Zusammenfassend ist festzustellen, dass auch die verwaltungsrechtliche Literatur bisher keine trennscharfe, allgemeingültige Definition der Subvention hervorgebracht hat, sondern den Begriff in vielfältiger Weise gebraucht.[118]

2. Subventionsbegriff in der steuerrechtlichen Literatur

Bökenkamp[119] hat in seiner Dissertation aus dem Jahr 1966 die Besteuerung der Subvention untersucht. Dabei setzte er sich mit der Behandlung von Subvention im Umsatzsteuerrecht, im Einkommen- und Gewerbesteuerrecht sowie im Vermögensteuerrecht auseinander.

Bei seiner Begriffsbestimmung der Subvention folgte er der wirtschaftswissenschaftlichen Auffassung von *Hansmeyer*.[120] Eine eigene Begriffsbestimmung nahm er nicht vor. Er verwendete den Begriff nur für solche Transferzahlungen des Staates, die für den Empfänger mit keiner Verwendungsauflage verbunden sind.

Uhlig[121] greift in ihrer Dissertation im Rahmen der Begriffsbestimmung des Zuschusses auf die in der Wirtschafts- und Finanzwissenschaft herausgearbeiteten Begriffselemente der Subvention zurück. Zwischen Subventions- und Zu-

---

114 Vgl. *Andel*, Subventionen als Instrument des finanzwirtschaftlichen Interventionismus, Tübingen 1970, S. 4; *Rodi*, Die Subventionsordnung, Tübingen 2000, S. 29.

115 Vgl. bspw. *Stober*, Besonderes Wirtschaftsverwaltungsrecht, 14. Aufl., Stuttgart 2007, § 59 III 1, S. 280.

116 Vgl. *Rodi*, Die Subventionsordnung, Tübingen 2000, S. 42 f.

117 Vgl. *Stober*, Besonderes Wirtschaftsverwaltungsrecht, 14. Aufl., Stuttgart 2007, § 59 III, S. 279 ff.

118 Vgl. *Jochum*, Die Steuervergünstigung, Berlin 2006, S. 43.

119 Vgl. *Bökenkamp*, Besteuerung der Subvention – Wirtschaftliche Wirkungen der von Zahlungen von öffentlichen Finanzhilfen ausgehenden Einflüsse auf die steuerlichen Bemessungsgrundlagen, Diss., Köln 1966.

120 Vgl. *Hansmeyer*, Subvention als wirtschaftspolitisches Instrument, in: Subventionen in der Bundesrepublik Deutschland, (Hrg.) Karl Heinrich Hansmeyer, Berlin 1963.

121 Vgl. *Uhlig*, Annegret, Grundsätze ordnungsgemäßer Bilanzierung für Zuschüsse, Düsseldorf 1989.

schussbegriff besteht bei Uhlig begrifflich kein nennenswerter Unterschied. Da sie im Ergebnis den Zuschuss begrifflich umschreibt, wird auf Uhlig zu einem späteren Zeitpunkt bei der Begriffsbestimmung des Zuschusses näher eingegangen.

Streng[122] befasst sich in seiner Dissertation mit den umsatzsteuerlichen Fragstellungen im Zusammenhang mit der Subventionsgewährung. Eine Begriffsbestimmung der Subvention nimmt er nicht vor.

Auch in der steuerrechtlichen Literatur wird der Subventionsbegriff nicht weitergehend bestimmt und auch nicht zum Begriff des Zuschusses abgegrenzt.

VI. Wirtschafts- und finanzwissenschaftliche Begriffsbildung

Die Wirtschafts- und Finanzwissenschaft haben sich bereits vor den Rechtswissenschaften mit Subventionen befasst. Sie verstehen die Subvention grundsätzlich als ein Instrument der Finanzpolitik.

Erste Definitionsversuche lassen sich auf das Jahr 1927 zurückdatieren.[123] Ausgangspunkt war die wissenschaftliche Betrachtung der Staatsausgaben, die bis dato als Politikum angesehen wurden und deshalb als Gegenstand der Nationalökonomie kaum von Bedeutung waren.[124] Als Gegenstand der wirtschaftswissenschaftlichen Betrachtungen gewannen die Staatsausgaben an Gewicht, als die Ausgaben des Staates nach ihren weiteren Auswirkungen auf die gesamtwirtschaftlichen Produktions- und Verteilungsprozesse analysiert wurden.

Bei den Ausgaben des Staates wird dabei eine Unterscheidung zwischen Gewährungen, die mit einer Gegenleistung verbunden sind, und jenen, die keine Gegenleistung fordern.[125]

Ersteres ist die Beschaffung von Gütern und Dienstleistungen bei privaten Anbietern und letzteres sind die Transferzahlungen, die Kaufkraft von Steuerzahlern auf die Transferempfänger umleitet.[126] Während bspw. staatliche „Käufe" in der Regel wettbewerbsneutral getätigt werden, wohnt Transferleistungen eine andere Intension inne. Sie bewirken eine staatlich gesteuerte Umverteilung,

---

122 Vgl. *Streng*, Zuschüsse und Subventionen im Umsatzsteuerrecht, Köln 1999.

123 Vgl. *Colm*, Volkswirtschaftliche Theorie der Staatsausgaben, Tübingen 1927, S. 47.

124 Vgl. *Grosser*, Die Spannungslage zwischen Verfassungsrecht und Verfassungswirklichkeit bei Vergabe von staatlichen Wirtschaftssubventionen durch die öffentliche Hand, Berlin 1983, S. 25.

125 Vgl. *Jochum*, Die Steuervergünstigung, Berlin 2006, S. 45.

126 Vgl. *Musgrave*, The Theorie of public finance (dt.), Tübingen 1974, S. 185 ff.; *Babrowski*, Die Steuerbefreiung als Rechtsform der Subvention, S. 8; Jochum, Die Steuervergünstigung, Berlin 2006, S. 45.

um den marktwirtschaftlichen Verteilungsprozess zu korrigieren.[127] Der Subventionsbegriff wurde dabei zu den Transferleistungen gezählt.[128]

Die unstreitige Zuordnung der Subvention zu den Transferleistungen bildet die Grundlage aller finanzwissenschaftlichen Begriffsbildungen der Subvention. Daraus folgt, dass die Wirtschafts- und Finanzwissenschaften die Subvention in ihrer Funktion als staatliches Korrekturinstrument ansieht.[129]

Im Einzelnen erweisen sich die in der ökonomischen Literatur verwendeten Subventionsbegriffe, ebenso wie die juristischen Ansätze, als höchst vielfältig.

Nichtsdestotrotz sollen die ökonomischen Subventionsbegriffe in dieser Untersuchung überblickartig dargestellt werden, zumal die wirtschafts- und finanzwissenschaftliche Begriffsbildung eine längere Tradition als die juristische aufweist, so dass davon ausgegangen werden kann, dass die Rechtswissenschaft zumindest teilweise an die ökonomischen Forschungsergebnisse angeknüpft hat.[130]

1. Instrumentenorientierte Ansätze

Über eine lange Tradition verfügen sehr enge, instrumentenbezogenen Definitionen.[131] Eine Subvention liegt danach vor, wenn Staatsleistungen an Private, insbesondere Unternehmen, erbracht werden, denen keine „ökonomische Gegenleistung" gegenübersteht.[132] Dieser Begriff erfuhr eine Erweiterung, als in der Folgezeit der Aspekt des Zuflusses beim privaten Empfänger in die Betrachtung einbezogen wurde.[133] Damit wurden auch indirekte Vergünstigungen erfasst.[134]

---

127 Vgl. *Haller*, Finanzpolitik, 5. Aufl., Tübingen 1972, S. 226; *Babrowski*, Die Steuerbefreiung als Rechtsform der Subvention, S. 8.

128 Vgl. *Freudenberg*, Die Subvention als Kreislaufproblem in Markt und Staatswirtschaft, S. 21 ff.; *Hansmeyer*, Subvention als wirtschaftspolitisches Instrument, in: Subventionen in der Bundesrepublik Deutschland, (Hrg.) ders., Berlin 1963, S. 13; *Weddigen*, Allgemeine Finanzwissenschaft, 4. Aufl., Berlin 1964, S. 62; *Eppe*, Subventionen und staatliche Geschenke, Stuttgart 1966, S. 20.

129 Vgl. *Jochum*, Die Steuervergünstigung, Berlin 2006, S. 45.

130 Eine besonders große Schnittmenge bildet sich insbesondere in wirtschaftspolitisch geprägten Bereichen, wie z.B. dem EG-Beihilfeaufsichtsrecht oder der GATT-Subventionsordnung; Vgl. *Rodi*, Die Subventionsrechtsordnung, Tübingen 2000, S. 30.

131 Vgl. *Colm*, Volkswirtschaftliche Theorie der Staatsausgaben, Tübingen 1927, S. 47; *Freudenberg*, Die Subvention als Kreislaufproblem in Markt und Staatswirtschaft, S. 20 f., 32.

132 Vgl. *Rodi*, Die Subventionsrechtsordnung, Tübingen 2000, S. 31.

133 Vgl. *Götz*, Recht der Wirtschaftssubventionen, München u. Berlin 1966, S. 13 ff.

134 Vgl. *Rodi*, Die Subventionsrechtsordnung, Tübingen 2000, S. 31.

Praktisch finden derart weite Definitionen auf einer „kreislauftheoretischen Grundlage“ vor allem bei volkswirtschaftlichen Gesamtrechnungen Verwendung. Hier wird die Subvention als Zuschuss des Staates verstanden, die im Rahmen der Wirtschafts- und Sozialpolitik für laufende Produktionszwecke gewährt wird, sei es zur Beeinflussung der Marktpreise oder zur Stützung von Produktion und Einkommen.[135]

2. Problem- oder wirkungsorientierte Ansätze

Neben den primär instrumentenbezogenen Definitionen gibt es eine weitere Gruppe, die einen problembezogenen Ansatz verfolgt. Sie legt den Schwerpunkt auf den gezielt begünstigenden Eingriff des Staates in den marktwirtschaftlichen Bereich. Zentrales Element ist hierbei der Gesichtspunkt der Marktbeeinflussung.[136] Das diskriminierende Element ist demnach ein wesentliches Begriffsmerkmal einer Subvention.

Als praktischen Anwendungsfall kann hier die Strukturierungsberichterstattung angeführt werden. Die an dieser Berichterstattung beteiligten fünf Forschungsinstitute haben sich im Grundsatz auf einen gemeinsamen Subventionsbegriff geeinigt, dem im Wesentlichen die Einflussnahme auf wirtschaftliche Strukturen als Abgrenzungskriterium zugrunde liegt.[137] Ein problem- und wirkungsorientiertes Subventionsverständnis hat insbesondere die Begriffsbildung im Bereich des europäischen und internationalen Handels- und Wirtschaftsrechts beeinflusst.[138]

3. Aufgabenorientierte Ansätze

Einen Sonderfall der wirkungsorientieren Definitionen stellen die aufgabenorientierten Ansätze dar. Bei diesen tritt der Lenkungsaspekt der Subvention zum Zwecke der Erfüllung öffentlicher Aufgaben in den Vordergrund. Subventionen sind hiernach Geldzahlungen oder geldwerte Leistung der öffentlichen Hand an Unternehmen, von denen anstelle einer marktwirtschaftlichen Gegenleistung bestimmte Verhaltensweisen gefordert oder erwartet werden, die dazu führen

135 Vgl. Statistisches Bundesamt, Statistisches Jahrbuch 1998, S. 649.

136 Vgl. *Rodi*, Die Subventionsrechtsordnung, Tübingen 2000, S. 31; *Andel*, Subventionen als Instrument des finanzwirtschaftlichen Interventionismus, Tübingen 1970, S. 6.

137 Vgl. Zwölfter Subventionsbericht, Rz. 25.

138 Vgl. *Rodi*, Die Subventionsrechtsordnung, Tübingen 2000, S. 31.

sollen, sie marktwirtschaftlichen Ziele zu korrigieren.[139] Derartige Definitionen finden in wirtschaftspolitischen Zusammenhängen Verwendung.

4. Zwischenergebnis: ökonomischer Subventionsbegriff

Zentraler Punkt des ökonomischen Verständnisses der Subvention ist der Subventionszweck. Dies ergibt sich aus dem funktionalen Verständnis der Subvention als staatliches Mittel zur Korrektur unerwünschter Wohlstandsverteilung.[140] Die Wirtschafts- und Finanzwissenschaft stellt beim Subventionszweck auf die Lenkungswirkung der Begünstigung ab. Häufig wird hierbei zwischen Primärzweck und Sekundärzweck (oder auch Endzweck) der Förderung unterschieden. Der Primärzweck ist dabei die Förderung eines bestimmten Verhaltens des Subventionsempfängers, während der Sekundärzweck eine Korrektur der Verteilung des Sozialprodukts ist.[141]

Zusammenfassend lässt sich die Subvention aus ökonomischer Sicht als eine Leistung der öffentlichen Hand verstehen, die der Korrektur eines politisch oder volkswirtschaftlich als ungünstig bewerteten Marktergebnisses dient. Die Korrektur erfolgt dabei regelmäßig durch eine Begünstigung des Subventionsempfängers, ohne dafür eine marktmäßige Gegenleistung zu erhalten.[142] Auf dieser Grundlage kann die Subvention als staatliches Mittel verstanden werden, das zur Beeinflussung staatlich unerwünschter Verteilungsergebnisse eingesetzt wird. Allerdings ermöglichen auch die verschiedenen ökonomischen Ansätze zur Bestimmung der Subvention keinen trennschaften Subventionsbegriff.

VII. Ergebnis der Begriffsauswertung „Subvention“

Der Begriff der Subvention umfasst eine Vielzahl von rechtlichen Vorstellungen. Er wird folglich in vielfältiger Weise und in mannigfaltigen Bedeutungen gebraucht.[143] Im Strafrecht ist der Begriff in § 264 StGB konkret definiert. An diese Definition knüpfen die dem Strafgesetz des Subventionsbetruges typische Rechtsfolgen an. An anderen Stellen im Gesetz wird der Subventionsbegriff zumeist in einem weiteren Kontext verwendet. Ein weiterer und engerer Begriff

---

139 Vgl. *Rodi*, Die Subventionsrechtsordnung, Tübingen 2000, S. 32.

140 Vgl. *Jochum*, Die Steuervergünstigung, Berlin 2006, S. 47.

141 Vgl. *Grosser*, Die Spannungslage zwischen Verfassungsrecht und Verfassungswirklichkeit bei Vergabe von staatlichen Wirtschaftssubventionen durch die öffentliche Hand, Berlin 1983, S. 26.

142 Vgl. *Jochum*, Die Steuervergünstigung, Berlin 2006, S. 47.

143 Vgl. *Jochum*, Die Steuervergünstigung, Berlin 2006, S. 43.

kommt mitunter auch in einem Gesetz nebeneinander vor, wie im Subventionskodex '94.[144] Dieses Nebeneinander von enger und weiter Bedeutung macht die Begriffsbestimmung derart kompliziert. Dies dürfte auch die Ursache für die vielfach bereichsspezifische Begriffsbildung sein.

Ein allgemeiner Begriffsinhalt der Subvention könnte Art. 1 GATT entlehnt werden. Die Subvention wäre begrifflich dann so zu erfassen, dass ein Staat oder eine Körperschaft des öffentlichen Rechts eine finanzielle Beihilfe gleich welcher Art gewährt, woraus dem Subventionsempfänger ein Vorteil erwächst.[145] Andere Ansichten legen den Schwerpunkt auf den Steuerungseffekt der Subvention.[146] Im Verwaltungsrecht ist eine umfangreiche Befassung mit dem Subventionsbegriff erfolgt. Das Bundesverfassungsgericht sieht in der Subvention eine freiwillige finanzielle Zuwendung des Staates zur Förderung eines bestimmten Verhaltens des Bürgers zu einem vom Staat erwünschten Effekt.[147]

Ein Teil der Literatur folgt dieser Auffassung, andere Strömungen in der Literatur begrenzen den Subventionsbegriff auf Beihilfen für die Wirtschaft, verzichtet aber auf einen Lenkungszweck der Subvention im Sinne einer gezielten Verhaltenssteuerung.[148] Ein weiterer Streit in der Literatur besteht darin, ob der Subventionsbegriff ebenfalls Steuervergünstigungen, als indirekte Subventionen erfassen soll.[149]

Die Wirtschafts- und Finanzwissenschaften wiederum sehen in der Subvention eine Leistung der öffentlichen Hand, durch die ein Subventionsempfänger begünstigt wird, ohne eine Gegenleistung zu erhalten. Die Begünstigung erfolgt dabei aufgrund eines bestimmten Subventionszwecks, wodurch eine Verhaltensbeeinflussung seitens des Subventionsnehmers erreicht werden soll.

Im Steuerrecht wird der Subventionsbegriff in Art. 73 der MwStSystRL aufgeführt, aber nicht definiert. Die hierzu ergangene Rechtsprechung des EuGH dient in erster Linie der Klärung der Frage, in welchen Konstellationen Subventionen als zusätzliches Entgelt umsatzsteuerbar sind. Der Begriff wird nicht definiert.

---

144 Art. 1 bestimmt den Subventionsbegriff allgemein, so dass keine konkreten Rechtsfolgen angeknüpft werden können. Art. 2. spezifiziert den Subventionsbegriff, so dass bestimmte Rechtsfolgen bei bestimmten Subventionen ausgelöst werden können.

145 Vgl. *Jochum*, Die Steuervergünstigung, Berlin 2006, S. 44.

146 Vgl. *Rodi*, Die Subventionsrechtsordnung, Tübingen 2000, S. 31; *Andel*, Subventionen als Instrument des finanzwirtschaftlichen Interventionismus, Tübingen 1970, S. 6.

147 Vgl. Beschl. d. *BVerfG* v. 12.2.1964, 1 BvL 12/62, BVerfGE 17, S. 210, NJW 1964, S. 587.

148 Vgl. *Götz*, Recht der Wirtschaftssubventionen, München und Berlin 1966, S. 8 ff.; *Haverkate*, NVwZ 1988, S. 769 (774).

149 Zum Meinungsstand vgl. *Rodi*, Die Subventionsrechtsordnung, Tübingen 2000, S. 47.

Unter Einbeziehung der verschieden Vorstellungen lassen sich trotz der Vielfältigkeit – bei Abweichungen im Detail – folgende Merkmale herausbilden, die den Begriff der Subvention kennzeichnen:

- Der Staat als Begünstigender gewährt
- einem Privaten als Begünstigtem
- einen finanziellen Vorteil,
- zu dem Zweck, eine Verhaltensänderung des Privaten zu bewirken.[150]

Dieses Ergebnis zum Subventionsbegriff ist der kleinste gemeinsame Nenner. Er kommt als Untersuchungsgegenstand in Betracht.

In einem weiteren Schritt soll nun der Begriff des Zuschusses untersucht werden, Ähnlichkeiten und Unterscheide herausgearbeitet werden und schließlich aus den Ergebnissen ein einheitlicher Untersuchungsgegenstand gebildet werden.

150 Vgl. *Jochum*, Die Steuervergünstigung, Berlin 2006, S. 44.

F. Der Begriff des Zuschusses

Der Begriff des Zuschusses wird häufig synonym mit dem Subventionsbegriff verwendet. Es stellt sich die Frage, ob der Begriff des Zuschusses überhaupt eine andere Bedeutung hat, als der Begriff der Subvention. Sollten die Begriffe Unterscheide aufweisen, muss festgelegt werden, welcher Begriff dieser Arbeit als Untersuchungsgegenstand zugrunde zu legen ist.

I. Der Begriff des Zuschusses im Gesetz

Der Begriff des Zuschusses wird im Gesetz verwendet, ohne dass eine Begriffsdefinition normiert worden ist.

Eine starke begriffliche Verbreitung findet sich im EStG. So wird der Begriff des Zuschusses im Bereich der Steuerbefreiungsregelungen[151], im Bereich der Abschreibungen[152], im Bereich des Sonderausgaben-Abzugs[153], bei der Sonderbehandlung von bestimmtem Ertragsaufwand von Gebäuden[154], im Rahmen der Ermittlung der sonstigen Einkünfte[155], beim Progressionsvorbehalt[156], im Rahmen des Lohnsteuer-Abzugsverfahrens[157] und bei der Bemessung des Kindergelds[158] verwendet.

Neben dem EStG wird in einer Vielzahl anderer Bundesgesetze auf den Begriff des Zuschusses Bezug genommen. So begründet § 14 Abs. 1 MuSchG einen Rechtsanspruch auf Zahlung eines Zuschusses vom Arbeitgeber, unter Angabe einer Berechnungsmethode für die Dauer und die Höhe eines bestimmten Geldbetrages.

In ähnlicher Weise wird der Begriff des Zuschusses in § 264 Abs. 1 - 3 SGB III verwendet. Hier werden Berechnungsmodalitäten für Zuschüsse zu den Lohnkosten statuiert. Gemäß § 22 Abs. 7 SGB II wird eine Zuschuss zu Kosten für Unterkunft und Heizung für bestimmte Auszubildende gewährt. § 26 Abs. 1 SGB II regelt für Bezieher von Arbeitslosengeld II die Gewährung eines Zuschusses zu Versicherungsbeiträgen. § 213 Abs. 1 SGB VI statuiert einen Bun-

151 Vgl. § 3 Nr. 14, 17, 62 EStG.

152 Vgl. §§ 7d Abs. 7; § 7h Abs. 1 S. 5, Abs. 2 S. 2; 7i Abs. 1 S. 7, Abs. 2 S. 2 EStG.

153 Vgl. §§ 10 Abs. 1 Nr. 1b S. 2; Abs. 3 S. 4; Abs. 4a S. 3; 10g Abs. 3 EStG.

154 Vgl. §§ 11a Abs. 1 S. 2, 11b S. 2 EStG.

155 Vgl. § 22 Nr. 1 S. 3b, Nr. 4 S. 1, S. 4a EStG.

156 Vgl. § 32b Abs. 1 S. 1 Nr. a – c EStG.

157 Vgl. §§ 40 Abs. 2 S. 1, Nr. 1, 5, S. 2; 41 Abs. 1; 41b Abs. 1, S. 2 Nr. 5, 10, 12, 13, S. 4 Nr. 4 EStG.

158 Vgl. § 65 Abs. 1 S. 1 Nr. 1 EStG.

deszuschuss zu den Ausgaben der allgemeinen Rentenversicherung und § 315 SGB VI einen Zuschuss zur Krankenversicherung.

Auch in § 58 Nr. 10 AO und § 62 StVollZG wird der Zuschuss ohne Definition erwähnt. Zusammenfassend lässt sich feststellen, dass der Begriff des Zuschusses recht häufig in gesetzlichen Bestimmungen auftaucht, ohne dass eine konkrete Legaldefinition erfolgt.

II. Der Zuschussbegriff im Ertragsteuer- und Bilanzrecht

1. Einkommensteuerrichtlinien und Hinweise zu den EStR

a. Die Definition in Abschn. R 6.5 Abs. 1 EStR

In Abschn. R 6.5 Abs. 1 EStR findet sich eine Definition des Zuschusses. Diese lautet wie folgt:

„Ein Zuschuss ist ein Vermögensvorteil, den ein Zuschussgeber zur Förderung eines – zumindest auch – in seinem Interesse liegenden Zwecks dem Zuschussempfänger zuwendet. Fehlt ein Eigeninteresse des Leistenden, liegt kein Zuschuss vor. In der Regel wird ein Zuschuss auch nicht vorliegen, wenn ein unmittelbarer wirtschaftlicher Zusammenhang mit einer Leistung des Zuschussempfängers feststellbar ist.“

Die Definition des Abschn. 6.5 Abs. 1 EStR gibt dem Zuschussbegriff erste Konturen. Aufgrund der Stellung der Definition in den Einkommensteuerrichtlinien dient sie zunächst der Finanzverwaltung und dem Steuerpflichtigen zur Inhaltsbestimmung des Zuschussbegriffs im Einkommensteuerrecht.

b. Weitere Verwendung des Zuschussbegriffs in den EStR

Auf den Zuschuss erfolgt im Rahmen der EStR neben der Definition in Abschn. R 6.5 Abs. 1 EStR häufig eine Bezugnahme. In Abschn. R 6.5 Abs. 2 EStR wird dem Steuerpflichtigen bezüglich der steuerlichen Behandlung des Zuschusses ein Wahlrecht eingeräumt. Der Zuschussempfänger darf den Zuschuss hiernach entweder als Ertrag behandeln und die entsprechenden Aufwendungen für die Anschaffung oder Herstellung des bezuschussten Wirtschaftsguts in voller Höhe aktivieren, oder er darf die Aufwendungen sofort verringert um den Zuschuss auszuweisen. Gemäß Abschn. R 6.5 Abs. 2 Satz 1 EStR steht dieses Wahlrecht allen jenen Steuerpflichtigen zu, die *„Anlagegüter mit Zuschüssen aus öffentli-*

chen oder privaten Mitteln" angeschafft oder hergestellt haben. Die Absätze 3 und 4 klären die Behandlung nachträglich bzw. im Voraus gewährter Zuschüsse.

Eine reine Erwähnung erfährt der Zuschuss in Abschn. R 4.10 Abs. 11 EStR im Zusammenhang mit einem Zuschuss an Gästehäuser. In Abschn. R 5.5 Abs. 2 Satz 4 EStR wird klargestellt, dass ein entgeltlicher Erwerb eines immateriellen Wirtschaftsguts auch bei der Hingabe eines sog. verlorenen Zuschusses vorliegt.[159] In Abschn. R 6.13 Abs. 2 Nr. 3 EStR wird festgelegt, dass in dem Fall, in dem ein Wirtschaftsgut mit einem erfolgsneutral behandelten Zuschuss aus öffentlichen oder privaten Mitteln angeschafft oder hergestellt worden ist, von um den Zuschuss gekürzten Anschaffungs- oder Herstellungskosten auszugehen ist.

In Abschn. R 7.3 Abs. 4 Satz 1 EStR wird ausgeführt, dass die AfA von den geminderten Anschaffungs- oder Herstellungskosten eines Wirtschaftsguts zu bemessen ist, wenn der Zuschuss im Jahr der Anschaffung oder Herstellung des Wirtschaftsguts bewilligt wurde. Abschn. R 7.3 Abs. 4 Satz 2 EStR klärt wie ein nachträglich bewilligter Zuschuss sich auf die AfA auswirkt.[160]

Nach Abschn. R 7a Abs. 2 EStR mindern Zuschüsse die Bemessungsgrundlage im Jahr der Bewilligung des Zuschusses. Abschn. R 7a Abs. 3 EStR klärt, wie sich die Rückzahlung eines Zuschusses auf die Bemessungsgrundlage der AfA auswirkt.[161]

Abschn. R 21.5 EStR bestimmt die Behandlung von Zuschüssen im Zusammenhang mit Einkünften aus Vermietung und Verpachtung näher. So klärt

---

159 So heißt es in Abschn. R 5.5 Abs. 2 Satz 4 EStR:
„Ein entgeltlicher Erwerb eines immateriellen Wirtschaftsgutes liegt auch bei der Hingabe eines sog. verlorenen Zuschusses vor, wenn der Zuschussgeber von dem Zuschussempfänger eine bestimmte Gegenleistung erhält oder eine solche nach den Umständen zu erwarten ist oder wenn der Zuschussgeber durch die Zuschusshingabe einen besonderen Vorteil erlangt, der nur für ihn wirksam ist."

160 Abschn. R 7.3 Abs. 4 Satz 2 EStR lautet:
„Ist dem Steuerpflichtigen der Zuschuss in einem auf das Jahr der Anschaffung oder Herstellung folgenden Wirtschaftsjahr bewilligt worden oder hat er den Abzug zulässigerweise in einem auf das Jahr der Anschaffung oder Herstellung des Wirtschaftsgutes folgenden Wirtschaftsjahr vorgenommen, bemisst sich die weitere AfA in den Fällen des § 7 Abs. 4 Satz 1 und Abs. 5 EStG ebenfalls nach den um den Zuschuss- oder Abzugsbetrag geminderten Anschaffungs- bzw. Herstellungskosten, in allen anderen Fällen nach dem um den Zuschuss- bzw. Abzugsbetrag geminderten Buchwert oder Restwert des Wirtschaftsgutes."

161 Abschn. R 7a Abs. 3 EStR lautet:
„Wird ein Zuschuss zurückgezahlt, ist der Rückforderungsbetrag im Jahr des Entstehens der Rückforderungsverpflichtung der bisherigen Bemessungsgrundlage für die AfA, für die erhöhten Absetzungen und für die Sonderabschreibungen hinzuzurechnen und so zu berücksichtigen, als wäre der Betrag zu Beginn des Jahres zurückgefordert."

Abschn. R 21.5 Abs. 1 Satz 1 EStR, dass Zuschüsse zur Finanzierung von Baumaßnahmen aus öffentlichen oder privaten Mitteln, die keine Mieterzuschüsse sind, grundsätzlich nicht zu den Einnahmen aus Vermietung und Verpachtung zählen. Abschn. R 21.5 Abs. 1 Satz 2 – 4 EStR nimmt zur Berücksichtigung des Erhalts eines Zuschusses im Zusammenhang mit der AfA von bezuschussten Wirtschaftsgütern Stellung. R 21.5 Abs. 1 Satz 5 – 10 EStR befassen sich damit, wie Zuschüssen sich auf die Werbungskosten auswirken.

Abschn. R 21.5 Abs. 2 EStR bildet eine Ausnahme von Abschn. 21.5 Abs. 1. Zuschüsse, die keine Mieterzuschüsse sind, werden im Kalenderjahr des Zuflusses als Einnahmen aus Vermietung und Verpachtung behandelt, wenn sie eine Gegenleistung für die Gebrauchsüberlassung des Grundstücks darstellen. Schließlich definiert R 21.5 Abs. 3 Satz 1 EStR den Mieterzuschuss.[162] In den folgenden Sätzen 2 – 8 EStR wird zu der Behandlung von Mieterzuschüssen ausgeführt. R 21.5 Abs. 4 gibt schließlich Auskunft darüber, wie die Finanzverwaltung verfährt, wenn Zuschüsse auf eine eigengenutzte oder unentgeltlich an Dritte überlassene Wohnung entfallen.

c. *Zuschussbegriff in den Hinweisen zur EStR (EStH)*

In den Hinweisen zu den Einkommensteuerrichtlinien werden insbesondere spezielle Zuschussarten und deren steuerliche Behandlung angesprochen.

Abschn. H 3.2 EStH klärt die steuerliche Behandlung von Existenzgründerzuschüssen.[163] In Abschn. H 5.6 EStH wird hinsichtlich eines Zinszuschusses ausgeführt: „*Der kapitalisiert ausgezahlte Zinszuschuss für die Aufnahme eines langjährigen Kapitalmarktdarlehens ist passiv abzugrenzen.*“ Unter Abschn. H 5.7 EStH wird im Rahmen der Rückstellungen der Werkzeugkostenzuschuss ausgeführt, dass ein faktischer Leistungszwang bestünde.

---

162 Abschn. R 21.5 Abs. 3 Satz 1 EStR lautet:
„*Vereinbaren die Parteien eines Mietverhältnisses eine Beteiligung des Mieters an den Kosten der Herstellung des Gebäudes oder der Mieträume oder lässt der Mieter die Mieträume auf seine Kosten wieder herrichten und einigt er sich mit dem Vermieter, dass die Kosten ganz oder teilweise verrechnet werden, entsteht dem Mieter ein Rückzahlungsanspruch, der in der Regel durch Anrechnung des vom Mieter aufgewandten Betrags (Mieterzuschuss) auf den Mietzins wie eine Mietvorauszahlung befriedigt wird.*“

163 Abschn. H 3.2 EStH lautet:
„*Zuschüsse zur Förderung von Existenzgründern aus Mitteln des Europäischen Sozialfonds und aus Landesmitteln sind nicht steuerfrei, wenn sie nicht der Aufstockung des Überbrückungsgeldes nach dem SGB III dienen (BFH vom 26.6.2002 - BStBl II S. 697).*“

Im Rahmen des Abschn. H 6.5 EStH nimmt die Finanzverwaltung für eine Reihe von Erscheinungsformen der Zuschüsse Stellung, wie unter anderem zu Baukostenzuschüsse bei Energieversorgungsunternehmen, zu Betriebsunterbrechungsversicherungen, zu Geld und Bauleistungen des Mieters, zu Investitionszulagen und zu Investitionszuschüssen bei Einnahmeüberschussrechnern.

In Abschn. H 7.6 EStH findet sich die Regelung, dass Investitionszuschüsse grundsätzlich nicht den Teilwert der bezuschussten Wirtschaftsgüter mindern. Schließlich spiegeln sich in Abschn. H 21.5 EStH eine Reihe von Entscheidungen des BFH im Zusammenhang mit Zuschüssen im Bereich der Einkünfte aus Vermietung und Verpachtung wider.[164]

Im Übrigen wird der Begriff des Zuschusses noch in Abschn. H 33.1 – 33.4 EStH, in Abschn. H 33a.2 EStH sowie in einigen Berechnungsbeispielen des Abschn. H 33a.2 EStH erwähnt.

d. *Zwischenergebnis*

Aus der Definition in Abschn. 6.5 Abs. 1 EStR lassen sich wesentliche Begriffsmerkmale für den Zuschuss entnehmen.

Hiernach erfolgt durch einen öffentlichen oder einen privaten (Unternehmer / Privatperson) Zuschussgeber an einen Zuschussempfänger (Unternehmen / Privatperson) die Zuwendung eines Vermögensvorteils zu einem bestimmten Zweck. Dabei muss der Zuschussgeber ein gewisses Eigeninteresse an der Zuschussvergabe innehaben. Es darf jedoch kein unmittelbarer wirtschaftlicher Zu-

164 Abschn. H 21.5 EStH lautet:
„Zuschüsse, die eine Gemeinde für die Durchführung bestimmter Maßnahmen, die der Erhaltung, Erneuerung und funktionsgerechten Verwendung des Gebäudes dienen, unabhängig von der Nutzung des Gebäudes gewährt, mindern die Herstellungskosten und sind nicht als Einnahmen aus Vermietung und Verpachtung zu behandeln. Die Herstellungskosten sind auch dann um einen Zuschuss zu kürzen, wenn der Stpfl. im Vorjahr einen Zuschuss als Einnahme behandelt hatte (Urt. d. BFH v. 26.3.1991 – BStBl. II 1992 S. 999).
Der Zuschuss einer Gemeinde zum Bau einer Tiefgarage ohne Vereinbarung einer Mietpreisbindung oder Nutzung durch bestimmte Personen mindert die Herstellungskosten. Die mit dem Zuschuss verbundene Verpflichtung, die Tiefgarage der Öffentlichkeit gegen Entgelt zur Verfügung zu stellen, ist keine Gegenleistung des Empfängers (Urt. d. BFH v. 23.3.1995 – BStBl. II 1995 S. 702).
Öffentliche Fördermittel (Zuschüsse oder nicht rückzahlbare Darlehen), die ein Bauherr im Rahmen des sog. Dritten Förderungswegs für Belegungs- und Mietpreisbindungen erhält, sind im Zuflussjahr Einnahmen aus Vermietung und Verpachtung (Urt. d. BFH v. 14.10.2003 – BStBl. II 2004 S. 14).“

sammenhang zwischen Zuschussgewährung und einer Gegenleistung des Zuschussempfängers bestehen.

Der Zuschussbegriff gewinnt in Abschn. 6.5 Abs. 1 EStR hinsichtlich der drei folgenden Punkte deutlich an Konturen:

- Es wird klar umrissen, welche Personen an einem Zuschussverhältnis beteiligt sein können. Wesentlich ist, dass auch eine private Stelle (Unternehmen / Privatperson) Zuschussgeber sein. Die Einkommensteuerrichtlinien sehen keine Beschränkung auf öffentliche Zuschussgeber vor. Bereits die weite Formulierung in Abschn. R 6.5 EStR legt den Schluss nahe, dass sowohl der Staat, als auch ein Privater (Unternehmen oder Privatperson) als taugliche Zuschussgeber in Betracht kommen. Dies bestätigt sich bei einer weiteren Durchsicht der Einkommensteuerrichtline. In Abschn. R 6.5 Abs. 2 EStR[165], in Abschn. R 6.13 Abs. 2 Nr. 3 EStR[166] und in Abschn. R 21.5 Abs. 1 Satz 1 EStR[167] enthält die Richtlinie jeweils in unterschiedlichen Zusammenhängen ausdrücklich die Formulierung: *„Zuschüsse aus öffentlichen oder privaten Mitteln"*. Damit unterscheidet sich der Zuschussbegriff vom ermittelten Subventionsbegriff bereits personell, da dieser nur öffentliche Zuschussgeber beinhaltet.
- Er umschreibt mit der Zuwendung eines Vorteils mit einem bestimmten Zweck auch die erforderliche Beziehung zwischen den Beteiligten. Das Wesen des Zuschusses wird damit greifbarer.
- Durch das Erfordernis des Eigeninteresses seitens des Zuschussgebers kann eine Abgrenzung zur Schenkung vorgenommen werden. Durch die Einschränkung, dass kein unmittelbarer wirtschaftlicher Zusam-

---

165 Abschn. R 6.5 Abs. 2 Satz 1 EStR lautet:
„Werden Anlagegüter mit Zuschüssen aus öffentlichen oder privaten Mitteln angeschafft oder hergestellt, hat der Stpfl. ein Wahlrecht."

166 Abschn. R 6.13 Abs. 2 Nr. 3 EStR lautet:
„Bei der Beurteilung der Frage, ob die Anschaffungs- oder Herstellungskosten für das einzelne Wirtschaftsgut 150 Euro oder 1.000 Euro nicht übersteigen, ist, [...] wenn das Wirtschaftsgut mit einem erfolgsneutral behandelten Zuschuss aus öffentlichen oder privaten Mitteln nach R 6.5 angeschafft oder hergestellt worden ist, von den um den Zuschuss gekürzten [...] Anschaffungs- oder Herstellungskosten auszugehen."

167 Abschn. R 21.5 Abs. 1 S. 1 EStR lautet:
„Zuschüsse zur Finanzierung von Baumaßnahmen aus öffentlichen oder privaten Mitteln, die keine Mieterzuschüsse sind (z. B. Zuschuss einer Flughafengesellschaft für den Einbau von Lärmschutzfenstern), gehören grundsätzlich nicht zu den Einnahmen aus Vermietung und Verpachtung."

menhang zwischen Zuschusszahlung und einer Gegenleistung des Zuschussempfängers bestehen darf, erfolgt eine Abgrenzung zu gegenseitigen Verträgen i.S. der §§ 320 ff. BGB. Die Definition bietet damit auch rechtliche Abgrenzungskriterien zu nahstehenden Rechtsinstituten.

Aufgrund der Stellung der Definition in den Einkommensteuerrichtlinien dient die Begriffsdefinition zunächst der Finanzverwaltung und dem Steuerpflichtigen zur Inhaltsbestimmung des Zuschussbegriffs im Einkommensteuerrecht. M.E. scheint dieser Begriff jedoch tauglich, auch über die Grenzen des Einkommensteuerrechts hinaus, als Begriffsdefinition fungieren zu können.

2. IdW-Stellungnahmen des HFA[168]

Der HFA nimmt in einer Stellungnahme aus dem Jahr 1984[169] zu öffentlichen Zuschüssen und in einer später im Jahr 1996[170] folgenden Stellungnahme zu privaten Zuschüssen zu Bilanzierungsfragen bei Zuwendungen von öffentlicher bzw. privater Seite Stellung.

a. IdW-Stellungnahme HFA 1/1984[171]

In seiner Vorbemerkung stellt er dazu fest:

„Im Rahmen öffentlicher Förderprogramme gewährt die öffentliche Hand an private Unternehmen Zuwendungen verschiedenster Art und unter mannigfaltigen Bezeichnungen (Zuwendungen, Zuschüsse, Zulagen, Prämien, Beihilfen, Subventionen usw.). Die vorliegende Stellungnahme behandelt diese Zuwendungen, soweit sie aufgrund über den Einzelfall hinausgehender allgemeingültiger Regelungen (Gesetze, Verwaltungsvorschriften, Richtlinien) gewährt werden.“[172]

Ausgangspunkt der Überlegungen des HFA ist, dass der Zuschussgeber die öffentliche Hand und Zuschussempfänger ein privates Unternehmen ist.[173]

Unter finanziellen Zuwendungen versteht er Zahlungen an den Berechtigten, die nicht rückzahlbar oder nur bedingt rückzahlbar[174] sind.

---

168 Stellungnahme des Hauptausschusses des Instituts der Wirtschaftsprüfer.

169 Vgl. IdW-Stellungnahme *HFA* 1/1984, WPg 1984, S. 612 ff.

170 Vgl. IdW-Stellungnahme *HFA* 2/1996, WPg 1996, S. 709 ff.

171 Vgl. IdW-Stellungnahme *HFA* 1/1984, WPg 1984, S. 612 ff.

172 Vgl. IdW-Stellungnahme *HFA* 1/1984, WPg 1984, S. 612 ff.

173 Vgl. IdW-Stellungnahme *HFA* 1/1984, WPg 1984, S. 612.

Der HFA grenzt Zuschüsse von Verbindlichkeiten, Gesellschaftereinlagen, Sachzuwendungen und sonstigen Vorteilen, wie z.B. Steuervergünstigungen und Zinsvorteile für Darlehen und Bürgschaften ab.[175]

Im Rahmen seiner Stellungnahme wird ein Zuschuss durch den HFA nach seinen steuerlichen Wirkungen umrissen. „*Steuerpflichtige Zuwendungen werden als Zuschüsse, nicht steuerpflichtige als Zulagen bezeichnet.*" Anschließend werden die Zuwendungen je nach ihrem Zweck in verschiedene Untergruppen unterteilt.[176] So heißt es: „*Sie werden entweder zu Investitionen (Investitionszuschüsse und -zulagen) oder zu (einmaligen oder laufenden) Aufwendungen gewährt (Aufwandszuschüsse).*"

Eine weiterführende Begriffsdefinition erfolgt nicht. Vielmehr hat er aufgrund der Vielfalt der in der Praxis anzutreffenden Zuschussarten einige wichtige Erscheinungsformen in der Stellungnahme behandelt. Als kleinster gemeinsamer Nenner der ersten Stellungnahme des HFA lässt sich der öffentliche Zuschuss als eine Zuwendung eines finanziellen Vorteils umschreiben, bei dem der Staat Zuschussgeber und private Unternehmen Zuschussempfänger sind.

b. IdW-Stellungnahme HFA 2/1996[177]

In einer im Jahr 1996 später erscheinenden Stellungnahme nimmt der HFA zur Bilanzierung privater Zuschüsse Stellung.

Seinen bilanziellen Betrachtungen stellt er dabei Grundsätzliches unter dem Punkt „*Grundlagen*" voran. Der HFA führt dort aus, dass Unternehmen in der Praxis verschiedene Arten von Zuwendungen oder Vergünstigungen von privater Seite (Dritte oder Gesellschafter) als „*Zuschuss*" gewährt bekommen können.[178]

---

174 Bei bedingt rückzahlbaren Zuwendungen ist die Rückzahlungsverpflichtung nach Auffassung der HFA von dem Eintritt oder Nichteintritt einer oder mehrerer bei der Gewährung der Zuwendung festgelegter Bedingungen abhängig.

175 Vgl. IdW-Stellungnahme *HFA* 1/1984, WPg 1984, S. 613. Der *HFA* führt dort aus:
„*Nicht Gegenstand dieser Stellungnahme sind:*
- *unbedingt rückzahlbare Zuwendungen, weil sie Verbindlichkeiten darstellen*
- *Zahlungen, durch die der Zuwendende dem empfangenden Unternehmen Gesellschaftskapital zuführt*
- *Sachzuwendungen und sonstige Vorteile, z.B. Steuervergünstigungen, Zinsvorteile für Darlehen und Bürgschaften.„*

176 Vgl. IdW-Stellungnahme *HFA* 1/1984, WPg 1984, S. 613.

177 Vgl. IdW-Stellungnahme *HFA* 2/1996, WPg 1996, S. 709 ff.

178 Vgl. IdW-Stellungnahme *HFA* 2/1996, WPg 1996, S. 710.

Er charakterisiert die Grundzüge eines privaten Zuschusses und skizziert die Unterschiede zwischen öffentlichen und privaten Zuschüssen.

Öffentliche Zuwendungen oder Vergünstigungen werden nach Ansicht des HFA in der Regel aus struktur- oder wirtschaftspolitischen Gründen gewährt. Häufig sind dabei keine unmittelbaren Gegenleistungsverpflichtungen des Zuwendungsempfängers gegenüber den Zuwendungsgeber vorgesehen.

Demgegenüber beruhen private Zuschüsse, d.h. Zuschüsse, die im Rahmen einer Geschäftsbeziehung unter fremden Dritten gewährt werden, nach Auffassung des HFA grundsätzlich auf einem ökonomischen Austauschverhältnis. In diesen Fällen sind Leistung und Gegenleistung nach kaufmännischen Gesichtspunkten gegeneinander abgewogen, so dass die Leistung des Zuschussgebers und die gesamte Gegenleistung des Zuschussempfängers sich ausgeglichen gegenüberstehen. Aufgrund dessen handelt es sich nach Ansicht des HFA bei privaten Zuschüssen regelmäßig nicht um Schenkungen.

Der HFA definiert den privaten Zuschuss sodann wie folgt:

> *„Bei einem privaten Zuschuss handelt es sich somit um eine Leistung, die vom Zuschussgeber zur Erreichung eines bestimmten, in seinem Interesse liegenden Ziels gewährt wird und bei der die (erwartete) Gegenleistung des Zuschussempfängers in der Erfüllung des Förderzwecks zugunsten des Zuschussgebers besteht.“*[179]

Diese Definition schränkt er durch den nächsten Absatz durch die Schaffung von Ausnahmen bereits wieder ein. So kann bei der Zuschussgewährung nach Auffassung des HFA in Ausnahmefällen auch von der Gegenleistungspflicht abgesehen werden. Dies soll etwa bei Sanierungszuschüssen oder bei Zuschüssen, die ein Gesellschafter aufgrund seiner Gesellschafterstellung gewährt, der Fall sein.

Wie bereits in seiner Stellungnahme aus dem Jahr 1984 unterteilt der HFA auch die privaten Zuschüsse je nach ihrem Zuschusszweck in Investitionszuschüsse und Aufwands- und Ertragszuschüsse und nimmt zur steuerlichen Behandlung der einzelnen Erscheinungsformen im Einzelnen Stellung.[180]

c. *Zwischenergebnis*

Im Rahmen der beiden IdW-Stellungnahmen des HFA wird der Zuschussbegriff eingehend untersucht. Eine einheitliche Definition des Zuschusses wird nicht

---

179 Vgl. IdW-Stellungnahme *HFA* 2/1996, WPg 1996, S. 710.

180 Vgl. IdW-Stellungnahme *HFA* 2/1996, WPg 1996, S. 710.

hervorgebracht, es wird einzeln zum öffentlichen und zum privaten Zuschuss Stellung genommen.

Bezüglich des öffentlichen Zuschussbegriffs zeigen sich rasch viele Parallelen zu den herausgearbeiteten Begriffsmerkmalen der Subvention. Als Novum kann man die eingehende Befassung mit privaten Zuschüssen in der Stellungnahme aus dem Jahr 1996 bezeichnen.

Die Erscheinungsform des privaten Zuschusses wird in der Stellungnahme aus dem Jahr 1996 umfassend erläutert und inhaltlich beschrieben. Leider verliert die an sich konturenreiche Begriffsdefinition des privaten Zuschusses durch eine Reihe von Ausnahmeregelungen im Rahmen der Stellungnahme wieder an Schärfe.

Unklar bleibt auch, welche Anforderungen an die, in der Stellungnahme genannte, Gegenleistung zu stellen sind. Es wird nicht deutlich, ob der HFA eine Gegenleistungspflicht im Sinne einer vertraglichen Abrede fordert, oder ob eine solche unmittelbare Leistungsverpflichtung gerade nicht erforderlich ist.

3. Rechtsprechung des BFH

Der BFH hat bereits in einer Vielzahl von Entscheidungen zur Behandlung von Zuschüssen Stellung genommen.[181] Dabei benutzt der BFH den Begriff des Zuschusses in verschiedenen Zusammenhängen in unterschiedlicher Weise. Eine allgemeingültige inhaltliche Bestimmung des Zuschussbegriffs erfolgt nicht.

---

181 Beispielhaft: Vgl. Urt. d. *BFH* v. 5.4.1984, IV R 96/82; BStBl. 1984 II 552 – für Ausbildungsplatzzuschuss; Urt. d. *BFH* v. 28.10.1980, VIII R 34/76, BStBl. II 1981, S. 161 – in Leistungsaustausch einbezogener Mieterzuschuss; Urt. d. *BFH* v. 22.7.1982, IV R 111/79, BStBl. II 1982, S. 655 – Abfindungen nach dem Mühlenstrukturgesetz; Urt. d. *BFH* v. 22.1.1992, X R 23/89, BStBl. II 1992, S. 488 – Zuschuss zur Bildung und Erhaltung eines Schwerbehindertenarbeitsplatzes; Urt. d. *BFH* v. 28.10.1980, VIII R 34/76, BStBl. II 1981, S. 161 – für Finanzierungsbeihilfen zur Strukturverbesserung der Molkereiwirtschaft; Urt. d. *BFH* v. 17.09.1987, III R 225/83, BStBl. II 1988, S. 324 – Liquiditätsstärkung; Urt. d. *BFH* v. 17.9.1992, I R 45/91, BFH/NV 1993, S. 170 – Eingliederungshilfen; Urt. d. *BFH* v. 3.7.1986, IV R 109/84, BStBl. II 1986, S. 608 – Ausgleichsleistungen bei der Beförderung von Schülern durch private Omnibusunternehmen; Urt. d. *BFH* v. 24.4.1990, VIII R 94/85, BFH/NV 1990, S. 567 – Staatliche Ausgleichszahlungen nach dem Personenbeförderungsgesetz und dem Schwerbehindertengesetz; Beschl. d. *BFH* v. 21.6.1990, IV B 100/89, BStBl. II 1990, S. 980 – Zuschüsse nach dem Landesmodernisierungsprogramm für ein Wohnungsunternehmen; Urt. d. *BFH* v. 16.5.2002, IV R 11/01, BStBl. II 2002, S. 854 – Zuschuss eines Hauptlieferanten; Urt. d. *BFH* v. 26.6.2002, IV R 39/01, BStBl. II 2002, S. 697; Urt. d. *BFH* v. 18.9.2002, X R 41/01, BFH/NV 2003, S. 43 – Existenzgründungsbeihilfen.

Der BFH führt jedoch in einem Urteil vom 22.1.1992[182] aus, dass sich die Frage, ob und inwieweit ein Investitionszuschuss oder ein sonstiger Zuschuss vorliegt, nicht nach dem Subventionsrecht, sondern nach dem Handels- und Steuerrecht beurteile. Damit macht der BFH deutlich, dass sich ein Zuschuss im Bereich des Ertragsteuerrechts keineswegs an die Begriffsmerkmale des hergeleiteten Subventionsbegriffs zu halten hat, sondern anhand eigener entwickelter Kriterien zu messen ist. Eine Definition des Zuschussbegriffs nimmt er gleichwohl nicht vor.

Analysiert man die Rechtsprechung im Hinblick auf die einzelnen Begriffsmerkmale des Zuschusses, so wird deutlich, dass Zuschussgeber nach Auffassung des BFH nicht nur der Staat[183] sein muss, sondern ebenso auch private Zuschussgeber in Betracht kommen.[184]

Bereits das Reichsgericht hatte in seinem Urteil vom 23.6.1933[185] hinsichtlich eines privaten Zuschusses entschieden, dass eine Wahlmöglichkeit bestünde, diesen sofort als Ertrag zu vereinnahmen oder sie von den Anschaffungs- und Herstellungskosten des bezuschussten Wirtschaftsguts abzuziehen. Er wendet die Grundsätze zur steuerlichen Behandlung der Zuschüsse damit unabhängig davon, ob der Zuschussgeber der Staat oder ein Privater ist, auf vergleichbare Sachverhalte an.

Der BFH behandelt in seinem Urteil vom 29.4.1982[186] einen Fall, in dem ein Versicherer auf der Grundlage einer Betriebsunterbrechungsversicherung einem Versicherungsnehmer, neben den laufenden Kosten für die durch einen Brand verursachte Betriebsunterbrechung, den Erwerb einer neuen Maschine finanzierte. In diesem Zusammenhang führte der BFH aus, dass ein Zuschuss aus öffentlichen oder privaten Mitteln zur Anschaffung oder Herstellung eines Wirtschaftsguts nur vorliegt, wenn die Leistung des Zuschussgebers beim Zuschussempfänger einer rechtlichen Zweckbindung unterliegt, und zwar in dem Sinne, dass die Leistung zurückgefordert werden kann, wenn der Empfänger nicht in bestimmter Weise mit ihr verfährt.

Dies folgt nach Ansicht des BFH notwendig daraus, dass Rechtfertigungsgrund für ein steuerliches Wahlrecht im Sinne des Abschn. R 6.5 Abs. 2 EStR allein das Eigeninteresse desjenigen, der den Zuschuss leistet, an einem bestimmten Verhalten des Leistungsempfängers sein kann, und dass dieses Eigen-

---

182 Vgl. Urt. d. *BFH* v. 22.01.1992, X R 23/89, BStBl. II 1992, S. 488 .

183 Beispiele für öffentliche Zuschussgeber: Vgl. Urt. d. *BFH* v. 14.7.1988, IV R 78/85, BStBl. II 1989, S. 189; Urt. d. *BFH* v. 23.3.1995, IV R 58/94, BStBl. II 1995, S. 702.

184 Beispiele für private Zuschussgeber: Urt. d. *BFH* v. 1.12.1992, IX R 333/87, BStBl. II 1994, S. 12; Urt. d. *BFH* v. 20.6.2007, X R 13/06, BStBl. II 2007, S. 879.

185 Vgl. Urt. d. *RGH* v. 23.6.1933, VI A 28/31, RStBl. 1933, S. 1143.

186 Vgl. Urt. d. *BFH* v. 29.04.1982 - IV R 177/78, BStBl. II 1982, S. 591.

interesse naturgemäß einer Zweckbindung unterliegt. Des Weiteren ist für die Annahme eines Zuschusses – jedenfalls eines privaten Zuschusses – erforderlich, dass der Leistende mit dem Zuschuss nicht lediglich eine rechtliche Verpflichtung erfüllt; denn besteht eine solche rechtliche Verpflichtung, lässt sich die Leistung nicht dahin werten, dass sie der Befriedigung des Interesses des Leistenden an einem bestimmten Verhalten des Leistungsempfängers dient.

Das Kriterium des erforderlichen Eigeninteresses ist von der Zielsetzung deckungsgleich mit der in der Einkommensteuerrichtlinie unter Abschn. R 6.5 Abs. 1 Satz 3 EStR verwandten Formulierung, dass in der Regel kein Zuschuss vorliegt, wenn ein unmittelbarer wirtschaftlicher Zusammenhang mit einer Leistung des Zuschussempfängers feststellbar ist.[187]

Auch in seinem Urteil vom 26.3.1993[188] ist für die Annahme eines Zuschusses entscheidungserheblich, ob lediglich eine rechtliche Verpflichtung erfüllt wird. Der BFH klärt in dieser Entscheidung die Frage, ob eine Leistung Mieteinkünfte oder eine Zuschussgewährung darstellt. Nach seiner Auffassung können Zuschusszahlungen nur dann als Einnahmen i. S. von § 21 Abs. 1 Nr. 1 EStG behandelt werden, wenn sie als Gegenleistung für die Überlassung des Gebrauchs oder der Nutzung des Grundstücks zu beurteilen wären. Wenn der Zuschussgeber jedoch den Zuschuss ausschließlich aus denkmalpflegerischen Gründen gewährt, fehlt es an einer lediglich rechtlichen Verpflichtung. In dem Fall, in dem ein unmittelbarer wirtschaftlicher Zusammenhang zwischen einer Geldleistung und der Gebrauchsüberlassung eines Grundstücks besteht, ist nach Auffassung des BFH begrifflich nicht von einem Zuschuss auszugehen.

In die gleiche Richtung weist die Entscheidung vom 28.10.1980[189] nach der Geld- und Bauleistungen des Mieters zur Erstellung eines Gebäudes keine Zuschüsse sind, sondern ein zusätzliches Nutzungsentgelt für die Gebrauchsüberlassung des Grundstücks darstellen. Auch in diesem Fall stellen die Geld- und Bauleistungen eine unmittelbare Gegenleistung für eine Leistung (hier: Gebrauchsüberlassung des Grundstücks) dar, aufgrund dessen der BFH die Anwendung der Grundsätze zum Zuschuss ablehnt.

Bei der Analyse der vom BFH angelegten Begriffsmerkmale wird deutlich, dass sich der Zuschussbegriff des BFH weitgehend mit den herausgearbeiteten Begriffsmerkmalen der EStR deckt. Insbesondere geht der BFH sowohl bei öffentlichen, als auch privaten Zuschussgebern, vom Kriterium der Zweckbindung des Zuschusses sowie vom Eigeninteresse des Zuschussgebers an der Zuschussgewährung aus.

---

187 Vgl. Abschn. R 6.5 Abs. 1 Satz 3 EStR.

188 Vgl. Urt. d. *BFH* v. 26.03.1991, IX R 104/86, BStBl. II 1992, S. 999.

189 Vgl. Urt. d. *BFH* v. 28.10.1980, VIII R 34/76, BStBl. II 1981, S. 161.

Hinsichtlich des Zuschussbegriffs folgt die Finanzverwaltung in den Einkommensteuerrichtlinien den durch den BFH entwickelten Begriffsmerkmalen.

4. Der Zuschussbegriff in der Literatur

In der Literatur haben sich bereits eine Vielzahl von Autoren mit dem Phänomen des Zuschusses im Handelsrecht und im Ertragssteuerrecht auseinandergesetzt und in diesem Zusammenhang unterschiedlichste Versuche unternommen, eine tragfähige Begriffsdefinition zu finden.

Eine Reihe von Autoren halten sich mit ihrer Begriffsbestimmung sehr eng an die Definition des Abschn. R 6.5 Abs. 1 der Einkommensteuerrichtlinie.[190]

So definiert *Weber-Grellet*[191] einen Zuschuss wie folgt: *„Unter der Bezeichnung „Zuschuß" verbirgt sich eine Vielzahl verschiedener Erscheinungsformen (Zuwendungen, Zulagen, Prämien, Beihilfen, Subventionen usw.), denen allen gemeinsam ist, dass der Zuschußgeber dem Nehmer aus einem bestimmten Anlaß und zur Förderung eines bestimmten Zwecks (Zweckbindung) einen Vermögensvorteil zuwendet."* *Weber-Grellet* fast die verschiedenen terminologischen Erscheinungsformen unter dem Begriff des Zuschusses zusammen.

Küting[192] verwendet für Zuschüsse und Zulagen den Begriff der Zuwendungen und umschreibt ihn wie folgt: *„Zuwendungen werden durch einen einseitigen Geld-, Güter- oder Dienstleistungstransfer ohne marktwirtschaftlichen Leistungsaustausch charakterisiert. Für Zuwendungen findet daher das Prinzip von Leistung und unmittelbarer Gegenleistung i.d.R. keine Anwendung. Dies bedeutet jedoch nicht, dass die Gewährung einer Zuwendung nicht auch für den Zuwendungsgeber vorteilhaft sein kann."*

Nach *Clausen*[193] kann man allgemein als Zuschuss eine von öffentlicher oder privater Seite gewährte Zuwendung an einen Dritten bezeichnen, die hauptsächlich zur Deckung von (sofort abziehbaren oder aktivierungspflichtigen) Aufwendungen ohne unmittelbare Gegenleistung des Empfängers dient. Nach seiner Auffassung gibt es aber keinen einheitlichen Begriff des Zuschusses, sondern verschiedene Arten von Zuschüssen mit unterschiedlichen Zielsetzungen.

Das Begriffsmerkmal „Eigeninteresse" wird von Clausen als zu weitgehend kritisiert.[194] Er begründet dies damit, dass das Begriffsmerkmal einzig eine Ab-

---

190 Vgl. bspw. *Wilhelm/Hennig*, Kleines Handbuch der Steuerbilanz, 2. Aufl., 2002, S. 140.

191 Vgl. *Weber-Grellet* in Kirchhof/Söhn/Mellinghoff, Einkommensteuergesetz, Kommentar, Stand: 206. Ergänzungslieferung, April 2010, § 4, Rdnr. D 280.

192 Vgl. *Küting*, DStR 1996, S. 276.

193 Vgl. *Clausen* in Herrmann/Heuer/Raupach, § 5 EStG, Anm. 1600.

194 Vgl. *Clausen* in Herrmann/Heuer/Raupach, § 5 EStG, Anm. 1600.

grenzung zur Schenkung bezweckt, die sich nach dieser Ansicht jedoch besser aus dem Förderungszweck des Zuschusses ableiten lässt.[195]

Nieland[196] stellte in einem mehrteiligen Aufsatz umfassende Erwägungen zum Zuschussbegriff an, bei dem er einen weiteren Zuschussbegriff prägte. Bei seinen Untersuchungen kam er zu dem Befund, dass Zuwendungen von Vermögenswerten als Zuschuss bezeichnet werden können, mit denen unmittelbar keine Gegenleistung im marktüblichen Geschäftsverkehr erkauft wird. Die Zuwendungen werden vielmehr für bestimmte Zwecke geleistet, die sich von marktüblichen Austauschgeschäften unterscheiden. Die entscheidenden Begriffsmerkmale des Zuschusses sind nach Nieland: das Eigeninteresse des Zuschussgebers (1), die Zuwendung eines Vermögensvorteils (2) und die Zweckbindung der Zuwendung (3).

Nieland definiert den Zuschuss wie folgt: *„Im Sinne einer Begriffsbestimmung nach dem Sprachgebrauch läßt sich als Zuschuß jede Zuwendung von Vermögenswerten durch den Zuschußgeber zu dem Ziel bezeichnen, den Empfänger zu einem wirtschaftlichen Verhalten zu veranlassen, an dem der Zuschußgeber wirtschaftlich oder wirtschaftspolitisch interessiert ist und das der Zuschußempfänger bei Verfolgung seiner Vermögensmehrungsabsicht nach Marktbedingungen nicht an den Tag legt, weil es ihm die erstrebte Rendite nicht zu bringen verspricht.“*[197]

Viele Autoren beschränkten ihre Untersuchungen ausschließlich auf öffentliche Zuschüsse.[198]

So auch *Uhlig*[199], die sich in ihrer Dissertation mit dem Titel „Grundsätze ordnungsmäßiger Bilanzierung“ mit dem Zuschussbegriff auseinandersetzt. Der durch sie ermittelte Begriff ist sehr eng an den Begriff der Subvention angelehnt. Sie definiert Zuschüsse anhand der Merkmale eines übergeordneten Subventionsbegriffs, bestehend aus verschiedenen Begriffselementen. Dabei erfasst sie den Subventionsbegriff als Ordnungsrahmen und definiert anhand des Subventionsbegriffs den Zuschuss wie folgt:

---

195 Vgl. *Clausen* in Herrmann/Heuer/Raupach, § 5 EStG, Anm. 1600; Urt. d. BFH v. 29.4.1982, IV R 177/78, BStBl. II 1982, S. 591.

196 Vgl. *Nieland*, DStZ 1986, S. 184 f. (183).

197 Vgl. *Nieland*, DStZ 1986, S. 184 (183).

198 Vgl. *Groh*, BB 1973, S. 742; Unverdorben, Institut „Finanzen und Steuern“, Nr. 273, 1987; *Groh*; DB 1988, 2417; *Mathiak*, DStR 1989, S. 232; *Tertel*, DStR 1990, S. 17; *ders.*, DStR 1990, S. 71; *Laicher*, DStR 1993, S. 292 (294), *Groh*, StuW 1994, S. 91; *Kupsch*, WPg 1984, S. 369; *Tjaden*, WPg 1985, S. 33; *Bauer*, BB 1985, 161; *Uhlig*, Grundsätze ordnungsgemäßer Bilanzierung für Zuschüsse, Düsseldorf 1989.

199 Vgl. *Uhlig*, Grundsätze ordnungsgemäßer Bilanzierung für Zuschüsse, Düsseldorf 1989, S. 51 ff.

„Ein Zuschuß ist ein zu versteuernder, unmittelbarer oder mittelbarer, nicht oder nur bedingt rückzahlungspflichtiger Geldbetrag, den die öffentliche Hand als Subventionsgeber mit den Zweckbindungsmerkmalen einer Subvention (bei wirtschaftlicher Betrachtung) in ein Unternehmen bzw. (bei rechtlicher Betrachtung) an dessen Träger als Subventionsempfänger transferiert."[200]

Uhlig greift bei Ihrer Begriffsdefinition auf die bereits durch die Wirtschaftswissenschaften geprägten Kriterien zurück. Bei den für Uhlig wesentlichen Begriffsmerkmalen handelt es sich um den Subventionsempfänger, den Subventionsgeber, den Zweck der Subventionsgewährung aus der Perspektive des Subventionsgebers, die Leistung des Subventionsgebers an den Subventionsempfänger, die Transaktion, Rückzahlungspflicht, den Subventionsmittler und schließlich die Besteuerung.

Sie verwendet die Terminologie Zuschuss und Subvention synonym. Selbst innerhalb ihrer Definition spricht sie einerseits vom Zuschuss und andererseits von Subventionsgeber und Subventionsempfänger. Sämtliche Erscheinungsformen von privaten Zuschüssen werden nicht von ihrer Definition erfasst. Uhlig lässt in ihre Definition des Zuschusses steuerliche Merkmale einfließen. Ein Zuschuss ist nach ihrer Ansicht begriffsnotwendig steuerpflichtig. Dieses Merkmal entspringt der Abgrenzung zu den stets steuerfreien Zulagen.

Ein bereits erweitertes Begriffsverständnis des Zuschusses legte *Jansen*[201] in seiner Dissertation mit dem Arbeitstitel „Die Bilanzierung von Zuwendungen an Industrieunternehmen im handelsrechtlichen Jahresabschluss" an. Er bezog unter speziellen Bedingungen auch Private in den Kreis der Zuschussgeber ein. Ein privater Zuschussgeber kam nach seiner Ansicht dann in Betracht, wenn durch den Zuschussgeber ein „höheres quasi öffentliches Interesse"[202] verfolgt wird. Soweit ein Zuschussgeber nur noch seine eigenen Vorteile verfolgt, scheidet naturgemäß ein übergeordnetes öffentliches Interesse aus. Es werden dann gegenseitige wirtschaftliche Leistungen versprochen, die nach kaufmännischen Gesichtspunkten ausgewogen sind und deren Nichterfüllung entsprechende Schadensersatzforderungen bedingt.[203]

Wie auch immer die Frage des Zuschussbegriffs durch die unterschiedlichen Autoren in der Literatur beantwortet wird, so wird doch erkennbar, dass der Zu-

---

200 Vgl. *Uhlig*, Grundsätze ordnungsgemäßer Bilanzierung für Zuschüsse, Düsseldorf 1989, S. 57.

201 Vgl. *Jansen*, Die Bilanzierung von Zuwendungen an Industrieunternehmen im handelsrechtlichen Jahresabschluss, München (Univ. Diss. 1987) 1988.

202 Vgl. *Jansen*, Die Bilanzierung von Zuwendungen an Industrieunternehmen im handelsrechtlichen Jahresabschluss, München (Univ. Diss. 1987) 1988, S. 28.

203 Vgl. *Jansen*, Die Bilanzierung von Zuwendungen an Industrieunternehmen im handelsrechtlichen Jahresabschluss, München (Univ. Diss. 1987) 1988, S. 27.

schussbegriff der überwiegenden Zahl der Autoren große Schnittmengen mit dem Zuschussbegriff des Abschn. R 6.5 Abs. 1 der Einkommensteuerrichtlinien aufweisen. Die begriffliche Umschreibung erfolgt über die Umschreibung des Zuschussbegriffs und weist mal mehr und mal weniger exakte Tatbestandsmerkmale auf. Eine Begrenzung des Zuschussbegriffs auf Fälle, bei denen ausschließlich staatliche Zuschussgeber einen Zuschuss gewähren können, wird ganz überwiegend abgelehnt. Eine abschließende Klärung der Begriffsdefinition erfolgt auch durch die Literatur nicht.

5. Zwischenergebnis: Zuschussbegriff im Ertragsteuerrecht

Im Bereich des Ertragsteuer- und Bilanzrechts erhält der Zuschuss mit der Begriffsbestimmung in Abschn. 6.5 Abs. 1 EStR erstmals griffige Konturen. Es wird deutlich, wer Beteiligter eines Zuschussverhältnisses sein kann, welche Anforderungen an das Zuschussverhältnis zu stellen.

Zudem ermöglicht die Begriffsbestimmung, Zuschüsse zu ähnlichen Rechtsinstituten, wie etwa der Schenkung oder zu gegenseitigen Verträgen nach rechtlichen handhabbaren Kriterien abzugrenzen. Insgesamt liegen dabei die Auffassungen zum Zuschussbegriff bei Rechtsprechung, Finanzverwaltung, HFA des IdW und der Literatur im Bereich des Ertrag- und Bilanzsteuerrechts recht nahe beieinander.

Die Begriffsmerkmale des Zuschusses lassen sich – eng an der Definition des Abschn. R 6.5 EStR – wie folgt zusammenfassen:

- Ein privater oder staatlicher Zuschussgeber
- wendet einem Zuschussempfänger
- einen Vermögensvorteil,
- zu einem bestimmten Zweck zu,
- wobei die Zuwendung auch im Eigeninteresse des Zuschussgebers erfolgt,
- jedoch nicht lediglich der Erfüllung einer unmittelbaren rechtlichen Verpflichtung dient.

III. Der umsatzsteuerliche Zuschussbegriff

1. Im Umsatzsteuergesetz

Der Begriff „Zuschuss" ist im UStG nicht mehr enthalten. In der bis zum 30.6.1973 geltenden Fassung des § 10 Abs. 1 S. 3 Halbs. 2. UStG 1967 wurde der Begriff „Zuschuss“ – wenn auch nicht definiert – zumindest im Gesetz verwendet. Dort hieß es: *„Zum Entgelt gehört auch, was ein anderer als der Empfänger dem Unternehmer für die Lieferung oder sonstige Leistung gewährt; das gilt nicht für Zuschüsse aus öffentlichen Kassen.“*

Der letzte Halbsatz wurde durch das Steueränderungsgesetz 1973 gestrichen, weil diese Ausnahmeregelung in zunehmendem Maße als generelle Steuerbefreiungsvorschrift aufgefasst wurde.[204]

2. Umsatzsteuer-Anwendungserlass (UStAE)

Mit Wirkung zum 1. November 2010 trat der Umsatzsteueranwendungserlass an die Stelle der Umsatzsteuer-Richtlinie 2008 (UStR 2008). Die UStR 2008 ist damit aufgehoben worden.[205] Erläuterungen zur umsatzsteuerlichen Behandlung von Zuschüssen finden sich in Abschn. 1.1 Abs. 18 UStAE, hauptsächlich aber in Abschn. 10.2 UStAE.

Im Abschn. 1.1 Abs. 18 UStAE wird der Zuschuss im Zusammenhang mit städtebaulichen Sanierungsmaßnahmen begrifflich lediglich erwähnt.

Im Abschn. 10.2 UStAE wird hingegen sehr umfassend zur umsatzsteuerlichen Behandlung von Zuschüssen Stellung genommen. Gemäß Abschn. 10.2 Abs. 1 Satz 1 UStAE können Zahlungen unter der Bezeichnung *„Zuschuss, Zuwendung, Beihilfe, Prämie, Ausgleichsbetrag u.a.“* entweder

- ein Entgelt für eine Leistung an den Zuschussgeber (Zahlenden),
- ein (zusätzliches) Entgelt eines Dritten oder
- einen echten Zuschuss

darstellen.

Die Finanzverwaltung unterteilt Zuschüsse im Umsatzsteuerrecht in die vorbenannten drei Untergruppen. Auch wenn der Abschn. 10.2 Abs. 1 UStR mit *„Allgemeines“* überschrieben ist, erfolgt keine weiterführende Begriffsbestimmung des Zuschusses für das Umsatzsteuerrecht. Auch Begriffsmerkmale, die einen Zuschuss im Umsatzsteuerrecht charakterisieren können, lassen sich nicht entnehmen. Die Abschnitte 10.2 Abs. 2 – 10 UStAE erläutern die drei Untergruppen der Zuschüsse im Umsatzsteuerrecht im Einzelnen. Im Wesentlichen dienen die Ausführungen dazu, eine Zuschusszahlung umsatzsteuerlich als um-

---

204 Vgl. *Tehler* in Reiß/Kraeusel/Langer, Umsatzsteuergesetz – Kommentar, Stand: 84. Ergänzungslieferung, Bonn, Juni 2010, § 10, Rn. 217.

205 Aufgrund der Allgemeinen Verwaltungsvorschrift zur Aufhebung Umsatzsteuer-Richtlinien 2008 (UStR 2008) vom 6. Oktober 2010 (Bundesanzeiger Nr. 165 vom 29. Oktober 2010, BStBl. I 2010, S. 769).

satzsteuerbares Entgelt (sog. „*unechter*" Zuschuss) bzw. als einen nicht umsatzsteuerbaren „*echten*" Zuschuss zu qualifizieren.[206]

Trotz der sehr ausführlichen Unterscheidung der drei Untergruppen kann dem UStAE keine brauchbare Definition des Zuschusses entnommen werden. Die Unterteilung nach steuerlichen Merkmalen in Abschn. 10.2 UStEA richtet sich im Wesentlichen daran aus, wann ein Zuschuss Entgeltcharakter haben kann. Danach richtet sich letztlich die Umsatzsteuerbarkeit eines Zuschusses bzw. die Einbeziehung eines zusätzlichen Entgelts für einen Zuschuss in die Bemessungsgrundlage der Umsatzsteuer.

---

206 Zuschüsse als Entgelt für Leistungen an den Zuschussgeber (Abschn. 10.2 Abs. 2 UStAE):
Zahlt der Zuschussgeber den Zuschuss für eine vom Zuschussempfänger an ihn ausgeführte Leistung, handelt es sich gemäß Abschn. 150 Abs. 2 UStR um ein Entgelt, wenn:
- ein Leistungsaustauschverhältnis zwischen dem Zuschussempfänger und dem Zuschussgeber besteht,
- ein unmittelbarer Zusammenhang zwischen der erbrachten Leistung des Zuschussempfängers und dem Zuschuss besteht, d.h. wenn der Zuschussempfänger seine Leistung – insbesondere bei gegenseitigen Verträgen – erkennbar aufgrund des Zuschussempfangs erbringt,
- der Zuschussgeber einen Gegenstand oder einen sonstigen Vorteil erhält, auf Grund dessen er als Empfänger einer Lieferung oder sonstigen Leistung angesehen werden kann,
- ein Verbrauch im Sinne des gemeinsamen Mehrwertsteuerrechts vorliegt.

Zuschüsse als zusätzliches Entgelt eines Dritten (Abschn. 10.2 Abs. 3 – 6 UStAE):
Um ein zusätzliches Entgelt i.S.d. § 10 Abs. 1 S. 3 UStG handelt es sich gemäß Abschn. 150 Abs. 3 Satz 1 UStR bei solchen Zahlungen, die von einem anderen als dem Leistungsempfänger für die Lieferungen oder sonstige Leistungen des leistenden Unternehmers (Zuschussempfängers) gewährt werden. Ein zusätzliches Entgelt kommt in der Regel nur dann in Betracht, wenn ein unmittelbarer Leistungsaustausch zwischen dem Zahlungsempfänger und dem zahlenden Dritten zu verneinen ist.
Echte Zuschüsse (Abschn. 10.2 Abs. 7 – 11 UStAE):
Gemäß Abschn. 150 Abs. 7 Satz 1 UStR liegt ein echter Zuschuss vor, wenn die Zahlungen nicht auf Grund eines Leistungsaustauschverhältnisses erbracht werden. Weiter ist in den Umsatzsteuerrichtlinien ausgeführt: „Das ist der Fall, wenn die Zahlungen nicht an bestimmte Umsätze anknüpfen, sondern unabhängig von einer bestimmten Leistung gewährt werden, weil z.B. der leistende Unternehmer (Zahlungsempfänger) einen Anspruch auf die Zahlung hat oder weil in Erfüllung einer öffentlich-rechtlichen Verpflichtung bzw. im überwiegenden öffentlich-rechtlichen Interesse an ihn gezahlt wird. Echte Zuschüsse liegen auch vor, wenn der Zahlungsempfänger die Zahlung lediglich erhält, um ganz allgemein in die Lage versetzt zu werden, überhaupt tätig zu werden oder seine nach dem Gesellschaftszweck obliegenden Aufgaben erfüllen zu können."

Man könnte aus dieser Unterteilung zu der Überzeugung gelangen, dass das Umsatzsteuerrecht als Zuschuss nur einen sog. „*echten*“ Zuschuss anerkennt. Der Zuschussbegriff wäre dann sehr eng gefasst.

Dagegen spricht jedoch zunächst die verwendete Begrifflichkeit der Finanzverwaltung. Der Begriff „*Zuschuss*“ wird bereits im Abschn. 10.2 Abs. 1 UStAE für alle drei Erscheinungsformen verwendet. Auch bei der Beschreibung der einzelnen Untergruppen, bei denen die Zahlung ein Entgelt für eine Leistung des Zuschussempfängers darstellt oder als zusätzliches Entgelt eines Dritten zu erfassen ist, verwendet die Finanzverwaltung die Terminologien „*Zuschussgeber*“, „*Zuschussempfänger*“ und „*Zuschuss*“.

Auch inhaltliche Gesichtspunkte sprechen gegen eine derart enge Begriffsauslegung. Zuschüsse müssen nämlich im Umsatzsteuerrecht dahingehend untersucht werden, ob sie in das Entgelt für eine Leistung einbezogen werden sollen oder nicht. Abgrenzungsmerkmale liefert Abschn. 10.2 UStAE. Ist ein Zuschuss ein Entgelt oder zusätzliches Entgelt, bleibt er begrifflich nach wie vor ein Zuschuss, wenngleich den Zuschusszahlungen Entgeltcharakter zukommt. Eine Einengung des Zuschussbegriffs ist daher auch inhaltlich auszuschließen.

Insbesondere Abgrenzungskriterien zu anderen Rechtsinstituten, wie zu Schenkungen und insbesondere gegenseitigen Verträgen i.S. der §§ 320 ff. BGB finden sich nicht. Welche Art von Zuwendung also grundsätzlich als Zuschuss in eine der Untergruppen zugeordnet werden kann, bleibt unklar. Eine Begriffsbestimmung vergleichbar zu Abschn. R 6.5 EStR erfolgt nicht.

3. Begriffsbestimmung durch die Rechtsprechung

a. *Rechtsprechung des BFH*

Der BFH nimmt im Bereich des Umsatzsteuerrechts keine eigene Begriffsdefinition des Zuschussbegriffs vor. Den Begriff des Zuschusses verwendet das Gericht ohne ihn näher zu bestimmen. Die Frage, ob ein Zuschuss überhaupt begrifflich vorliegt, wird durch den BFH nicht beantwortet.

Nach Auffassung des BFH ist auch im Umsatzsteuerrecht davon auszugehen, dass sowohl private, als auch öffentliche Zuschussgeber einen Zuschuss gewähren können.[207]

---

207 Vgl. Beispiele für private Zuschüsse: Essenszuschüsse von Unternehmern zur Verbilligung des Essens ihrer Arbeitnehmer in Gaststätten, nicht selbst betriebenen Kantinen u. Ä., Beschl. d. *BFH* v. 18.7.2002, V B 112/01, BFH/NV 2002, S. 1543; Werbezuschüsse, Urt. d. *BFH* v. 15.12.1960, V 155/59 U, BStBl. III 1961, S. 218. Beispiele für öffentliche Zuschüsse: Zuschüsse einer Gemeinde für die Übernahme von Erschlie-

Nach der Art der Beziehung zwischen einer Leistung des Zuschussempfängers und einem dafür erhaltenen Zuschuss qualifiziert der BFH die Zuschusszahlung als Entgelt oder als eine nicht umsatzsteuerbare Leistung. Bei seinen Entscheidungen verschwimmen häufig die Konturen zu Leistungsverhältnissen die ihren Ursprung in einem gegenseitigen Vertrag i.S. der §§ 320 ff. BGB haben. So kommt es mitunter dazu, dass in einem vermeintlichen Zuschussfall eine Abgrenzung zu einem nicht umsatzsteuerbaren „*echten*" Zuschuss nach den hierfür entwickelten Kriterien erfolgt, obwohl eigentlich ein gegenseitiger Vertrag vorliegt, bei dem eine Abgrenzung zum „*echten*" Zuschuss überflüssig ist.

b. Rechtsprechung des EuGH

Der EuGH verwendet im Umsatzsteuerrecht auch den Begriff des Zuschusses.[208] Anknüpfungspunkt ist dabei regelmäßig die Auslegung von Art. 73 MwStSystRL (vormals: Art. 11 Teil A Abs. 1 lit. a Richtlinie 77/388/EWG – Sechste Richtlinie), wobei in der Richtlinie der Begriff der Subvention verwendet wird. Der EuGH unterscheidet im Umsatzsteuerrecht nicht zwischen Subvention und Zuschuss. Insoweit kann auf die Ausführungen unter Kapitel I, E, IV, E.4.4 dieser Arbeit zum Subventionsbegriff verwiesen werden.

c. Rechtsprechung des BVerfG

Das BVerfG hat in seinem Beschluss vom 10.1.1979[209] festgestellt, dass die Frage, ob eine Leistung ein Entgelt oder einen echten Zuschuss darstellt, vorrangig eine Frage des einfachen Rechts ist. Bei den Schwierigkeiten, die eine Abgrenzung bereitet, liegt nach Auffassung des BVerfG keine Verletzung des Willkürverbots vor. Zu den Begriffsmerkmalen eines Zuschusses nimmt das BVerfG keine Stellung und gibt auch keine Anhaltspunkte für eine Abgrenzung.

ßungsmaßnahmen, Urt. d. *BFH* v. 9.4.1987, V R 134/78, BFH/NV 1987, S. 602, Zuschüsse der BfA für Arbeit nach dem Arbeitsförderungsgesetz, Urt. d. *BFH* v. 6.10.1988, V R 101/85, BFH/NV 1989, S. 327; Forschungszuschüsse, Urt. d. *BFH* v. 23.2.1989, V R 141/84, BStBl. II 1989, S. 638 und Urt. d. *BFH* v. 30.11.1995, V R 29/91, BStBl. II 1997, S. 189.

208 Vgl. Urt. d. *EuGH* v. 6.10.2009, Rs. C-267/08, ABl EU 2008, Rs. C 247, 4, EuZW 2009, S. 898 f; Urt d. *EuGH* v. 16. 12. 1999, Rs. C-382/98, EuZW 2000, S. 672; Urt. d. *EuGH* v. 20. 11. 2001 Rs. C-184/00, IStR 2002, S. 96.

209 Vgl. Beschl. d. *BVerfG* v. 10.1.1979, 1 BvR 1018/78, UR 1979, S. 65.

4. Begriffsbestimmung durch die Literatur

Auch die umsatzsteuerliche Literatur hat bisher keine Begriffsklärung hervorgebracht.

Tehler[210] stellt kurz und in aller Deutlichkeit fest: *„Diese Zuwendungen eines Dritten werden häufig Zuschüsse, Beihilfen, Prämien oder Ausgleichszahlungen genannt. Die Begriffe sind jedoch umsatzsteuerrechtlich nicht definiert."*

Heidner[211] führt aus, dass Zuschüsse und Beihilfen nach allgemeinem Sprachgebrauch freiwillige Leistungen sind, die nicht auf die Erlangung einer Gegenleistung abzielen. Für Zwecke der Umsatzsteuer sind Zuschüsse aber genau auf ihren wirtschaftlichen Gehalt zu prüfen, denn im Wirtschaftsleben sind Leistungen ohne jegliche Gegenleistung unüblich. Sie kommen in der Regel nur bei staatlichen Fördermaßnahmen in Betracht, bei denen entweder (im Interesse der Arbeitsplatzsicherung) die Liquidation eines Betriebes verhindert werden oder aber der Unternehmer zu einem im allgemeinen öffentlichen Interesse liegenden Verhalten angeregt werden soll. Die Zahlung erfolgt in diesen Fällen zur Förderung eines aus strukturpolitischen, volkswirtschaftlichen oder allgemeinpolitischen Gründen erwünschten Verhaltens des Zahlungsempfängers.

In der Praxis wird der Begriff des Zuschusses aufgrund der fehlenden Definition weit verwendet und infolge des weiten Rahmens der Zuschüsse bisweilen aber auch unterschiedlich verstanden.[212]

Lange[213] stellt fest, dass im Umsatzsteuerrecht zwar der Grundsatz gilt, dass die *„Angemessenheit des Entgelts"* nicht zu prüfen ist und ein Leistungsaustausch keine Äquivalenz von Leistung und Gegenleistung erfordere. Gleichwohl kann nach seiner Auffassung dieser Gesichtspunkt bei der Einordung einer Geldleistung der öffentlichen Hand als Gegenleistung oder als Subvention Bedeutung zukommen. Dies schlussfolgert er aus der Definition der Subvention in § 264 Abs. 6 StGB.

Insgesamt ist die juristische Literatur im Bereich des Umsatzsteuerrechts nicht geeignet die Konturen des Zuschussbegriffs zu schärfen.

---

210 Vgl. *Tehler* in Reiß/Kraeusel/Langer, Umsatzsteuergesetz – Kommentar, Stand: 84. Ergänzungslieferung, Bonn, Juni 2010, § 10, Rn. 215.

211 Vgl. *Heidner* in Bunjes/Geist, Umsatzsteuer Kommentar, 10. Aufl., München 2011, § 10, Rn. 41.

212 Vgl. *Wagner* in Sölch/Ringleb, Umsatzsteuergesetz – Kommentar, Stand: 63. Ergänzungslieferung, München April 2010, § 10, Rn. 196; *Weiß*, UR 1986, S. 83; *Schettler*, UR 1988, S. 29; *Widmann*, UR 1988, S. 325.

213 Vgl. *Lange*, UR 1994, S. 419 (413).

IV. Ergebnis: Zuschussbegriff

Im Gesetz findet sich keine Definition des Begriffs Zuschuss.

Der Blick im Bereich des Umsatzsteuerrechts offenbart, dass ein umsatzsteuerlicher Zuschussbegriff schlicht nicht vorhanden ist. Es ergeben sich nur vage Umrisse, die begrifflichen Anforderungen an den Zuschussbegriff erkennen lassen. Der Schwerpunkt liegt hier auf der Frage, wann einer Zahlung Entgeltcharakter zukommt bzw. wann ein Entgelt in die Bemessungsgrundlage einbezogen werden muss. Dabei verschwimmen oft die Grenzen zu gegenseitigen Verträgen i.S. der §§ 320 ff. BGB. Eine klare begriffliche Abgrenzung eines Zuschusses wäre jedoch auch im Umsatzsteuerrecht wünschenswert, da mitunter Sachverhalte im Problemkreis „*Zuschuss*" diskutiert werden, die aufgrund eines hiervon zu unterscheidenden Rechtsverhältnisses (bspw. gegenseitiger Vertrag, Schenkung) bereits begrifflich anders verortet werden müssten.

Im Ertragsteuerrecht finden sich in Abschn. R 6.5 Abs. 1 EStR wesentliche Begriffsmerkmale für den Zuschuss. Rechtsprechung, Finanzverwaltung und Literatur wenden diesen unter Abweichung im Detail auch an.

Hiernach erfolgt durch einen öffentlichen oder einen privaten (Unternehmer / Privatperson) Zuschussgeber an einen Zuschussempfänger (Unternehmen / Privatperson) die Zuwendung eines Vermögensvorteils zu einem bestimmten Zweck. Dabei muss der Zuschussgeber zumindest auch ein Eigeninteresse an der Zuschussvergabe innehaben. Es darf jedoch kein unmittelbarer wirtschaftlicher Zusammenhang zwischen Zuschussgewährung und einer Gegenleistung des Zuschussempfängers bestehen.

Der Zuschussbegriff bekommt in Abschn. R 6.5 Abs. 1 EStR in drei wesentlichen Punkten deutliche Konturen. Es werden die am Zuschussverhältnis beteiligten Personen benannt. Es wird dabei insbesondere deutlich, dass als Zuschussgeber sowohl eine öffentliche Stelle, aber auch Private (Unternehmen / Privatpersonen) in Betracht kommen. Weiter wird mit dem Erfordernis der Zuwendung eines Vorteils zu einem bestimmten Zweck die Rechtsbeziehung zwischen Zuschussgeber und Zuschussempfänger näher konkretisiert. Mit dem Erfordernis des Eigeninteresses bei der Zuwendung seitens des Zuschussgebers kann einerseits eine Abgrenzung zur Schenkung vorgenommen werden und durch die Einschränkung, dass kein unmittelbarer wirtschaftlicher Zusammenhang zwischen Zuschusszahlung und einer Gegenleistung des Zuschussempfängers bestehen darf, wird andererseits eine Abgrenzung zu gegenseitigen Verträgen i.S. der §§ 320 ff. BGB möglich.

M.E. ist dieser Richtlinien-Begriff tauglich, auch über die Grenzen des Einkommensteuerrechts hinaus als Begriffsdefinition zu fungieren. Auch im Umsatzsteuerrecht wäre die Anwendung einer solchen Begriffsdefinition sinnvoll und wünschenswert, da die Frage, ob eine Zuschusszahlung ein umsatzsteuerlich relevantes Entgelt darstellt oder nicht, dann auch nur in wirklichen Zuschussfällen problematisiert würde. Wird nach Prüfung eines vermeintlichen Zuschusses anhand der Begriffsdefinition deutlich, dass es sich nicht um einen Zuschuss handelt, sondern vielmehr um einen (atypischen) gegenseitigen Vertrag oder eine Schenkung, entfällt eine Prüfung des Sachverhalts unter dem Stichwort „*Zuschuss*“ schon im Vorfeld.

Aus Gründen der Rechtssicherheit und Rechtsklarheit sollte der einkommensteuerliche Zuschussbegriff m.E. auch im Umsatzsteuerrecht angewendet werden.

G. Auswertung der Begriffsanalyse „Subvention“ und „Zuschuss“

In vielen Punkten weisen Zuschussbegriff und Subventionsbegriff weitreichende Parallelen auf. So verwundert es nicht, dass die Begriffe teilweise synonym verwendet werden. In beiden Fällen wird ein finanzieller Vorteil gegenüber einem Privaten (Unternehmen / Privatperson) gewährt. Die Vorteilsgewährung erfolgt dabei zu einem Zweck, der eine Zweckvereinbarung bzw. Zweckabrede voraussetzt.

Begrifflich können die Subvention und der Zuschuss abschließend wie folgt umschrieben werden:

Subvention: Die Subvention ist eine vom Staat als Begünstigendem an einen Privaten als Begünstigtem gewährter finanzieller Vorteil zu dem Zweck, eine Verhaltensänderung des Privaten zu bewirken.

Zuschuss: Ein privater oder staatlicher Zuschussgeber wendet einem privaten Zuschussempfänger zu einem bestimmten Zweck einen Vermögensvorteil zu, wobei die Zuwendung auch im Eigeninteresse des Zuschussgebers erfolgt, diese aber nicht im unmittelbaren Zusammenhang mit einer Gegenleistung steht d.h. die Zahlung dabei nicht lediglich der Erfüllung einer rechtlichen Verpflichtung dient.

Obgleich beide Begriffe in einer Vielzahl von Punkten übereinstimmen, zeigt sich bei den tauglichen Beteiligten eines Zuschuss- / Subventionsverhältnisses ein beachtlicher Unterschied.

Der Subventionsbegriff ist maßgeblich als staatliche Unterstützung gekennzeichnet. Bei den Subventionen ist der Subventionsgeber (Begünstigender) stets der Staat bzw. eine staatliche Institution, wohingegen beim Zuschuss sowohl ein öffentlicher, als auch ein privater Zuschussgeber (Unternehmen / Privatperson) in Betracht kommen kann.

Eine synonyme Verwendung der Begriffe ist daher ungenau. Der Zuschussbegriff ist weiter gefasst als der Begriff der Subvention. Diese lässt sich als eine Untergruppe des Zuschusses, nämlich als öffentlicher Zuschuss verstehen.

H. Festlegung des Untersuchungsgegenstands

I. Zuschussbegriff der Untersuchung

In dieser Arbeit sollen Zuschüsse und Subventionen im Ertrag- und Umsatzsteuerrecht untersucht werden.[214] Im Rahmen der Begriffsanalyse zur Subvention und zum Zuschuss ist deutlich geworden, dass der Zuschuss begrifflich weiter gefasst ist, als die Subvention, da neben den Verhältnissen, in denen ein öffentlicher Träger der Zuschussgeber ist, auch private (Unternehmen / Privatpersonen) als Zuschussgeber in Erscheinung treten können. Der Untersuchung soll daher der Begriff des Zuschusses zugrunde gelegt werden.

Hierbei soll der maßgeblich im Ertragsteuerrecht entwickelte Begriff des Zuschusses die Grundlage für die Untersuchungen bilden. Dieser Begriff ist stark an die Definition in Abschn. R 6.5 EStR angelehnt. Durch ihn wird es ermöglicht, die Beteiligten eines Zuschussverhältnisses klar zu benennen, die Ausgestaltung des Rechtsverhältnisses zu konkretisieren und eine Abgrenzung zu anderen Rechtsinstituten vorzunehmen. Dies dient sowohl im Ertragsteuer- als auch im Umsatzsteuerrecht der Klarheit und Rechtssicherheit.

Dieser Arbeit liegt folgender Zuschussbegriff zugrunde:

Ein öffentlicher oder privater Zuschussgeber (1) wendet einem Zuschussempfänger (2) zu einem bestimmten Zweck (3) einen Vermögensvorteil zu (4), wobei die Zuwendung zumindest auch im Eigeninteresse des Zuschussgebers erfolgt (5), diese aber nicht im unmittelbaren Zusammenhang mit einer Gegenleistung steht und damit die Zahlung nicht lediglich der Erfüllung einer rechtlichen Verpflichtung dient (6).

1. Öffentlicher oder privater Zuschussgeber

Als Zuschussgeber kommen juristische Personen des öffentlichen Rechts aller Art in Betracht. Dazu zählen grundsätzlich Institutionen der EU, des Bundes, der

214 Anmerkung: Bei der Betrachtung sollen nur die Auswirkungen auf den betrieblichen Bereich untersucht werden. Zuschusszahlungen an Private im nichtbetrieblichen Bereich wären einkommensteuerfrei Zuwendungen. Dieser Bereich ist nicht Gegenstand der Untersuchung.

Länder und der Gemeinden sowie die Anstalten und Stiftungen des öffentlichen Rechts.[215]

Neben den öffentlichen, können aber auch private (nicht-öffentliche Institutionen) als Zuschussgeber in Erscheinung treten. Es kommen Unternehmen (betrieblicher Bereich) oder Privatpersonen (nicht betrieblicher Bereich) als Zuschussgeber in Betracht.

2. Zuschussempfänger

Zuschüsse können für den unternehmerischen (betrieblichen Bereich) oder in selteneren Fällen auch für den privaten (nicht betrieblichen Bereich) bestimmt sein. Zuschussempfänger können daher Unternehmer und auch Privatpersonen sein.

3. Zuwendung eines Vermögensvorteils

Bei der Zuwendung muss es sich um eine Leistung aus dem Rechtskreis des Zuschussgebers handeln.[216] Es müssen vermögenswerte Gegenstände gewährt werden, die dem Zuschussempfänger wirtschaftlich der Förderung eines in seinem Interesse liegenden Zwecks dienen. Das wirtschaftliche Interesse des Zuschussempfängers besteht dabei meist darin, Renditelücken bei der Anschaffung von Wirtschaftsgütern oder im Rahmen des laufenden Betriebs eines Unternehmens zu decken.[217] In den überwiegenden Fällen erfolgt die Zuwendung des Zuschussgebers als Geldzahlung.[218] Statt der Geldleistung kann der Zuschussgeber auch eine Sach- oder Dienstleistung erbringen oder eine Sicherheit in Form einer Garantie oder einer Bürgschaft leisten. Der Vermögensvorteil kann auch darin bestehen, auf eine Leistung, die der Zuschussempfänger zu erbringen hätte, zu verzichten.[219]

---

215 Vgl. *Möller*, Gemeindliche Subventionsverwaltung, Stuttgart 1963, S. 49; *Alewell*, Subventionen als betriebswirtschaftliche Frage, Köln und Opladen 1965, S. 82.

216 Vgl. *Nieland*, DStZ 1986, S. 184 (183).

217 Vgl. *Nieland*, DStZ 1986, S. 184 (183).

218 Vgl. *Uhlig*, Grundsätze ordnungsgemäßer Bilanzierung für Zuschüsse, Düsseldorf 1989, S. 51.

219 Vgl. *Uhlig*, Grundsätze ordnungsgemäßer Bilanzierung für Zuschüsse, Düsseldorf 1989, S. 52.

4. Zweckbindung der Zuwendung

Die Zuwendung des Vermögensgegenstands erfolgt ausschließlich zur Verwendung zu einem bestimmten, vom Zuschussgeber vorgegebenen Zweck. Mit der Zweckbindung sichert sich der Zuschussgeber die seinem Eigeninteresse entsprechenden Ziele bei der Verwendung des Zuschussgegenstandes durch den Zuschussempfänger.[220] Häufig wird zur Sicherung des Zuschusszwecks eine entsprechende Bedingung zwischen den Parteien vereinbart. Der Zuschussgeber erlangt dann, bei einer zweckfremden Verwendung des Zuschusses, ein Rückforderungsrecht gegen den Zuschussempfänger.[221]

Der Zweck ergibt sich aus den dem Zuschuss zugrundeliegenden Zuschussvereinbarungen oder bei öffentlich-rechtlichen Zuschüssen auch aus Rechtsvorschriften, Ratsbeschlüssen oder Verwaltungsakten o.ä.[222]

Die Zweckbestimmung des Zuschusses darf jedoch nicht derart weit gehen, dass eine Verwendung der dem Zuschussempfänger zugewendeten Mittel im eigenen Namen und für eigene Rechnung unmöglich wird, da dem Zuschussempfänger andernfalls nur Treuhandvermögen zugewandt würde.

5. Eigeninteresse des Zuschussgebers

Kennzeichnend für einen Zuschuss ist, dass der Zuschussgeber zur Förderung eines – zumindest auch – in seinem Interesse liegenden Zwecks dem Zuschussempfänger einen Vermögensvorteil zuwendet. Dieses Interesse des Zuschussgebers wird auch als das sog. Eigeninteresse bezeichnet und stellt eine weitere begriffliche Voraussetzung für das Vorliegen eines Zuschusses dar.[223]

Das für die Begriffsbestimmung des Zuschusses erforderliche Eigeninteresse wird von der Literatur mitunter als zu weitgehend kritisiert.[224] Begründet wird dies damit, dass das Begriffsmerkmal „Eigeninteresse" einzig eine Abgrenzung

---

220 Vgl. *Nieland*, DStZ 1986, S. 185 (183).

221 Vgl. Urt. d. *BFH* v. 12.03.1969, I 97/65, BStBl. II 1969, S. 381; Urt. d. *BFH* v. 29.4.1982, IV R 177/78, BStBl. II 1982, S. 591.

222 Vgl. *Nieland*, DStZ 1986, S. 185 (183).

223 Vgl. Abschn. R 6.5 Abs. 1, S. 1 EStR; Urt. d. *BFH* v. 10.06.1992, I R 9/91, BStBl. II 1993, S. 41; Urt. d. *BFH* v. 29.4.1982, IV R 177/78, BFHE 136, 90, BStBl. II 1982, S. 591; *Weber-Grellet* in Kirchhof/Söhn/Mellinghoff, Einkommensteuergesetz, Kommentar, Stand: 206. Ergänzungslieferung, April 2010, § 4, Rdnr. D 280.; *Wolff-Diepenbrock* in Littmann/Blitz/Pust, Das Einkommensteuerrecht, Kommentar, 15. Aufl., Stand: 90. Ergänzungslieferung, Mai 2011, §§ 4, 5 EStG, Rn. 1.615 "Zuschüsse".

224 Vgl. *Clausen* in Herrmann/Heuer/Raupach, § 5 EStG, Anm. 1600.

zur Schenkung bezweckt, die sich nach dieser Ansicht jedoch besser aus dem Förderungszweck des Zuschusses ableiten lässt.[225]

Dieser Auffassung kann nicht gefolgt werden. Der Zuschussgeber provoziert, honoriert oder kompensiert mit dem Anreiz der Zuschusszuwendung ein bestimmtes Verhalten des Zuschussempfängers. Da mit der Zuschussgewährung seitens des Zuschussgebers zwangsläufig eine Vermögenseinbuße verbunden ist, muss dieser an einem bestimmten Verhalten des Zuschussempfängers auch ein eigenes wirtschaftliches, wirtschaftspolitisches oder sonstiges Interesse bestehen.[226] Das Eigeninteresse ist folglich ein wichtiges Tatbestandsmerkmal und bleibt insbesondere für die Abgrenzung zur Schenkung unverzichtbar. Erfolgt eine Zuschusszahlung zwar mit einem Zweck, aber ohne ein Eigeninteresse seitens des Zuschussgebers, handelt es sich um keinen Zuschuss.

Nicht erforderlich ist, dass das Eigeninteresse des Zuschussgebers im Vordergrund bei der Zuschussgewährung steht, sondern es muss lediglich neben der Zweckbestimmung des Zuschusses vorhanden sein.[227] Ein Eigeninteresse ist daher auch bei öffentlichen Zuschüssen zu bejahen, wenn eine Zuschussgewährung lediglich aus strukturpolitischen, volkswirtschaftlichen oder allgemeinpolitischen Gründen erfolgt.

6. Nicht lediglich in Erfüllung einer rechtlichen Verpflichtung

Ein Zuschuss liegt nicht vor, wenn ein unmittelbarer wirtschaftlicher Zusammenhang zwischen der Zuschusszahlung und einer hierfür erhaltenen Gegenleistung besteht. Mit anderen Worten, die Zuwendung darf nicht lediglich der Erfüllung einer rechtlichen Verpflichtung dienen. Dieses Tatbestandsmerkmal dient in erster Linie der Abgrenzung des Zuschusses von gegenseitigen Verträgen i.S. der §§ 320 ff. BGB.

II. Abgrenzung zu anderen Rechtsinstituten

1. Abgrenzung von der Schenkung

Eine Schenkung i.S. des § 516 Abs. 1 BGB ist dadurch gekennzeichnet, dass eine Zuwendung erfolgt, durch die jemand aus seinem Vermögen einen anderen

225 Vgl. *Clausen* in Herrmann/Heuer/Raupach, § 5 EStG, Anm. 1600; Urt. d. BFH v. 29.4.1982, IV R 177/78, BStBl. II 1982, S. 591.
226 Vgl. *Nieland*, DStZ 1986, S. 183 (184).
227 Vgl. *Nieland*, DStZ 1986, S. 183 (184).

bereichert, wobei sich beide Teile darüber einig sind, dass die Zuwendung unentgeltlich erfolgen soll.

Eine Schenkung stellt damit seitens des Schenkers einen Vermögensverlust dar, ohne dafür eine Gegenleistung zu erhalten. Aus der Sicht des Beschenkten stellt sie spiegelbildlich eine besondere Begünstigung dar, weil er ohne eigene Leistung einen Vermögensvorteil erlangt.[228] Für die Annahme einer Schenkung ist neben der Tatsache, dass tatsächlich ohne den Erhalt eines Gegenwerts geleistet wird, ebenso eine subjektive Komponente erforderlich.[229] Die Zuwendung muss folglich von den Parteien subjektiv als Leistung ohne Gegenleistung gewollt sein.[230]

Der Zuschuss verlangt jedoch begrifflich ein Eigeninteresse des Zuschussgebers. Dabei besteht zwar kein unmittelbarer Zusammenhang zwischen Leistung und Gegenleistung, aber es wird eine Gegenleistung in einer weniger intensiven Form vom Zuschussgeber erwartet. Der Zuschussgeber hat ein konkretes eigenen Interesses am Erhalt eines Gegenwerts für die Zuschussgewährung. Dies unterscheidet einen Zuschuss von einer Schenkung.

Ohne ein solches Abgrenzungskriterium wäre es denkbar, dass eine Zuschusszahlung unter § 516 Abs. 1 BGB subsumiert werden könnte. Zivilrechtlich zöge dies unweigerlich das Formerfordernis des § 518 Abs. 1 BGB nach sich. Eine Abgrenzung zur Schenkung ist daher nicht nur aus steuerlicher Sicht erforderlich, sondern auch aus zivilrechtlicher Sicht. Das Kriterium des Eigeninteresses seitens des Zuschussgebers liefert das entsprechende Abgrenzungskriterium.

2. Abgrenzung von gegenseitigen Verträgen (§§ 320 ff. BGB)

Beim gegenseitigen Vertrag stehen die beiderseitigen Verpflichtungen in einem unmittelbaren Verhältnis der Abhängigkeit zueinander. Jeder Vertragspartner verspricht seine Leistung gerade um der Gegenleistung des andern willen. Jeder schuldet folglich seine Leistung als Entgelt für die Leistung des Anderen (synallagmatische Verknüpfung).[231] Die Leistung kann dabei auch an einen Dritten er-

---

228 Vgl. *Koch* in MünchKommBGB, Band 3, 5. Auf., 2008, § 516, Rn. 3; Urt. d. *BGH* v. 17. 6. 1992, XII ZR 145/91, DNotZ 1993, 521 f; NJW1982, 436; *Gehrlein* in Bamberger/Roth, BGB Kommentar, Band 1, 2. Aufl., 2008, § 516, Rn. 7.

229 Vgl. *Koch* in MünchKommBGB, Band 3, 5. Auf., 2008, § 516, Rn. 3 f.

230 Vgl. Urt. des *OLG Hamm* v. 11.12.1992, 29 U 214/91, NJW-RR 1993, 1412; *Weilandt* in Palandt, Kommentar BGB, 70. Aufl., 2011, § 516, Rn. 8; *Koch* in MünchKommBGB, Band 3, 5. Aufl., 2008, § 516, Rn. 24 ff.

231 Vgl. *Prasse* in Schulze/Griwotz/Lauda, Bürgerliches Gesetzbuch, Vertrags- und Prozessformularbuch, 1. Aufl., 2010, § 320 BGB, Rn. 2.

bracht werden. Verträge zugunsten Dritter können daher auch gegenseitige Verträge sein.

Die wichtigsten Beispiele für gegenseitige Verträge sind Kaufverträge, Tauschverträge, Mietverträge, Pachtverträge, Dienstverträge, Werkverträge, Reiseverträge, Geschäftsbesorgungsverträge, Darlehensverträge, Sukzessivlieferungsverträge, Arbeitsverträge, Versicherungsverträge und Leasingverträge. Der Gesellschaftsvertrag stellt ebenfalls einen gegenseitigen Vertrag dar.[232]

Entsprechend des ermittelten Zuschussbegriffs darf die Zuschusszahlung nicht in unmittelbarem Zusammenhang mit einer Gegenleistung stehen. Mit anderen Worten die Zuschusszahlung darf nicht lediglich in Erfüllung einer rechtlichen Verpflichtung erfolgen.

Eine synallagmatische Verknüpfung von Leistung und Gegenleistung in einem gegenseitigen Vertrag i.S. der 320 ff. BGB kann folglich entsprechend der Definition des Zuschusses nicht Grundlage für ein Zuschussverhältnis und damit eine Zuschussleistung sein. Vielmehr gilt beim gegenseitigen Vertrag das Prinzip „*do ut des*" („*Ich gebe, damit Du nimmst*"), das mit dem Zuschussbegriff unvereinbar ist. Gegenseitige Verträge i.S. der §§ 320 ff. BGB sind daher vom Zuschuss abzugrenzen.

a. Sonderfall der Entschädigung

Entschädigungen sind ebenfalls von Zuschüssen zu unterscheiden.[233] Der Begriff der Entschädigung in § 24 Nr. 1 EStG umfasst Zahlungen, die eine finanzielle Einbuße ausgleichen, die ein Steuerpflichtiger infolge einer Beeinträchtigung seiner Rechtsgüter erlitten oder zu erwarten hat.[234] Eine Entschädigung setzt voraus, dass anstelle der bisher geschuldeten Leistung eine andere tritt. Diese andere Leistung muss auf einem anderen, eigenständigen Rechtsgrund beruhen. Nach § 24 Nr. 1 EStG gehören zu den steuerpflichtigen Einkünften Entschädigungen, die gewährt worden sind:

- als Ersatz für entgangene oder entgehende Einnahmen oder
- für die Aufgabe oder Nichtausübung einer Tätigkeit, für die Aufgabe einer Gewinnbeteiligung oder einer Anwartschaft auf eine solche oder
- als Ausgleichszahlungen an Handelsvertreter (§ 89b HGB).

Eine Entschädigung i. S. von § 24 Nr. 1 EStG liegt nur vor, wenn eine neue Rechts- oder Billigkeitsgrundlage dafür besteht, dass etwas "*entschädigt*" wird,

---

232 Vgl. *Prasse* in Schulze/Griwotz/Lauda, Bürgerliches Gesetzbuch, Vertrags- und Prozessformularbuch, 1. Aufl., 2010, § 320 BGB, Rn. 3.
233 Vgl. *Clausen* in Herrmann/Heuer/Raupach, § 5 EStG, Anm. 1600.
234 Vgl. Urt. d. *BFH* v. 12.6.1996, XI R 43/94, BStBl. II 1996, S. 516.

das entgangen ist oder entgeht. Der Entschädigungsbegriff ist also nicht erfüllt bei Zahlungen, die nicht an die Stelle weggefallener Einnahmen treten, sondern bürgerlich-rechtlich Erfüllungsleistungen aus dem bestehenden Rechtsverhältnis sind.[235]

Bei einer Entschädigungszahlung wird der Leistende daher immer nur aufgrund einer eigenen rechtlichen Verpflichtung einem bestehenden Rechtsverhältnis tätig. Die Qualifikation einer Entschädigungszahlung als Zuschuss scheidet mithin aufgrund des Tatbestandsmerkmals „*kein unmittelbarer Zusammenhang zwischen Leistung und Gegenleistung*“ aus.[236]

b. Sonderfall der sog. „Mieterzuschüssen“

In Abschn. 21.5 Abs. 3 EStR wird der sog. Mieterzuschuss von der Finanzverwaltung definiert. Hier heißt es:

„Vereinbaren die Parteien eines Mietverhältnisses eine Beteiligung des Mieters an den Kosten der Herstellung des Gebäudes oder der Mieträume oder lässt der Mieter die Mieträume auf seine Kosten wieder herrichten und einigt er sich mit dem Vermieter, dass die Kosten ganz oder teilweise verrechnet werden, entsteht dem Mieter ein Rückzahlungsanspruch, der in der Regel durch Anrechnung des vom Mieter aufgewandten Betrags (Mieterzuschuss) auf den Mietzins wie eine Mietvorauszahlung befriedigt wird.“[237]

In diesen Fällen des sog. Mieterzuschusses vereinbaren die Mietparteien, wie eine Kostenverteilung für die Herstellung oder Herrichtung eines Gebäudes vorgenommen werden soll. Grundlage der Vereinbarung ist der Mietvertrag zwischen den Parteien. Zahlt nun der Mieter für die wunschgemäße Errichtung oder die Modernisierung eines Gebäudes einen zusätzlichen Geldbetrag an den Vermieter, so dient dies letztlich lediglich der Erfüllung einer rechtlichen Verpflichtung aus dem Mietverhältnis. Der sog. „*Mieterzuschuss*“ steht dabei in einem unmittelbaren rechtlichen und wirtschaftlichen Zusammenhang mit der Gebrauchsüberlassung der Grundstücke / Wohnung.

---

235 Vgl. Urt. d. *BFH* v. 27.2.1991, XI R 8/87, BStBl. II 1991, S. 703.

236 Vgl. verschiedene Urteile des BFH: eine Leistung aus einer Betriebsunterbrechungsversicherung stellt keinen Zuschuss dar – Urt. d. *BFH* v. 29.4.1982, IV R 177/78, BStBl. II 1982, S. 591; Schadensersatzzahlungen einer Gemeinde wegen eines zeitweiligen Bauverbots und zwischenzeitlich eingetretener Erhöhung der Baukosten – Urt. d. *BFH* v. 17.10.1961, I 283/60 S, BStBl. III 1961, S. 566; Ersatzleistungen eines Elektrizitätswerks aus Anlass der Änderung der Spannung oder Stromart – Urt. d. *BFH* v. 13.8.1957 – I 46/57, BStBl. III 1957, S. 350.

237 Vgl. Abschn. 21.5 Abs. 3 EStR.

Im Zusammenhang mit dem Miet- oder Pachtverhältnis vom Schuldner des laufenden Nutzungsentgeltes (Miete / Pacht) erbrachte „*Zuschüsse*" erfüllen nicht die begrifflichen Voraussetzungen an einen Zuschuss, sondern sind als Vorauszahlungen des laufenden Nutzungsentgeltes zu werten.[238] Damit handelt es sich um eine Leistungsverpflichtung in einem gegenseitigen Vertrag, der vom Zuschuss abzugrenzen ist.

Diese Auffassung wird vom BFH in seiner Entscheidung von 28.10.1980[239] bestätigt.

In der zu entscheidenden Sache hatte ein Vermieter auf Wunsch des Mieters (einem Handelsunternehmen) drei Geschäftsgebäude errichtet. Die Herstellungskosten eines der Gebäude hatte der Mieter komplett übernommen und für die anderen beiden Gebäude trug er die Kosten anteilig. Dafür hatten die Parteien eine entsprechend niedrige Miete für die Dauer von zehn Jahren vereinbart. Der Vermieter ging davon aus, dass er die Wahl habe, die Zuschüsse des Mieters als steuerpflichtige Mietvorauszahlungen oder Minderungen der Herstellungskosten zu behandeln.

Hierzu führt der BFH in seinen Urteilsgründen aus, dass die Finanzierungsbeiträge des Mieters zur Erstellung der Gebäude zu den Einkünften des Vermieters aus Vermietung und Verpachtung (§ 21 Abs. 1 Nr. 1 EStG) gehören. Sie haben nach Auffassung des Gerichts ihre Grundlage im Mietvertrag. *„Als zusätzliches Nutzungsentgelt stehen sie in einem unmittelbaren rechtlichen und wirtschaftlichen Zusammenhang mit der Gebrauchsüberlassung der Grundstücke."*[240]

Die Verwendung des Begriffs „*Mieterzuschuss*" auch in den Einkommensteuerrichtlinien sollte vermieden werden, weil er insoweit irreführend ist. Ggf. sind derartige Zahlungen, die zusätzliches Nutzungsentgelt darstellen, besser als „*Mietvorauszahlungen*" oder „*Mieterzuwendungen*" zu bezeichnen.

c. *Sonderfall der sog. Betriebsunterbrechungsversicherung*

Im Urteil vom 29.4.1982[241] hatte sich der BFH mit einer Leistung im Zusammenhang mit einer Betriebsunterbrechungsversicherung zu befassen. Eine Gesellschaft, die ein Presswerk betrieb, hatte eine Betriebsunterbrechungsversicherung abgeschlossen. Durch einen Brand in einem ihrer Werke im Versicherungszeitraum wurde eine Presse so erheblich beschädigt, dass sie nicht mehr

---

238 Vgl. *Nieland*, DStZ 1986, S. 246.
239 Vgl. Urt. d. *BFH* v. 28.10.1980, VIII R 34/76, BFHE 132 S. 41, BStBl. II 1981, S. 161.
240 Vgl. Urt. d. *BFH* v. 28.10.1980, VIII R 34/76, BFHE 132 S. 41, BStBl. II 1981, S. 161.
241 Vgl. Urt. d. *BFH* v. 29.4.1982, IV R 177/78, BFHE 136, S. 90, BStBl. II 1982, S. 591.

betriebsbereit war. Eine Reparatur hätte nach Angaben der Herstellerin der Presse etwa 10 bis 12 Monate gedauert. Aufgrund der Betriebsunterbrechungsversicherung stand der Gesellschaft wegen des Stillstands in dem betroffenen Werk eine Schadensausgleichzahlung von ca. 330.000 DM für jeden Ausfallmonat zu. Bei der Herstellerin befand sich zum Zeitpunkt des Schadenseintritts eine etwas leistungsfähigere Presse in der Fertigung, die innerhalb von sechs Monaten lieferbar war. Der Erwerb der neuen Presse führte im Vergleich zur Reparatur der beschädigten Presse zu Mehrkosten in Höhe von ca. 650.000 DM. Im Rahmen der Verhandlungen zur Regulierung des Unterbrechungsschadens einigte sich das Presswerk und der Versicherer darauf, dass die Klägerin die beschädigte Maschine nicht reparieren ließ, sondern stattdessen die schneller lieferbare, leistungsfähigere Presse erwirbt. Die Mehrkosten übernahm die Versicherung als sogenannten Schadensminderungsbeitrag.

Streitig war die ertragsteuerliche Behandlung der Zahlung. Das Presswerkunternehmen wollte die Anschaffungskosten in Höhe des Zuwendungsbetrages mindern. Der BFH lehnt dies ab und führt aus, dass es sich bei der Zahlung bereits begrifflich nicht um einen Zuschuss handelt, bei dem eine Verringerung der Anschaffungskosten in Betracht zu ziehen sei.

Für die Annahme eines Zuschusses sei es erforderlich, dass der Leistende mit der Zuschussgewährung nicht lediglich eine rechtliche Verpflichtung erfüllt, *„denn besteht eine solche rechtliche Verpflichtung, läßt sich die Leistung nicht dahin werten, daß sie der Befriedigung des Interesses des Leistenden an einem bestimmten Verhalten des Leistungsempfängers dient.“*[242]

Bei den Leistungen des Versicherers aus einer Betriebsunterbrechungsversicherung handelt es sich um eine Zahlung, die lediglich aus dem Grunde erfolgt, eine eigene rechtliche Verpflichtung zu erfüllen. Der Versicherer war nämlich zu Schadensausgleich vertraglich verpflichtet. Der Neuerwerb der leistungsstärkeren Presse zum Mehrpreis in Höhe von ca. 650.000 DM diente letztlich der Minimierung der eigenen vertraglichen Leistungspflicht. Bei der Zahlung der Betriebsausfallsversicherung handelt es sich um eine Leistung aus dem Versicherungsverhältnis, folglich um eine Leistung aus einem gegenseitigen Vertrag und somit gerade nicht um einen Zuschuss.

242 Vgl. Urt. d. *BFH* v. 29.4.1982, IV R 177/78, BFHE 136, S. 90, BStBl. II 1982, S. 591.

Kapitel II Zuschüsse im Ertragsteuerrecht

Im Ertragsteuerrecht ist die Diskussion durch das Bestreben geprägt, ertragsteuerliche Belastungen durch die Zuschussgewährung möglichst zu vermeiden, damit die beabsichtigte Stärkung des Zuschussempfängers nicht gleich wieder in Teilen „wegbesteuert" wird. Wie und ob dies erreicht werden kann, ist jedoch umstritten.

In Rechtsprechung und Literatur wird bei der Untersuchung der ertragsteuerlichen Behandlung von Zuschüssen regelmäßig zwischen laufenden investitionsunabhängigen Zuschüssen zur Liquiditätsstärkung des Zuschussempfängers (sog. Ertrags- und Aufwandszuschüssen) und Zuschüssen für die Anschaffung oder Herstellung von Wirtschaftsgütern (sog. Investitionszuschüssen) differenziert.[243]

Im Zentrum der ertragsteuerlichen Untersuchung steht dabei der Investitionszuschuss. Aufgrund der konkreten Zuordnung des Investitionszuschusses zu einem oder mehreren Wirtschaftsgütern, besteht insbesondere Streit, ob der Investitionszuschuss als eine Minderung der Anschaffungs- bzw. Herstellungskosten des bezuschussten Wirtschaftsguts zu erfassen ist oder nicht. Darüber hinaus gewähren die Einkommensteuerrichtlinien dem Steuerpflichtigen in R 6.5 Abs. 2 EStR ein Wahlrecht, den Investitionszuschuss wahlweise als sofortige Betriebseinnahme oder als Minderung der Anschaffungs- bzw. Herstellungskosten zu erfassen. In diesem Zusammenhang gilt es die umstrittene Frage der Rechtmäßigkeit eines derartigen Richtlinienwahlrechts zu untersuchen.

Unabhängig von den Streitfragen zum Investitionszuschuss ist die steuerbilanzielle[244] und ebenso die handelsbilanzielle[245] Behandlung von Zuschüssen ganz grundsätzlich umstritten.

---

243 Vgl. *Ehmcke* in Blümich, EStG-Kommentar, 106. Ergänzungslieferung, 2010, § 6, Rz. 330.

244 Vgl. zur primären steuerrechtlichen bzw. BFH-Rechtsprechungsorientierten Literatur: *Fasold*, BB 1959, S. 774; *Groh*, BB 1973, S. 742; *Langel*, StbJb 1977/78, S. 320; *Mathiak*, StuW 1983, S. 69; *Prang*, DB 1984, S. 582; *Rose*, DB 1984, S. 2317; *Nieland*, DStZ 1986, 183; *ders.*, DStZ 1986, 216; *ders.*, DStZ 1986, 246; *Unverdorben*, Institut „Finanzen und Steuern", Nr. 273, 1987; *Groh*; DB 1988, S. 2417; *Mathiak*, DStR 1989, S. 232; *Tertel*, DStR 1990, S. 17; *ders.*, DStR 1990, S. 71; *Depping*, FR 1992, S. 94; *Laicher*, DStR 1993, S. 292 (294), *Groh*, StuW 1994, S. 91.

245 Vgl. zur primär handelsrechtlich orientierten Literatur: *Tubbesing*, WPg 1967, S. 203; von *Zwehl*, WPg 1970, S. 4; *Schulte-Groß*, WPg 1971, S. 155; *Kücken*, DB 1975, S. 1949; *ders.*, DB 1975, S. 1999; *Hofbauer*, BB 1976, S. 653; *Kupsch*, DB 1979, S. 365; *HFA* (Hauptfachausschuss des Instituts der Wirtschaftsprüfer), Stellungnahme HFA 1/1984, WPg 1984, S. 612; *Kupsch*, WPg 1984, S. 369; *Ewertowski*, BB 1984,

Es wird diskutiert, ob Zuschüsse unter Umständen bspw. als außerbetriebliche Vermögensmehrungen[246], als durchlaufender Posten[247] oder gar als gesellschaftsrechtliche Einlage[248] erfasst werden können. Im Folgenden sollen daher zunächst unter Buchstabe A. die verschiedenen Ansätze der möglichen ertragsteuerlichen Qualifikation von Zuschüssen dargestellt analysiert werden. Im Anschluss erfolgt unter Berücksichtigung der unter Buchstabe A. gewonnen Erkenntnisse unter Buchstabe B. die Schlussfolgerungen zur ertragsteuerlichen Behandlung von Ertrags- und Aufwandszuschüssen. Unter Buchstabe C. wird schließlich ausführlich auf den Sonderfall des Investitionszuschusses eingegangen.

A. Grundsätzlich in Betracht kommende Behandlung von Zuschüssen

I. Zuschuss als außerbetriebliche, steuerfreie Vermögensmehrung

Knobbe-Keuk[249] ist der Ansicht, dass Zuschüsse handelsrechtlich zwar den Einnahmen zuzuordnen sind, steuerrechtlich sollen sie jedoch wie eine auf einer Schenkung beruhende Vermögensmehrung steuerfrei gelassen werden, weil sie nicht im Betrieb erwirtschaftet sind.[250] Damit entspricht ihre Ansicht über die

---

S. 1015; *Tjaden*, WPg 1985, S. 33ff; *Bauer*, BB 1985, 161; *Jansen*, Die Bilanzierung von Zuwendungen an Industrieunternehmen im handelsrechtlichen Jahresabschluss, München (Univ. Diss. 1987) 1988, *Uhlig*, Grundsätze ordnungsgemäßer Bilanzierung für Zuschüsse, Düsseldorf 1989; *Tertel*, DStR 1990, S. 17; *ders.*, DStR 1990, S. 71; *Küting*, DStR 1996, S. 276; *ders.*; DStR 1996, S. 313, *Küting/Pfirmann/Ellmann*, DStR 2010, S. 2206; *Wolf*, Bilanzierung von Zuschüssen nach HGB und IFRS, (Univ. Diss.) Frankfurt am Main 2010.

246 Vgl. *Knobbe-Keuk*, Bilanz- und Unternehmenssteuerrecht, 9. Aufl., S. 164.

247 Vgl. *Tubbesing*, WPg 1967, S. 203; *Schulte*-Groß, WPg 1971, S. 155; *Groh*, BB 1973, S. 742; *Hofbauer*, BB 1976, S. 653; *Tjaden*, WPg 1985, S. 33.

248 Vgl. *Felix*, DB 1976, S. 740; ausführliche Abgrenzung und Klärung, unter welchen Voraussetzungen ein Zuschuss eine Einlage darstellen kann: Wegehenkel, BB 1989, S. 1796.

249 Vgl. *Knobbe-Keuk*, Bilanz- und Unternehmenssteuerrecht, 9. Aufl., 1993, § 5 IV 1 a, S. 164; *Knobbe-Keuk*, StuW 1978, S. 231 (226).

250 Vgl. *Knobbe-Keuk*, Bilanz- und Unternehmenssteuerrecht, 9. Aufl., 1993, § 5 IV 1 a, S. 164; *Knobbe-Keuk*, StuW 1978, S. 231 (226), ähnlich auch *Husemann*, Grundsätze ordnungsgemäßer Bilanzierung für Anlagegenstände, Düsseldorf 1970, S. 100.

Behandlung von Zuschüssen den gesetzlichen Regelungen in den Zulagegesetzen zu Zulagen (z.B: § 13 InvZulG 2010 bzw. § 8 InvZulG 2005).[251]

Knobbe-Keuk begründet ihre Auffassung damit, dass es sich bei Betriebseinnahmen um im Betrieb erwirtschafte Vermögensmehrungen handeln müsse. Dies sei jedoch bei Zuschüssen nicht der Fall, so dass sie als steuerfreie außerbetriebliche Vermögensmehrungen zu erfassen seien.[252]

Sie nimmt also eine Negativabgrenzung vor. Weil es sich um nicht im Betrieb erwirtschaftete Einnahmen handelt, sind es außerbetriebliche Einnahmen. Entscheidend für das Vorliegen von Betriebseinnahmen ist jedoch nicht, dass der Wertzugang im Betrieb erwirtschaftet wurde. Vielmehr kommt es darauf an, dass der Wertzugang betrieblich veranlasst wurde (Maßgeblichkeit des Veranlassungsprinzips).[253]

Betrieblich veranlasst sind nach Rechtsprechung[254] und herrschender Meinung in der Literatur[255] alle Einnahmen aus einmaligen und laufenden Haupt-, Hilfs- und Nebengeschäften des Unternehmers, wenn ein objektiver wirtschaftlicher oder tatsächlicher Zusammenhang mit dem Betrieb besteht.[256] Dies gilt auch dann, wenn der Vorteil nur zur Erlangung des Wohlwollens des Empfängers im Vorfeld von erwarteten Geschäftsabschlüssen gewährt wird.

Knobbe-Keuk verkennt daher, dass für die Qualifikation einer Vermögensmehrung als Betriebseinnahme nicht die „Erwirtschaftung im Betrieb“ maßgeblich ist, sondern die Veranlassung der Einnahme durch den Betrieb.[257]

Eine Beschränkung der Betriebseinnahmen auf Vermögenszuwächse, die im Betrieb erwirtschaftet worden sind, würde bewirken, dass alle unentgeltlichen Leistungen (denen also keine betriebliche Leistung entgegensteht, wie etwa betrieblich veranlasste Schenkungen oder betrieblich veranlasste Preise) nicht als Betriebseinnahmen erfasst werden könnten.[258]

---

251 Vgl. *Knobbe-Keuk*, StuW 1978, S. 231 (226).

252 Vgl. *Knobbe-Keuk*, Bilanz- und Unternehmenssteuerrecht, 9. Aufl., 1993, § 5 IV 1 a, S. 164; *Knobbe-Keuk*, StuW 1978, S. 231 (226).

253 Vgl. *Wegehenkel*, BB 1998, S. 1799.

254 Vgl. Urt. d. *BFH* v. 13.12.1973, I R 136/72, BStBl. II 1974, S. 219; Urt. d. *BFH* v. 16.1.1975, IV R 180/71, BStBl. II 1975, S. 526; Urt. d. *BFH* v. 9.3.1988, I R 262/83, BFHE 183, 38, BStBl. II 1988, S. 592; Urt. d. *BFH* v. 19.7.1995, I R 56/94, BFHE 179, 19, BStBl. II 1996, S. 28; Urt. d. *BFH* v. 18.6.1998, IV R 61/97, BStBl. II 1998, S. 621.

255 Vgl. beispielhaft: *Wied* in Blümich, EStG-Kommentar, 106. Ergänzungslieferung, 2010, § 4, Rz. 521 f. u. 533.

256 Vgl. *Maier* in Beck'sches Steuer- und Bilanzlexikon, Edition 3/10, Buchstabe B, Betriebseinnahmen, Rn. 3.

257 Vgl. Urt. d. *BFH* v. 18.6.1998, IV R 61/97, BStBl. II 1998, S. 621.

258 Vgl. *Weber-Grellet* in Kirchhof/Söhn/Mellinghoff, Einkommensteuergesetz, Kommentar, Stand: 206. Ergänzungslieferung, April 2010, § 4, Rdnr. D 284.

Die von *Knobbe-Keuk* vorgenommene Negativabgrenzung zu den Betriebseinnahmen ist insoweit nicht tragfähig.

Daneben spricht aber auch ein gesetzgeberisches Argument gegen die Behandlung des Zuschusses als außerbetriebliche, steuerfreie Vermögensmehrung. Würde man Zuschüsse per se als außerbetriebliche Vermögensmehrung behandeln, hätte dies eine Gleichbehandlung mit den Zulagen zur Folge. Zulagen stellen einen gesetzlich geregelten Ausnahmefall dar.[259] Im Gesetz ist in diesen Fällen ausdrücklich geregelt, dass Zulagen nicht zu den Einkünften im Sinne des EStG gehören. Aus diesen Regelungen bei den Zulagen kann nur geschlossen werden, dass es sich bei anderen Zuwendungen (z.B. Zuschüsse) gerade nicht um einkommensteuerfreie Zahlungen handelt. Zuschüsse sind folglich gerade aus diesem Grund nicht als außerbetriebliche, steuerfreie Vermögensmehrungen zu erfassen.

II. Zulagen als Sonderfall des öffentlichen Zuschusses[260]

Einen unproblematischen Sonderfall stellen die sog. Zulagen als Spezialfall eines öffentlichen Zuschusses dar. Wesentliches Merkmal der Zulagen ist, dass sie nur von der öffentlichen Hand aufgrund von ausdrücklichen gesetzlichen Regelungen gewährt werden können.[261] Zulagen gehören damit kraft gesetzlicher Fiktion nicht zu den Einnahmen im Sinne des Einkommensteuergesetzes.[262] Sie können folglich keiner Einkunftsart eines Steuerpflichtigen zugeordnet werden.[263] Zulagen sind damit kraft Gesetz ergebnisneutral und damit steuerfrei.[264] Zulagen können auch nicht die steuerlichen Anschaffungs- bzw. Herstellungskosten eines begünstigten Wirtschaftsguts mindern, das mithilfe eines Zuschusses angeschafft wird.[265] Entsprechende Regelungen finden sich z.B. in § 13 InvZulG 2010, § 8 InvZulG 2005 oder der früheren § 19 Abs. 4 BerlinFG, § 32 Abs. 6 SteinkAnpG und § 4 Abs. 1 InvZulEStahlG.

---

259 Vgl. bspw. § 13 InvZulG 2010, § 8 InvZulG 2005.

260 Der Begriff der Zulage ist bereits unter Ziff. B. III. 1. c. erläutert worden.

261 Vgl. *Küting*, DStR 2010, S. 2208 (2206).

262 Vgl. *Küting*, DStR 1996, S. 276 (276); *Nieland*, DStZ 1986, S. 183 (185).

263 Vgl. Abschn. H 6.5 EStH 2008; *Nieland*, DStZ 1986, S. 183 (185).

264 Vgl. *Kulosa* in Schmidt, EStG-Kommentar, 30. Aufl., 2011, § 6, Rz. 72.

265 Vgl. z.B. § 12 InvZulG 2007, § 13 InvZulG 2010, § 19 Abs. 9 S. 1 BerlFG; *Ellrott/Brendt* in Beck'scher Bilanz-Kommentar, 7. Aufl., 2010, § 255, Rn. 120; *Groh*, BB 1973, S. 744 (742).

III. Zuschüsse als durchlaufender Posten[266]

In der Literatur wird mitunter die Auffassung vertreten, dass Zuschüsse per se als durchlaufende Posten erfolgsneutral vereinnahmt werden können.[267]

Eine gesetzliche Regelung zu durchlaufenden Posten findet sich im Einkommensteuerrecht in § 4 Abs. 3 Satz 2 EStG.[268] Bei durchlaufenden Posten handelt es sich um Betriebseinnahmen und Betriebsausgaben, die im Namen und für Rechnung eines anderen vereinnahmt und verausgabt werden. Der eine solche Zahlung empfangende und weiterleitende Steuerpflichtige darf keinen eigenen Anspruch auf die Zahlung besitzen und gegenüber dem endgültigen Zahlungsempfänger auch keine eigene Zahlungsverpflichtung haben.[269] Der jeweilige Betrag sowie die Verpflichtung und der Wille zur Weiterleitung müssen im Zeitpunkt des Zuflusses zweifelsfrei erkennbar feststehen.[270]

In den Einkommensteuerrichtlinien 1933 kam erstmals der Gedanke auf, öffentliche Zuschüsse als durchlaufenden Posten zu behandeln.[271] In der älteren Literatur wurde immer wieder die Behandlung von Zuschüssen als durchlaufender Posten thematisiert.[272] Auch die ältere Rechtsprechung des BFH gab mitunter Anlass, Zuschüsse als durchlaufende Posten zu behandeln.[273]

In späteren Entscheidungen hat der BFH jedoch deutlich gemacht, dass Zuschüsse grundsätzlich nicht als durchlaufenden Posten erfasst werden können.

Dies erweist sich m.E. als richtig. Sinn und Zweck eines durchlaufenden Postens i.S. des § 4 Abs. 3 Satz 2 EStG ist es, den Einnahmenüberschussversteuerer in Bezug auf Einnahmen, die an Dritte weiterzuleiten sind, dem bilanzierenden Steuerpflichtigen gleichzustellen. Als durchlaufender Posten kommen

---

266 Vgl. hierzu ausführlich: Unverdorben, Institut „*Finanzen und Steuern*", Nr. 273, 1987, S. 17.

267 Vgl. *Tubbesing*, WPg 1967, S. 203; *Schulte-Groß*, WPg 1971, S. 155; *Groh*, BB 1973, S. 742; *Hofbauer*, BB 1976, S. 653; *Tjaden*, WPg 1985, S. 33.

268 Auch im Umsatzsteuerrecht wird der durchlaufende Posten definiert. In § 10 Abs. 1 Satz 6 UStG heißt es: „*Die Beiträge, die der Unternehmer im Namen und für Rechnung eines anderen vereinnahmt und verausgabt (durchlaufende Posten), gehören nicht zum Entgelt.*" Die umsatzsteuerrechtliche Regelung ist mit § 4 Abs. 3 Satz 2 EStG vergleichbar.

269 Vgl. *Wied* in Blümich, EStG-Kommentar, 106. Ergänzungslieferung, 2010, § 4, Rz. 188.

270 Vgl. Urt. d. *BFH* v. 30.1.1975, IV R 190/71, BStBl. II 1975, S. 776.

271 Vgl. Abschn. I 3 b 4 (7) EStR 1933.

272 Vgl. *Unverdorben*, Institut „*Finanzen und Steuern*", Nr. 273, 1987, S. 17.

273 Vgl. Urt. d. *BFH* v. 18.7.1968, I 224/65, BStBl. II 1968, S. 737; Urt. d. *BFH* v. 12.3.1969, I 97/65, BStBl. II 1969, 381; Urt. d. *BFH* v. 28.10.1980, VIII R 34/76, BStBl. II 1981, S. 161; Urt. d. *BFH* v. 29.4.1982, IV R 177/78, BStBl. II 1982, S. 591.

folglich nur die Beträge in Betracht, deren Zufluss in der Bilanz gleichzeitig zur Einbuchung einer Verbindlichkeit führen müsste.[274]

Die Behandlung des Betrags eines Wirtschaftsguts als durchlaufender Posten erfordert folglich, dass dieser Gegenstand vom Empfänger an einen Dritten weitergeleitet wird. Der Dritte wird dabei in der Regel vom Zuwendenden benannt. Der durchlaufende Posten erfasst also nur solche Wirtschaftsgüter, die dem Unternehmer zu treuen Händen überlassen sind.[275] Gerade dies ist jedoch bei Zuschüssen nicht der Fall. Der Zuschussgeber wendet dem Unternehmer die Mittel zur eigenen Verwendung zu. Er bestimmt nicht, an welchen Dritten diese Mittel weiterzuleiten sind. Der Zuschuss wird folglich nicht in fremden Namen und für fremde Rechnung vereinnahmt. Dies gilt in gleichem Maße für private, wie auch für öffentliche Zuschüsse.[276]

Aus den vorgenannten Gründen handelt es sich bei Zuschüssen grundsätzlich nicht um durchlaufende Posten.[277] Selbst, wenn die Zuschussmittel im Ergebnis einem Dritten zugutekommen sollen, so wird regelmäßig ein Interesse an der Zwischenschaltung des Zuschussempfängers bestehen. Die Einschaltung des Zuschussempfängers ist dabei grundsätzlich nicht nur auf die Weiterleitung der Mittel beschränkt, wie z.B. in den Fällen, in denen der Gerichtskostenvorschuss an den Rechtsanwalt der Partei zurückerstattet wird, damit dieser es an den Mandaten zurücküberweist. Nur in solchen Sonderfällen käme die Erfassung der Zuschusszahlung als durchlaufender Posten in Betracht.

IV. Zuschüsse als gesellschaftsrechtliche Einlage[278]

Vor allem *Felix*[279] vertritt die Auffassung, dass öffentliche Zuschüsse unter bestimmten Voraussetzungen als Einlage eines Unternehmers in sein Unternehmen zu behandeln sind.[280] Nach seiner Ansicht sind Zuschüsse in Ertragshilfen und Kapitalhilfen zu unterteilen.

Ertragshilfen stellen nach *Felix* Betriebseinnahmen dar. Eine Definition der Ertragshilfen bleibt er schuldig. Er beschränkt sich auf die Umschreibung anhand von Beispielen, wie Zinszuschüsse zur Verbilligung der Fremdfinanzie-

274 Vgl. Unverdorben, Institut „*Finanzen und Steuern*“, Nr. 273, 1987, S. 21.

275 Vgl. *Unverdorben*, Institut „*Finanzen und Steuern*“, Nr. 273, 1987, S. 22.

276 Vgl. *Unverdorben*, Institut „*Finanzen und Steuern*“, Nr. 273, 1987, S. 22; *Groh*, BB 1973, S. 742 (745); ähnlich *Nieland*, DStZ 1986, S. 183 ff. (185).

277 So auch *Clausen* in Herrmann/Heuer/Raupach, § 5 EStG, Anm. 1611.

278 Vgl. *Wegehenkel*, BB 1989, S. 1796; *Felix*, DB 1976, S. 740.

279 Vgl. *Felix*, DB 1976, S. 740.

280 Vgl. *Felix*, DB 1976, S. 740 (741).

rung oder Zuschüsse an Güterkraftverkehrsunternehmen zum Ausgleich erhöhter Straßenbenutzungsgebühren in Mitteldeutschland. Andere Zuschüsse sind nach seiner Ansicht Kapitalhilfen und somit Vorgänge in der Vermögenssphäre. Der Zweck von Kapitalhilfen besteht nach Felix darin, das Kapital des Unternehmens zu stärken. Als Beispiel für derartige Zuschüsse führt er den öffentlichen Zuschuss zur Sicherung von existenzbedrohten Unternehmen an. Derartige Zuschüsse sind nach seiner Auffassung ertragsteuerfrei.

Felix begründet seine Auffassung damit, dass für den Fall, in dem Kapitalhilfen nicht steuerfrei gestellt würden, *„über die Steuer“* bis zu 60 % des Zuschusses an den Fiskus fast unverzüglich zurückfließen würden, ohne dass ein Rückforderungstatbestand erfüllt worden ist. Es beiße sich *„ die subventionsrechtliche Katze mit ihrer eigenen steuerlichen Schnauze in den eigenen arbeitsplatzsichernden Schwanz“*.[281]

Diese Argumentation greift jedoch zu kurz und erweist sich als wenig stichhaltig. Die Steuern werden von der Finanzverwaltung verwaltet und zwar nach Maßgabe strenger Regelungen, die für die Eingriffsverwaltung gelten. Öffentliche Zuschüsse werden dagegen von anderen Behörden gewährt; für ihre Vergabe gelten in aller Regel Bedingungen, die dem Steuerrecht nicht entsprechen. Öffentliche Zuschüsse sind damit schon aufgrund der unterschiedlichen öffentlich-rechtlichen Rechtsgrundlagen keine *„umgekehrten Steuern“*.[282]

Die mangelnde Identität zwischen Zuschussgeber und Steuergläubiger und die unterschiedlichen Rechtsregeln, die für Zuschüsse einerseits und für Steuern andererseits gelten, stehen der These der *„Einheit des Finanzrechts“*[283] damit entgegen. Hieraus lässt sich die Behandlung öffentlicher Zuschüsse als Vorgänge des Vermögensbereichs folglich nicht ableiten.[284]

Die Frage, ob ein Zuschuss eine Einlage darstellen kann, kann nicht nach Sinn und Zweck der Besteuerung von Zuschüssen entschieden werden. Zur Klärung der Frage, ob ein Zuschuss auch als Einlage eines Unternehmers in sein Unternehmen darstellen kann, sind die allgemeinen Grundsätze heranzuziehen.

---

281 Vgl. *Felix*, DB 1976, S. 743 (740).

282 Vgl. *Unverdorben*, Institut *„Finanzen und Steuern“*, Nr. 273, 1987, S. 13.

283 Vgl. *Felix*, DB 1976, S. 743 (740).

284 Vgl. hierzu ausführlich *Unverdorben*, Institut *„Finanzen und Steuern“*, Nr. 273, 1987, S. 13. Unverdorben führt darüber hinaus aus, dass der Begriff *„Kapitalhilfen“* offensichtlich dem Absch. 49 Abs. 1 VStR nachgebildet ist. Hieraus lässt sich jedoch nicht ableiten, dass öffentliche Zuschüsse der außerbetrieblichen Vermögenssphäre zufließen. Eine Zuweisung des Kapitalzuschusses oder der Kapitalhilfe zum außerbetrieblichen Vermögensbereich lässt sich nach Auffassung von Unverdorben den VStR nicht entnehmen.

1. Begriff und Wirkung der Einlage

Einlagen sind nach § 4 Abs. 1 Satz 7 EStG alle Wirtschaftsgüter, die der Steuerpflichtige dem Betrieb im Laufe des Wirtschaftsjahres als Bareinzahlung oder aber als sonstige Wirtschaftsgüter zugeführt hat. Die Vorschrift gilt auch für Kapitalgesellschaften (§ 8 Abs. 1 KStG).[285]

Der Begriff "*Einlage*" ist ein Element der steuerrechtlichen Gewinnermittlung. Damit wird die Mehrung des Betriebsvermögens bezeichnet, die nicht auf einem betrieblichen Geschäftsvorfall beruht und deshalb den betrieblichen Gewinn nicht beeinflussen darf. Vermögensmehrungen durch Einlagen sind deshalb bei der Ermittlung des betrieblichen Gewinns ebenso zu neutralisieren wie Vermögensminderungen durch Entnahmen.

Wenn ein Wirtschaftsgut durch Einlage aus dem Privatvermögen in das Betriebsvermögen überführt wird, ändert sich aufgrund des Dualismus der privaten und betrieblichen Einkunftsarten die steuerliche Behandlung. Die Einlage eines Wirtschaftsguts hat zur Folge, dass das Wirtschaftsgut nunmehr zum Betriebsvermögen gehört und fortan betrieblichen Zwecken dient. Veränderungen seines Werts können vom Zeitpunkt der Einlage an die Höhe des Gewinns beeinflussen.[286]

2. Einlagefähigkeit

Gegenstand der Einlage ist die Wertabgabe des privaten an den betrieblichen Bereich. In den Betrieb können grundsätzlich alle neutralen Güter (Bargeld, Sachen, Rechte) eingelegt werden, die nicht bereits ihrer Art oder Zweckbestimmung nach zum Betriebsvermögen gehören. Unabhängig von der Rechtsform der Unternehmen kann Gegenstand einer Einlage grundsätzlich nur das sein, was auch Bestandteil des Vermögensvergleichs nach § 4 Abs. 1 Satz 1 EStG ist.[287] Einlagefähig sind daher nur Wirtschaftsgüter, die auch bilanziert werden können.[288]

Wirtschaftsgüter des notwendigen Privatvermögens können nicht eingelegt werden; daher ist z.B. die Einlage eines den eigenen Wohnzwecken dienenden

285 Vgl. *Teufel* in Lüdike/Sistermann, Unternehmenssteuerrecht, 1. Auf, 2008, § 7, Rn. 104.

286 Vgl. *Maier* in Beck'sches Steuer- und Bilanzlexikon, Edition 4/10, Buchstabe E, Einlagen, Rn. 1.

287 Vgl. Urt. d. *FG Brandenburg* v. 19.9.2001, 2 K 1874/98 K, F, EFG 2001, S. 1487.

288 Im Beschluss des Großen Senats lehnt der Bundesfinanzhof die Einlagefähigkeit der den Unternehmen unentgeltlich überlassenen Nutzungsrechte an Wirtschaftsgütern auch dann ab, wenn das Nutzungsrecht der Unternehmung aufgrund einer gesicherten Rechtsposition überlassen wurde.

Wohnhauses oder die Einlage eines Anspruchs auf Erstattung der Einkommensteuer nicht möglich. Auch eine Forderung aus einem aus familiären Gründen gegebenen Darlehen, das einem Fremdvergleich nicht standhält, ist nicht einlagefähig.[289]

3. Einlagehandlung

Ein Wirtschaftsgut wird erst bei Vorliegen einer eindeutigen Einlagehandlung zum Betriebsvermögen. Eine Form ist für die Einlagehandlung nicht vorgeschrieben. Sie kann durch Willenserklärung oder durch schlüssiges Verhalten erfolgen.

Bei der Prüfung, ob eine Zuwendung eine Einlage ist, spricht daher zunächst die Benennung der Zuwendung als Einlage erst einmal für den materiellen Gehalt einer Einlage. Der Charakter einer Zuwendung als Einlage kann jedoch hieran nicht fest gemacht werden.

Bei der Qualifikation der Zuwendung als Einlage ist in einem weiteren Schritt zwischen offener und verdeckter Einlage zu unterscheiden.

a. Offene Einlagen

Einlagen des Gesellschafters bewirken auf der gesellschaftlichen Ebene bei Gründung der Kapitalgesellschaft oder bei Kapitalerhöhungen Vermögensmehrungen der Gesellschaft. Werden dabei die gesellschaftsrechtlichen Vorschriften beachtet, handelt es sich um offene (gesellschaftsrechtliche) Einlagen. Aufgrund der gesellschaftsrechtlichen Verpflichtung geleistete Einlagen führen entweder (bei Gründung oder Kapitalerhöhung) zu Nennkapital (gezeichnetes Kapital) oder zu einer Erhöhung der Kapitalrücklage (§ 272 Abs. 2 HGB). Dabei ist es gleichgültig, ob sich die Zuzahlung aufgrund einer Nachschussverpflichtung im Gesellschaftsvertrag oder aufgrund einer freiwillig begründeten Rechtspflicht ergeben hat.[290]

Eine offene Einlage erfolgt grundsätzlich durch den Gesellschafter, da dieser eine ihm obliegende gesellschaftsrechtliche Verpflichtung erfüllt.[291] Einzig

---

289 Vgl. *Maier* in Beck'sches Steuer- und Bilanzlexikon, Edition 4/10, Buchstabe V, verdeckte Einlagen, Rn. 7.

290 Vgl. *Maier* in Beck'sches Steuer- und Bilanzlexikon, Edition 4/10, Buchstabe V, verdeckte Einlagen, Rn. 7; *Wegehenkel*, BB 1989, S. 1798 (1796).

291 Als Einlage werden sowohl im Handels- als auch im Steuerrecht grundsätzlich nur die von den Gesellschaftern bewirkten Beiträge bezeichnet. Vgl. hierzu *Thomas* in Palandt, BGB-Kommentar, 69. Aufl., 2010, § 706, Anm. 1 a.

denkbare Ausnahme, in der durch einen Nichtgesellschafter eine Einlage geleistet werden kann, ist wenn der Dritte die Zuwendung für Rechnung des Gesellschafters bewirkt.[292]

Wird die Zuwendung jedoch von einem Nichtgesellschafter geleistet und die Zuwendung als Einlage bezeichnet, handelt es sich grundsätzlich um eine falsche Benennung des Vorgangs.

Die Gewährung eines Zuschusses in Form einer offenen Einlage ist damit auszuschließen. Die offene Einlage kann, wie gezeigt, grundsätzlich nur durch den Gesellschafter erfolgen. Wenn dieser an seine Gesellschaft eine Einlage leistet, dann erfüllt er jedoch seine gesetzlichen bzw. gesellschaftsvertraglichen Pflichten. Bewirkt ausnahmsweise ein Dritter die Zuwendung für Rechnung des Gesellschafters, fehlt es am erforderlichen Eigeninteresse.

Es bleibt fraglich, ob ein Zuschuss in Form einer verdeckten Einlage gewährt werden kann.

b. *Verdeckte Einlagen*

Neben der offenen Einlage besteht die Möglichkeit einer verdeckten Einlage. Hierbei handelt es sich um Zuwendungen, die nicht offen aufgrund einer gesellschaftsrechtlichen Vereinbarung gewährt werden.

(1.) Elemente einer verdeckten Einlage

Eine verdeckte Einlage liegt vor, wenn ein Gesellschafter oder eine ihm nahe stehende Person der Kapitalgesellschaft außerhalb der gesellschaftsrechtlichen Einlagen (= Einlagen, die nicht den gesellschaftsrechtlichen Vorschriften entsprechen)[293] einen einlagefähigen (= bilanzierungsfähigen) Vermögensvorteil zuwendet, ohne dass der Gesellschafter hierfür neue Gesellschaftsanteile erhält, und diese Zuwendung durch das Gesellschaftsverhältnis veranlasst ist.[294]

---

292 Vgl. *Wegehenkel*, BB 1989, S. 1798 (1796).

293 Vgl. Urt. d. *BFH* v. 7.7.1992, VIII R 24/90, BStBl. II 1993, S. 333.

294 Vgl. Abschn. R 40 Abs. 1 KStR; Urt. d. *BFH* v. 6.11.2003, IV R 10/01, BStBl. II 2004, S. 410; Urt. d. *BFH* v. 20.10.2005, X R 22/02, BStBl. II 2006, S. 457; Urt. d. *BFH* v. 11.2.2009, X R 56/06, BFH/NV 2009, S. 1411; Urt. d. *RFH* v. 28.7.1936, I A 83/36, RFHE 39, 303, RStBl. 1936, S. 951; Urt. d. *BFH* v. 30.4.1968, I 161/65, BFHE 93, 44, BStBl. II 1968, S. 720; Urt. d. *BFH* v. 29.5.1968, I 187/65, BFHE 93, 62, BStBl. II 1968, S. 722; Urt. d. *BFH* v. 19.02.1970, I R 24/67, BFHE 98, 254, BStBl. II 1970, S. 442; Urt. d. *BFH* v. 3.2.1971, I R 51/66, BFHE 101, 501, BStBl. II 1971, S. 408; Urt. d. *BFH* v. 9.3.1983, I R 182/78, BFHE 139, 139, BStBl. II 1983, S. 744; Urt. d. *FG Brandenburg* v. 19.9.2001, 2 K 1874/98 K, F, EFG 2001, 1487.

(2.) Gesellschafter und nahestehende Personen

Grundsätzlich kommen – wie bei der offenen Einlage – in erster Linie die Gesellschafter als Leistende einer verdeckten Einlage in Betracht. Der Begriff der verdeckten Einlage verlangt indes nicht, dass der gewährte Vermögensvorteil aus dem Vermögen des Gesellschafters (bürgerlich-rechtlicher Inhaber der Gesellschaftsanteile) stammen muss. Vielmehr kann die Zuwendung auch von einer dem Gesellschafter nahestehenden Person[295] erbracht werden.[296] Nahe stehen kann der Dritte dem Gesellschafter aufgrund familienrechtlicher, gesellschaftsrechtlicher, schuldrechtlicher oder Beziehung tatsächlicher Art, jedoch reichen gleich gelagerte Interessen allein nicht aus.[297]

Es ist zu unterscheiden zwischen Zuwendungen aus reinen eigenwirtschaftlichen Interessen des Dritten (Beitrag zur Gesundung der Kapitalgesellschaft im Interesse der Aufrechterhaltung eigener Geschäftsbeziehungen), Zuwendungen zur Aufrechterhaltung der Geschäftsbeziehungen zu dem Gesellschafter und Zuwendungen im Interesse des Gesellschafters, der dadurch eine verdeckte Einlage in die Kapitalgesellschaft erbringt.[298]

Beispiel[299]:
Die A-GmbH unterhält einen Reparatur- und Servicebetrieb mit Ersatzteilverkauf für mehrere ausländische PKW-Marken. Der Einzelunternehmer G ist ihr beherrschender Gesellschafter. Er ist für diese Automarken der regionale Vertriebspartner des Alleinimporteurs X, der am Unternehmen des G als stiller Gesellschafter beteiligt ist. X vertreibt auch die Ersatzteile und für die Wartung erforderliche Ausstattungen, welche die A-GmbH bei ihm bezieht. Zur Markteinführung einer neuen Modellreihe leistet X eine Zahlung an die wenig kapitalkräftige A-GmbH, damit diese ihre Betriebsausstattung der neuen Modellreihe anpassen kann.

Die Zahlung an die A-GmbH dient dabei der Fortführung der eigenen Geschäftsbeziehungen zur A-GmbH und damit vorrangig eigenen wirtschaftlichen Interessen, die die Nähebeziehung zum Gesellschafter G überlagert. Die Zuwendung stellt damit keine verdeckte Einlage eines Dritten dar.

---

295 Zum Begriff vgl. Abschn. H 36 III KStR.

296 Vgl. Urt. d. *BFH* v. 9.6.1997, GrS 1/94, BStBl. II 1998, S. 307.

297 Vgl. Urt. d. *BFH* v. 19.8.1999, I R 77/96, BStBl. II 2001, S. 43.

298 Vgl. *Maier* in Beck'sches Steuer- und Bilanzrechtslexikon, Edition 4/10, Buchstabe V, verdeckte Einlagen, Rn. 9.

299 Das Beispiel ist mit seinen Abwandlungen dem Beck'sches Steuer- und Bilanzrechtslexikon entnommen. Vgl. *Maier* in Beck'sches Steuer- und Bilanzrechtslexikon, Edition 4/10, Buchstabe V, verdeckte Einlagen, Rn. 9.

Abwandlung 1:
In dieser Abwandlung ist Hintergrund der Zuwendung an die A-GmbH, dass G nicht in der Lage ist, der A-GmbH die benötigten Mittel zuzuführen, der Importeur zur Markteinführung und Absatzförderung aber überregional mit kostenlosen Inspektionen neuer Fahrzeuge in den ersten vier Jahren wirbt.
In dieser Variante dient die Zuwendung der Erhaltung der geschäftlichen Beziehungen zum Gesellschafter, das Gesellschafterinteresse ist vorrangig. Die Zuwendung an die GmbH ist als Gesellschaftereinlage zu behandeln, ist bei dem Gesellschafter G steuerpflichtig zu erfassen und bei der A-GmbH als verdeckte Einlage vom Gewinn abzusetzen.
In diesem Fall kann die Zahlung auch per Definition einen Zuschuss darstellen. Es ist ein Eigeninteresse des Zuschussgebers vorhanden und es besteht kein unmittelbarer Zusammenhang zwischen der Zuschusszahlung und einer Gegenleistung.

Abwandlung 2:
G hält 60 v.H. der Stammanteile an X, die in der Rechtsform einer GmbH betrieben wird. Die X-GmbH zahlt einen Zuschuss an die A-GmbH.
Hier erfolgt die Zuwendung an die A-GmbH vorrangig im Interesse des Gesellschafters. Es liegt bei der X-GmbH eine verdeckte Entnahme aus ihrem Betriebsvermögen vor, die als verdeckte Gewinnausschüttung an G zu behandeln ist und bei der A-GmbH wiederum eine steuerlich neutrale verdeckte Einlage darstellt.

Auch in diesem Fall ist m.E. ein Zuschussverhältnis gegeben. Eigeninteresse besteht zumindest in der Sicherung der Geschäftsbeziehung und eine Zahlung lediglich aufgrund einer rechtlichen Verpflichtung kann verneint werden.

4. Zwischenergebnis: Zuschüsse als gesellschaftsrechtliche Einlage

Ein Zuschuss kann nicht in Form einer offenen Einlage durch den Gesellschafter an eine Gesellschaft erfolgten. Eine solche Leistung erfolgt stets aufgrund gesellschaftsrechtlicher Vorschriften im Gesetz oder im Gesellschaftsvertrag. Auch die verdeckte Einlage wird überwiegend keinen Zuschuss darstellen können. Ein Zuschuss scheidet in den Fällen aus, in denen die verdeckte Einlage aufgrund einer schuldrechtlichen Verpflichtung erfolgt, die dem Zahlungsempfänger eine Gegenleistung abverlangt. In diesen Fällen besteht ein unmittelbarer Zusammenhang zwischen Leistung und Gegenleistung. Dies ist der Grund, warum eine verdeckte Einlage eines Gesellschafters regelmäßig begrifflich keinen Zuschuss darstellen kann. Der Gesellschafter erfüllt in diesen Fällen mit der

Vermögenszuwendung eine gesetzliche oder freiwillige Rechtspflicht. Die Zuwendung dient folglich stets der Erfüllung einer gesellschaftsrechtlichen Verpflichtung.

Eine Zuwendung eines nahe stehenden Nichtgesellschafters kann jedoch unter Umständen ein Zuschuss sein, wenn dieser eine verdeckte Einlage im Interesse des Gesellschaftes erbringt, und daneben auch eigene wirtschaftliche Interessen verfolgt (Abwandlungen 1 und 2). Es liegt ein Eigeninteresse des Zuwendenden vor, aber es besteht kein unmittelbarer Zusammenhang zwischen der Zuschusszahlung und einer Gegenleistung.

Zuschüsse in Form einer verdeckten Einlage stellen eine Wertzuführung in das Betriebsvermögen dar. Sie sind dem Unterschiedsbetrag des § 4 Abs. 1 Satz 1, § 5 EStG außerhalb der Steuerbilanz hinzuzurechnen (§ 4 Abs. 1 Satz 1 EStG ggf. i.V.m. § 8 Abs. 1 KStG).[300] Nach Handelsrecht können diese Zuwendungen zwar wahlweise erfolgswirksam über die GuV-Rechnung (Ertragszuschuss oder Verlustausgleich) oder erfolgsneutral in die Kapitalrücklage nach § 272 Abs. 2 Nr. 4 HGB geleistet werden,[301] steuerrechtlich hat aber die Einlagenregelung des § 5 Abs. 6 EStG Vorrang.[302]

V. Zwischenergebnis

Vorläufig kann festgehalten werden, dass Zuschüsse (dies gilt für Ertrags- und Aufwandszuschüsse ebenso, wie für Investitionszuschüsse) grundsätzlich keine außerbetrieblichen, steuerfreien Vermögensmehrungen darstellen. Einzige Ausnahme ist die Zulage, als Sonderform des öffentlichen Zuschusses. Sie ist im Unterschied zu den übrigen Zuschüssen aufgrund ausdrücklicher gesetzlicher Regelung steuerfrei. Zulagen gehören damit kraft gesetzlicher Fiktion nicht zu den Einnahmen im Sinne des Einkommensteuergesetzes.

Zuschüsse sind auch nicht als durchlaufenden Posten zu erfassen. Der Zuschuss wird nicht in fremden Namen und für fremde Rechnung vereinnahmt, sondern zur eigenen Verwendung, selbst wenn Zuschussauflagen eine bestimmte Mittelverwendung vorschreiben.

Unter Umständen kann eine Zuschusszahlung als gesellschaftsrechtliche Einlage erfolgen. Hierbei ist zwischen offener und verdeckter Einlage zu diffe-

---

300 Vgl. *Buciek* in Blümich, EStG-Kommentar, 106. Ergänzungslieferung, 2010, § 5, Rz. 920, Lexikon Z.

301 Vgl. *Förschle/Hoffmann* in Beck'scher Bilanz-Kommentar, 7. Aufl., 2010, § 272, Rn. 195.

302 Hierzu wohl a.A. Beschl. d. *FG Hamburg* v. 30.8.2001, VII 105/01, DStRE 02, S. 193; dazu auch handelsrechtlich kritisch *Baldamus*, DStR 03, S. 852.

renzieren. Die vom Gesellschafter aufgrund gesetzlicher bzw. gesellschaftsvertraglicher Pflichten vorzunehmende offene Einlage kann nicht in Form eines Zuschusses erfolgen. In Ausnahmefällen kann eine Zuschusszahlung eines nahe stehenden Nichtgesellschafters als eine verdeckte Einlage in die Gesellschaft erfolgen, wenn er diese in erster Linie im Interesse des Gesellschaftes erbringt, aber daneben auch ein eigenes wirtschaftliches Interessen an der Zuschussgewährung besitzt.

Für die weitere steuersystematische Einordnung von Zuschüssen ist zwischen Ertrags- und Aufwandszuschüssen einerseits und Investitionszuschüssen andererseits zu differenzieren.

B. Behandlung von Ertrag- und Aufwandszuschüssen

Nach Auffassung der Rechtsprechung[303] und großen Teilen der Literatur[304] stellen Ertrag- und Aufwandszuschüsse (auch als „*sonstige Zuschüsse*" bezeichnet), die einem Steuerpflichtigen aus betrieblichem Anlass zugewendet werden, generell Betriebseinnahmen dar.

Betriebseinnahmen werden von der Rechtsprechung in Anlehnung an die Legaldefinition der Einnahmen bei den Überschusseinkünften (§ 8 EStG) als Zugänge von Wirtschaftsgütern in Form von Geld oder geldwerten Gütern umschrieben, die durch den Betrieb veranlasst sind.[305] Mit anderen Worten: Bei Betriebseinnahmen handelt es sich um jeden wirtschaftlichen Vorteil, den der Steuerpflichtige im Rahmen von Gewinneinkünften erlangt, soweit dieser durch den Betrieb veranlasst wurden ist.[306] Bei § 4 Abs. 3 EStG sind die Betriebsein-

---

303 Vgl. Urt. d. *BFH* v. 14.7.1988, IV R 78/85, BFHE 154, S. 212, BStBl. II 1989, S. 189; Urt. d. *BFH* v. 17.9.1987, III R 225/83, BFHE 151, S. 373, BStBl. 1988 II 324; Urt. d. *BFH* v. 16.1.1975, IV R 180/71, BStBl. II 1975, S. 526; Urt. d. *BFH* v. 14.07.2009, IX R 7/08, BFHE 226, S. 289, BStBl. II 2010, S. 34; Beschl. d. *BHF* v. 3.8.2005, I B 242/04, BFH/NV 2005, 2210; Urt. d. *BFH* v. 17.9.1992, I R 45/91, BFH/NV 1993, S. 170.

304 Vgl. beispielhaft *Kulosa* in Schmidt, EStG-Kommentar, 30. Aufl., 2011, § 6, Rz. 79; *Clausen* in Herrmann/Heuer/Raupach, § 5 EStG, Anm. 1611, *Ehmcke* in Blümich, EStG-Kommentar, 106. Ergänzungslieferung, 2010, § 6, Rz. 330; *Küting/Pfirmann /Ellmann*, DStR 2010, S. 2208; Urt. d. *BFH* v. 3. 7.1986, IV R 109/84, BFHE 147 S. 157, BStBl. II 1986, S. 806;

305 Vgl. *Maier* in Beck'sches Steuer- und Bilanzrechtslexikon, Edition 1/11, Buchstabe B, Betriebseinnahme, Rn. 1; Urt. d. *BFH* v. 18.6.1998, IV R 61/97, BStBl. II 1998, S. 1998, S. 621.

306 Vgl. *Wied* in Blümich, EStG-Kommentar, 106. Ergänzungslieferung, 2010, § 4, Rz. 521 f. u. 533; Urt. d. *BFH* v. 13.12.1973, I R 136/72, BStBl. II 1974, S. 219; Urt. d. *BFH* v.

nahmen dem tatsächlichen Zufluss entsprechend (§ 11 EStG analog) zu erfassen. Sie werden unmittelbarer Teil der Besteuerungsgrundlage. Beim Betriebsvermögensvergleich (§ 4 Abs. 1 EStG, § 5 EStG) werden die betrieblich veranlassten Zuflüsse nicht als Betriebseinnahmen, sondern als Ertrag bezeichnet; dies deshalb, weil sie der wirtschaftlichen Verursachung entsprechend periodengerecht zuzuordnen sind.[307]

Im Einzelnen muss also ein Wertzugang beim Steuerpflichtigen erfolgen. Dieser Wertzugang erfolgt beim Zuschussempfänger durch den Zufluss der Zuschusszahlung und ist daher unproblematisch zu bejahen.

Der Zugang des Zuschusses muss weiterhin betrieblich veranlasst sein. Es stellt sich die Frage, wann ein Zuschuss betrieblich veranlasst ist. Die Zuschusszahlung ist dann durch die der Erzielung von Einkünften dienende Tätigkeit des Zuschussempfängers veranlasst, wenn der Zuschuss der Tätigkeit des Empfängers dient oder durch sie verursacht ist. Betrifft hingegen die Verwendung des Zuschusses die Sphäre des Zuschussempfängers außerhalb der Einkünfteerzielungsabsicht, ist der Empfang des Zuschusses nicht durch die Absicht veranlasst, in einkommensteuerrechtlich erheblicher Weise Vermögensmehrungen zu erzielen.[308]

Mit der Zahlung von Ertrags- und Aufwandszuschüssen sollen die Erlöse eines Unternehmens aufgebessert[309] oder Belastungen aus einer bestimmten Aufwandsquelle abgemildert[310] werden. Die sonstigen Zuschüsse (Ertrags- und Aufwandszuschüsse) dienen damit grundsätzlich der Tätigkeit des Empfängers und sind damit folglich stets betrieblich veranlasst.

Die Zuschüsse erhöhen mithin den Gewinn, sei es, dass sie als zusätzliche Erträge vereinnahmt werden (Ertragszuschüsse) oder sonst auftretende Aufwendungen mindern (Aufwandszuschüsse).[311] Dabei ist es gleichgültig, ob die Wertzugänge aus öffentlichen oder privaten Zuwendungen herrühren.[312]

Die Erfassung von Zuschusszahlungen als Betriebseinnahmen widerspricht auch nicht dem Zweck der Zuschussgewährung. Das Argument, dass in dem

---

16.1.1975, IV R 180/71, BStBl. II 1975, S. 526; Urt. d. *BFH* v. 9.3.1988, I R 262/83, BFHE 183, 38, BStBl. II 1988, S. 592; Urt. d. *BFH* v. 19.7.1995, I R 56/94, BFHE 179, 19, BStBl. II 1996, S. 28; Urt. d. *BFH* v. 18.6.1998, IV R 61/97, BStBl. II 1998, S. 621;

307 Vgl. *Maier* in Beck'sches Steuer- und Bilanzrechtslexikon, Edition 1/11, Buchstabe B, Betriebseinnahme, Rn. 1.

308 Vgl. *Nieland*, DStZ 1986, S. 216 (217).

309 Vgl. *Groh*, DB 1988, S. 2417 (2417).

310 Vgl. *Groh*, BB 1973, S. 743 (742).

311 Vgl. Urt. d. *BFH* v. 14.7.1988, IV R 78/85, BFHE 154, S. 212, BStBl. II 1989, S. 189; *Ehmcke* in Blümich, EStG-Kommentar, 106. Ergänzungslieferung, 2010, § 6, Rz. 330.

312 Vgl. *Wegehenkel*, BB 1998, S. 1799.

Fall, in dem ein Zuschuss eine Betriebseinnahme darstellt, ein Teil des Zuschusses bereits wieder „*wegbesteuert*“ wird, geht insbesondere auch vor dem Hintergrund einkommenssystematischer Erwägungen von unzutreffenden Voraussetzungen aus.[313]

Besteuert wird nach § 2 Abs. 2 Nr. 1 EStG nicht der Zuschuss, sondern der Gewinn, der nach § 4 Abs. 1 EStG durch einen Betriebsvermögensvergleich am Schluss der Wirtschaftsjahre zu ermitteln ist. Dabei wirkt sich der Zuschuss zwar auf den Gewinn aus, wenn er zu den Betriebseinnahmen gezählt wird. Es kommt aber zu keiner oder nur zu einer geringen Besteuerung des Zuschusses, wenn insgesamt kein oder nur ein geringer Gewinn gemacht worden ist.[314] Verhindert wird in einem solchen Fall lediglich, dass der durch den Zuschuss abgedeckte Verlust im Wege des Verlustabzugs nach § 10 d EStG noch zusätzlich zu dem Zuschuss zu Steuererstattungen für Vorjahre oder Steuervorteilen für Folgejahre führt.[315] Der Zuschuss wird also nur dann zu einem großen Teil "*weggesteuert*", wenn er zusammen mit den anderen erfolgswirksamen Einnahmen zu so hohen Gewinnen führt, dass daraus Steuern bezahlt werden müssen, die einen großen Teil des Zuschusses ausmachen. Unter diesem Gesichtspunkt erscheint es im Hinblick auf den Zweck des Zuschusses zur Liquiditätsstärkung nicht als unbillig, jemanden, der solche Gewinne mit Hilfe eines Zuschusses erzielt hat, ebenso zu besteuern, wie jemanden, der einen gleich hohen Gewinn ohne derartige Zuschüsse gemacht hat.[316]

Ertrags- und Aufwandszuschüsse, d.h. Zuschüsse, die zur Förderung der betrieblichen Aktivitäten oder zur Liquiditätsverbesserung gewährt werden, stellen beim Zuschussempfänger ganz überwiegend Betriebseinnahmen dar.

313 Vgl. Urt. d. *BFH* v. 17.9.1987, III R 225/83, BFHE 151, S. 373, BStBl. II 1988, S. 324.
314 Vgl. Urt. d. *BFH* v. 17.9.1987, III R 225/83, BFHE 151, S. 373, BStBl. II 1988, S. 324.
315 Vgl. Urt. d. *BFH* v. 17.9.1987, III R 225/83, BFHE 151, S. 373, BStBl. II 1988, S. 324.
316 Vgl. Urt. d. *BFH* v. 17.9.1987, III R 225/83, BFHE 151, S. 373, BStBl. II 1988, S. 324.

C. Behandlung von Investitionszuschüssen

Anders als bei den Ertrags- und Aufwandszuschüssen lässt sich der Investitionszuschuss einem konkreten Wirtschaftsgut zuordnen. Der Zuschussgeber gewährt den Zuschuss nämlich mit der Maßgabe, dass die Mittel zur Anschaffung bzw. Herstellung eines konkreten Wirtschaftsguts verwendet werden. Diese Tatsache führte bei einigen Senaten des BFH und in Teilen der Literatur zu der Ansicht Investitionszuschüsse grundsätzlich nicht als Betriebseinnahme zu erfassen, sondern als Minderung der Anschaffungs- bzw. Herstellungskosten des bezuschussten Wirtschaftsguts. Dem folgen jedoch keineswegs alle Senate des BFH und gewichtige Stimmen in der Literatur. Nach ihrer Ansicht sind Investitionszuschüsse – ebenso wie die Ertrags- und Aufwandszuschüsse auch – regelmäßig als Betriebseinnahmen zu erfassen.

Es werden also zwei grundlegend verschiedene Auffassungen zur ertragsteuerlichen Behandlung von Investitionszuschüssen vertreten:

- Entweder: Investitionszuschüsse mindern die Anschaffungs- und Herstellungskosten[317],
- Oder: Investitionszuschüsse wirken sich als Betriebseinnahme gewinnerhöhend aus[318].

Hinzu kommt, dass die Einkommensteuerrichtlinien dem Steuerpflichtigen in Abschn. R 6.5 Abs. 2 EStR ein Wahlrecht bezüglich der einkommensteuerrechtlichen Behandlung von Investitionszuschüssen gewähren. Hiernach können Investitionszuschüsse wahlweise als Minderungen der Anschaffungs- bzw. Herstellungskosten oder als Betriebseinnahme erfasst werden.

Auf den ersten Blick könnte man meinen, dass das Wahlrecht in den Einkommensteuerrichtlinien eine Streitentscheidung hinsichtlich der steuersystematischen Einordung überflüssig macht. Allerdings ist die Rechtmäßigkeit des Wahlrechts in Abschn. R 6.5 Abs. 2 EStR ebenfalls umstritten. Für die Klärung der Frage der Rechtmäßigkeit des Wahlrechts wird es zwingend erforderlich zunächst den steuersystematischen Streit zu klären. Nur durch eine präzise steuersystematische Einordung, kann eine Aussage dazu getroffen werden, wann der

---

317 Vgl. Urt. d. *BFH* v. 14.7.1988, IV R 78/85, BStBl. II 1989, S. 189; Urt. d. BFH v. 28.4.1989, III R 4/87, BStBl. II 1989, S. 618; Urt. d. *BFH* v. 23.3.1995, IV R 58/94, BStBl. II 1995, S. 702; *Groh*, DB 1988, S. 2417; *ders.*, Steuer und Wirtschaft – StuW – 1994, S. 90; *Ehmcke* in Blümich, EStG-Kommentar, 104. Ergänzungslieferung, 2009, § 6, Rz. 331.

318 Vgl. Urt. d. *BFH* v. 19.7.1995, I R 56/94, BStBl. II 1996, S. 28; Urt. d. *BFH* v. 27.4.2000, BFH/NV 2000, S. 1365; Urt. d. *BFH* v. 22.1.1992, X R 23/89, BStBl. II 92, 488; *Laicher*, DStR 1993, S. 292 (294); *Tertel*, DStR 1990, S. 17 (24).

Steuerpflichtige überhaupt ein Wahlrecht aus den Einkommensteuerrichtlinien ausübt und ob diese Wahlrechtsausübung rechtmäßig sein kann. Bei genauer Betrachtung vereinfacht das Wahlrecht in Abschn. R 6.5 Abs. 2 EStR die Rechtslage nicht. Insgesamt werden die Probleme eher unübersichtlicher und komplexer.

In einem ersten Schritt soll daher zunächst eine steuersystematische Einordnung von Investitionszuschüssen vorgenommen werden. Hierzu sollen die unterschiedlichen Rechtsauffassungen im Einzelnen ausgewertet werden und auf Grundlage der gesammelten Argumente eine Streitentscheidung erfolgen. Im Anschluss soll nach Maßgabe der Streitentscheidung in einem weiteren Schritt die Ausgestaltung und Rechtmäßigkeit des Wahlrechts in Abschn. R 6.5 Abs. 2 EStR überprüft werden.

I. Minderung der Anschaffungs- bzw. Herstellungskosten versus Betriebseinnahmen

1. Meinung: Minderung der Anschaffungs-/Herstellungskosten

Im Folgenden sollen die Argumente der Senate des BFH (III., IV. und IX. Senat) und der Literatur herausgearbeitet und anschließend zusammengefasst werden, die für eine Behandlung der Investitionszuschüsse als Minderung der Anschaffungs- bzw. Herstellungskosten des bezuschussten Wirtschaftsguts sprechen.

a. Entscheidungen des III., IV. und IX. Senats des BFH

(1.) Urteil des IV. Senats des BFH vom 14.7.1988[319]

Der BFH hatte über einen Streit zwischen einer GbR, die eine Privatklinik betrieb, mit dem Finanzamt um die Behandlung von Fördermitteln in Form eines Barzuschusses zu entscheiden.

Hinsichtlich der einkommenssystematischen Behandlung von öffentlichen Investitionszuschüssen führte der IV. Senat aus, dass grundsätzlich Aufwendungen für die Anschaffung eines Wirtschaftsguts des Anlagevermögens als Anschaffungskosten des Wirtschaftsguts aktiviert werden. Erst in der Folgezeit wird eine Gewinnwirksamkeit, über die Abschreibung des um den Zuschuss ver-

319 Vgl. Urt. d. *BFH* v. 14.7.1988, IV R 78/85, BFHE 154, S. 212, BStBl. II 1989, S. 189.

ringerten Werts des aktivierten Wirtschaftsguts innerhalb des Abschreibungszeitraums folgen. Die Anschaffungskosten setzen sich dabei nicht nur aus Zahlungen an den Verkäufer zusammen, sondern beinhalten auch Leistungen an Dritte. Diese sind ebenfalls als Anschaffungsnebenkosten zu aktivieren.

Im umgekehrten Fall führt nach Auffassung des IV. Senats eine Minderung der Ausgaben für die Anschaffung des Wirtschaftsguts nicht zu einem gewinnerhöhenden Ertrag, sondern lediglich zu einer Ermäßigung der Anschaffungskosten. Der IV. Senat stützt seine Auffassung auf die Vorschrift des § 255 Abs. 1 Satz 3 HGB. Diese besagt, dass Anschaffungspreisminderungen abzusetzen sind. Der IV. Senat führt dazu aus:

„Dies [Anm. des Verf.: Eine Ermäßigung der Anschaffungskosten] ist in § 255 Abs. 1 Satz 3 HGB für eine Minderung des vereinbarten Anschaffungspreises vorgesehen, gilt nach dem Zweck der Aktivierungsvorschrift jedoch auch für die Rückzahlung von Anschaffungsnebenkosten und darüber hinaus für die Erstattung und Vergütung von Anschaffungsausgaben durch Dritte, sofern hierin nicht ein Entgelt für eine Leistung des Empfängers liegt [...]. Ein durch die Anschaffung des Wirtschaftsguts veranlaßter öffentlicher Investitionszuschuß führt deshalb zu einer Minderung der Anschaffungskosten [...].[320]

Nach Auffassung des IV. Senats führen folglich alle Investitionszuschüsse, die nicht der Stärkung des Unternehmens dienen (Ertrags- und Aufwandszuschüsse), zur Minderung der Anschaffungskosten. Über den Wortlaut der Aktivierungsvorschrift (§ 255 Abs. 1 Satz 3 HGB), nach der Anschaffungspreisminderungen abzusetzen sind, gelte diese nach dem Sinn und Zweck auch für die Erstattung und Vergütung von Anschaffungsausgaben durch Dritte. Nach Auffassung des IV. Senats ist die Zahlung eines Investitionszuschusses eine Erstattungsleistung von Anschaffungsausgaben durch Dritte. Investitionszuschüsse mindern folglich die Anschaffungs- bzw. Herstellungskosten des entsprechenden Wirtschaftsguts.

(2.) Urteil des III. Senats des BFH vom 28.4.1989[321]

Im zu entscheidenden Fall hatte der II. Senat über die steuerliche Behandlung von Zuschüssen nach dem KHG zu entscheiden.

In seiner Entscheidung führt der III. Senat bezüglich der Behandlung der Zuschüsse aus:

„Der erkennende Senat folgt der im Grundsatzurteil des IV. Senats zur steuerlichen Behandlung der Fördermittel nach dem KHG vom 14. Juli 1988 IV R

320 Vgl. Urt. d. *BFH* v. 14.7.1988, IV R 78/85, BFHE 154, S. 212, BStBl. II 1989, S. 189.
321 Vgl. Urt. d. *BFH* v. 28.4.1989, III R 4/87, BFHE 156, 497, BStBl. II 1989, S. 618.

78/85 (BFHE 154, 212, BStBl II 1989, 189) vertretenen Auffassung, daß die Zuschüsse nach § 10 KHG öffentlichen Investitionszuschüssen gleichstehen, die regelmäßig zu einer Minderung der Anschaffungs- und Herstellungskosten der bezuschußten Wirtschaftsgüter führen. Die Klägerin konnte daher auf die im Jahre 1975 angeschafften geringwertigen Wirtschaftsgüter keine gewinnmindernden Abschreibungen nach § 6 Abs. 2 EStG vornehmen." [322]

Damit schloss sich der III. Senat hinsichtlich der Frage der ertragsteuerlichen Behandlung von Investitionszuschüssen dem Urteil des IV. Senats vom 14.7.1988[323] an. Zuschüsse nach dem KHG setzte der III. Senat demzufolge öffentlichen Investitionszuschüssen gleich. Derartige Zuschüsse führen mithin auch nach Auffassung des III. Senats regelmäßig zu einer Minderung der Anschaffungs- und Herstellungskosten des bezuschussten Wirtschaftsguts.

(3.) Urteil des IX. Senats des BFH vom 26.3.1991[324]

Der IX. Senat hatte sich mit der Behandlung öffentlicher Zuschüsse nach dem Städtebauförderungsgesetz (StBauFG) zu befassen, die ein Steuerpflichtiger zur Restaurierung eines Hauses gewährt bekommen hatte. Die Finanzverwaltung behandelte den Zuschuss als Einnahme aus Vermietung und Verpachtung.

Hierzu führt der IX. Senat in seiner Entscheidung aus:

„Die Zuschüsse wären nur dann als Einnahmen i. S. von § 21 Abs. 1 Nr. 1 des Einkommensteuergesetzes (EStG) zu behandeln, wenn sie als Gegenleistung für die Überlassung des Gebrauchs oder der Nutzung des Grundstücks zu beurteilen wären. Dabei ist grundsätzlich unerheblich, ob der Mieter oder ein Dritter die Gegenleistung erbringt. Diese Voraussetzungen liegen nicht vor; denn der Kläger hat die Zuschüsse ausschließlich aus denkmalpflegerischen Gründen erhalten. [...] Zwar können in dem Vertrag zwischen Gemeinde und Eigentümer (Steuerpflichtiger) gleichzeitig Vereinbarungen getroffen werden, die in unmittelbarem rechtlichen und wirtschaftlichen Zusammenhang mit der Gebrauchsüberlassung des Grundstücks stehen, z.B. Mietzinsbindung, Belegungsrecht [...]. Anhaltspunkte dafür, daß der Kläger mit den Zuschußgebern derartige Vereinbarungen getroffen hat, bestehen aber nicht; [...]" [325]

Nach Ansicht des IX. Senats mindern die erhaltenen Zuschüsse jedoch die Herstellungskosten des Gebäudes.

Der IX. Senat führt diesbezüglich aus:

---

322 Vgl. Urt. d. *BFH* v. 28.4.1989, III R 4/87, BFHE 156, 497, BStBl. II 1989, S. 618.
323 Vgl. Urt. d. *BFH* v. 14.7.1988, IV R 78/85, BFHE 154, S. 212, BStBl. II 1989, S. 189.
324 Vgl. Urt. d. *BFH* v. 26.3.1991, IX R 104/86, BFHE 164, S. 263, BStBl. II 1992, S. 999.
325 Vgl. Urt. d. *BFH* v. 26.3.1991, IX R 104/86, BFHE 164, S. 263, BStBl. II 1992, S. 999.

„Daß öffentliche Investitionszuschüsse grundsätzlich zu einer Minderung der Herstellungskosten führen können, hat der Bundesfinanzhof (BFH) bereits in bezug auf Fördermittel i. S. von § 10 des Gesetzes zur wirtschaftlichen Sicherung der Krankenhäuser und zur Regelung der Krankenhauspflegesätze (KHG) vom 29. Juni 1972 entschieden (Urteile vom 14. Juli 1988 IV R 78/85 [...] und vom 28. April 1989 III R 4/87, [...]). Voraussetzung ist, daß die Zuschüsse in unmittelbarem wirtschaftlichen Zusammenhang mit der Herstellung des Gebäudes stehen.“ [326]

Der IX. Senat schließt sich damit der Auffassung des IV. und III. Senats an, Investitionszuschüsse grundsätzlich als zunächst ertragsteuerneutrale Minderung der Anschaffungs- bzw. Herstellungskosten zu erfassen. Erstmals benennt er jedoch als Voraussetzung, dass die Zuschüsse in unmittelbarem wirtschaftlichen Zusammenhang mit der Herstellung des Gebäudes stehen müssen.

(4.) Urteil des IV. Senats des BFH vom 23.3.1995[327]

Auch in dieser Entscheidung hält der IV. Senat an seiner Auffassung fest. In seinem Urteil vom 23.3.1995 begründet der IV. Senat des BFH seine Rechtsauffassung noch einmal ausführlich. Er bekräftigt ausdrücklich, dass öffentliche Investitionszuschüsse bei bilanzierenden Steuerpflichtigen nach der Auffassung des III. und IV. Senats des BFH grundsätzlich zu einer Minderung der Herstellungskosten führen.

Der IV. Senat führt aus, dass zu den Ausprägungen des in § 252 Abs. 1 Nr. 4 Halbsatz 2 des HGB normierten Realisationsprinzips auch das Anschaffungskostenprinzip (§ 253 Abs. 1 HGB und § 255 HGB) gehöre.

Das Anschaffungskostenprinzip besagt, dass Anschaffungs- und Herstellungskosten gewinnneutral behandelt werden sollen. Daraus folgt nach Ansicht des IV. Senats nicht nur, dass auch Nebenkosten der Anschaffung zu aktivieren sind (§ 255 Abs. 1 Satz 2 HGB), selbst wenn sie an einen Dritten gezahlt werden, sondern auch, dass Minderungen der Anschaffungskosten von diesen abzusetzen sind (§ 255 Abs. 1 Satz 3 HGB). Dies gelte – selbst wenn mit der gesetzlichen Formulierung nur eine Reduzierung des Kaufpreises gemeint sein sollte – nach Sinn und Zweck des Anschaffungskostenprinzips auch für Investitionszuschüsse Dritter.

---

326 Vgl. Urt. d. *BFH* v. 26.3.1991, IX R 104/86, BFHE 164, S. 263, BStBl. II 1992, S. 999.
327 Vgl. Urt. d. *BFH* v. 23.3.1995, IV R 58/94, BStBl. II 1995, S. 702.

(5.) Urteil des IV. Senats des BFH vom 5.6.2003[328]

In seiner Entscheidung vom 5.6.2003 bekräftigt der IV. Senat des BFH, dass die Herstellungskosten eines bezuschussten Wirtschaftsguts um erhaltene Investitionszuschüsse zu kürzen seien.

Der IV. Senat führt diesbezüglich aus:

„Danach waren die Herstellungskosten [...] im Streitfall auch um die nicht rückzahlbaren Zuschüsse und Beihilfen zu kürzen, soweit diese unstreitig auf die neuerrichteten Betriebsgebäude entfielen. Denn öffentliche Investitionszuschüsse führen bei bilanzierenden Steuerpflichtigen nach der Auffassung des III. und IV. Senats des BFH grundsätzlich zu einer Minderung der Anschaffungs- oder Herstellungskosten der geförderten Wirtschaftsgüter [...].“[329]

Neue Argumente zur weiteren Stützung seiner Auffassung werden nicht hervorgebracht, vielmehr wird auf die Erläuterungen im Urteil vom 23.3.1995 verwiesen.

(6.) Urteil des IV. Senats des BFH vom 29.11.2007[330]

Im Jahr 1995 erwarb eine GbR eine alte Schule und baute sie bis 1997 zu einer Ferienanlage um. Für die Umbaumaßnahme erhielt die GbR einen öffentlichen Zuschuss.

Hinsichtlich der ertragsteuerlichen Behandlung des Zuschusses führt der IV. Senat fasst wortgleich wie in seiner Entscheidung vom 5.6.2003[331] aus:

„Nach der Rechtsprechung des III. und IV. Senats des BFH führen öffentliche Investitionszuschüsse bei bilanzierenden Steuerpflichtigen grundsätzlich zu einer Minderung der Anschaffungs- oder Herstellungskosten der geförderten Wirtschaftsgüter [...]. An dieser Rechtsprechung hält der Senat aus den in seinem Urteil in BFHE 177, 385, BStBl II 1995, 702 wiedergegebenen Gründen fest [...].“[332]

Im Unterschied zu den bisherigen Entscheidungen erzielte die GbR gewerbliche Einkünfte aus der Vermietung der Ferienanlage und ermittelte ihren Gewinn nach § 4 Abs. 3 EStG durch Einnahmenüberschussrechnung. In diesem Zusammenhang stellt der IV. Senat klar, dass die ertragsteuersystematische Qualifikation von Investitionszuschüssen als Minderung der Anschaffungs- und

---

328 Vgl. Urt. d. *BFH* v. 5.6.2003, IV R 56/01, DStRE 2003, S. 1130.
329 Vgl. Urt. d. *BFH* v. 5.6.2003, IV R 56/01, DStRE 2003, S. 1130.
330 Vgl. Urt. d. *BFH* v. 29.11.2007, IV R 81/05, DStRE 2008, S. 733.
331 Vgl. Urt. d. *BFH* v. 5.6.2003, IV R 56/01, DStRE 2003, S. 1130.
332 Vgl. Urt. d. *BFH* v. 5.6.2003, IV R 56/01, DStRE 2003, S. 1130.

Herstellungskosten auch für die Steuerpflichtigen gilt, die ihren Gewinn nach § 4 Abs. 3 EStG ermitteln. Der BFH führt diesbezüglich aus:

„*Was für bilanzierende Steuerpflichtige gilt, gilt auch für solche, die ihren Gewinn durch Einnahmenüberschussrechnung ermitteln. Das folgt aus der Maßgeblichkeit bilanzsteuerrechtlicher Grundsätze für die AfA, die – wie bereits ausgeführt – auch bei der Gewinnermittlung nach § 4 Abs. 3 EStG gilt.*“[333]

(7.) Beschluss des IV. Senats des BFH vom 11.6.2010[334]

Der IV. Senat knüpft an seine bisherige Rechtsprechung an und hält unverändert an ihr fest.

Der IV. Senat führt hinsichtlich der einkommenssystematischen Qualifikation aus:

„*Nach der Rechtsprechung des III. und IV. Senats des BFH führen öffentliche Investitionszuschüsse bei bilanzierenden Steuerpflichtigen grundsätzlich zu einer Minderung der Anschaffungs- oder Herstellungskosten der geförderten Wirtschaftsgüter [...].*“[335]

b. Literatur

In der Literatur[336] wird die Erfassung von Investitionszuschüssen als Anschaffungskostenminderung i.S.d. § 255 Abs. 1 Satz 3 HGB in Teilen gestützt. Zur Begründung werden in erster Linie wirtschaftliche Erwägungen angeführt. Wirtschaftlich ist nach ihrer Ansicht davon auszugehen, dass im Kalkül der Unternehmen und damit bei Investitions- und Kaufentscheidungen Zuschüsse als Minderungen der aufzubringenden Anschaffungskosten angesehen werden. Auch ist i.d.R. seitens des Zuschussgebers nicht beabsichtigt, mit Hilfe von Investitionszuschüssen einen Gewinnausweis im Jahr der Vereinnahmung zu ermöglichen, sondern es sollen die Mittel vermindert werden, die das Unterneh-

333 Vgl. Urt. d. *BFH* v. 5.6.2003, IV R 56/01, DStRE 2003, S. 1130.

334 Vgl. Beschl. d. *BFH* v. 11.6.2010, IV S 1/10, NV, BeckRS 2010, 25016387.

335 Vgl. Beschl. d. *BFH* v. 11.6.2010, IV S 1/10, NV, BeckRS 2010, 25016387.

336 Grundsätzlich für eine Kürzung der Anschaffungs- bzw. Herstellungskosten unter dem Gesichtspunkt der Anschaffungskostenminderung nach § 255 Abs. 1 S. 3 HGB: *Adler*/Düring/Schmaltz, Rechnungslegung und Prüfung der Unternehmen, Kommentierung HGB, 6. Aufl., § 255, Rn. 69 ff; ebenso jedoch mehr unter dem Aspekt eines zutreffenden Erfolgsausweises: *Tjaden*, WPg 1985, S. 33 (35); IdW-Stellungnahme *HFA* 1/1984, WPg 1985, S. 612; zustimmend für Zuschüsse *Hofbauer* in Bonner Handbuch der Rechnungslegung, 50. Ergänzungslieferung, Stand: 7/2010, § 255, Anm. 66.

men selbst für die Anschaffung aufzubringen hat.[337] Da nach dieser Literaturmeinung die Aktivierung in der Bilanz auf den Betrag beschränkt ist, den das Unternehmen effektiv aufgewendet hat, sind die Anschaffungskosten grundsätzlich um eventuelle Investitionszuschüsse zu mindern.[338]

Adler/Düring/Schmaltz[339] führt dazu aus wie folgt aus:

„*Wirtschaftlich ist davon auszugehen, daß im Kalkül der Unternehmen und damit bei Investitions- und Kaufentscheidungen Zulagen und Zuschüsse als Minderungen der aufzubringenden Anschaffungskosten angesehen werden. Auch ist idR seitens des Zuwendungsgebers nicht beabsichtigt, mit Hilfe derartiger Zuwendungen einen Gewinnausweis im Jahr der Vereinnahmung zu ermöglichen, sondern es sollen die Mittel vermindert werden, die das Unternehmen selbst für die Anschaffung aufzubringen hat. Da sie Aktivierung in der Bilanz auf den Betrag beschränkt ist, den das Unternehmen effektiv aufgewendet hat, sind die An-schaffungskosten grundsätzlich um eventuelle Zuwendungen zu mindern.*“[340]

Schulte-Groß[341] ist der Auffassung, dass Investitionszuschüsse die Anschaffungs- bzw. Herstellungskosten vermindern müssen, weil auf diese Weise dem Grundsatz der Vorsicht entsprochen würde.

Tjaden[342] befürwortet die Verminderung der Anschaffungs- bzw. Herstellungskosten im Falle des Zuflusses eines Investitionszuschusses, weil sich dies als sachgerechtes Verfahren erweisen würde. Welche rechtliche Grundlage seine Auffassung zu tragen vermag, erläutert er jedoch nicht. Er führt aus:

„*Dem Erfordernis eines sachgerechten Verfahrens ist stets Rechnung zu tragen, wenn von der Gesamtzuwendung für das Anlagegut in jedem Jahr seiner Nutzungsdauer ein Anteil ertragswirksam wird, der im Verhältnis des im selben Jahr verrechneten Abschreibungsaufwands entspricht (synchrone Verteilung). Diese Ertragsverteilung ergibt sich von selbst, wenn die erhaltenen Investitionszuwendungen von den Anschaffungs- oder Herstellungskosten abgesetzt wird.*“[343]

---

337 Vgl. *Adler/Düring/Schmaltz*, Rechnungslegung und Prüfung der Unternehmen, Kommentierung HGB, 6. Aufl., § 255, Rn. 69.

338 Vgl. *Adler/Düring/Schmaltz*, Rechnungslegung und Prüfung der Unternehmen, Kommentierung HGB, 6. Aufl., § 255, Rn. 69.

339 Vgl. *Adler/Düring/Schmaltz*, Rechnungslegung und Prüfung der Unternehmen, Kommentierung HGB, 6. Aufl., § 255, Rn. 69.

340 Vgl. *Adler/Düring/Schmaltz*, Rechnungslegung und Prüfung der Unternehmen, Kommentierung HGB, 6. Aufl., § 255, Rn. 69.

341 Vgl. *Schulte-Groß*, WpG 1971, S. 155 (157).

342 Vgl. *Tjaden*, WpG 1985, S. 33 (35).

343 Vgl. *Tjaden*, WpG 1985, S. 33 (35).

Der *Hauptfachausschuss des Institut der Wirtschaftsprüfer*[344] kommt in seiner Stellungnahme HFA 1/1984 zu dem Ergebnis, dass eine zeitliche Abgrenzung von Investitionszuschüssen und -zulagen entweder durch die Absetzung von den Anschaffungs- bzw. Herstellungskosten oder durch die Bildung eines Passivpostens erreicht werden kann. Es bleibt jedoch unklar, wie das IdW zu dieser Auffassung gelangt.

Nach der Ansicht von *Groh*[345] hat sich in der Rechtsprechung und Bilanzierungspraxis die allein mit dem Realisationsprinzip vereinbare Auffassung durchgesetzt, dass Investitionszuschüsse die Anschaffungs- bzw. Herstellungskosten verringern. Er greift das hiergegen hervorgebrachte Argument auf, das Gesetz gebe dieses Ergebnis nicht her. In § 255 Abs. 1 Satz 3 HGB sei zwar die Berücksichtigung von Minderungen der Anschaffungskosten vorgesehen, doch sei damit die Reduzierung des Kaufpreises, nicht ein Zuschuss von dritter Seite gemeint. Hierzu führt Groh wie folgt aus:

„Daran ist richtig, daß sich das Realisationsprinzip nur in den vom Gesetz gezogenen Grenzen verwirklichen kann. Doch wirft die wiederum allein am verallgemeinerten Wortlaut orientierte Argumentation ein Schlaglicht auf die unentwickelte Auslegungskultur des Bilanzrechts. Die historische, systematische und teleologische Dimension der Auslegung, in anderen Rechtsgebieten mit Selbstverständlichkeit bemüht, bleibt völlig unbeachtet. Sinn des Anschaffungskostenprinzips ist doch, daß der Anschaffungsvorgang gewinnneutral bleiben soll, damit auch im Hinblick auf Vermögenszugänge, die mit den Anschaffungskosten verbunden sind. Damit kann es keinen Unterschied machen, ob ein Dritter Kosten gegenüber dem Verkäufer übernimmt und der Anschaffungspreis sich deswegen mindert, oder ob die Kosten dem Käufer abgenommen werden. Äußerstenfalls müßte eine Gesetzesanalogie dem Gesetzesplan Geltung verschaffen."[346]

Der Ansicht, dass Investitionszuschüsse im Zeitpunkt des Zugangs als Gewinn zu vereinnahmen sind, erteilt *Groh* eine kategorische Absage. Die Folgen einer solchen Behandlung wären nach seinem Dafürhalten bemerkenswert ungünstig. Ein großer Teil des Zuschusses müsste sogleich an das Finanzamt abgeführt werden und stände zur Finanzierung der Anschaffung nicht zur Verfügung. Der Rest könnte theoretisch durch die Gesellschafter ausgeschüttet werden. Von beidem dürfte nach Auffassung von *Groh* der Zuschussgeber wenig angetan sein.

---

344 Vgl. IdW-Stellungnahme *HFA* 1/1984, WPg 1985, S. 612.

345 Vgl. *Groh*, StuW 1994, S. 90 (91).

346 Vgl. *Groh*, StuW 1994, S. 90 (91).

c. *Zusammenfassung der Meinung: Minderung der AK/HK*

Der *III., IV.* und *IX. Senat des BFH*[347] sowie gewichtige Stimmen der Literatur, wie bspw. *Groh*[348] und *Blümich*[349] vertreten die Auffassung, dass Investitionszuschüsse im Unterschied zu Aufwands- und Ertragszuschüssen (sonstige Zuschüsse) stets zu einer Minderung der Anschaffungs- und Herstellungskosten des bezuschussten Wirtschaftsguts führen.[350]

Dies wird auf den Grundgedanken des § 255 Abs. 1 Satz 3 HGB zurückgeführt. Da der Investitionszuschuss der Anschaffung oder Herstellung eines Wirtschaftsguts dient, werden nach dieser Auffassung mit der Zuschussgewährung Anschaffungsausgaben erstattet bzw. ermäßigt. Eine Ermäßigung der Anschaffungskosten ist nach dem Wortlaut des Gesetzes zwar nur für eine Minderung des vereinbarten Anschaffungspreises vorgesehen, gilt aber nach Sinn und Zweck der Aktivierungsvorschrift auch für die Rückzahlung von Anschaffungsnebenkosten und darüber hinaus für die Erstattung von Anschaffungsausgaben (Zuschusszahlungen) durch Dritte (Zuschussgeber). Die Bemessungsgrundlage für die AfA ist bei durch Investitionszuschüsse geförderten Wirtschaftsgütern in Höhe des Investitionszuschusses zu reduzieren. Der Zufluss des Zuschusses erfolgt somit (zunächst) erfolgsneutral. Durch die Verringerung der Bemessungsgrundlage für die Abschreibung wirkt sich der Zuschuss später jedoch über den Abschreibungszeitraum auf den Erfolg des Unternehmens aus.

2. Gegenmeinung: Betriebseinnahmen

Nachfolgend sollen für die Gegenmeinung die Argumente des I. und X. Senats des BFH sowie der entsprechenden Literaturstimmen herausgearbeitet und im Anschluss zusammengefasst werden, die die Ansicht vertreten, dass Investitionszuschüsse stets als Betriebseinnahmen zu erfassen sind.

---

347 Vgl. Urt. d. *BFH* v. 14.7.1988, IV R 78/85, BStBl. II 1989, S. 189; Urt. d. *BFH* v. 28.4.1989, III R 4/87, BStBl. II 1989, S. 618; Urt. d. *BFH* v. 23.3.1995, IV R 58/94, BStBl. II 1995, S. 702.

348 Vgl. *Groh*, DB 1988, S. 2417; *ders.*, Steuer und Wirtschaft – StuW – 1994, S. 90.

349 Vgl. *Ehmcke* in Blümich, EStG-Kommentar, 106. Ergänzungslieferung, 2010, § 6, Rz. 331.

350 Vgl. Urt. d. *BFH* v. 23.3.1995, IV R 58/94, BStBl. II 1995, S. 702; Urt. d. *BFH* v. 14.7.1988, IV R 78/85, BFHE 154, S. 212, BStBl. II 1989, S. 189; Urt. d. *BFH* v. 28.4.1989, III R 4/87, BFHE 156, S. 497, BStBl. II 1989, S. 618; Urt. d. *BFH* v. 26.03.1991, IX R 104/86, DStR 1991, S. 1080; Urt. d. *BFH* v. 5.6.2003, IV R 56/01, DStRE 2003, S. 1130; Urt. d. *BFH* v. 29.11.2007, IV R 81/05, DStRE 2008, S. 733; Urt. d. *BFH* v. 11.6.2010, IV S 1/10, NV, BeckRS 2010 25016387.

a. Entscheidungen des I. und X. Senats des BFH

(1.) Urteil des X. Senats des BFH vom 22.1.1992[351]

Im Streitfall führte ein Einzelunternehmer einen Betrieb für Werkzeugbau. Er erhielt einen öffentlichen Zuschuss zur Anschaffung für eine Fräs- und Bohrmaschine. Der Unternehmer schaffte die Maschine an und aktivierte die gesamten Anschaffungskosten. Das Finanzamt vertrat die Auffassung, dass der Zuschuss mit den Anschaffungskosten zu verrechnen sei.

In den Entscheidungsgründen stellt der X. Senat des BFH zunächst die Meinung der anderen Senate des BFH zur Behandlung öffentlicher Investitionszuschüsse dar. Er führt aus, dass der IV. Senat des BFH die Auffassung vertritt, dass Investitionszuschüsse aus öffentlichen Mitteln grundsätzlich die Anschaffungs- bzw. Herstellungskosten mindern und sich der III. und IX. Senat dieser Auffassung in der Folgezeit angeschlossen haben.

Dieser Auffassung tritt der X. Senat unmissverständlich entgegen. Er führt aus:

„Öffentliche Investitionszuschüsse mindern indessen weder handels- noch steuerrechtlich die Anschaffungs- oder Herstellungskosten. Sie führen dem Unternehmen Finanzierungsmittel zu [...]. Zwar trifft es zu, daß Anschaffungspreisminderungen abzusetzen sind (§ 255 Abs. 1 Satz 3 HGB); diese Regelung ist, wie der IV. Senat zu Recht anführt [...], auf die Rückzahlung von Nebenkosten zu erstrecken. Nicht zugestimmt werden kann jedoch seiner weitergehenden Ansicht, die Regelung gelte nach dem Zweck des § 255 Abs. 1 Satz 3 HGB "darüber hinaus für die Erstattung und Vergütung von Anschaffungsausgaben durch Dritte, sofern hierin nicht ein Entgelt für eine Leistung des Empfängers liegt". Die Vorschrift mag als Ausdruck eines allgemeinen Rechtssatzes gesehen werden, daß Anschaffungs- bzw. Herstellungskosten sich um vereinbarte Ermäßigungen, Erstattungen und Rückvergütungen der Anschaffungs- oder Herstellungsausgaben mindern. Ein solcher Satz findet jedoch seine Begrenzung in der vorausgesetzten rechtlichen Verknüpfung des Minderungsvorgangs mit dem Anschaffungs- oder Herstellungsvorgang. Fehlt es hieran - wie insbesondere bei der Einschaltung eines an dem Herstellungs- oder Anschaffungsvorgang nicht beteiligten Dritten -, werden die Anschaffungs- bzw. Herstellungskosten nicht beeinflußt.“[352]

Trotz einer divergierenden Rechtsansicht zu anderen Senaten hinsichtlich der steuersystematischen Einordnung von Zuschüssen, konnte die Anrufung des

351 Vgl. Urt. d. *BFH* v. 22.1.1992, X R 23/89, BFHE 167, S. 69, BStBl. II 1992, S. 488.

352 Vgl. Urt. d. *BFH* v. 22.1.1992, X R 23/89, BFHE 167, S. 69, BStBl. II 1992, S. 488.

Großen Senats m.E. unterbleiben, weil eine Vorlage aufgrund des zu einem späteren Zeitpunkt zu besprechenden Wahlrechts im Ergebnis noch nicht zu einem nennenswert abweichenden Ergebnis geführt hat. Nach § 11 Abs. 2 FGO ist eine Vorlage nämlich nur dann geboten, wenn der erkennende Senat in einer Rechtsfrage von der Entscheidung eines anderen Senats abweichen will und wenn die divergierende Rechtsauffassung für den erkennenden Senat und für den Senat, der zuvor über diese Rechtsfrage entschieden hat, entscheidungserheblich ist bzw. war. Eine bloße Abweichung in den Urteilsgründen begründet bei gleichem Ergebnis keine Vorlagepflicht.[353]

(2.) Urteil des I. Senats des BFH vom 19.7.1995[354]

Eine GmbH betrieb für Krankenhäuser sowie Kinder- und Altenheime eine Gemeinschaftswäscherei. Die GmbH erhielt zur Anschaffung bzw. Herstellung von Wirtschaftsgütern Fördermittel nach dem KHG. Die bezuschussten Wirtschaftsgüter wurden zwar mit den vollen Anschaffungs- bzw. Herstellungskosten angesetzt, allerdings wurden pro rata temporis aufzulösende Passivposten gebildet. Das Finanzamt war dagegen der Auffassung, dass die voll bezuschussten Wirtschaftsgüter mit einem Teilwert von 0 DM zu bewerten sind.

Der BFH führt in seinen Entscheidungsgründen aus, dass der Erfolg der Revision davon abhängt, wie die erhaltenen Investitionsfördermittel bilanzsteuerlich zu behandeln sind. Nach Auffassung des erkennenden Senats bestehen für die Investitionszuschüsse keine bilanzsteuerlichen Sonderregelungen. Es ist daher nach Auffassung des I. Senats von den allgemeinen Grundsätzen der steuerlichen Gewinnermittlung auszugehen.

Der Investitionszuschuss erhöht im Jahr der Zuschussgewährung als Betriebseinnahme das Betriebsvermögen zum Ende des Wirtschaftsjahres den Gewinn und auch den Gewerbeertrag. Betriebseinnahmen sind alle Zuflüsse in Geld oder Geldeswert, die durch den Betrieb veranlasst sind und dem Steuerpflichtigen im Rahmen seines Betriebes zufließen.

Der I. Senat des BFH führt aus, dass bei der Zuschussgewährung ein öffentliche Interesse vorausgesetzt werden kann, welches untrennbar mit der tatsächlichen betrieblichen Verwendung des Zuschusses verbunden ist. Der Zuschuss ist folglich in dieser Konstellation weder Schenkung noch – mangels gesellschaftsrechtlicher Verknüpfung von Zuschussgeber und Zuschussempfänger – Einlage i. S. des § 4 Abs. 1 Satz 5 EStG. Nach Ansicht des I. Senats des BFH tritt eine

---

353 Vgl. *Ruban* in Gräber, Finanzgerichtsordnung – Kommentar, 7. Aufl. 2010, § 11, Rn. 4; *Dumke* in Schwarz, Kommentar zur FGO, § 11 FGO, Rz. 7, Stand: Juni 2010, 34. Ergänzungslieferung.

354 Vgl. Urt. d. *BFH* v. 19.7.1995, I R 56/94, BFHE 179, S. 19, BStBl. II 1996, S. 28.

Gewinnerhöhung auch dann ein, wenn die öffentliche Hand für die Investitionen ursprünglich (zinsgünstige) Darlehen gewährte und diese später durch Freistellung von der Tilgung in Zuschüsse umwandelt. Der I. Senat des BFH ist der Auffassung, ein Zuschuss führt regelmäßig zu Betriebseinnahmen.

Zu der vom III., IV. und IX. Senat des BFH vertretenen gegenteiligen Auffassung, dass Investitionszuschüsse grundsätzlich zu einer Minderung der Anschaffungs- bzw. Herstellungskosten führen, nimmt der I. Senat des BFH in seiner Entscheidung ebenfalls Stellung.

Nach Auffassung des I. Senats des BFH sind die in § 255 HGB enthaltenen Legaldefinitionen für die Anschaffungs-[355] und Herstellungskosten[356] mangels steuerlicher Sondervorschriften grundsätzlich auch im Steuerrecht zu beachten. Für den I. Senat des BFH stellen Investitionszuschüsse jedoch Finanzierungsmittel für Wirtschaftsgüter dar, die sich nicht auf die Anschaffungs- bzw. Herstellungskosten des Wirtschaftsguts auswirken können.

Der I. Senat führt in diesem Zusammenhang aus:

„Finanzierungsmittel für die Anschaffung oder Herstellung von Wirtschaftsgütern, wie die hier streitigen öffentlichen Zuschüsse, können entsprechend der finalen Begriffsdefinition keinen Einfluß auf die Höhe der Anschaffungs- oder Herstellungskosten haben. Diese bestimmen sich nach dem mit den Lieferanten, Bauträger u.a. festgelegten Preis. Der Wortlaut der Begriffsdefinition ist insoweit eindeutig und bietet daher keinen Raum für eine gegenteilige Auslegung.“[357]

Neben der Begriffsdefinition für die Anschaffungs- und Her-stellungskosten des HGB, die der I. Senats des BFH für die Untermauerung seiner Auffassung heranzieht, sieht er eine Bestätigung in Art. 35 Abs. 2 und 3 BiRiLiG[358], in denen zu den Anschaffungskosten nur der Einkaufspreis und die Nebenkosten, zu den Herstellungskosten nur die Anschaffungskosten der Roh-, Hilfs- und Betriebsstoffe und die dem einzelnen unmittelbar zurechenbaren Kosten gerechnet werden.

Der I. Senat führt weiter aus, dass eine Verrechnung von Anschaffungs- und Herstellungskosten mit den Finanzierungsmitteln dem Grundsatz der Einzelbewertung gemäß § 252 Abs. 1 Nr. 3 HGB und dem daraus folgenden Saldierungsverbot gemäß § 246 Abs. 2 Satz 1 HGB, dem Grundsatz der Bilanzwahrheit und der Bilanzvollständigkeit widerspricht. Wörtlich heißt es:

---

355 Vgl. § 255 Abs. 1 HGB.

356 Vgl. § 255 Abs. 2 HGB.

357 Vgl. Urt. d. *BFH* v. 19.7.1995, I R 56/94, BFHE 179, S. 19, BStBl. II 1996, S. 28.

358 Vgl. Amtsblatt der Europäischen Gemeinschaften – ABlEG – 1978, L 222/10.

„Aus diesen Gründen wird nach heute ganz herrschender Meinung eine Verrechnung von Investitionszuschüssen mit den Anschaffungs- oder Herstellungskosten des geförderten Wirtschaftsguts abgelehnt [...].[359]

Der Senat folgt insoweit der Auffassung des X. Senats des BFH.[360] Die gegenteilige Auffassung des I., IV. und IX. Senats versagen aus seiner Sicht im Streitfall insbesondere auch deshalb, weil die Zuschüsse im zu entscheidenden Fall zu einem ganz wesentlichen Teil für die Herstellung des Betriebsgebäudes geleistet wurden. Der Herstellungsbegriff des § 255 Abs. 2 HGB enthält eine § 255 Abs. 1 Satz 3 HGB vergleichbare Regelung nicht.

Die bilanzsteuerliche Unzulässigkeit der Minderung der Anschaffungs- und Herstellungskosten würde im Übrigen auch daran erkennbar, dass in der vorliegenden Streitigkeit die öffentliche Hand der Klägerin ursprünglich überwiegend zinsfreie Darlehen gewährte und diese erst auf Antrag der Klägerin in den Folgejahren von der Tilgung freigestellt und in Zuschüsse umgewandelt wurden. Die Freistellung von der Tilgung bzw. die Umwandlung in Zuschüsse stellen einen Darlehensverzicht dar, der zu einer Betriebsvermögensvermehrung, nicht aber zu einer Minderung von Anschaffungs- oder Herstellungskosten des Anlage- oder Umlagevermögens führt.

b. Literatur

Ein großer Teil der Literatur erkennt zwar an, dass eine erfolgsneutrale Vereinnahmung eines Zuschusses im Wege einer Anschaffungskostenminimierung gemäß § 255 Abs. 1 Satz 3 HGB zu einem betriebswirtschaftlich sinnvollen, ja wünschenswerten Ergebnis führen würde, dies sei jedoch aus gesetzessystematischen Gründen nicht möglich.[361]

Nach Auffassung von *Förschle/Scheffels*[362] wird der handelsrechtliche Begriff der Anschaffungskosten durch das Realisationsprinzip definiert. Sinn und

359 Vgl. Urt. d. *BFH* v. 19.7.1995, I R 56/94, BFHE 179, S. 19, BStBl. II 1996, S. 28.

360 Vgl. Urt. d. *BFH* v. 22.1.1992, X R 23/89, BFHE 167, S. 69, BStBl. II 1992, S. 488; s. auch *Mathiak*, DStR 1989, S. 232, (236).

361 Vgl. *Dahl*, Die Aktivierung der Sachanlagegüter in Handels- und Steuerbilanz, Köln 1959, S. 60; *Husemann*, Grundsätze ordnungsgemäßer Bilanzierung für Anlagegegenstände, Düsseldorf 1970, S. 100; *Zwehl*, WPg 1970, S. 4 ff.; *Kupsch*, DB 1979, S. 365 ff.; *Laicher*, DStR 1993, S. 292, *Pankow/Wichmann* in Beck'scher Bilanzkommentar, § 255 HGB, Rn. 117; *Uhlig*, Grundsätze ordnungsgemäßer Bilanzierung für Zuschüsse, Düsseldorf 1989, S. 100; mit Zweifeln an der Möglichkeit der Anschaffungskostenminderung durch die Gewährung eines Investitionszuschusses: *Wolf*, Bilanzierung von Zuschüssen nach HGB und IFRS, (Univ. Diss.) Frankfurt am Main 2010, S. 91.

362 Vgl. *Förschle/Scheffels*, DB 1993, S. 2393 (2394).

Zweck ist es, den Anschaffungsvorgang erfolgsneutral zu halten und das erworbene Nutzungspotential den künftigen Erträgen zuzurechnen. Das impliziert, dass nicht sämtliche Ausgaben aktiviert werden, sondern nur solche, die für einen hinreichend konkretisierbaren Ausgabegegenwert erworben wurden.[363] Die eigene Leistungsverpflichtung für ein Wirtschaftsgut ist der Ausgangspunkt für die Bestimmung der Anschaffungskosten. Diese eigene Leistungsverpflichtung wird durch typische Anschaffungskostenminderungen wie Rabatte oder Boni reduziert.[364] Der Zufluss eines Zuschusses kann jedoch die eigene Leistungsverpflichtung nicht mindern. Zuschüsse sind rechtlich nicht mit dem Anschaffungs- oder Herstellungsvorgang verknüpft, so dass sie die Anschaffungs- bzw. Herstellungskosten nicht beeinflussen.[365] Dies ergibt sich aus bilanztheoretischen Überlegungen. Ein Vermögensgegenstand verkörpert ein bestimmtes Ertragspotential, das durch seine Kosten auf dem Beschaffungsmarkt objektiviert wird. Öffentliche Zuschüsse, die der regional-, struktur-, sektoral- und konjunkturpolitischen Wirtschaftsförderung dienen oder private Zuschüsse, die ein bestimmtes unternehmerisches Kalkül beinhalten, mindern dieses Ertragspotential grundsätzlich nicht. Denn es ist nicht erkennbar, warum einem subventionierten Vermögensgegenstand generell ein geringeres Ertragspotential beizumessen sein sollte als einem nicht subventionierten. Ein unterschiedlicher, von den vollen Anschaffungskosten abweichender Wertansatz des Vermögensgegenstands entspräche dann nämlich nicht den Grundsätzen ordnungsgemäßer Buchführung.[366]

Auch *Knobbe-Keuk*[367] argumentiert gegen eine Minderung der Anschaffungs- bzw. Herstellungskosten in den Fällen der Bezuschussung eines Wirtschaftsguts. Nach ihrer Ansicht ist der Umfang der Anschaffungskosten unabhängig davon, aus welchen Quellen die finanziellen Mittel für die Investition kommen: ob sie aus Eigenmitteln, Schenkungen, Darlehen, Lotteriegewinnen oder Investitionszuschüssen stammen. Ein Investitionszuschuss kann folglich die Anschaffungskosten nicht mindern. Bei dem Begriff der Anschaffungskosten handelt es sich um eine aus dem Beschaffungsmarkt abgeleitete Wertkategorie, deren Umfang durch die vertraglichen Leistungsverpflichtungen des Unternehmers bestimmt wird.[368]

---

363 So auch *Moxter*, BB 1987, S. 1849.

364 So auch *Laicher*, DStR 1993, S. 292 (294).

365 Vgl. *Förschle/Scheffels*, DB 1993, S. 2393 (2394).

366 Vgl. *Förschle/Scheffels*, DB 1993, S. 2393 (2394); so auch *Wolf*, Bilanzierung von Zuschüssen nach HGB und IFRS, (Univ. Diss.) Frankfurt am Main 2010, S. 92.

367 Vgl. *Knobbe-Keuk*, StuW 1978, S. 226; *Knobbe-Keuk*, Bilanz- und Unternehmenssteuerrecht, 9. Aufl., S. 163 f

368 Vgl. *Knobbe-Keuk*, Bilanz- und Unternehmenssteuerrecht, 9. Aufl., S. 163 f.

Uhlig[369] ist der Auffassung, dass Investitionszuschüsse weder nach dem Wortlaut des § 255 Abs. 1 Satz 3 HGB noch nach Sinn und Zweck der Norm zu einer Minderung der Anschaffungs- und Herstellungskosten führen können. Nach ihrer Auffassung sind den Anschaffungskosten zwei Kriterien immanent. Einerseits dürfen nur Ausgaben, die auf tatsächlich geleisteten oder noch zu leistenden Zahlungen beruhen, als Anschaffungs- bzw. Herstellungskosten aktiviert werden, und zweitens müssen die aktivierten Ausgaben einen sachlichen und zeitlichen Bezug zum Beschaffungsprozess bzw. zum Vermögensgegenstand aufweisen. Überzeugend stellt sie dar, dass ein Zuschuss nicht zu einer Minderausgabe führt, sondern zur Finanzierung zu zählen ist. Finanzierung und Anschaffung sind nach ihrer Ansicht zu trennen.[370]

Ähnlich wie bereits *Uhlig* und *Knobbe-Keuk* stellt *Laicher*[371] fest, dass es sich bei Investitionszuschüssen nicht um typische Anschaffungspreisminderungen wie z.B. Rabatten und Skonti handelt, die vom Verkäufer gewährt werden und den Anschaffungspreis mindern. Einen Interpretation als ein von dritter Seite erfolgter Preisnachlass ist zunächst am Begriff der Anschaffungspreisminderung des § 255 Abs. 1 Satz 3 HGB zu messen. Bei einer engen Wortlautauslegung sind Investitionszuschüsse nicht als Anschaffungspreisminderungen zu erfassen, weil durch ihre Zuwendung nicht der an den Verkäufer effektiv zu zahlende Preis vermindert wird. Selbst bei einem weiten Begriffsverständnis von Anschaffungspreisminderungen können seiner Auffassung nach Investitionszuschüsse nicht zu den Anschaffungspreisminderungen gezählt werden. Entscheidend für die Höhe der anzusetzenden Anschaffungskosten ist der Umfang der Leistungsverpflichtung, die der Unternehmer dem Verkäufer gegenüber zu erbringen hat. Von dritter Seite geleistete Zuwendungen können auf die vom Käufer eingegangenen Verpflichtungen keinen Einfluss haben. Ein Investitionszuschuss ist Teil der Finanzierung, der von den Anschaffungskosten völlig losgelöst ist. Darüber hinaus führt die Absetzung der Zuwendung von den Anschaffungskosten nach Auffassung von *Laicher* zu einem Verstoß gegen die Grundsätze der Bilanzwahrheit und der Vollständigkeit, da der in § 264 Abs. 2 Satz 1 HGB geforderte wahre Einblick in die Vermögens- und die Ertragslage nicht gewährleistet ist. Dies deshalb, weil sowohl die begünstigten Zugänge im Anlagevermögen als auch die darauf entfallenden Abschreibungen verkürzt ausgewiesen würden.

---

369 Vgl. *Uhlig*, Grundsätze ordnungsgemäßer Bilanzierung für Zuschüsse, Düsseldorf 1989, S. 91.

370 Vgl. *Uhlig*, Grundsätze ordnungsgemäßer Bilanzierung für Zuschüsse, Düsseldorf 1989, S. 105.

371 Vgl. *Laicher*, DStR 1993, S. 294.

c. *Zusammenfassung der Gegenmeinung: Betriebseinnahmen*

Nach Ansicht des X. und I. Senats des BFH und gewichtiger Stimmen in der Literatur erhöhen Investitionszuschüsse die Betriebseinnahmen und führen nicht zu einer Minderung der Anschaffungs- bzw. Herstellungskosten der angeschaffen oder hergestellten Wirtschaftsgüter. Damit vertreten der X. und I. Senat des BFH im Unterschied zum III., IV. und IX. Senat des BFH hinsichtlich der Frage der ertragsteuerlichen Qualifikation eine gegenteilige Auffassung.

Nach dieser Auffassung ist die Zuschussgewährung regelmäßig durch die Erzielung von Einkünften dienenden Tätigkeiten des Zuschussempfängers veranlasst. Mit anderen Worten: Der Zuschuss wird aus betrieblichem Anlass zugewendet. Betrieblich veranlasste Zugänge von Wirtschaftsgütern (in diesem Fall: Zuschüssen) stellen Betriebseinnahmen dar. Investitionszuschüsse sind daher nicht anders zu behandeln als sonstige Zuschüsse (Ertrags- und Aufwandszuschüsse). Investitionszuschüsse können beim bezuschussten Wirtschaftsgut nicht zu einer Minderung der Anschaffungs- bzw. Herstellungskosten gemäß § 255 Abs. 1 Satz 3 HGB in Höhe des Zuschusses führen. Eine Subsumtion des Investitionszuschusses als „*eine Erstattung oder Vergütung von Anschaffungsausgaben durch Dritte*" ist nicht vom Wortlaut und auch nicht vom Sinn und Zweck der Norm erfasst.

3. Streitentscheidung zur steuersystematischen Erfassung von Investitionszuschüssen

Ausgangspunkt für eine Streitentscheidung ist meines Erachtens zunächst die Überlegung, dass die Definition der Betriebseinnahmen für die Investitionszuschüsse ebenso Gültigkeit haben muss, wie für sonstige Zuschüsse (Ertrags- und Aufwandszuschüsse). Da eine betriebliche Veranlassung in den überwiegenden Fällen (jedoch im Einzelfall zu überprüfen) gegeben sein dürfte, wären folglich auch Investitionszuschüsse grundsätzlich als Betriebseinnahmen zu klassifizieren.

Eine hiervon abweichende Erfassung als Minderung der Anschaffungs- bzw. Herstellungskosten des bezuschussten Wirtschaftsguts wäre m.E. nur dann zulässig, wenn das Gesetz für Investitionszuschüsse eine andere ertragsteuerliche Beurteilung zuließe, die der Qualifikation als Betriebseinnahme vorgeht. Nach Ansicht des III., IV. und IX. Senats des BFH ist in § 255 Abs. 1 Satz 3 HGB eine solche Vorschrift im Gesetz vorhanden.

Bei einem Rückgriff § 255 Abs. 1 Satz 3 HGB ist zu untersuchen, ob diese Vorschrift als Grundlage für beide in Betracht kommenden Fälle dienen kann, nämlich einerseits die Bezuschussung eines anzuschaffenden Wirtschaftsguts und andererseits die Bezuschussung eines herzustellenden Wirtschaftsguts.

Anschaffungskosten (§ 255 Abs. 1 HGB) und Herstellungskosten (§ 255 Abs. 2 HGB) sind im Handelsgesetzbuch legal definiert. Mangels einer steuerlichen Sondervorschrift sind die Definitionen grundsätzlich auch im Steuerrecht und somit letztlich auch für die Frage, ob ein Investitionszuschuss zu einer Minderung der Anschaffungs- bzw. Herstellungskosten führen kann, zu beachten.[372] Obgleich regelmäßig große Übereinstimmungen bei der Behandlung von Anschaffungskosten und Herstellungskosten bestehen, gibt es im Rahmen der gesetzlichen Regelung in § 255 Abs. 1 und Abs. 2 HGB Unterschiede zwischen Herstellungskosten und Anschaffungskosten. Dies macht es erforderlich, die Behandlung von Investitionszuschüssen für beide in Betracht kommende Fälle, nämlich als:

- Minderung der Anschaffungskosten einerseits und
- Minderung der Herstellungskosten andererseits

einzeln zu untersuchen.

a. *Zuschüsse als Anschaffungskostenminderung*

(1.) Ausgangspunkt: Anschaffungskosten

Anschaffungskosten im engeren Sinne sind die Aufwendungen, die geleistet werden, um ein Wirtschaftsgut zu erwerben und dieses in einen betriebsbereiten Zustand zu versetzen, soweit die Aufwendungen dem Wirtschaftsgut einzeln zugeordnet werden können (§ 255 Abs.1 S.1 1. Alt HGB).[373]

Die Anschaffung ist ein zweckgerichteter (finaler) Vorgang, der auf den Erwerb des (zumindest wirtschaftlichen) Eigentums gerichtet ist.[374] Das Charakteristikum der Anschaffung ist die Überführung von der fremden in die eigene Verfügungsmacht, d.h. die Erlangung der wirtschaftlichen Verfügungsmacht

---

372 Der Große Senat hat mit Beschluss vom 4.7.1990 entschieden, dass die gesetzlich kodifizierte Begriffsdefinition der Anschaffungs-/Herstellungskosten des HGB auch für das Steuerrecht maßgebend ist; Beschl. d. *BFH* v. 4.7.1990, GrS 1/89, BStBl. II 1990, S. 830.

373 Vgl. *Ehmcke* in Blümich, EStG-Kommentar, 107. Ergänzungslieferung, 2010, § 6, Rz. 250.

374 Vgl. *Maier* in Beck'sches Steuer- und Bilanzlexikon, Edition 4/10, Buchstabe A, Anschaffungskosten, Rn. 3.

über den Erwerbsgegenstand.[375] Bei beweglichen Sachen geschieht dies regelmäßig durch Lieferung (§ 446 BGB), bei Grundstücken durch den Übergang von Besitz, Nutzen und Lasten (§§ 873, 925 BGB).[376] Zu den Anschaffungskosten gehören auch die Nebenkosten der Anschaffung sowie die nachträglichen Anschaffungskosten. Zu den Anschaffungskosten sind auch Zahlungen des Käufers zu rechnen, die nicht als Kaufpreis bezeichnet werden, wirtschaftlich aber dem Erwerb des Wirtschaftsgutes dienen.[377]

(2.) Minderung der Anschaffungskosten

Ausgehend von diesem Anschaffungskostenbegriff enthält § 255 Abs. 1 Satz 3 HGB auch eine Regelung zur Minderung der Anschaffungskosten. Anschaffungspreisminderungen sind demnach von den Anschaffungskosten abzusetzen. Es bleibt jedoch fraglich, ob Investitionszuschüsse Anschaffungspreisminderungen darstellen können. Ausdrücklich kann dies der Vorschrift des § 255 Abs. 1 Satz 3 HGB nicht entnommen werden. Insoweit ist über die Auslegung der Vorschrift zu ermitteln, ob Investitionszuschüsse als Anschaffungskostenminderungen im Sinne des § 255 Abs. 1 Satz 3 HGB erfasst werden können, oder nicht.

(a.) Enge Wortlautauslegung

Legt man den Wortlaut des § 255 Abs. 1 S. 3 HGB eng aus, ist davon auszugehen, dass Anschaffungspreisminderungen nur typische mit dem Anschaffungsvorgang verbundene Anschaffungspreisminderungen sein können, nämlich die vom Verkäufer oder Lieferanten gewährten Nachlässe.[378] Anschaffungspreisminderungen sind dann typischerweise Skonti, Rabatte und ähnliche Preisnachlässe des Verkäufers.[379]

Rabatten, Skonti und Boni ist gemeinsam, dass sie Gegenstand der Verhandlung und der vertraglichen Vereinbarung des Verkäufers mit dem Kunden sind, wobei der Verkäufer entscheidet, ob er seinem Kunden einen Rabatt, Skonto oder Bonus gewährt. Der Kunde hingegen entscheidet sich bei einer Gesamt-

---

375 Vgl. Beschl. d. *BFH* v. 22.8.1966, GrS 2/66, BStBl. III 1966, S. 672; Urt. d. *BFH* v. 17.11. 2004, I R 96/02, BStBl. II 2008, S. 296.

376 Vgl. *Morck* in Koller/Roth/Morck, HGB-Kommentar, 6. Aufl., München 2007, § 255, Rn. 1; *Wiedmann* in Ebenroth/Boujong/Joost/Strohn, Kommentar zum Handelsgesetzbuch, 8. Aufl., München 2008, § 255, Rn. 4-6.

377 Vgl. Urt. d. *BFH* v. 27.5.2009, I R 53/08, DStR 2009, S. 2661.

378 Vgl. *Wolf*, Bilanzierung von Zuschüssen nach HGB und IFRS, (Univ. Diss.) Frankfurt am Main 2010, S. 91.

379 Vgl. *Laicher*, DStR 1993, S. 292 (294).

schau des Angebots des Verkäufers für oder gegen den Vertragsschluss. Bei der Bestimmung des Anschaffungspreises kommt es daher entscheidend auf die vertragliche Vereinbarung an.[380]

Ein Zuschuss ist jedoch nicht Gegenstand der Verhandlung und der vertraglichen Vereinbarung des Verkäufers/Lieferanten des bezuschussten Vermögensgegenstands mit dem Zuschussempfänger, und der Verkäufer/Lieferant entscheidet nicht über die Zuschussgewährung.[381]

Die Entscheidung über eine Bezuschussung eines anzuschaffenden Wirtschaftsguts beeinflusst den Verkäufer/Lieferanten des Wirtschaftsguts bei seiner Festsetzung des Verkaufspreises regelmäßig nicht. Das Zuschussverhältnis (Zuschussgeber/Zuschussempfänger) ist dabei strikt vom Kaufvertrag / Werklieferungsvertrag etc., der die rechtliche Grundlage für die Anschaffung des Wirtschaftsguts bildet zu unterscheiden. Es handelt sich um unterschiedliche Rechtsverhältnisse an dem regelmäßig auch unterschiedliche Personen beteiligt sind (Kaufvertrag mit Käufer und Verkäufer; Zuschussverhältis mit Zuschussempfänger (=Käufer) und einem Dritten als Zuschussgeber).

Die Tatsache, dass das Unternehmen einen Zuschuss erhalten hat oder noch erhalten wird, mindert rechtlich nicht die Leistungsverpflichtung des Zuschussempfängers gegenüber dem Verkäufer/Lieferanten. Der wirtschaftliche Aspekt, dass der Zuschuss das Unternehmen in einer Richtung „*durchläuft*", rechtfertigt nicht die Kürzung des Anschaffungspreises.[382]

Nach dem engen Auslegungsmaßstab erscheint die Interpretation des Investitionszuschusses als Anschaffungspreisminderung des bezuschussten Wirtschaftsguts beim Zuschussempfänger aus den vorgenannten Gründen als nicht sachgerecht.

(b.) Weite Wortlautauslegung

Nach Überzeugung – insbesondere des IV. Senats des BFH – lässt der Gesetzeswortlaut Raum für eine weite Auslegung des § 255 Abs. 1 Satz 3 HGB, so dass Investitionszuschüsse systematisch doch zu den Anschaffungspreisminderungen zu zählen sind. Der BFH führt hierzu wörtlich aus: *„die Erstattung und Vergütung von Anschaffungsausgaben durch Dritte"* sind ebenfalls als Minde-

380 Vgl. *Uhlig*, Grundsätze ordnungsgemäßer Bilanzierung für Zuschüsse, Düsseldorf 1989, S. 100.

381 Vgl. *Knobbe-Keuk*, Bilanz- und Unternehmenssteuerrecht, 9. Aufl., S. 163 f; *Laicher*, DStR 1993, S. 292.

382 Vgl. *Uhlig*, Grundsätze ordnungsgemäßer Bilanzierung für Zuschüsse, Düsseldorf 1989, S. 101; *Kupsch*, WPg 1984, S. 369; *Ewertowski*, BB 1984, S. 1015.

rungen der Anschaffungskosten zu erfassen.[383] Dies begründet er hinsichtlich des Investitionszuschusses damit, dass der Zuschussempfänger für den bezuschussten Gegenstand im Ergebnis lediglich den verbliebenden Differenzbetrag aufwenden muss.[384] Solche Erstattungen von Anschaffungsausgaben seinen von § 255 Abs. 1 Satz 3 HGB erfasst.

Dies ist jedoch auch bei einer weiten Auslegung nicht vom Wortlaut der Norm gedeckt. Der Gesetzgeber hat in § 255 Abs. 1 Satz 3 HGB explizit den Terminus „*Anschaffungspreisminderung*" verwendet, mit dem m.E. nur Nachlässe gemeint sein können, die sich unmittelbar auf den Anschaffungspreis auswirken.[385] Der Wortlaut begrenzt in § 255 Abs. 1 Satz 3 HGB weite Auslegung. Eine Erstattung von Anschaffungsausgaben durch einen Dritten in „*Anschaffungsausgabenminderungen*" hineinzulesen und auf diesem Wege die Auswirkungen aus einer Vertragsbeziehung außerhalb des Anschaffungsvorgangs (Zuschussverhältnis) unmittelbar in den Anschaffungsvorgang und die aus diesem Rechtsverhältnis entstammenden Anschaffungskosten und ggf. zu berücksichtigende Anschaffungspreisminderungen zu berücksichtigen, ist m.E. auch bei weiter Wortlautauslegung nicht möglich.[386]

(c.) Erweiterte Auslegung nach Sinn und Zweck

Es bleibt zu prüfen, ob eine Auslegung der Vorschrift des § 255 Abs. 1 Satz 3 HGB über den Wortlaut hinaus nach dem Sinn und Zweck der Norm gerechtfertigt sein kann.

Aus der Begründung der dem § 255 Abs. 1 HGB entsprechenden Norm des Regierungsentwurfs des 1. Bilanzrichtlinien-Gesetzes geht hervor, dass der Zweck der Aktivierung der Anschaffungskosten darin besteht, den Anschaffungsvorgang erfolgsneutral abzubilden.[387] Aus diesem Grund werden gemäß § 255 Abs. 1 Satz 1 HGB die Ausgaben, die aufgewendet werden müssen, um einen Vermögensgegenstand zu erwerben und ihn in einen betriebsbereiten Zustand zu versetzen, als dessen Anschaffungskosten aktiviert. Es dürfen folglich nach dem Sinn und Zweck des Gesetzes nur Ausgaben als Anschaffungskosten

383 Vgl. Urt. d. *BFH* v. 14.7.1988, IV R 78/85, BStBl. II 1989, S. 189.

384 Vgl. *Wolf*, Bilanzierung von Zuschüssen nach HGB und IFRS, (Univ. Diss.) Frankfurt am Main 2010, S. 92.

385 Vgl. *Uhlig*, Grundsätze ordnungsgemäßer Bilanzierung für Zuschüsse, Düsseldorf 1989, S. 101.

386 So auch: *Uhlig*, Grundsätze ordnungsgemäßer Bilanzierung für Zuschüsse, Düsseldorf 1989, S. 101.

387 Am 10.2.1982 eingebracht, BRat-Drs. 61/82, BT-Drucks. 9/878; vgl. auch Deutscher Bundestag, Regierungsentwurf, 1983, S. 88.

aktiviert werden, die auf tatsächlich geleisteten oder noch zu leistenden Zahlungen beruhen.[388]

Der Ansatz der um den Zuschuss verringerten Ausgaben als Anschaffungskosten wäre systematisch dann richtig, wenn dem Unternehmer für die Anschaffung in Höhe des Zuschusses keine Ausgaben entstehen. Seitens des Zuschussempfängers müsste der Investitionszuschuss also zu einer Minderausgabe bzw. einer „Nicht-Ausgabe“ führen müssen; nur so könnte ein Investitionszuschuss als Anschaffungspreisminderung verstanden werden.

Faktisch durchläuft der Zuschuss das Unternehmen. Einerseits fließt dem Unternehmen der Zuschuss zu und andererseits wird der eingenommene Betrag in die Anschaffung eines bestimmten Wirtschaftsguts investiert und damit verbraucht. Man könnte daher meinen, dass in Höhe des eingenommenen Zuschusses keine eigenen Ausgaben für die Anschaffung mehr anfallen.

Allerdings darf, wie bei anderen Beschaffungsgeschäften auch, die Ebene der Investition und die Ebene der Finanzierung nicht vermischt werden.[389] Die Höhe der Ausgaben, die der Unternehmer für eine Investition tätigen muss, ist grundsätzlich unabhängig von den Quellen der Finanzierung.[390] Abgesehen von der Tatsache, dass ausnahmsweise gemäß § 255 Abs. 3 Satz 2 HGB unter bestimmten Voraussetzungen Fremdkapitalzinsen in die Herstellungskosten einbezogen werden dürfen, ist die Herkunft der Mittel für die Höhe der Anschaffungskosten grundsätzlich unerheblich.[391] Die Ebene der Investition und die Ebene der Finanzierung sind strikt voneinander zu trennen.[392]

Der Zuschuss hat die Funktion einer zur Zweckerfüllung notwendigen Ergänzung der eigenen Mittel des Zuwendungsempfängers und der ihm von dritter Seite zufließenden Mittel.[393] Ein Zuschuss kann mithin auch aus systematischen Erwägungen nicht nach dem Sinn und Zweck der Aktivierungsvorschrift des § 255 Abs. 1 Satz 3 HGB als Anschaffungskostenminderung verstanden werden.

Die Absetzung der Zuwendung von den Anschaffungskosten einer Investition würde zudem zu einem Verstoß gegen die Grundsätze der Einzelbewertung

---

388 Vgl. *Uhlig*, Grundsätze ordnungsgemäßer Bilanzierung für Zuschüsse, Düsseldorf 1989, S. 102.

389 Vgl. *Laicher*, DStR 1993, S. 292 (294); Knobbe-Keuk, Bilanz- und Unternehmenssteuerrecht, 9. Aufl., S. 163 f.

390 Vgl. *Uhlig*, Grundsätze ordnungsgemäßer Bilanzierung für Zuschüsse, Düsseldorf 1989, S. 103.

391 Vgl. *Ballwieser* in MünchKomm zum HGB, Bd. 4, 2. Aufl., 2008, § 255 HGB, Rn 14.

392 Vgl. *Uhlig*, Grundsätze ordnungsgemäßer Bilanzierung für Zuschüsse, Düsseldorf 1989, S. 103; *Kupsch*, WPg 1984, S. 369; *Ewertowski*, BB 1984, S. 1015.

393 Vgl. *Uhlig*, Grundsätze ordnungsgemäßer Bilanzierung für Zuschüsse, Düsseldorf 1989, S. 103.

(§ 252 Abs. 1 Nr. 4 HGB) führen.[394] Ebenso würde gegen den Grundsatz der Bilanzwahrheit und der Bilanzvollständigkeit verstoßen, da der in § 264 Abs. 2 Satz 1 HGB (Saldierungsverbot) geforderte wahre Einblick in die Vermögens- und Ertragslage nicht gewährleistet wäre. Die begünstigten Zugänge im Anlagevermögen und auch die darauf entfallenden Abschreibungen würden jeweils verkürzt dargestellt. Aus dieser bilanziellen Erfassung könnten die wahren Vermögensverhältnisse eines Unternehmens nicht mehr nachvollzogen werden. Auch diese Gründe sprechen gegen die Möglichkeit, die Anschaffungskosten eines bezuschussten Wirtschaftsguts nach Sinn und Zweck über den Wortlaut des § 255 Abs. 1 Satz 3 hinaus um Investitionszuschüsse zu mindern.

b. *Zuschüsse als Herstellungskostenminderungen*

(1.) Ausgangspunkt: Herstellungskosten

Herstellungskosten sind nach § 255 Abs. 2 Satz 1 HGB die Aufwendungen für die Herstellung eines neuen Vermögensgegenstandes, die Erweiterung eines bereits existierenden Vermögensgegenstandes oder eine über seinen ursprünglichen Zustand hinausgehende wesentliche Verbesserung.[395] Die Herstellungskosten fallen durch den Verbrauch von Gütern und die Inanspruchnahme von Diensten an.

(2.) Keine Regelung zur Herstellungskostenminderung

Der Herstellungsbegriff des § 255 Abs. 2 HGB enthält keine dem § 255 Abs. 1 Satz 3 HGB vergleichbare Regelung. In welchem Umfang es zu Minderung der Herstellungskosten kommen kann, kann folglich nicht an einer gesetzlichen Regelung überprüft werden.

Grundsätzlich ist ein Zuschuss zur Herstellung eines Gutes jedoch nicht anders zu behandeln als ein Zuschuss zur Anschaffung eines Wirtschaftsguts.[396] Die zur Bemessung der Anschaffungskosten bzw. Anschaffungspreisminderung ermittelten Kriterien müssen folglich in gleichem Maße für die Ermittlung der Herstellungskosten bzw. der Minderungen der Herstellungskosten gelten. Die

394 Vgl. Urt. d. *BFH* v. 14.7.1988, IV R 78/85, BStBl. II 1989, S. 189.

395 Vgl. *Tiedchen* in MüKo zum AktG, Band 5a, 2. Aufl., München 2003, § 255 HGB, Rn. 45 f.; *Maier* in Beck'sches Steuer- und Bilanzlexikon, Edition 4/10, Buchstabe H, Herstellungskosten, Rn. 5.

396 Vgl. *Ehmcke* in Blümich, EStG-Kommentar, 107. Ergänzungslieferung, 2010, § 6, Rz. 509.

steuersystematische Erfassung eines Investitionszuschusses zur Herstellung eines Wirtschaftsguts als Minderung der Herstellungskosten wäre jedenfalls dann nicht systemgerecht, wenn ein vergleichbarer Investitionszuschuss zur Anschaffung eines Wirtschaftsguts auch nicht zu einer Minderung der Anschaffungskosten führen kann.[397] Keinesfalls kann aufgrund der eher enger gefassten gesetzlichen Regelung eine umfangreichere Minderung der Herstellungskosten vorgenommen werden, als bei den Anschaffungskosten, bei denen eine explizite gesetzliche Regelung dazu in § 255 Abs. 1 Satz 3 HGB vorgesehen ist. Insoweit kann auf den Diskussionsstand zur Minderung der Anschaffungskosten vollumfänglich verwiesen werden. Letztlich fehlt es an einer Rechtsgrundlage in § 255 Abs. 2 HGB, die im Fall der Gewährung eines Investitionszuschusses für die Herstellung eines Wirtschaftsguts zu einer Minderung der Herstellungskosten (in Höhe des Zuschusses) führen kann. Im Ergebnis ist daher die Auffassung, dass Investitionszuschüsse zu einer Minderung der Herstellungskosten führen, abzulehnen.

4. Zwischenergebnis

Die Analyse der verschiedenen Meinungen zur einkommensteuersystematischen Einordnung von Investitionszuschüssen hat gezeigt, dass es sich hierbei – ebenso wie bei den sonstigen Zuschüssen – um Mittelzuwendungen handelt, die dem Zuschussempfänger im Rahmen seines Betriebs zufließen und die ganz überwiegend betrieblich veranlasst sind. Die Gewährung eines Investitionszuschusses ist nämlich regelmäßig auch durch die Erzielung von Einkünften dienenden Tätigkeiten des Zuschussempfängers veranlasst (dies ist im Einzelfall aber stets zu überprüfen). Auch der Investitionszuschuss wird dann aus betrieblichem Anlass zugewendet. Betrieblich veranlasste Zugänge von Wirtschaftsgütern (Investitionszuschüssen) stellen mithin Betriebseinnahmen dar.

Die Vorschrift des § 255 Abs. 1 Satz 3 HGB führt zu keiner abweichenden Beurteilung. Investitionszuschüsse sind keine Anschaffungspreisminderungen im Sinne des § 255 Abs. 1 Satz 3 HGB, wie etwa Skonti, Rabatte und ähnliche Preisnachlässe. Diese sind im Unterschied zu den Investitionszuschüssen Gegenstand der vertraglichen Vereinbarung zwischen Verkäufer und Käufer einer Ware und wirken sich direkt auf die Anschaffungskosten aus. Ein Investitionszuschuss ist jedoch nicht Gegenstand der vertraglichen Vereinbarung zwischen Käufer und Verkäufer. Die Leistungsverpflichtung des Käufers bleibt, ob nun

397 Vgl. *Uhlig*, Grundsätze ordnungsgemäßer Bilanzierung für Zuschüsse, Düsseldorf 1989, S. 102.

ein Investitionszuschuss gewährt wird, oder nicht, hiervon unberührt und damit auch die Anschaffungskosten.

Mit dem Terminus „*Anschaffungspreisminderung*" im Gesetz, können m.E. nur Nachlässe gemeint sein, die mit dem unmittelbaren Anschaffungsvorgang / Erwerbsverhältnis verbunden sind. Eine Ausweitung der Wortbedeutung auf Erstattungen oder Vergütungen durch Dritte ist nicht zulässig. Damit würde nämlich Vertragsbeziehung außerhalb des Anschaffungsvorgangs mit dem Anschaffungsvorgang selbst vermischt und es würde eine einheitliche Betrachtung zweier unabhängiger Vertragsbeziehungen (einerseits Kaufvertrag mit Verkäufer / Käufer und andererseits Zuschussverhältnis mit Zuschussgeber / Zuschussempfänger) erfolgen. Dies hätte zur Folge, dass die Ebene des Beschaffungsgeschäftes und die Ebene des Finanzierungsgeschäftes vermischt und zusammenbetrachtet würden.

Eine derartige Zusammenfassung und Subsumtion unter den Begriff „*Anschaffungspreisminderungen*" berücksichtigt jedoch nicht, dass es sich bei einem Zuschuss um eine Ergänzung der eigenen Mittel des Zuschussempfängers handelt, die ihm von dritter Seite zufließen. Insoweit bestehen bei der Gewährung eines Investitionszuschusses Parallelen zu einem Darlehensverhältnis.

Die Vermischung der beiden Rechtsgeschäfte (Kaufvertrag / Werklieferungsvertrag etc. und Zuschussverhältnis) würde gegen den Grundsatz der Einzelbewertung (§ 252 Abs. 1 Nr. 4 HGB) und gegen den Grundsatz der Bilanzwahrheit und der Bilanzvollständigkeit (Saldierungsverbot - § 264 Abs. 2 Satz 1 HGB) verstoßen. Begünstigte Zugänge im Anlagevermögen würden jeweils verkürzt dargestellt. Die wahren Vermögensverhältnisse eines Unternehmens könnten nicht mehr richtig nachvollzogen werden.

Eine weite Auslegung des Begriffs „*Anschaffungspreisminderungen*" in der Weise, dass auch die Erstattungen und Vergütungen von Anschaffungsausgaben durch Dritte erfasst sein sollen, ist m.E. nicht sachgerecht und überdehnt den Wortlaut der Vorschrift in unzulässiger Weise. Ebenso wenig kann ein Investitionszuschuss nach Sinn und Zweck unter den Begriff der „*Anschaffungskostenminderungen*" des § 255 Abs. 1 Satz 3 HGB subsumiert werden.

Hinsichtlich einer in Betracht kommenden Minderung der Herstellungskosten durch die Gewährung eines Investitionszuschusses zur eigenen Herstellung eines Wirtschaftsguts bleibt festzuhalten, dass der Herstellungsbegriff des § 255 Abs. 2 HGB keine dem § 255 Abs. 1 Satz 3 HGB vergleichbare Regelung enthält. Es kann nicht auf die spezielle Vorschrift des § 255 Abs. 1 Satz 3 HGB (Anschaffungspreisminderung) zurückgegriffen werden. Für die Erfassung eines Investitionszuschusses zur Herstellung eines Wirtschaftsguts als eine Herstellungskostenminderung fehlt es daher erst Recht an einer hinreichenden Rechtsgrundlage.

Damit führt der Zufluss eines Investitionszuschusses grundsätzlich in Höhe des Zuschussbetrages zu Betriebseinnahmen. Dies kann grundsätzlich zu einer unerwünschten „*Wegbesteuerung*“ der mit dem Investitionszuschuss bezweckten Vermögensmehrung führen. Ob diese Auswirkungen ggf. auf andere Weise vermieden werden können, ist im Folgenden weiter zu untersuchen.

Insoweit ist fraglich, ob § 6 Abs. 1 EStG dem Steuerpflichtigen ein Wahlrecht gewährt, dass es ermöglicht, ein mit einem Investitionszuschuss angeschafftes oder hergestelltes Wirtschaftsgut doch wahlweise mit dem um den Zuschuss verringerten Anschaffungs- bzw. Herstellungskosten (über einen entsprechend verringerten Teilwert des Wirtschaftsguts) anzusetzen.

II. Verringerter Teilwertansatz als Wahlrecht (§ 6 Abs. 1 EStG)

Der Bilanzansatz bezuschusster Wirtschaftsgüter mit den Anschaffungs- bzw. Herstellungskosten, verringert um den Zuschussbetrag, lässt sich möglicherweise über den Teilwertansatz rechtfertigen. Das EStG sieht in § 6 Abs. 1 Nr. 1 Satz 2, Nr. 2 Satz 2 EStG für Anlage- und Umlaufvermögen bei voraussichtlich dauernder Wertminderung ein Wahlrecht zum Ansatz des niedrigeren Teilwerts vor. Der Steuerpflichtige kann hiernach grundsätzlich zwischen dem Ansatz der Anschaffungs- bzw. Herstellungskosten und dem Teilwert wählen. Fraglich ist, ob bei bezuschussten Wirtschaftsgütern ein Wahlrecht zum Teilwertansatz in der Weise ausgeübt werden kann, der den Ansatz des bezuschussten Wirtschaftsguts, verringert um den Zuschuss, rechtfertigt.

1. Grundsätzliches

Nach dem Wortlaut des § 6 Abs. 1 Nr. 1 Satz 2, Nr. 2 S. 2 EStG („kann“) steht dem Steuerpflichtigen – anders als im Fall des § 6 Abs. 1 Nr. 4 – 7 EStG – steuerrechtlich ein Wahlrecht für die Bewertung mit dem niedrigeren Teilwert zu.[398]

Anders als nach der Rechtslage vor Geltung des BilMoG[399] führt die handelsrechtliche Pflicht zur Bewertung mit dem niedrigeren beizulegenden Wert

---

398 Vgl. h.M.: *Ehmcke* in Blümich, EStG-Kommentar, 107. Ergänzungslieferung, 2010, § 6, Rz. 561; *Werndl* in Kirchhof / Söhn / Mellinghoff, EStG – Kommentar, 211. Ergänzungslieferung, Stand: August 2010, § 6, Rz. B 411; Vgl. *Clausen* in Herrmann / Heuer / Raupach, § 5 EStG, § 6, Anm. 567; abw. *Weber-Grellet*, DB 2009, S. 2402 (2403).

399 Seit Inkrafttreten des BilMoG vom 25. Mai 2009 verwandelt sich das steuerliche Wahlrecht auch bei Steuerpflichtigen, die ihren Gewinn nach § 5 Abs. 1 EStG ermitteln, nicht (mehr) aufgrund handelsrechtlicher Vorgaben in eine Pflicht zur Bewertung mit

steuerrechtlich nicht zu der Pflicht, das Wirtschaftsgut ebenfalls mit dem niedrigeren Teilwert zu bewerten. Dies deshalb, weil gemäß § 5 Abs. 1 Satz 1 2. Halbsatz EStG der Grundsatz der Maßgeblichkeit handelsrechtlicher GoB nur noch mit der Einschränkung gilt, *„es sei denn, im Rahmen der Aus-übung eines steuerlichen Wahlrechts wird oder wurde ein anderer Ansatz gewählt"*. Hieraus folgt, dass für die steuerliche Bewertung eines Wirtschaftsguts mit dem niedrigeren Teilwert nunmehr auch dann ein steuerliches Wahlrecht besteht, wenn handelsrechtlich der niedrigere beizulegende Wert angesetzt werden muss.[400] Das steuerliche Wahlrecht der Teilwertabschreibung ist nach dem Wortlaut der neuen § 5 Abs. 1 Satz 1 2. Halbsatz EStG also nicht durch handelsrechtliche Bilanzansätze determiniert.

Bei der Prüfung der Möglichkeit einer Teilwertabschreibung ist folglich nicht zwingend auf die Bestimmungen des Handelsrechts Rücksicht zu nehmen. Es bleibt im Folgenden zu klären, ob ein Teilwertansatz bei bezuschussten Wirtschaftsgütern möglich ist und wie ggf. eine Teilwertabschreibung zu erfolgen hat.

2. Der Begriff des Teilwerts (§ 6 Abs. 1 Nr. 1 Satz 3 EStG)

Der Teilwert gemäß § 6 Abs. 1 Nr. 1 Satz 3 EStG ist neben den Anschaffungs- oder Herstellungskosten der dritte Bewertungsmaßstab für Wirtschaftsgüter des Betriebsvermögens.[401] Nach der gesetzlichen Regelung ist der Teilwert der Betrag, den ein Erwerber des ganzen Betriebs im Rahmen des Gesamtkaufpreises

---

dem niedrigeren Teilwert. Nach § 253 Abs. 3 Satz 3 HGB i.d.F. des BilMoG sind handelsrechtlich bei Vermögensgegenständen des Anlagevermögens bei einer voraussichtlichen dauernden Wertminderung außerplanmäßige Abschreibungen vorzunehmen, um diese Vermögensgegenstände mit dem niedrigeren Wert anzusetzen, der ihnen am Abschlussstichtag beizulegen ist; es besteht insoweit eine Pflicht. Nur bei Finanzanlagen können (Wahlrecht) gemäß § 253 Abs. 3 Satz 4 HGB außerplanmäßige Abschreibungen auch bei vor-aussichtlich nicht dauernder Wertminderung vorgenommen werden. Dies bleibt steuerrechtlich jedoch ohne Auswirkungen. Vgl. hierzu ausführlich: *Ehmcke* in Blümich, EStG-Kommentar, 107. Ergänzungslieferung, 2010, § 6, Rz. 561 f.

400 Vgl. hierzu h.M.: *Dörfler / Adrian*, Ubg 2009, S. 390; *Förster / Schmidtmann*, BB 2009, S. 1345; *Herzig / Briesemeister*, DB 2010, S. 919; *Kulosa* in Schmidt, EStG-Kommentar, 30. Aufl., 2011, § 6, Rz. 361 m.w.N.; *Theile / Hartmann*, DStR 2008, S. 2031; BMF-Schr. v. 12.3.2010, IV C 6 – S 2133/09/10001, BStBl. I 2010, S. 239, Rz. 15; *Weber-Grellet* in Schmidt, EStG-Kommentar, 30. Aufl., 2011, § 5, Rz. 40; a.A. *Anzinger / Schleiter*, DStR 2010, S. 395; *Claussen* u.a., DB 2009, S. 2570; *Hennrichs*, Ubg 2009, S. 538; *Schenke / Risse*, DB 2009, S. 1958.

401 Beim Teilwert handelt es sich um einen steuerlichen Wert.

für das einzelne Wirtschaftsgut ansetzen würde, wenn er sich in der Lage des Steuerpflichtigen befunden hätte.[402]

Die Ermittlung des Teilwerts eines Wirtschaftsguts beruht also einerseits auf einer gesetzlich vorgeschriebenen Fiktion, nämlich auf der Annahme eines gedachten Erwerbers, der den Betrieb zum Zeitpunkt der Bewertung erwerben will, und andererseits auf der fiktiven Bewertung der Wirtschaftsgüter gerade dieses bestimmten Betriebs. Zur Ermittlung des Teilwerts sind also ein fiktiver Erwerber, ein fiktiver Gesamtkaufpreis und eine fiktive Verteilung des Gesamtkaufpreises auf die einzelnen Wirtschaftsgüter erforderlich.[403] Die Teilwertermittlung erfolgt damit anhand eines in mehrerer Hinsicht hypothetischen, tatsächlich nicht eingetretenen Sachverhalts.[404] Sie beruht nicht auf der persönlichen Auffassung des Kaufmanns über die zukünftige Entwicklung des Marktes, sondern auf einer allgemeinen Werteinschätzung, wie sie in der Marktlage am Bilanzstichtag ihren Ausdruck findet (objektiver Wert).[405] Dieser Wert kann zwangsläufig nur ein Schätzwert sein, da er in den meisten Fällen schwer zu ermitteln sein dürfte.

Aufgrund der gegebenen Schwierigkeiten bei der Teilwertbestimmung hat die Rechtsprechung daher zur Vereinfachung der Teilwertschätzung eine widerlegbare Teilwertvermutung anerkannt.

3. Teilwertvermutungen

Hiernach entspricht der Teilwert des Wirtschaftsguts im Zeitpunkt der Anschaffung oder Herstellung und kurze Zeit danach den Anschaffungs- bzw. Herstellungskosten. Die Art der Wirtschaftsgüter ist dabei grundsätzlich unerheblich.[406] Bei einer Bewertung zu einem späteren Zeitpunkt ist eine differenzierte Betrachtung vorzunehmen. Bei nicht abnutzbaren Wirtschaftsgütern des Anlagevermögens gilt die Vermutung, dass der Teilwert auch in späteren Jahren weiterhin den Anschaffungskosten entspricht.[407] Bei abnutzbaren Wirtschaftsgütern des Anlagevermögens entspricht der Teilwert dem Restbuchwert des Wirtschafts-

---

402 Vgl. *Fischer* in Kirchhof, EStG-Kommentar, 6. Aufl., 2006, § 6, Rn. 83.

403 Vgl. *Unverdorben*, Institut „Finanzen und Steuern", Nr. 273, 1987, S. 57.

404 Vgl. Urt. d. *BFH* v. 25.6.1970, IV 166/65, BStBl. II 1970, S. 721.

405 Vgl. Urt. d. *BFH* v. 7.11.1990, I R 116/86, BStBl. II 1991, S. 342; Urt. d. *BFH* v. 15.10.1997, I R 58/93, BStBl. II 1998, S. 305, DStR 1998, S. 236, NJW 1998, S. 1583.

406 Vgl. *Maier* in Beck'sches Steuer- und Bilanzrechtslexikon, Edition 4/10, Buchstabe T, Teilwert, Rn. 12.

407 Vgl. Urt. d. *BFH* v. 21.7.1982, I R 177/77, BStBl. II 1982, S. 758; Abschn. H 35a EStH „Teilwertvermutungen".

guts bei linearer AfA.[408] Falls die Wiederbeschaffungskosten gesunken sind, sind diese als Teilwert anzusetzen.[409] Bei Wirtschaftsgütern des Umlaufvermögens (Waren, fertige und unfertige Erzeugnisse, Roh-, Hilfs- und Betriebsstoffe) wird vermutet, dass der Teilwert den Wiederbeschaffungskosten entspricht.[410]

4. Der Einfluss von Zuschüssen auf den Teilwert

Der um den Zuschuss verringerte Wertansatz des bezuschussten Wirtschaftsguts, das angeschafft oder hergestellt worden ist, könnte sich nach den allgemeinen Bewertungsgrundsätzen bei den bezuschussten Wirtschaftsgütern in der Weise ergeben, dass ihr Teilwert gemäß § 6 Abs. 1 Nr. 1 Satz 3 EStG um den Zuschuss zu vermindern ist.

a. Entscheidungen des BFH

Nach Auffassung des BFH bleibt grundsätzlich zu beachten, dass Ausgangspunkt für die sog. Teilwertvermutung die nicht um die Zuschüsse gekürzten Anschaffungs- bzw. Herstellungskosten der bezuschussten Wirtschaftsgüter sind.[411]

Die allgemeinen Regelungen zur Teilwertvermutung gehen folglich nicht von reduzierten Anschaffungs- bzw. Herstellungskosten aus. Ein um den Zuschuss verringerter Wertansatz des bezuschussten Wirtschaftsguts ist folglich nicht der Ausgangspunkt bei der Teilwertermittlung.

Dem Steuerpflichtigen bleibt es nach der Rechtsprechung des BFH jedoch unbenommen, diese Teilwertvermutung zu widerlegen. Voraussetzung hierfür ist es, dass ein gedachter Erwerber für das jeweils einzeln zu bewertende Wirtschaftsgut im Rahmen des Gesamtkaufpreises einen um den Zuschuss niedrigeren Preis bezahlen würde.[412] Allein eine Rückzahlungsverpflichtung für den Fall,

---

408 Vgl. Urt. d. *BFH* v. 30.11.1988, II R 237/83, BStBl. II 1989, S. 183.

409 Vgl. Urt. d. *BFH* v. 15.10.1997, I R 58/93, BStBl. II 1998, S. 305, GmbHR 1998, S. 289.

410 Vgl. *Maier* in Beck'sches Steuer- und Bilanzrechtslexikon, Edition 4/10, Buchstabe T, Teilwert, Rn. 12.

411 Vgl. *Halaczinsky* in Rössler/Troll, BewG-Kommentar, Stand: 13. Ergänzungslieferung, April 2010, § 10, Rn. 8; Urt. d. *BFH* v. 14.2.1956, I 239/54 U, BStBl. III 1956, S. 102; Urt. d. *BFH* v. 26.8.1958, I 80/57 U, BStBl. III 1958, S. 420; Urt. d. *BFH* v. 21.2.1990, II R 27/87, BStBl. II 1990, S. 566; Urt. d. *BFH* v. 12.4.1989, II R 213/85, BFHE 156, S. 507, BStBl. II 1989, S. 545; Urt. d. *BFH* v. 20.9.1989, II R 96/86, BFHE 159, S. 95, BStBl. II 1990, S. 206; Urt. d. *BFH* v. 17.1.1990, II R 64/87, BFHE 159, S. 359, BStBl. II 1990, S. 367; Urt. d. *BFH* v. 23.1.1991, II R 79/87, BFH/NV 1992, S. 369.

412 Vgl. Urt. d. *BFH* v. 19.7.1995, I R 56/94, BStBl. II 1996, S. 28.

dass der Zuschussempfänger die an den Zuschuss geknüpften Auflagen nicht erfüllt, ist für eine entsprechende Teilwertabschreibung jedoch nicht ausreichend.[413]

Der BFH hat jedoch in seinem Beschluss vom 1.7.1992[414] auf die Grundfälle verwiesen, in denen bezuschusste Wirtschaftsgüter ausnahmsweise mit einem verringerten Teilwert angesetzt werden können, als mit den Anschaffungs- bzw. Herstellungskosten. Unter Verweise auf zwei Urteile des III. Senats vom 8.5.1981[415] gibt es nach Ansicht des BFH zwei Umstände, die zur generellen Entkräftung der Teilwertvermutung führen können:

1. Die generelle Beeinflussung des Marktpreises von bestimmten Wirtschaftsgütern, wie dies z.B. nach Meinung des III. Senats hinsichtlich des Marktpreises der inländischen Schiffe der Fall war[416] und

2. die starken unternehmenspolitischen Beschränkungen des Zuschussempfängers, wie sie in dem Fall des Blockheizwerks vorlagen.[417]

(1.) Urteil des BFH vom 8.5.1981, III R 109/76[418]

In dem der Entscheidung zugrundeliegenden Sachverhalt, gab eine Reederei den Auftrag zum Bau eines Schiffes. Das Schiff kostete ca. 19 Mio. DM. Auf den Kaufpreis erhielt die Reederei einen Schiffsbauzuschuss von der Bundesrepublik Deutschland in Höhe von ca. 1,5 Mio. DM. In der Steuerbilanz behandelte die Klägerin den Zuschuss als "durchlaufenden Posten", d.h. sie aktivierte das Schiff lediglich mit den Anschaffungskosten abzüglich des Bundeszuschusses. Das Finanzamt legte jedoch bei seiner Berechnung des Teilwerts nicht die um den Zuschuss gekürzten Anschaffungskosten zugrunde, sondern die vollen Anschaffungskosten. Hiergegen klagt die Reederei.

Der BFH folgt der Auffassung der Reederei. Er führt aus, dass nach der Rechtsprechung der Teilwert in der Regel den Wiederbeschaffungskosten

413 Vgl. Urt. d. *BFH* v. 19.7.1995, I R 56/94, BStBl. II 1996, S. 28.

414 Vgl. Beschl. d. *BFH* v. 1.7.1992, II B 166/91, BFH/NV 1993, S. 305. In seinem Beschluss weist der BFH eine Nichtzulassungsbeschwerde der Finanzverwaltung als unzulässig ab.

415 Vgl. Urt. d. *BFH* v. 8.5.1981, III R 109/76, BFHE 133, 572, BStBl. II 1981, S. 700 und Urt. d. *BFH* v. 8.5.1981, III R 26/79, BFHE 133, 567, BStBl. II 1981, S. 702.

416 Vgl. Urt. d. *BFH* v. 8.5.1981, III R 109/76, BFHE 133, 572, BStBl. II 1981, S. 700.

417 Vgl. Urt. d. *BFH* v. 8.5.1981, III R 26/79, BFHE 133, S. 567, BStBl. II 1981, S. 702.

418 Vgl. Urt. d. *BFH* v. 8.5.1981, III R 109/76, BFHE 133, S. 572, BStBl. II 1981, S. 700.

gleichzusetzen ist.[419] An die Stelle der Wiederbeschaffungskosten treten als Hilfsmaßstab die Anschaffungskosten bei Wirtschaftsgütern, die keinen Marktpreis haben, weil sie in ihrer Art einmalig sind. Bei Seeschiffen ist dies unbestritten der Fall.

In Fällen dieser Art geht die Rechtsprechung davon aus, dass dann die Anschaffungs- und Herstellungskosten eines Anlageguts dem Teilwert entsprechen.[420] Allerdings kann der Steuerpflichtige diese aus den Erfahrungen des Wirtschaftslebens gewonnene Vermutung entkräften.[421] Ein solcher Fall ist nach Überzeugung des BFH im zu entscheidenden Fall gegeben gewesen.

Nach Auffassung des Senats führen die Wiederbeschaffungskosten dann nicht zum richtigen Teilwert, wenn der Staat mit Subventionszuschüssen nachhaltig und über längere Zeit und in etwa gleichbleibender Höhe in das Marktgeschehen eingreift. Durch eine solche staatliche Einflussnahme kann sich nach Überzeugung des BFH der Teilwert verändern.[422] Unter der Voraussetzung, dass eine öffentliche Subventionierung sich über eine lange Zeit hinzieht, ist nach Auffassung des BFH vielmehr anzunehmen, dass kein gedachter Erwerber bereit wäre, für ein gebrauchtes Wirtschaftsgut möglicherweise mehr zu bezahlen als für ein neues Wirtschaftsgut, für das er ebenfalls einen Zuschuss erhalten könnte. Eine derartige Subventionierungspraxis wirkt sich unmittelbar auf den Teilwert eines Wirtschaftsguts aus.

Im vorliegenden Fall waren am Bewertungsstichtag Anschaffung und Herstellung neuer Schiffe bereits nachhaltig und über längere Zeit und in etwa gleichbleibender Höhe subventioniert worden. Diese Subventionierung hielt bis zum damaligen Entscheidungszeitpunkt an. Auf staatliche Schiffbauzuschüsse konnte auch jeder andere Reeder rechnen. Unter diesen Umständen ist der Senat mit der Reederei der Auffassung, dass ein fiktiver Erwerber ihres Unternehmens bei der Kaufpreisbemessung den Schiffsbauzuschuss in Rechnung stellen würde.

---

419 Vgl. Urt. d. *BFH* v. 2.3.1973, III R 88/69, BFHE 109, S. 63, BStBl. II 1973, S. 475; Urt. d. *BFH* v. 20.7.1973, III R 100-101/72, BFHE 110, S. 203, BStBl. II 1973, S. 794.

420 In späteren Jahren ist der Teilwert entsprechend um die AfA nach § 7 EStG zu vermindern.

421 Vgl. Urt. d. *BFH* v. 26.8.958, I 80/57 U, BFHE S. 67, S. 382, BStBl. III 1958, S. 420; Urt. d. *BFH* v. 11.7.1961, I 311/60 S, BStBl. III 1961, S. 462.

422 Insofern widerspricht der BFH der Auffassung des RFH (RStBl 1943, 669), dass es sich bei der Gewährung solcher Zuschüsse lediglich um eine Sondermaßnahme handelt, die auf den Teilwert keinen Einfluss hätte.

(2.) Urteil des BFH vom 8.5.1981, III R 26/79[423]

Ein Wärmeunternehmen wurden über mehrere Jahre wiederholt Beihilfen aus Bundesmitteln zur Errichtung oder Erweiterung von mit Kohle oder Kohleerzeugnissen betriebenen Block- und Fernheizwerken gewährt. Nach den Förderrichtlinien erhielt eine Beihilfe, wer in der Zeit vom 1. Juli 1964 bis zum 31. Dezember 1973 ein Heizwerk errichtete oder erweiterte und das geförderte Heizwerk mindestens 20 Jahre lang zu wenigstens 95 v.H. der eingesetzten Brennstoffe mit Kohle betrieb.

Das Wärmeunternehmen hatte die Herstellungskosten ihrer mit Kohle oder Kohleerzeugnissen betriebenen Fernheizwerke um die ihr gewährten Zuschüsse aus Bundesmitteln gekürzt. Das Finanzamt ließ die Kürzung der Herstellungskosten um die Zuschüsse nicht zu.

Das Finanzgericht wies die Klage zurück. Es begründet seine Entscheidung im Wesentlichen damit, dass der Teilwert der mit einem Zuschuss hergestellten oder angeschafften Wirtschaftsgüter nicht um diese Zuschüsse zu kürzen ist, da es für den mit dem Teilwert zu erfassenden Substanzwert der Wirtschaftsgüter nicht auf die Art der Finanzierung ankommen könne. Das Wärmeunternehmen legte hiergegen Revision ein und führte in der Revisionsschrift unter anderem aus, dass Unternehmen, die vergleichbare Anlagen ohne Zuschüsse erstellten, nicht derart besonderen Zuschussbedingungen unterlägen, die vorsahen, dass eine solche Anlage 20 Jahre mit Kohle zu befeuern ist, was nahezu der Nutzungsdauer der Anlage entspreche.

Im Rahmen seiner Urteilsgründe zeichnet der BFH die Grundsätze für den Ansatz der Teilwerte eines Wirtschaftsguts nach. Der Teilwert deckt sich grundsätzlich mit den Wiederbeschaffungs- oder Wiederherstellungskosten für ein Wirtschaftsgut gleicher Art und Güte am Bewertungsstichtag.[424] Diese Kosten umfassen alles, was im gewöhnlichen Geschäftsverkehr zur Beschaffung eines Wirtschaftsguts gleicher Art und Güte aufgewendet werden muss. Den Teilwert nach der gesetzlichen Begriffsbestimmung zu ermitteln, erweist sich als schwierig, weil der Grundsatz der Einzelbewertung der Wirtschaftsgüter des Betriebsvermögens nur schwer mit der Forderung in Einklang zu bringen ist, den gesamten Kaufpreis für das Unternehmen zu berücksichtigen. Die Kenntnis des Gesamtkaufpreises für das Unternehmen ist keine unerlässliche Voraussetzung für die Bewertung des Betriebsvermögens. Aus der Legaldefinition des Teilwerts könne der Schluss gezogen werden, dass der gedachte Erwerber des Unternehmens für das einzelne Wirtschaftsgut höchstens so viel zahlen würde, als er an

423 Vgl. Urt. d. *BFH* v. 8.5.1981, III R 26/79, BFHE 133, 567, BStBl. II 1981, S. 702.

424 Vgl. Urt. d. *BFH* v. 2.3.1973, III R 88/69, BFHE 109, S. 63, BStBl. II 1973, S. 475; Urt. d. *BFH* v. 20.7.1973, III R 100-101/72, BFHE 110, S. 203, BStBl. II 1973, S. 794.

Kosten aufwenden müsste, um dieses Wirtschaftsgut, falls es fehlte, wiederzubeschaffen.[425] Sind solche Wirtschaftsgüter, wie im Streitfall, nach Größe, technischer Ausstattung und Leistungserwartung dergestalt auf den individuellen Produktionsprozess ausgerichtet, dass sie in ihrer Art einmalig sind und keinen Marktpreis haben, dann wird nach ständiger Rechtsprechung des RFH und des BFH vermutet, dass deren Anschaffungs- oder Herstellungskosten vom Bewertungsstichtag abzüglich etwaiger Abschreibungen dem Teilwert entsprechen (Teilwertvermutung).[426]

Behauptet der Unternehmer einen unter diesen Kosten liegenden Teilwert, so hat er diese aus den Erfahrungen des Wirtschaftslebens gewonnene Vermutung zu widerlegen und darzutun, welche Umstände die Annahme eines unter den Anschaffungs- bzw. Herstellungskosten liegenden Teilwerts rechtfertigen (Widerlegung der Teilwertvermutung).[427]

Nach Ansicht des BFH gelingt dem Wärmeunternehmen im vorliegenden Fall der Nachweise, der einen verringerten Teilwertansatz rechtfertigen kann. Anders als noch der RFH ist der BFH der Auffassung, dass auch die wirtschaftlichen Rahmenbedingungen der Bezuschussung unter Umständen zu einer Verringerung des Teilwerts führen können.

Im zu entscheidenden Fall gewährten die Förderrichtlinien dem Zuschussempfänger keinen Rechtsanspruch auf den Erhalt des Zuschusses. Nach Auffassung des BFH räumten die Förderrichtlinien jedoch demjenigen, der sich ihren Anforderungen und Bedingungen unterzog, eine, einem Rechtsanspruch vergleichbare wirtschaftliche Position ein. Eine der Bedingungen war es, das mit Hilfe des Zuschusses errichtete oder erweiterte Heizwerk der vollen Inbetriebnahme mindestens 20 Jahre lang zu wenigstens 95 v.H. der eingesetzten Brennstoffe mit Kohle zu betreiben.

Der Senat ist der Ansicht, dass es sich bei dieser Sachlage, insbesondere unter dem Gesichtspunkt langjähriger Bindung an einmal getroffene wirtschafts- und marktpolitische Entscheidungen im Zusammenhang mit dem Prüfungsrecht und den Widerrufsvorbehalten der öffentlichen Hand, denen sich jeder Beihilfeempfänger unterziehen muss, um objektive unternehmensbezogene Kriterien handelt, die geeignet sind, den Teilwert der mit öffentlichen Kapitalzuschüssen geförderten Wirtschaftsgüter eines Betriebsvermögens anders zu beurteilen, als es ohne die damit verbundenen unternehmenspolitischen Beschränkungen gebo-

425 Vgl. auch Urt. d. *RFH* v. 14.12.1926, VI A 575/26, RFHE 20, S. 87.

426 Vgl. Urt. d. *BFH* v. 26.8.1958, I 80/57 U, BFHE 67, S. 382, BStBl. III 1958, S. 420; Urt. d. *BFH* v. 11.7.1961, I 311/60 S, BFHE 73, S. 537, BStBl. III 1961, S. 462.

427 Vgl. Urt. d. *BFH* v. 26.8.1958, I 80/57 U, BFHE 67, S. 382, BStBl. III 1958, S. 420; Urt. d. *BFH* v. 11.7.1961, I 311/60 S, BFHE 73, S. 537, BStBl. III 1961, S. 462.

ten wäre. In solchen Fällen ist nach Ansicht des BFH anzunehmen, dass ein gedachter Erwerber des Unternehmens als wirtschaftlich handelnder Kaufmann, der für sich selbst (sein Unternehmen) unter den gleichen Bedingungen solche Kapitalzuschüsse beanspruchen könnte, diese bei der Preisgestaltung berücksichtigen würde. Als Teilwert waren daher die um den Zuschuss verringerten Herstellungskosten anzusetzen. Die Teilwertvermutung war insoweit widerlegt.

b. Literatur

Merkert[428] vertritt die Auffassung, dass öffentliche Investitionszuschüsse grundsätzlich den Teilwert der bezuschussten Wirtschaftsgüter mindern. Eine Differenzierung nimmt er nicht vor. Seiner Ansicht nach tritt generell eine Minderung des Teilwerts ein, sobald einzelne Wirtschaftsgüter staatlich subventioniert werden. Dies folge aus der Natur des Zuschusses.

Öffentliche Zuschüsse erlangen nach seinem Dafürhalten ihre innere Berechtigung alleine aus der Tatsache, dass sie einen Ausgleich für messbare Nachteile darstellen, die sich als Hindernis für eine volkswirtschaftlich gewünschte Entwicklung erweisen. In diesem Sinne bilden Zuschüsse einen Ausgleich für die höheren Anschaffungs- oder Herstellungskosten gegenüber den Weltmarktpreisen, gegenüber Standortvorteilen, kostenbedingten Unwirtschaftlichkeiten oder ähnlichem.[429] Diese wirtschaftlichen Hindernisse müssen in einer freien Marktwirtschaft irgendwie beseitigt oder durch Vorteile anderer Art kompensiert werden, wenn Unternehmer dazu angeregt werden sollen, ausgerechnet an ungünstigen Standorten sowie in ertragsschwache oder riskanten Vorhaben ihr Kapital und ihre Arbeitskraft zu investieren.

Als Konsequenz dieser Überlegungen führt der Erhalt eines Investitionszuschusses bei einem gedachten hypothetischen Verkaufsfall grundsätzlich zu einem Teilwert in Höhe der um den Zuschuss verringerten Anschaffungs- bzw. Herstellungskosten.

Merkert führt hierzu aus:

„Warum sollte dieser bereit sein, eben diejenigen betrieblichen Nachteile, deretwillen der Erstinvestor staatliche Zuschüsse erlangt hat, ohne einen entsprechenden Ausgleich auf sich zu nehmen? Das Wirtschaftsleben verschenkt nichts. Demzufolge wird ein Erwerber die Nachteile der genannten Art bei der Unternehmensbewertung voll in Ansatz bringen und einen entsprechend niedrigeren Kaufpreis gegenüber dem Veräußerer auch durchsetzen. Wenn so der Preis für das Unternehmen im Ganzen gesenkt wird, dann wird damit zugleich

---

428 Vgl. *Merkert*, DB 1979, S. 1056; *Radisch*, DB 1980, S. 32.

429 Vgl. *Merkert*, DB 1979, S. 1056 (1057).

auch der Teilwert seiner Wirtschaftsgüter beeinflußt. Dies könnte rein gedanklich einmal in der Weise geschehen, daß der Preisabschlag allen Wirtschaftsgütern gleichmäßig angelastet wird, dies könnte sich aber auch dadurch vollziehen, daß allein bei den bezuschußten Wirtschaftsgütern ein entsprechender Wertabschlag getätigt wird. Ordentliches, kaufmännisches Denken kann nur das letztere entsprechen, und zwar zumindest solange, als Investitionskostenzuschüsse für den Neuerwerb dieser Wirtschaftsgüter noch gewährt werden. Andernfalls wären nämlich solche Wirtschaftsgüter im Neuzustand kostengünstiger, als nach ihrer Ingebrauchnahme.“[430]

Radisch[431] stützt die These von *Merkert*. Nach seiner Auffassung sprechen gegen die Annahme eines Teilwerts in Höhe der um den Zuschuss reduzierten Anschaffungs- bzw. Herstellungskosten weder dogmatische noch systematische Gründe. Nach seiner Überzeugung mindern Zuschüsse die tatsächlich entstandenen, d.h. die subjektiven Kosten. Der objektive Wert ist nach seinem Dafürhalten mit diesen gleichzusetzen. Die durch die Zuschussgewährung erzeugten realen Kostenminderungen mindern die Anschaffungs- bzw. Herstellungskosten und verringern dadurch dessen Teilwert.[432]

5. Zwischenergebnis: Regelmäßig kein Teilwertansatz

Grundsätzlich können die Anschaffungs- bzw. Herstellungskosten eines bezuschussten Wirtschaftsguts aufgrund des Teilwertgedankens nicht um die Zuschüsse vermindert werden. Der Bilanzansatz von Wirtschaftsgütern mit den um den Zuschuss verringerten Anschaffungs- bzw. Herstellungskosten lässt sich nur in wenigen Ausnahmefällen mit dem Teilwertgedanken rechtfertigen.

Der BFH hat mit zwei Urteilen vom 8.5.1981[433] aufgezeigt, wann ausnahmsweise die Bezuschussung der Anschaffung bzw. Herstellung von Wirtschaftsgütern zu einer Entkräftung der Teilwertvermutung (Ansatz mit den AK/HK) und damit zu einem um den Zuschuss verringerten Teilwertansatz der Wirtschaftsgüter führen können. Zum einen, wenn die Bezuschussung zu einer generellen Beeinflussung des Marktpreises von bestimmten Wirtschaftsgütern führt[434] und zum anderen wenn die Bezuschussung zu massiven unternehmens-

430 Vgl. *Merkert*, DB 1979, S. 1056 (1057).
431 Vgl. *Radisch*, DB 1980, S. 32.
432 Vgl. *Radisch*, DB 1980, S. 32 (37).
433 Vgl. Urt. d. *BFH* v. 8.5.1981, III R 109/76, BFHE 133, 572, BStBl. II 1981, S. 700; Urt. d. *BFH* v. 8.5.1981, III R 26/79, BFHE 133, 567, BStBl. II 1981, S. 702.
434 Vgl. Urt. d. *BFH* v. 8.5.1981, III R 109/76, BFHE 133, 572, BStBl. II 1981, S. 700.

politischen Beschränkungen führt, die ebenfalls den Marktpreis der Wirtschaftsgüter beeinflussen dürften.[435]

Der von *Merkert*[436] und *Radisch*[437] vertretenen Auffassung, dass Zuschüsse aufgrund des Teilwertgedankens generell zu einer Verringerung der Anschaffungs- bzw. Herstellungskosten bezuschusster Wirtschaftsgüter führen können, kann nicht zugestimmt werden.

Investitionszuschüsse sind grundsätzlich der Finanzierungsebene zuzurechnen. Der Teilwert der mithilfe von Investitionszuschüssen hergestellten oder angeschafften Wirtschaftsgüter kann grundsätzlich nicht um den Zuschuss gekürzt werden, da es für den mit dem Teilwert zu erfassenden Substanzwert der Wirtschaftsgüter nicht auf die Art der Finanzierung ankommt.[438]

Der objektive Teilwert eines subventionierten Wirtschaftsguts ist grundsätzlich nicht niedriger als der objektive Teilwert eines nicht subventionierten Wirtschaftsguts. Es ist folglich im Regelfall kein Raum für einen verringerten Teilwertansatz.

Ausnahmsweise ist – wie vom BFH aufgezeigt – ein verringerter Teilwertansatz möglich, wenn der Investitionszuschuss als Eingriff in den Markt zu identifizieren ist, aufgrund dessen der Marktwert der bezuschussten neuer Wirtschaftsgüter negativ beeinflusst wird oder wenn die mit dem Zuschuss verbundenen Verwendungsauflagen eine derartige Belastung darstellen, dass sich der Wert der mit den Zuschüssen angeschafften oder hergestellten Wirtschaftsgüter verringern würde. Dies ist bei Investitionszuschüssen regelmäßig nicht der Fall.

Nicht jeder geringe oder kurzfristige Investitionszuschuss wirkt sich auf den Marktpreis des bezuschussten Wirtschaftsguts aus. Nur ausnahmsweise, bei Vorliegen von außergewöhnlichen Umständen wie z.B. besonderen Brancheeigenarten, Höhe und Laufzeit des Zuschusses, Umfang der potentiellen Zuschussempfänger, das Unternehmen beschränkende Zuschussbedingungen mit Auswirkungen auf die wirtschaftlichen Handlungsfreiheiten oder einer Kombination verschiedener Umstände, kann es zu einer Beeinflussung des Teilwerts der bezuschussten Wirtschaftsgüter kommen.

Der Teilwert der mit Investitionszuschüssen hergestellten oder angeschafften Wirtschaftsgüter ist daher grundsätzlich nicht um die Zuschüsse zu kürzen. Es bleibt bei der Teilwertvermutung der vollen Anschaffungs- bzw. Herstellungskosten.

---

435 Vgl. Urt. d. *BFH* v. 8.5.1981, III R 26/79, BFHE 133, 567, BStBl. II 1981, S. 702.

436 Vgl. *Merkert*, DB 1979, S. 1056 (1057).

437 Vgl. *Radisch*, DB 1980, S. 32.

438 Vgl. Urt. d. *FG d. Saarlandes* v. 8.12.1978, 140/76, EFG 1979, S. 168.

§ 6 Abs. 1 EStG stellt damit auch keine gesetzliche Regelung dar, die es ermöglicht, Investitionszuschüsse, statt als Betriebseinnahmen, als Minderungen der Anschaffungs- bzw. Herstellungskosten des mithilfe des Zuschusses angeschafften bzw. hergestellten Wirtschaftsguts zu qualifizieren.

III. Das Wahlrecht gemäß Abschn. R 6.5 Abs. 2 EStR

Bisher ist deutlich geworden, dass Investitionszuschüsse beim Zuschussempfänger einkommenssystematisch als Betriebseinnahmen qualifiziert werden müssen. Investitionszuschüsse gemäß § 255 Abs. 1 Satz 3 HGB als Minderungen der Anschaffungs- bzw. Herstellungskosten des bezuschussten Wirtschaftsguts zu behandeln, ist m.E. – wie gezeigt – aufgrund des Wortlauts und des Sinn und Zwecks der Vorschrift nicht möglich. Auch die Möglichkeit, eines verringerten Teilwertansatzes gemäß § 6 Abs. 1 EStG besteht nur in den aufgezeigten Ausnahmefällen.

Fraglich ist, ob das Wahlrecht des Abschn. R 6.5 Abs. 2 EStR bei Investitionszuschüssen die Möglichkeit eröffnet, statt der Vereinnahmung des Zuschusses als Betriebseinnahme, wahlweise die Anschaffungs- bzw. Herstellungskosten des angeschafften bzw. hergestellten Wirtschaftsguts zu mindern. In diesem Zusammenhang ist insbesondere die Rechtmäßigkeit eines solchen Richtlinienwahlrechts zu untersuchen.

1. Ausgangspunkt

Der Grund für die Schaffung des Wahlrechts in Abschn. 6.5 Abs. 2 EStR dürfte der Unsicherheit der ertragsteuersystematischen Einordnung von Investitionszuschüssen und dem darum bis heute bestehenden Streit (vgl. Kapitel II, C., I. dieser Arbeit) geschuldet sein.[439] Durch die Einräumung des Wahlrechts entzieht man sich letztlich der endgültigen Beantwortung der Frage, ob Investitionszuschüsse nun grundsätzlich als Minderungen der Anschaffungs- bzw. Herstellungskosten der bezuschussten Wirtschaftsgüter zu erfassen sind oder ob sie erfolgswirksame Betriebseinnahmen darstellen.[440]

Im Folgenden soll eine kurze Darstellung des Wahlrechts erfolgen, daran anschließend soll die Kritik am Wahlrecht dargestellt und die Rechtmäßigkeit des Wahlrechts im Einzelnen untersucht werden.

---

439 Vgl. *Mathiak*, DStJG 1984, S. 97 (111, 112); *ders.*, DStR 1992, S. 1601 (1603).

440 Zur Entwicklungsgeschichte des Wahlrechts vgl. *Laicher*, DStR 1993, S. 292; *Unverdorben*, Institut „Finanzen und Steuern“, Nr. 273, 1987, S. 32 ff.

2. Regelungsgehalt des Wahlrechts

Die Finanzverwaltung räumt dem Steuerpflichtigen bei der Bilanzierung von Investitionszuschüssen in Abschn. 6.5 Abs. 2 EStR ein Wahlrecht ein.[441] Dieses Wahlrecht gilt unabhängig davon, ob es sich um öffentliche oder um private Zuschüsse handelt.[442] Voraussetzung des Wahlrechts ist, dass der Zuschuss für Wirtschaftsgüter des Anlagevermögens gewährt wird. Dies gilt für abnutzbare und nicht abnutzbare Anlagegüter in gleichem Maße.

Der Steuerpflichtige kann Investitionszuschüsse hiernach entweder

- als (gewinnerhöhende) Betriebseinnahmen ansetzen oder
- von den Anschaffungs- bzw. Herstellungskosten der bezuschussten Wirtschaftsgüter absetzen.

Im ersten Fall wird der Zuschuss sofort voll ertragswirksam. Als Bemessungsgrundlage für die Abschreibung sind dann die vollen Anschaffungs- bzw.

---

441 Bei dem Wahlrecht in Abschn. R 6.5 Abs. 2 EStR handelt es sich um ein steuerliches Wahlrecht. Nach R. 6.5 Abs. 2 Satz 4 EStR ist für die erfolgsneutrale Behandlung eines Zuschusses Voraussetzung, dass in der handelsrechtlichen Jahresbilanz entsprechend verfahren wird. Dieser Zwang zur einheitlichen Ausübung des Wahlrechts in Handels- und Steuerbilanz entfaltet jedoch nur bis zum Veranlagungszeitraum 2009 Geltung. Ab dem Veranlagungszeitraum 2010 gilt dies wegen § 5 Abs. 1 Satz 1 EStG in der Fassung des BilMoG grundsätzlich nicht mehr. Von handelsrechtlichen Ansätzen kann hiernach abgewichen werden, wenn im Rahmen der Ausübung eines steuerlichen Wahlrechts ein anderer Ansatz gewählt wurde; vgl. *Kulosa* in Schmidt, EStG-Kommentar, 30. Aufl., 2011, § 6, Rz. 73; *Dörfler/Adrian*, Ubg 2009, S. 390; *Künkele/Zwirner*, DStR 2010, S. 2263. Mit dem BMF-Schreiben vom 12. März 2010, IV C 6 – S 2133/09/10001, hat die Finanzverwaltung zu Zweifelsfragen Stellung genommen, die sich im Zusammenhang mit der Neuordnung der Maßgeblichkeit ergeben. Hinsichtlich der Reichweite des steuerlichen Wahlrechtsvorbehalts legt die Finanzverwaltung damit § 5 Abs. 1 Satz 1 EStG weit aus und ordnet die steuerlich autonome Ausübung sämtlicher steuerlicher Wahlrechte an. Damit schließt sie sich der herrschenden Meinung an; stellv. *Hey* in Tipke/Lang, Steuerrecht, 20. Aufl., Köln 2009, § 17, Rn. 42; *Herzig/Briesemeister*, DB 2009, S. 926 (929); *dies.* DB 2009, S. 976; *Dörfler/Adrian*, Ubg. 2009, S. 387; *Stobbe*, DStR 2008, S. 2432 (2433); *Thiele*, DStR 2009, S. 2384; *Ortmann-Babel / Bolik / Gageuer*, DStR 2009, S. 934 (935); a.A.: Vgl. *Claussen* u.a. (Arbeitskreis Bilanzrecht der Hochschullehrer Rechtswissenschaften, Köln), Zur Maßgeblichkeit der Handelsbilanz für die steuerliche Gewinnermittlung gem. § 5 Abs. 1 EStG i.d.F. durch das BilMoG, DB 2009, S. 2570 – 2573. Die Ausübung des steuerlichen Wahlrechts wird insoweit nicht nach § 5 Abs. 1, Satz 1, 1. Halbsatz EStR durch die Maßgeblichkeit der handelsrechtlichen Grundsätze ordnungsgemäßer Buchführung beschränkt.

442 Vgl. *Kulosa* in Schmidt, EStG-Kommentar, 30. Aufl., 2011, § 6, Rz. 73.

Herstellungskosten heranzuziehen.[443] Trifft der Steuerpflichtige die Wahl, den Investitionszuschuss von den Anschaffungs- bzw. Herstellungskosten abzusetzen, so können nur die entsprechend verminderten Anschaffung- bzw. Herstellungskosten als Bemessungsgrundlage für die Abschreibung herangezogen werden.[444]

Wie in Kapitel II, C, I. und II dieser Arbeit gezeigt, handelt es sich bei Investitionszuschüssen grundsätzlich um Betriebseinnahmen. Die Ausübung eines steuerlichen Wahlrechts nach Abschn. R 6.5 Abs. 2 EStR ist damit m.E. in der Wahl zu erblicken, bezuschusste Wirtschaftsgüter mit den um den Zuschuss verringerten Anschaffungs- bzw. Herstellungskosten anzusetzen. Dabei muss das Wahlrecht insgesamt einheitlich ausgeübt werden. Eine Spaltung des Zuschusses in der Weise, dass der Steuerpflichtige ihn teils von den Anschaffungs- bzw. Herstellungskosten abzieht und teilweise gewinnerhöhend vereinnahmt, ist nicht möglich.[445]

Übt der Steuerpflichtige sein Wahlrecht nicht aus, ist der Zuschuss m.E. bei Zuschussempfänger als gewinnerhöhende Betriebseinnahme zu behandeln.

3. Diskussion zur Rechtmäßigkeit des Wahlrechts

a. Überblick über die Rechtsprechung des BFH

Der III.[446] und der IV.[447] Senat gehen grundsätzlich davon aus, dass Investitionszuschüsse die Anschaffungs- bzw. Herstellungskosten mindern. In den vor diesen Senaten verhandelten Streitfällen wollten die Kläger stets erreichen, dass der erhaltene Investitionszuschuss gerade zu einer solchen Minderung der Anschaffungs- bzw. Herstellungskosten führt, weshalb in der Vergangenheit eine Entscheidung über die Rechtmäßigkeit des Wahlrechts stets offen bleiben konnte. Die Ausübung eines Wahlrechts war für die Herbeiführung des gewünschten Ergebnisses nach folgerichtiger Ansicht des III. und IV. Senats dann nicht erforderlich.

---

443 Vgl. Abschn. 6.5 Abs. 2 Satz 2 EStR.

444 Vgl. Abschn. 6.5 Abs. 2 Satz 3 EStR.

445 Vgl. umfassend mit gutem Überblick zur Ausübung des Wahlrechts: *Clausen* in Herrmann/Heuer/Raupach, § 5 EStG, Anm. 1622.

446 Vgl. z.B. Urt. d. *BFH* v. 28.4.1989, III R 4/87, BStBl. II 1989, S. 618.

447 Vgl. z.B. Urt. d. *BFH* v. 29.4.1982, IV R 177/78, BFHE 136 S. 90, BStBl. II 1982 S. 591; Urt. d. *BFH* v. 4.11.1965, IV 228/63 U, BStBl. III 1966, S. 167; Urt. d. *BFH* v. 23.3.1995, IV R 58/94, BStBl. II 1995, S. 702; Urt. d. *BFH* v. 5.6.2003, IV R 56/01, BStBl. II 2003, S. 803.

Anders ist dies beim I.[448] und X.[449] Senat des BFH. Diese Senate sind der Ansicht, dass der Erhalt eines Investitionszuschusses grundsätzlich zu Betriebseinnahmen bei Zuschussempfänger führt. Wollten die Kläger in den Streitfällen erreichen, dass Investitionszuschüsse bei ihnen zu einer Minderung der Anschaffungs- bzw. Herstellungskosten führt, mussten sich die Senate mit der Rechtmäßigkeit des Wahlrecht in Abschn. R 6.5 Abs. 2 EStR (früher: Abschn. 34 Abs. 1 EStR) befassen. So haben die beiden Senate des BFH die Rechtmäßigkeit des Wahlrechts in der Vergangenheit vage bestätigt.[450]

Der X. Senat begründet die Rechtmäßigkeit des Wahlrechts bzw. den wahlweise niedrigeren Ansatz der Anschaffungs- bzw. Herstellungskosten in seiner Entscheidung vom 22.1.1992[451] mit dem Realisationsprinzip. Der X. Senat führt in den Entscheidungsgründen wie folgt aus:

„[...] Wird eine solche Sichtweise dem Steuerpflichtigen, wie in Abschn. 34 EStR geschehen, hilfs- und wahlweise zugestanden, so bedeutet dies nicht, daß Beschaffungs- und Finanzierungsvorgang unzulässigerweise vermengt würden. Es wird lediglich dem berechtigten Anliegen des Steuerpflichtigen entgegengekommen, dem Zusammenhang zwischen zweckgebundener Finanzierung und Beschaffungsvorgang Rechnung zu tragen. Die Objektbezogenheit eines Investitionszuschusses rechtfertigt es, nach Wahl des Steuerpflichtigen von der sofortigen Gewinnrealisierung abzusehen und eine Gewinnrealisierung nach Maßgabe der Nutzung des bezuschußten Sachanlageguts stattfinden zu lassen. [...]“[452]

Der I. Senat führt in seiner Entscheidung vom 19.7.1995[453] aus, dass dem Steuerpflichtigen aufgrund des Wahlrechts in Abschn. 34 EStR (heute: Abschn. R 6.5 Abs. 2 EStR) in gesetzmäßiger Weise die Möglichkeit offen stünde, die Anschaffungs- oder Herstellungskosten um die Investitionszuschüsse zu mindern und dadurch eine Sofortversteuerung der Zuschüsse zu vermeiden. Nach seiner Auffassung kann jedoch dahinstehen, ob der niedrigere Ansatz bilanzsteuerlich mit dem Realisationsprinzip, mit Gewohnheitsrecht oder ggf. mit einer Teilwertvermutung zu begründen wäre. Der Senat führt aus, dass selbst dann, wenn das Bilanzsteuerrecht keine Rechtsgrundlage für das in Abschn. 34 EStR (heute: Abschn. R 6.5 Abs. 2 EStR) verankerte Wahlrecht böte, die Verwaltungsrichtlinien eine zulässig sachliche Billigkeitsmaßnahme darstellen, weil die Sofortversteuerung des Investitionszuschusses dem Zweck der Zuschussge-

---

448 Vgl. Urt. d. *BFH* v. 19.7.1995, I R 56/94, BStBl. II 1996, S. 28.
449 Vgl. Urt. d. *BFH* v. 22.1.1992, X R 23/89, BStBl. II 1992, S. 488.
450 Vgl. Urt. d. *BFH* v. 19.7.1995, I R 56/94, BStBl. II 1996, S. 28; Urt. d. *BFH* v. 22.1.1992, X R 23/89, BStBl. II 1992, S. 488.
451 Vgl. Urt. d. *BFH* v. 22.1.1992, X R 23/89, BStBl. II 1992, S. 488.
452 Vgl. Urt. d. *BFH* v. 22.1.1992, X R 23/89, BStBl. II 1992, S. 488.
453 Vgl. Urt. d. *BFH* v. 19.7.1995, I R 56/94, BStBl. II 1996, S. 28.

währung mitunter zuwiderlaufen kann. So sähe auch § 163 Abs. 1 Satz 2 AO als Billigkeitsmaßnahme ausdrücklich vor, einzelne Besteuerungsgrundlagen, soweit sie die Steuern erhöhten, bei der Steuerfestsetzung zu einem späteren Zeitpunkt zu berücksichtigen.

Mit einem anderen Wahlrecht in Abschn. 163 Abs. 1 EStR (heute: entfallen) hatte sich der IX. Senat des BFH in der Vergangenheit zu befassen. Ein kurzer Blick auf die Rechtsprechung zur Rechtmäßigkeit des Wahlrechts im früheren Abschn. 163 Abs. 1 EStR soll erfolgen, weil es in vergleichbarer Weise, wie das Wahlrecht in Abschn. R 6.5 Abs. 2 EStR ausgestaltet war. Nach Abschn. 163 Abs. 1 Nr. 1 EStR konnte der Empfänger von Zuschüssen aus öffentlichen Mitteln zur Finanzierung von Baumaßnahmen an einem Gebäude entscheiden, ob er die Herstellungskosten der geförderten Baumaßnahme mindern, oder ob er den Zuschuss im Kalenderjahr des Zuflusses den Einnahmen aus Vermietung und Verpachtung zurechnen wollte.

Der IX. Senat des BFH lehnte ein Wahlrecht des früheren Abschn. 163 Abs. 1 Nr. 1 EStR ab. Der IX. Senat führt diesbezüglich in seinem Urteil vom 26.3.1991[454] aus:

„Für ein solches Wahlrecht fehlt es jedoch an einer Rechtsgrundlage. [...] Auf Abschn. 163 Abs. 1 EStR kann sich das FA nicht berufen, weil es sich insoweit nicht um eine Rechtsnorm, sondern lediglich um eine Verwaltungsanweisung handelt, welche die Finanzgerichte nicht bindet und die nach den vorstehenden Ausführungen keine zutreffende Gesetzesauslegung darstellt.“[455]

Der IX. Senat bezieht in diesem Urteil auf eine ältere Entscheidung des VIII. Senats vom 28.10.1980[456]. Der VIII. Senat lehnte das Wahlrecht des Abschn. 163 Abs. 1 EStR ebenfalls ab und führte zur Begründung aus:

„Die Klägerin kann sich schließlich nicht auf Abschn. 163 Abs. 2 Nr. 1c EStR 1963 beziehen, wonach der Vermieter die Herstellungskosten für Geschäftsräume (z.B. Büroräume, Läden) um sogenannte Mieterzuschüsse kürzen darf. Denn bei dieser Regelung handelt es sich nicht um eine Rechtsnorm, sondern um eine Verwaltungsvorschrift, mit deren Hilfe nur eine gleichmäßige Gesetzesanwendung durch die Verwaltungsbehörden erreicht, nicht aber eine Bindung i. S. einer Rechtsverordnung erzielt werden kann und soll.“[457]

454 Vgl. Urt. d. *BFH* v. 26.3.1991, IX R 104/86, BStBl. II 1992, S. 999.
455 Vgl. Urt. d. *BFH* v. 26.3.1991, IX R 104/86, BStBl. II 1992, S. 999.
456 Vgl. Urt. d. *BFH* v. 28.10.1980, VIII R 34/76, BStBl. II 1981, S. 161.
457 Vgl. Urt. d. *BFH* v. 28.10.1980, VIII R 34/76, BStBl. II 1981, S. 161.

b. Kritik aus Rechtsprechung und Literatur

Nach Durchsicht der Rechtsprechung und Literatur[458] zum Wahlrecht aus Abschn. R 6.5 Abs. 2 EStR lässt sich festhalten, dass auch die Rechtmäßigkeit des Wahlrechts in Rechtsprechung und Literatur umstritten ist. Der erweiternde Blick auf die Rechtsprechung zum vergleichbaren Wahlrecht im früheren Abschn. 163 Abs. 1 EStR verfestigt diesen Eindruck.[459]

Teilweise vermischen sich jedoch Probleme des Wahlrechts mit den Problemen der einkommensystematischen Einordung von Investitionszuschüssen, wodurch schnell Unschärfen und Unklarheiten bei der Abgrenzung der jeweiligen Problemfelder entstehen. Nichtsdestotrotz hängen beiden Problemkreise jedoch untrennbar voneinander ab. Je nach der Beantwortung der Frage der steuersystematischen Einordnung von Investitionszuschüssen ergeben sich unterschiedliche Fragestellungen zur Rechtmäßigkeit des Wahlrechts in Abschn. R 6.5 Abs. 2 EStR.

Geht man z.B. davon aus, dass es sich bei Investitionszuschüssen grundsätzlich um Minderungen der Anschaffungs- bzw. Herstellungskosten des bezuschussten Wirtschaftsguts handelt, so würde die Ausübung des Wahlrechts bedeuten, hiervon abzuweichen und einen Investitionszuschuss statt dessen als Betriebseinnahme gewinnerhöhend zu vereinnahmen. Für die Frage der Rechtmäßigkeit des Wahlrechts wäre damit entscheidend, dass eine Rechtsgrundlage für eine solche Wahlentscheidung existiert.

Anders ist es, wenn man die Ansicht vertritt, dass der Erhalt von Investitionszuschüssen grundsätzlich zu Betriebseinnahmen führt. Die Wahlentscheidung beinhaltet in diesem Fall, statt der Vereinnahmung des Zuschusses als Betriebseinnahme, eine Minderung der Anschaffungs- bzw. Herstellungskosten des bezuschussten Wirtschaftsguts. Die Frage der Rechtmäßigkeit des Wahlrechts und damit nach einer tragfähigen Rechtsgrundlage des Wahlrechts lautet dann wie folgt: Gibt es eine Rechtsgrundlage dafür, dem Steuerpflichtigen das Wahlrecht einzuräumen, den Investitionszuschuss als eine Minderung der Anschaffungs- bzw. Herstellungskosten des bezuschussten Wirtschaftsguts zu behandeln?

---

458 In der Literatur gibt es eine Vielzahl von Stimmen, die der Auffassung sind, dass ein Wahlrecht, empfangene Investitionszuschüsse entweder von den Anschaffungs- bzw. Herstellungskosten abzusetzen oder sie sofort als Ertrag zu vereinnahmen, einer gesetzlichen Grundlage entbehre. Die Gründe hierfür sind mitunter verschieden. Vgl. etwa *Mathiak*, StuW 1983, S. 72; *Rose*, DB 1984, S. 2317 ff; *Ewertowski*, BB 1984, S. 1015 (1024); *Nieland*, DStZ 1986, S. 219; *Groh*, DB 1988, 2418 ff.; *Clausen* in Herrmann/Heuer/Raupach, § 5 EStG, Anm. 1620.

459 Vgl. Urt. des *Hessischen FG* v. 12.3.1986, 2 K 232/83, EFG 1986, S. 562.

Es wird ersichtlich, dass die steuersystematische Einordung des Investitionszuschusses eine wichtige Weichenstellung für die Folgediskussion der Rechtmäßigkeit des Wahlrechts in Abschn. R 6.5 Abs. 2 EStR beinhaltet.

Im Folgenden sollen daher als Ausgangspunkt für die weiteren Betrachtungen die bisherigen Feststellungen in dieser Arbeit dienen. Wie gezeigt, handelt es sich bei Investitionszuschüssen m.E. grundsätzlich um Betriebseinnahmen. Das in Abschn. R 6.5 Abs. 2 EStR ausgestaltete Wahlrecht eröffnet dem Steuerpflichtigen folglich die Möglichkeit den erhaltenen Investitionszuschuss wahlweise von den Anschaffungs- bzw. Herstellungskosten des bezuschussten Wirtschaftsguts abzusetzen, statt den Zuschuss als Betriebseinnahmen gewinnerhöhend zu vereinnahmen.

Für die Rechtmäßigkeit des Wahlrechts ist es erforderlich, dass das Richtlinienwahlrecht in Abschn. R 6.5 Abs. 2 EStR von einer Rechtsgrundlage getragen wird. Es ist daher im Folgenden zu untersuchen, ob es eine Rechtsgrundlage für das Richtlinienwahlrecht gibt. Ist diese vorhanden, kann ein Steuerpflichtiger über Abschn. R 6.5 Abs. 2 EStR in rechtmäßiger Weise sein Wahlrecht ausüben und eine unmittelbare Ertragsauswirkung durch den Zufluss des Investitionszuschusses vermeiden.

4. Rechtsgrundlage des Wahlrechts (Abschn. R 6.5 EStR)

a. Eigenständige Rechtsgrundlage des Abschn. R 6.5 EStR

Sowohl in der steuerlichen als auch in der handelsrechtlichen Literatur wird vereinzelt die Regelung des Abschn. R 6.5 Abs. 2 EStR selbst als Rechtsgrundlage für das Wahlrecht benannt.[460] Es ist fraglich, ob eine Bestimmung in den Einkommensteuerrichtlinien selbstständig als Rechtsgrundlage, quasi aus sich selbst heraus, dienen kann.

Nach ständiger Rechtsprechung des BFH handelt es sich bei einer Regelung in den Einkommensteuerrichtlinien nicht um eine Rechtsnorm, sondern um eine Verwaltungsvorschrift, mit deren Hilfe nur eine gleichmäßige Gesetzesanwendung durch die Verwaltungsbehörden erreicht, nicht aber eine Bindung i.S. einer

---

460 Vgl. bspw. *Glade*, Rechnungslegung und Prüfung nach dem Bilanzrichtlinien-Gesetz, Grundsätze der Rechnungslegung und Prüfung, Tz. 513, 514; auf die starke Prägung der Bilanzierungspraxis durch Steuervorschriften, insbesondere Abschn. 6.5 Abs. 2 EStR, weist auch die Stellungnahme des *HFA* 1/1984, WpG 1984, S. 612, in ihren Vorbemerkungen hin.

Rechtsverordnung erzielt werden kann und soll.[461] Verwaltungsvorschriften sind Teil des Innenrechts der Finanzverwaltung. Sie sind weder formelles noch materielles Gesetz und daher den Steuergesetzen und Rechtsverordnungen hierarchisch untergeordnet. Verwaltungsvorschriften sind nicht geeignet, das Steuerrechtsverhältnis zwischen Fiskus und Steuerpflichtigen zu regeln. Sie dienen allein der Bindung der Bediensteten der Finanzverwaltung. Verwaltungsvorschriften regeln folglich die innere Organisation von Behörden und haben daneben zum Ziel, dass eine möglichst einheitliche Auslegung und Anwendung gesetzlicher Bestimmungen erfolgen.[462] Bereits unter diesem Gesichtspunkt kann Abschn. R 6.5 EStR nicht als Rechtsgrundlage für das Wahlrecht dienen.

Auch unter dem Gesichtspunkt von Treu und Glauben kann Abschn. 6.5 EStR nicht als allgemeinverbindliche Rechtsgrundlage herangezogen werden. Die Einkommensteuerrichtlinien bekämen auf diesem Weg Rechtssatzqualität und der Finanzverwaltung würde eine über das Verordnungsrecht hinausgehende Rechtssatzbefugnis verliehen.

Die Finanzverwaltung könnte von der in Kapitel II, C., I. dieser Arbeit herausgearbeitete einkommensteuersystematische Behandlung von Investitionszuschüssen als Betriebseinnahmen eigenständig abweichen. Dies könnte Rechtsfolgen nach sich ziehen, die das Gesetz nicht vorsieht. Die Finanzverwaltung ist aber auch beim Erlass von Richtlinien dem Gesetz unterworfen (Art. 20 Abs. 3 GG).[463] Die Rechtsbindung in Art. 20 Abs. 3 GG bezieht sich auf alle Handlungsformen der Verwaltung, so auch auf die Einkommensteuerrichtlinien.[464] Die Exekutive (zu der auch die Finanzverwaltung gehört) muss die Gesetze und das Recht beachten und diese anwenden. Sie darf von ihrem Inhalt nicht abweichen.[465] Die Finanzverwaltung ist nicht befugt, das Gesetz zu ändern.[466] Auch nicht in den Einkommensteuerrichtlinien. Die Schaffung eines Wahlrechts in den Einkommensteuerrichtlinien, durch das vom Gesetz abgewichen wird, ist nicht möglich. Ein nicht gesetzlich vorgesehenes oder zumindest aus dem beste-

---

461 Vgl. Urt. d. *BFH* v. 28.10.1980, VIII R 34/76, BFHE 132, S. 41, BStBl. II 1981, S. 161; in gleicher Weise: Urt. d. *BFH* v. 26.03.1991, IX R 104/86, BFHE 164, S. 263, BStBl. II 1992, S. 999; Urt. d. *BFH* v. 15.1.1969, I 18/65, BFHE 95, S. 92, BStBl. II 1969, S. 310; Urt. d. *BFH* v. 10.6.1975, VIII R 50/72, BFHE 116, S. 103, BStBl. II 1975, S. 789.

462 Vgl. *Grashoff*, Steuerrecht 2010, 6. Aufl. 2010, 1. Kapitel: Steuerrechtsordnung, Rn. 11-14.

463 Vgl. *Isensee*, Typisierende Verwaltung, Bonn 1975, S. 127.

464 Vgl. *Huster/Rux* in Epping/Hillgruber, BeckOK – Verfassungsrecht, Edition 11, Stand 1.7.2011, Art. 20 GG, Rn. 156.

465 Vgl. *Herzog/Grzeszick* in Maunz/Dürig, Grundgesetz, Kommentar, 59. Ergänzungslieferung 2010, München 2010, Band III, Art. 20 GG, Rn. 141.

466 Vgl. Urt. d. *BFH* v. 21.12.1972, IV R 53/72, BFHE 107, S. 564, BStBl. II 1973, S. 298.

henden Recht ableitbares Wahlrecht kann in den Einkommensteuerrichtlinien nicht geschaffen werden.

Das Wahlrecht, einen Investitionszuschuss nicht als eine Betriebseinnahme, sondern als eine Minderung der Anschaffungs- bzw. Herstellungskosten des bezuschussten Wirtschaftsguts behandeln zu können, kann also nicht lediglich aus der Einkommensteuerrichtlinie selbst heraus begründet werden. Das Wahlrecht muss von einer gesetzlichen Regelung bzw. von einem gleichrangigen Grundsatz getragen werden.

Es ist daher im Einzelnen zu untersuchen, ob und ggf. auf welche rechtliche Grundlage das steuerliche Wahlrecht „Minderung der Anschaffungs- bzw. Herstellungskosten" gestützt werden kann.

b. Aktivierungsvorschrift des § 255 Abs. 1 Satz 3 HGB

Wie bereits in Kapitel II, C., I. dieser Arbeit herausgearbeitet, lässt sich eine Ermäßigung der Anschaffungs- bzw. Herstellungskosten als eine Anschaffungspreisminderung nicht über den Wortlaut und auch nicht über den Zweck des § 255 Abs. 1 Satz 3 HGB für die Erstattung und Vergütung von Anschaffungsausgaben durch Dritte begründen. Als Rechtsgrundlage für das entsprechende Wahlrecht kann § 255 Abs. 1 Satz 3 HGB folglich ebenso wenig herangezogen werden.

c. Teilwertansatz (§ 6 Abs. 1 Nr. 1 Satz 2 EStG)

Insbesondere *Unverdorben*[467] leitet das steuerrechtliche Wahlrecht in Abschn. R 6.5 Abs. 2 EStR aus dem gesetzlich verankerten Recht zum Ansatz eines verminderten Teilwerts gemäß § 6 Abs. 1 Nr. 1 EStG ab.

Wie bereits in Kapitel II, C., II. dieser Arbeit untersucht, können bezuschusste Wirtschaftsgüter grundsätzlich nicht mit um den Zuschuss verringerten Anschaffungs- bzw. Herstellungskosten angesetzt werden. Nur bei besonderen Umständen kann die Teilwertvermutung im Einzelfall entkräftet werden und so zu einem verringerten Teilwertansatz gemäß § 6 Abs. 1 Nr. 1 Satz 2 EStG führen. Dies ist dann der Fall, wenn der Zuschuss eine derart außergewöhnliche Wirkung entfaltet, dass sich der Wiederbeschaffungswert der Wirtschaftsgüter verringert.

Würde § 6 Abs. 1 Nr. 1 Satz 2 EStG als Rechtsgrundlage für das Wahlrecht in Abschn. 6.5 Abs. 2 EStR herangezogen und dort als Rechtsgrundlage für ein Wahlrecht eines um den Zuschuss verringerten Ansatzes der Anschaffungs-

---

467 Vgl. *Unverdorben*, Institut „Finanzen und Steuern", Nr. 273, S. 64 ff.

bzw. Herstellungskosten für alle Investitionszuschüsse fungieren, würde das Richtlinienwahlrecht einen weiteren Umfang einnehmen, als das gesetzliche Wahlrecht zum Ansatz des Teilwerts nach § 6 Abs. 1 Nr. 1 Satz 2 EStG. Die Finanzverwaltung muss aber – wie bereits gezeigt –, die Gesetze beachten und hat diese anzuwenden. Sie darf von ihrem Inhalt nicht abweichen.[468] § 6 Abs. 1 Nr. 1 Satz 2 EStG kann mithin nicht als Rechtsgrundlage für das Wahlrecht in Abschn. R 6.5 EStR herangezogen werden.[469]

d. Realisationsprinzip (§ 252 Abs. 1 Nr. 4 Hs. 2 HGB)

(1.) Inhalt des Realisationsprinzips[470]

Das Realisationsprinzip ist eine Ausprägung des allgemeinen Vorsichtsprinzips. Es dient dem Gläubigerschutz, indem es verhindert, dass bereits vage Gewinnchancen und -erwartungen zu einer Gewinnerhöhung und damit zu einer Erhöhung des Ausschüttungspotentials führen.[471] Das in § 252 Abs. 1 Nr. 4 Hs. 2 HGB für die Handelsbilanz kodifizierte Realisationsprinzip gilt aufgrund des Maßgeblichkeitsgrundsatzes auch für die Steuerbilanz.[472] Das Realisationsprinzip besagt, dass nur realisierte Gewinne in der Bilanz ausgewiesen werden dürfen. Am Bilanzstichtag noch nicht realisierte Gewinne dürfen erst später berücksichtigt werden.[473]

(2.) BFH: Rechtsgrundlage im Realisationsprinzip

Insbesondere in der Entscheidung vom 22.1.1992[474] führte der X. Senats des BFH die Rechtmäßigkeit des Wahlrechts auf das Gewinnrealisationsprinzip zurück. Nach seiner Ansicht rechtfertigt die Objektbezogenheit eines Investitionszuschusses es, nach Wahl des Steuerpflichtigen von der sofortigen Gewinnreali-

---

468 Vgl. *Herzog/Grzeszick* in Maunz/Dürig, Grundgesetz, Kommentar, 59. Ergänzungslieferung 2010, München 2010, Band III, Art. 20 GG, Rn. 141.

469 A.A.: *Unverdorben*, Institut „Finanzen und Steuern“, Nr. 273, S. 64 ff.

470 Zum Realisationsprinzip: vgl. *Pezzer*, DStJG Band 14, Probleme des Steuerbilanzrechts, Köln 1991, S. 22.

471 Vgl. *Tiedchen* in MüKo zum AktG, Band 5a, 2. Aufl., München 2003, § 252 HGB, Rn. 60.

472 Vgl. *Tiedchen* in MüKo zum AktG, Band 5a, 2. Aufl., München 2003, § 252 HGB, Rn. 60.

473 Vgl. *Winkeljohann/Büssow*, Beckscher Bilanz-Kommentar, 7. Aufl., § 252 HGB, Rn. 43.

474 Vgl. Urt. d. *BFH* v. 22.1.1992, X R 23/89, BFHE 167, S. 69, BStBl. II 1992, S. 488.

sierung abzusehen und eine Gewinnrealisierung nach Maßgabe der Nutzung des bezuschussten Sachanlageguts stattfinden zu lassen. Der BFH führt in diesem Zusammenhang aus:

„Gewöhnlich werden Investitionen aus Eigenmitteln oder aufgenommenen Fremdmitteln (mit Rückzahlungsverpflichtung) – also erfolgsneutral – finanziert. Erhöht ein Finanzierungsvorgang ausnahmsweise das Betriebsvermögen – wie hier die Erlangung eines Investitionszuschusses aus öffentlichen Mitteln (ohne Rückzahlungsverpflichtung) –, ist es nicht geboten, den Steuerpflichtigen sogleich zur Gewinnrealisierung zu zwingen. Der Gewinnrealisierungsgrundsatz, der handels- und steuerrechtlich gleichermaßen gilt [...], läßt Raum für die vereinfachende Erwägung eines Steuerpflichtigen, der erhaltene Investitionszuschuß mindere seine Anschaffungs- bzw. Herstellungskosten, er habe demgemäß für das bezuschußte Anlagegut lediglich den Differenzbetrag aufgewandt."[475]

Das Gewinnrealisierungsprinzip ermöglicht nach Ansicht des X. Senats des BFH entweder: (1) eine sofortige Gewinnrealisierung, indem der Zuschuss als Betriebseinnahmen sofort vereinnahmt wird oder (2) bei dem Ansatz von um den Zuschuss verringerten Anschaffungs- bzw. Herstellungskosten eine längerfristige Gewinnrealisierung, nämlich über die entsprechend reduzierten Absetzungsraten aufgrund der um den Zuschuss verringerten Bemessungsgrundlage für die Abschreibung. Da auf die eine oder andere Weise eine Gewinnrealisierung erfolgt, leitet der X. Senat des BFH das Wahlrecht des Abschn. R 6.5 Abs. 2 EStR aus dem Gewinnrealisierungsprinzip des § 252 Abs. 1 Nr. 4 Hs. 2 HGB her.

Der X. Senat des BFH erläutert seine Auffassung, das Gewinnrealisationsprinzip als Rechtsgrundlage für das Wahlrecht in Abschn. R 6.5 Abs. 2 EStR heranzuziehen in der Folgezeit nicht weiter. Vielmehr lässt der I. Senat des BFH in einer späteren Entscheidung 19.7.1995[476] ausdrücklich offen, ob das Gewinnrealisationsprinzip als Rechtsgrundlage für das Wahlrecht herangezogen werden kann.

(3.) Kritik in der Literatur

Insbesondere *Groh*[477] steht der Begründung des Wahlrechts über das Gewinnrealisierungsprinzip jedoch sehr kritisch gegenüber. Er führt hierzu aus:

„Abgesehen davon, daß bei Absetzung des Zuschusses die Gewinnrealisierung nicht nach Maßgabe der Nutzung, sondern der Abschreibung eintritt, muß

---

475 Vgl. Urt. d. *BFH* v. 22.1.1992, X R 23/89, BFHE 167, S. 69, BStBl. II 1992, S. 488.
476 Vgl. Urt. d. *BFH* v. 19.7.1995, I R 56/94, BFHE 179, S. 19, BStBl. II 1996, S. 28.
477 Vgl. *Groh*, StuW 1994, S. 90 (92).

dieses Wahlrecht erstaunen. Kann ein Steuerpflichtiger tatsächlich eine handelsrechtlich unzulässige Bilanzierung wählen? Der Gewinnrealisierungsgrundsatz soll Raum für die vereinfachende Erwägung geben, für das Anlagegut sei nur der Differenzbetrag aufgewendet worden. Also ist der Abzug handelsrechtlich doch zulässig? Das Wahlrecht soll sich aus dem Gewinnrealisierungsgrundsatz des Handelsrechts ergeben. Wie das? Es soll im Handels- und Steuerrecht gleichermäßen ausgeübt werden. Woraus soll sich das ergeben und wie wird die Wahl vollzogen? Im Urteilsfall hatte sich der Steuerpflichtige gerade nicht für die Absetzung entschieden. Die Vorstellungswelt, in der sich die Entscheidung bewegt, bleibt letztlich dunkel."[478]

Es ist fraglich, ob der Gewinnrealisierungsgrundsatz – wie vom X. Senat des BFH in seiner Entscheidung vom 22.1.1992[479] – als Rechtsgrundlage für das Wahlrecht herangezogen werden kann.

(4.) Eigene Stellungnahme

M.E. sprechen zwei Aspekte gegen eine Begründung des Wahlrechts über das Gewinnrealisierungsprinzip. Zum einen werden das Beschaffungsgeschäft und das Finanzierungsgeschäft in unzulässiger Weise vermischt und zum anderen erfolgt im Fall des Ansatzes der verringerten Anschaffungs- bzw. Herstellungskosten eine Realisation nach der Abschreibung und nicht nach der Nutzung. Dies kann dazu führen, dass eine Gewinnrealisation gar nicht erfolgt.

Hierzu im Einzelnen:

(a.) Vermischung der Beschaffungs- u. Finanzierungebene[480]

Grundsätzlich bleiben Beschaffungsgeschäfte solange erfolgsneutral, bis der Ertrag, den der angeschaffte oder hergestellte Gegenstand für die Gesellschaft bringt, seine Bestätigung am Absatzmarkt gefunden hat.[481] Dies ist Ausfluss des Grundsatzes, dass nur Umsatzakte am Markt zu einer Gewinnrealisation führen können.[482] Über die Zugangsbewertung von Vermögensgegenständen mit den

---

478 Vgl. *Groh*, StuW 1994, S. 90 (92).

479 Vgl. Urt. d. *BFH* v. 22.1.1992, X R 23/89, BFHE 167, S. 69, BStBl. II 1992, S. 488.

480 Vgl. *Uhlig*, Grundsätze ordnungsgemäßer Bilanzierung für Zuschüsse, Düsseldorf 1989, S. 104.

481 Vgl. *Tiedchen* in MüKo zum AktG, Band 5a, 2. Aufl., München 2003, § 252 HGB, Rn. 60.

482 Vgl. *Pezzer*, DStJG Band 14, Probleme des Steuerbilanzrechts, Köln 1991, S. 22.

Anschaffungs- bzw. Herstellungskosten wird also die Erfolgsneutralität der Anschaffung bzw. Herstellung des neuen Wirtschaftsguts sichergestellt (Erfolgsneutralitätsprinzip).[483] Der Zugang von Wirtschaftsgütern zum Betriebsvermögen führt folglich lediglich zu einer Umschichtung in der Bilanz in Höhe der Anschaffungs- bzw. Herstellungskosten. Ein unterschiedlicher Ansatz von Zu- und Abfluss ist grundsätzlich ausgeschlossen.

Dieser Logik folgend, führt der Erwerb eines Wirtschaftsguts zu einem Kaufpreis von 100 Geldeinheiten zu einem Abfluss von 100 Geldeinheiten und dem Zufluss eines Wirtschaftsguts mit dem Wertansatz von 100 Geldeinheiten.

Eine hiervon abweichende Betrachtung beim Erwerb bezuschusster Wirtschaftsgüter könnte sich ergeben, wenn der Zuschuss in den Beschaffungsvorgang einbezogen werden müsste. Man könnte der Auffassung sein, dass dann bei einem Investitionszuschuss von 20 Geldeinheiten nur ein Abfluss von 80 Geldeinheiten (Verrechnung von 100 Geldeinheiten Kaufpreis abzüglich 20 Geldeinheiten Investitionszuschuss) in Betracht käme und in Folge dessen das Wirtschaftsgut auch nur mit 80 Geldeinheiten erfasst werden dürfte.

Die derartig abweichende Betrachtung bei bezuschussten Wirtschaftsgütern ist nur dann zulässig, wenn die Bezuschussung bereits zum Beschaffungsvorgang zu rechnen ist.

Der Beschaffungsvorgang beginnt mit der ersten Handlung zum Erwerb eines konkreten Objekts. Hiervon zu unterscheiden sind Vorgänge, die der Finanzierung des Wirtschaftsguts dienen. Finanzierungsgeschäfte beruhen meist auf anderen rechtlichen Grundlagen als die Beschaffungsgeschäfte (z.B. Darlehensvertrag bei der Bank und Kaufvertrag mit Händler), Demzufolge sind Handlungen, die der Finanzierung der Unternehmensaktivitäten dienen, grundsätzlich nicht zum Beschaffungsvorgang zu zählen.[484] Der Investitionszuschuss ist ein Finanzierungsmittel für die Beschaffung des Wirtschaftsguts. Der Zuschuss ist folglich nicht mit zum Beschaffungsgeschäft zu zählen. Ein Zuschuss, der als Baustein der Finanzierung (Finanzierungsmittel) für die Anschaffung oder Herstellung eines Wirtschaftsguts verwendet wird, ist dem Beschaffungsvorgang vorgelagert. Das Beschaffungsgeschäft (z.B. Kaufvertrag) und der Zuschuss würden trotz unterschiedlicher Rechtsbeziehung und unterschiedlicher Beteiligter unzulässig vermischt.

---

483 Vgl. *Ballwieser* in MüKO zum HGB, Band 4, 2. Aufl. München 2008, § 253 HGB, Rn. 1.

484 Vgl. *Uhlig*, Grundsätze ordnungsgemäßer Bilanzierung für Zuschüsse, Düsseldorf 1989, S. 104.

Auch die Objektbezogenheit des Investitionszuschusses, über die der X. Senat des BFH[485] den wahlweise verminderten Ansatz der Anschaffungs- bzw. Herstellungskosten rechtfertigt, vermag nicht zu überzeugen. Eine Vielzahl von Finanzierungsmitteln hat einen Objektsbezug. So werden beispielsweise auch Darlehen nur für den Erwerb bestimmter Wirtschaftsgüter (zweckgebunden) vergeben. Deshalb kann das Darlehen trotzdem nicht bei den Beschaffungskosten berücksichtigt werden.

Die Objektbezogenheit des Investitionszuschusses rechtfertigt nicht ein Wahlrecht zum Ansatz von um den Zuschuss verringerten Anschaffungs- bzw. Herstellungskosten. Auch nicht über das Gewinnrealisierungsprinzip. Das Realisationsprinzip dient in erster Linie einer richtigen Periodenabgrenzung von Gewinnen. Es ist Ausfluss des Vorsichtsprinzips.[486] Es kann nicht als Rechtsgrundlage für das Wahlrecht des Abschn. R 6.5 EStR herangezogen werden.

(b.) Realisation nach Abschreibung

Der BFH vertritt in seinem Urteil vom 22.1.1992[487] die Auffassung, dass die Absetzung der Anschaffungs- bzw. Herstellungskosten in der Folgezeit zu einer Gewinnrealisierung nach Maßgabe der Nutzung der Sache führt.

Der Ansatz der um den Zuschuss verringerten Anschaffungs- bzw. Herstellungskosten eines bezuschussten Wirtschaftsguts führt entgegen der Auffassung des X. Senats des BFH nicht zu einer Gewinnrealisation nach Maßgabe der Nutzung[488], sondern nach Maßgabe der Abschreibung des bezuschussten Wirtschaftsguts. Dies deshalb, weil ein verringerter Wertansatz des Wirtschaftsguts zu einer verringerten Bemessungsgrundlage für die Abschreibung führt und folglich über den Abschreibungszeitraum des Wirtschaftsguts nur entsprechend verringerte Abschreibungen vorgenommen werden können.

Dies kann unter Umständen einen erheblichen Unterschied ausmachen. Eine Gewinnrealisation nach Nutzung erfolgt nämlich nicht, wenn bspw. ein nicht abschreibungsfähiges Wirtschaftsgut mit dem Investitionszuschuss angeschafft wird. Aufgrund der fehlenden Abschreibungsmöglichkeit wird auch eine Gewinnrealisierung über geringere Abschreibungsraten im Abschreibungszeitraum unmöglich. Verbleibt das Wirtschaftsgut dauerhaft im Betriebsvermögen des Unternehmens, erfolgt keine Gewinnrealisation des Investitionszuschusses. Eine Realisation träte ggf. erst mit der Veräußerung oder vergleichbaren Rechtshand-

---

485 Vgl. Urt. d. *BFH* v. 22.1.1992, X R 23/89, BFHE 167, S. 69, BStBl. II 1992, S. 488.
486 Vgl. *Merkt* in Baumbach/Hopt, HGB Kommentar, 34. Aufl., 2010, § 252 HGB, Rn. 18.
487 Vgl. Urt. d. *BFH* v. 22.1.1992, X R 23/89, BFHE 167, S. 69, BStBl. II 1992, S. 488.
488 Vgl. Urt. d. *BFH* v. 22.1.1992, X R 23/89, BFHE 167, S. 69, BStBl. II 1992, S. 488.

lungen ein. Eine Gewinnrealisation nach Maßgabe der Nutzung erfolgt hierbei jedenfalls nicht.

(5.) Zwischenergebnis

Als Rechtsgrundlage für das Wahlrecht in Abschn. 6.5 Abs. 2 EStR kann auch nicht das Gewinnrealisationsprinzip nach § 252 Abs. 1 Nr. 4 Hs. 2 HGB herangezogen werden. Das Gewinnrealisationsprinzip rechtfertigt nicht eine einheitliche Betrachtung von Finanzierungs- und Beschaffungsgeschäften. Außerdem führt der Ansatz verringerter Anschaffungs- bzw. Herstellungskosten des bezuschussten Wirtschaftsguts nicht in jedem Fall zu der Gewinnrealisation nach Maßgabe der Nutzung des Wirtschaftsguts, was aber das Anliegen des Gewinnrealisationsprinzips ist. Der Abschreibungszeitraum und der Nutzungszeitraum müssen nicht identisch sein, so dass über die verringerte AfA eine nicht der Nutzung des Wirtschaftsguts gerechte Abschreibung erfolgt. Werden nicht abschreibbare Wirtschaftsgüter bezuschusst, bleibt eine Gewinnrealisation gänzlich aus, solange das Wirtschaftsgut im Betriebsvermögen verbleibt. Es erfolgt in den letztgenannten Fällen keine Gewinnrealisation nach der Nutzung des Wirtschaftsguts. Da das Gewinnrealisationsprinzip aber Gewinne gerade periodengerecht nach Maßgabe der Nutzung verteilen soll, kann es nicht als Rechtsgrundlage für das Wahlrecht des Abschn. 6.5 Abs. 2 EStR herangezogen werden.

e. Gewohnheitsrecht

Vereinzelt hat der BFH angedeutet, dass sich das Wahlrecht ggf. auch aus Gewohnheitsrecht ableiten lässt.[489]

Gewohnheitsrecht wird in der Praxis als Gesetz im materiellen Sinne, also als Rechtsquelle anerkannt.[490] Es entsteht durch längere gleichmäßige Übung und Bildung der allgemeinen Überzeugung von seiner Rechtmäßigkeit.[491] Eine solche Überzeugung ist gegeben, sofern die Anwendung des Gewohnheitsrechtssatzes von einem Rechtsgeltungswillen der betroffenen Rechtskreise ge-

---

489 Vgl. Urt. d. *BFH* v. 29.4.1982, IV R 177/78, BFHE 136, S. 90, BStBl. II 1982, S. 591; offen lassend: Urt. d. *BFH* v. 22.1.1992, X R 23/89, BFHE 167, S. 69, BStBl. II 1992, S. 488.

490 Vgl. *Schmidt* in MüchKomm zum HGB, Band 1, 3. Aufl., 2010, Vorbemerkung zu § 1, Rn 32.

491 Vgl. *Hopt* in Baumbach/Hopt, Kommentar HGB, 34. Aufl., 2010, Einleitung vor § 1, Rn 17.

tragen ist. In den meisten Fällen entstammt es aus Richterrecht. Es ist als Gesetz im materiellen Sinne von den Gerichten festzustellen und anzuwenden.[492]

Hinsichtlich der ertragsteuerlichen Behandlung von Investitionszuschüssen besteht bereits seit Jahrzehnten Streit zwischen den verschiedenen Senaten des BFH und in der Literatur. Für das Wahlrecht in Abschn. R 6.5 EStR ist daher nicht einmal klar, ob die Minderung der Anschaffungs- bzw. Herstellungskosten des bezuschussten Wirtschaftsguts oder die Erfassung als sofortige Betriebseinnahme die Wahlrechtsausübung darstellt. Dies hängt von der steuersystematischen Zuordnung der Investitionszuschüsse ab. Als Rechtsgrundlage wird, wie gerade behandelt, eine Vielzahl von Normen diskutiert. Eine einheitliche Praxis ist nicht vorhanden. Von einer längeren gleichmäßigen Übung kann mithin keine Rede sein. Eine allgemeine Überzeugung von der Rechtmäßigkeit des Wahlrechts hat sich keineswegs herausgebildet. Der Blick in die Vergangenheit zeigt – wie oben aufgeführt – eher das Gegenteil. Das Wahlrecht lässt sich m.E. daher unmöglich mit Gewohnheitsrecht rechtfertigen.

f. Billigkeitsmaßnahme gemäß 163 AO

Fraglich ist, ob das Wahlrecht als sachliche Billigkeitsmaßnahme der Verwaltung begründet und so als Rechtsgrundlage auf § 163 AO zurückgegriffen werden kann.

In seiner Entscheidung vom 19.7.1995[493] hat der BFH dies bejaht. Er geht davon aus, dass selbst dann, wenn das Bilanzrecht keine Rechtsgrundlage für das Wahlrecht des Abschn. R 6.5 Abs. 2 EStR böte, die Richtlinienregelung als sachliche Billigkeitsmaßnahme der Verwaltung nach § 163 Abs. 1 Satz 2 AO zulässig wäre, weil eine Sofortversteuerung des Investitionszuschusses dem Zweck der Zuschussgewährung zuwiderlaufen kann.

Im Folgenden soll im Einzelnen untersucht werden, ob als Rechtsgrundlage des Wahlrechts in Abschn. R 6.5 Abs. 2 EStR tatsächlich auf § 163 Abs. 1 Satz 2 AO zurückgegriffen werden kann.

(1.) Bedürfnis nach Billigkeitsmaßnahmen

Das Bedürfnis, eine Billigkeitsmaßnahme vornehmen zu können, besteht deshalb, weil das Gesetz in besonders krassen Einzelfällen zu unbilligen Härten und Ungerechtigkeiten führen kann.

---

492 Vgl. *Schmidt* in MüchKomm zum HGB, Band 1, 3. Aufl., 2010, Vorbemerkung zu § 1, Rn 32.

493 Vgl. Urt. d. *BFH* v. 19.7.1995, I R 56/94, BFHE 179, S. 19, BStBl. II 1996, S. 28.

Der Gesetzgeber ist gezwungen, in Gesetzen zu generalisieren und typisieren, wenn es ihm gelingen soll, die vielfältigen Lebensverhältnisse durch eine einheitliche, abstrakt-generelle Regelung zu erfassen. Dabei werden zwangsläufig tatsächliche Verschiedenheiten in einem gewissen Maß vernachlässigt.[494] Dies hat für die Steuergesetze, die es mit der Ordnung von Massenerscheinungen zu tun haben, besondere Bedeutung, weil sie, um für eine Massenverwaltung praktikabel zu sein, besondere Anforderungen an das Maß der Typisierung stellen.[495]

Der Steuergesetzgeber muss und kann also nicht auf den Einzelfall abstellen, sondern er kann – innerhalb eines weiten Beurteilungs- und Gestaltungsspielraums – in verfassungsrechtlich zulässiger Weise pauschalierende, für eine möglichst große Gruppe von Steuerpflichtigen und deren steuerliche Leistungsfähigkeit angemessene Regelungen wählen.[496] Die dabei entstehenden Härten und Ungerechtigkeiten des steuergesetzlichen Tatbestandes müssen zunächst grundsätzlich hingenommen werden.[497] Dem Gesetzgeber muss zugestanden werden, dass er sich an der durchschnittlichen Lebenserfahrung orientieren darf. In der Typisierung und Generalisierung kann grundsätzlich noch kein Verstoß gegen den Gleichheitssatz gesehen werden.[498]

Diese Zusammenhänge begründen aber das Bedürfnis nach einer Korrektur jedenfalls bei krass unangemessenen Ergebnissen.[499] Treten also aufgrund der erläuterten Typisierung des Gesetzes in einzelnen Fällen oder Fallgruppen verfassungsrechtlich nicht vertretbare Härten auf, kann (und muss) durch einen Billigkeitserlass abgeholfen werden, um den Grundrechten insoweit Geltung zu verschaffen.[500] Für die Finanzverwaltung besteht dabei ein Spannungsfeld. Grundsätzlich besteht die Aufgabe der Finanzverwaltung nämlich darin, die Besteuerung auf der Grundlage der Steuergesetze durchzuführen. Belastungen, die der gesetzliche Tatbestand zwangsläufig erzeugt, können nicht im Billigkeits-

---

494 Vgl. Urt. d. *BVerfG* v. 17.12.1953, 1 BvR 147/52, BVerfGE 3, S. 58 (135).

495 Vgl. Urt. d. *BFH* v. 5.6.1996, X R 234/93, BStBl. II 1996, S. 503; Beschl. d. *BVerfG* v. 29.5.1990, 1 BvL 20/84, BStBl. II 1990, S. 653; NJW 1990, S. 2869.

496 Vgl. Beschl. d. *BVerfG* v. 10.4.1997, 2 BvL 77/92, BVerfGE 96, S. 1; Urt. d. *BFH* v. 24.2.2000, III R 59/98, BStBl. II 2000, S. 273.

497 Vgl. Beschl. d. *BVerfG* v. 14.6.1994, 1 BvR 1022/88, BStBl. II 1994, S. 909.

498 Vgl. Urt. d. *BVerfG* v. 3.12.1958, 1 BvR 488/57, BVerfGE 9, S. 3 (13).

499 Vgl. *Gersch/Rüsken* in Klein, AO - Kommentar, 11. Aufl. 2011, § 163, Rn. 6b.

500 Vgl. Urt. des *BVerfG* v. 22.5.1963, 1 BvR 78/56, BVerfGE 16, S. 147 (177), NJW 1963, S. 1243; Beschl. d. *BVerfG* v. 13.10.1971, 1 BvL 10/69, BVerfGE 32, S. 78 (86), BStBl. II 1971, S. 789; Beschl. d. *BVerfG* v. 19.12.1978, 1 BvR 335/76 u.a., BVerfGE 50, S. 58 (86); Urt. d. *BFH* v. 21.4.1977, IV R 161-162/75, BStBl. II 1977, S. 512.

weg beseitigt werden.[501] Nur wenn die Anwendung der gesetzlichen Norm zu einer unbilligen Härte im Einzelfall führt, kommt eine Billigkeitsmaßnahme der Verwaltung in Betracht.[502]

Die Verwaltung ist jedoch auch bei der Entscheidung, eine Billigkeitsmaßnahme vorzunehmen, nicht völlig frei. Der Grundsatz der Gesetzmäßigkeit der Verwaltung verlangt, dass auch für diese im Einzel-(Ausnahme-)Fall verfassungsrechtlich gebotene Abweichung von der allgemeinen Norm eine Sondernorm als Rechtsgrundlage bestehen muss.

Eine gesetzliche Grundlage, unbilligen Härten des Gesetzes zu begegnen, findet sich mit § 163 AO (Feststellungverfahren) und § 227 AO (Erhebungsverfahren) in gleich zwei Vorschriften, mit Hilfe derer das steuerliche Ergebnis aus Billigkeitsgründen korrigiert werden kann.[503]

§ 163 AO bezieht sich auf Billigkeitsmaßnahmen, die bereits bei der Steuerfestsetzung getroffen werden. Die Parallelvorschrift für das Erhebungsverfahren ist § 227 AO (Erlass).[504] Von der Rechtsprechung und der Literatur wird diskutiert, ob § 163 AO als Rechtsgrundlage für das Richtlinienwahlrecht in Abschn. 6.5 EStR herangezogen werden kann. Im Folgenden sollen daher die Tatbestandsvoraussetzungen des § 163 AO in Einzelnen untersucht werden.

(2.) Tatbestandsvoraussetzungen des § 163 AO

Nach § 163 Satz 1 u. 2 AO kann mit Zustimmung des Steuerpflichtigen bei Steuern vom Einkommen zugelassen werden, dass steuererhöhende Besteuerungsgrundlagen später berücksichtigt werden, wenn die Erhebung der Steuer nach Lage des Einzelfalls zum gesetzlich vorgesehenen Zeitpunkt unbillig wäre.

Die Tatbestandsmerkmale im Einzelnen:

(a.) Spätere Berücksichtigung (§ 163 Satz 2 AO)

Eine spätere Berücksichtigung der Besteuerungsgrundlagen bedeutet ein Hinausschieben ihrer Wirksamkeit bzw. ihres Einflusses auf die Festsetzung des Steuerbetrags. Dadurch kann einerseits ein stundungsähnliches Ergebnis erzielt werden, andererseits aber auch eine insgesamt niedrigere Steuer, wenn durch die

---

501 Vgl. Urt. d. *BFH* v. 7.5.1968, II 151/64, BStBl. II 1968, S. 663; Urt. d. *BFH* v. 25.3.1969, II R 123/68, BStBl. II 1969, S. 602.

502 Vgl. *Kapp*, DStZ 1988, S. 46 (46).

503 Vgl. *Gersch/Rüsken* in Klein, AO – Kommentar, 11. Aufl. 2011, § 163, Rn. 1.

504 Vgl. AEAO zu 163 Nr. 1.

Verschiebung Einfluss auf die Steuerprogression einer oder mehrerer Besteuerungszeiträume genommen wird.[505]

Die Ausübung des Wahlrechts in Abschn. R 6.5 EStR führt zu einem verminderten Ansatz der Anschaffungs- bzw. Herstellungskosten eines bezuschussten Wirtschaftsguts. Die Bemessungsgrundlage für die AfA verringert sich in Höhe des Zuschussbetrags, so dass über den Abschreibungszeitraum nur entsprechend geringere Abschreibungen vorgenommen werden können. Über diesen Mechanismus wird der Erhalt des Zuschusses zu einem späteren Zeitpunkt berücksichtigt. Das Tatbestandsmerkmal der Berücksichtigung von Besteuerungsgrundlagen zu einem späteren Zeitpunkt gemäß § 163 Satz 2 AO ist erfüllt.

(b.) Steuern vom Einkommen

Steuern vom Einkommen sind nicht nur die Einkommensteuer, sondern auch die sog. Annexsteuern zur Einkommensteuer, d.h. alle jene Steuern, die auf dem Vorgang der Einkommenserzielung basieren. Gegenwärtig gehören die Einkommensteuer und die Körperschaftsteuer hierzu, sowie die Kirchensteuer und der Solidaritätszuschlag. Das Wahlrecht in Abschn. R 6.5 Abs. 2 EStR betrifft Steuern vom Einkommen.

(c.) Zustimmung des Steuerpflichtigen

Die Billigkeitsmaßnahme kann nur mit der Zustimmung des Steuerpflichtigen gewährt werden. Diese muss ausdrücklich erklärt sein. Eine Unterstellung der Zustimmung ist nicht möglich.[506] Durch die Ausübung des in Abschn. R 6.5 Abs. 2 EStR eingeräumten Wahlrechts wählt der Steuerpflichtige statt einer sofortigen erfolgswirksamen Vereinnahmung des Zuschusses eine Verringerung der Anschaffungs- bzw. Herstellungskosten des bezuschussten Wirtschaftsguts. In dieser Wahlrechtsausübung dürfte grundsätzlich inzident auch eine Willenserklärung des Steuerpflichtigen enthalten sein, der Verringerung der Anschaffungs- bzw. Herstellungskosten auch auf der Grundlage einer Billigkeitsmaßnahme i.S. des § 163 AO zuzustimmen.

---

505 Vgl. *Sauer* in Beermann/Gosch, AO/FGO Kommentar, Stand: 84. Ergänzungslieferung, Berlin Bonn 10/2010, § 163 AO, Rn. 64.

506 Vgl. *Sauer* in Beermann/Gosch, AO/FGO Kommentar, Stand: 84. Ergänzungslieferung, Berlin Bonn 10/2010, § 163 AO, Rn. 61.

(d.) Sachliche Unbilligkeit des Einzelfalls[507]

Voraussetzung für eine Billigkeitsmaßnahme ist, dass sich die Erhebung der Steuer nach Lage des einzelnen Falls als unbillig erweist.

Eine Billigkeitsmaßnahme nach § 163 AO bewirkt – wie bereits erläutert – eine Abweichung von der Typengerechtigkeit, die durch die abstrakten Regelungen des Gesetzes verwirklicht wird, deren Befolgung im einzelnen Falle jedoch zu Ergebnissen führen kann, die als Unrecht empfunden werden. Gleichwohl darf die Unbilligkeit nicht nach dem Gefühl, sondern nur nach einsichtigen Argumenten mit Hilfe einer nachvollziehbaren Argumentationskette verwirklicht werden.[508] Gerade die Betrachtung des Verhältnisses zu anderen Steuerpflichtigen kann die entscheidenden Argumente liefern, dass es sich um einen Ausnahmefall handeln muss.[509]

Bei der Betrachtung ist eine Gesamtbeurteilung aller Normen vorzunehmen, deren Zusammenwirken für das steuerliche Ergebnis im konkreten Fall maßgeblich ist.[510] Außer den materiellen (steuerrechtlichen) Vorschriften können hierfür auch allgemeine Rechtsgrundsätze zu beachten sein.[511]

Eine sachliche Unbilligkeit der vorgenannten Umstände liegt dann vor, wenn die Festsetzung der Steuer an sich zwar dem (ggf. nach Wortlaut, Systematik und Zweck etc. ausgelegten) Gesetz entspricht, aber den Wertungen des Gesetzgebers im konkreten Einzelfall derart zuwiderläuft, dass die Erhebung der

---

507 Eine Korrektur der durch die Anwendung der Steuergesetze zustande gekommenen Ergebnisse im Einzelfall durch Billigkeitsmaßnahmen, kann aus sachlichen Gründen (sachliche Unbilligkeit) oder aus persönlichen Gründen (persönliche Unbilligkeit) erfolgen; vgl. Urt. d. *BFH* v. 19.7.1995, I R 56/94, BStBl. II 1996, S. 28.
Persönliche Billigungsgründe bewegen sich grundsätzlich in zwei Richtungen: die eine Richtung ist die Frage nach der Erlasswürdigkeit, die andere die Frage nach der Erlassbedürftigkeit.
Auf persönliche Billigungsgründe kann es bei der Frage, ob § 163 AO Rechtsgrundlage für das in Abschn. R 6.5 Abs. 2 EStR verankerte Wahlrecht sein kann, nicht ankommen. Das Wahlrecht des Abschn. R 6.5 Abs. 2 EStR wird dem Steuerpflichtigen nämlich durch die Richtlinie ohne Rücksicht auf seine Persönlichkeit zugestanden. Erlasswürdigkeit und Erlassbedürftigkeit können hier daher keine Rolle spielen, entscheidend ist die Frage der sachlichen Unbilligkeit. Das Vorliegen einer sachlichen Unbilligkeit hatte der BFH in seiner Entscheidung vom 19.7.1995 angedeutet, vgl. Urt. d. *BFH* v. 19.7.1995, I R 56/94, BStBl. II 1996, S. 28.

508 Vgl. *Gersch/Rüsken* in Klein, AO – Kommentar, 11. Aufl. 2011, § 163, Rn. 30.

509 Vgl. *Sauer* in Beermann/Gosch, AO/FGO Kommentar, Stand: 84. Ergänzungslieferung, Berlin Bonn 10/2010, § 163 AO, Rn. 32.

510 Vgl. Urt. d. *BFH* v. 26.10.1994, X R 104/92, BStBl. II 1995, S. 297.

511 Vgl. Urt. d. *BFH* v. 21.02.1991, V R 105/84, BStBl. II 1991, S. 498.

Steuer als unbillig erscheint[512], wenn also nach dem erklärten oder mutmaßlichen Willen des Gesetzgebers angenommen werden kann, dass die Besteuerung nach dem Gesetz zu einem vom Gesetzgeber („offensichtlich") nicht gewollten Ergebnis führt[513], und der Gesetzgeber die im Billigkeitsweg zu entscheidende Frage, hätte er sie geregelt, i.S. der Billigkeitsmaßnahme entschieden hätte.[514] Stellt sich bei näherer Betrachtung heraus, dass der Gesetzgeber eine Härte gewollt oder in Kauf genommen und Besteuerungsmaßnahmen angeordnet hat, obwohl in bestimmt gelagerten Fällen der Eintritt von Härten voraussehbar war, scheidet eine Billigkeitsmaßnahme aus.[515] Es muss quasi ein Wertungsüberhang des gesetzlichen Tatbestandes bestehen, der im Billigkeitswege durch die Verwaltung auf das vom Gesetzgeber gewollte Maß zurückgeführt werden können soll.[516]

Es stellt sich daher die Frage, ob in der steuersystematischen Erfassung der Investitionszuschüsse (als sofortige Betriebseinnahmen) ein Überhang des Gesetzes zu sehen ist, der vom Gesetzgeber nicht gewollt war und durch die Einräumung des Wahlrechts in Abschn. 6.5 Abs. 2 AO als Billigkeitsmaßnahme zu beheben war.

Der I. Senat des BFH[517] ist dieser Auffassung. Nach seiner Ansicht läuft die Sofortversteuerung des Investitionszuschusses dem Zweck der Zuschussgewährung zuwider. Als Rechtsgrundlage für das Wahlrecht, nämlich den Ansatz der um den Zuschuss verringerten Anschaffungs- bzw. Herstellungskosten, sei es daher möglich auf § 163 AO zurückzugreifen.

---

512 Vgl. Urt. d. *BFH* v. 22.1.1992, VII R 51/88, BStBl. II 1993, S. 3; Urt. d. *BFH* v. 26.10.1972, I R 125/70, BStBl. II 1973, S. 271; Urt. d. *BFH* v. 15.2.1973, V R 152/69, BStBl. II 1973, S. 466; Urt. d. *BFH* v. 11.12.1986, IV R 77/84, BFH/NV 87, S. 768; *Sauer* in Beermann/Gosch, AO/FGO Kommentar, Stand: 84. Ergänzungslieferung, Berlin Bonn 10/2010, § 163 AO, Rn. 32.

513 Vgl. Urt. d. *BFH* v. 24.9.1976, I R 41/75, BStBl. II 1977, S. 127.

514 Vgl. Urt. d. *BFH* v. 26.10.1972, I R 125/70, BStBl. II 1973, S. 271; Urt. d. *BFH* v. 29.4.1970, I R 105/68, BStBl. II 1970, S. 607; Urt. d. *BFH* v. 13.5.1998, II R 98/97, BFH/NV 98, S. 1376; Beschl. d. *BVerfG* v. 5.4.1978 1 BvR 177/73, BStBl. II 1978, S. 441, BVerfGE 48, S. 102 – 118.

515 Vgl. Urt. d. *BFH* v. 5. 6.1996, X R 234/93, BStBl. II 1996, S. 503; Urt. d. *BFH* v. 21.2.1991, V R 105/84, BStBl. II 1991 S. 498; Urt. d. *BFH* v. 29.8.1991, V R 78/86, BStBl. II 1991, S. 906; Urt. d. BFH v. 3.3.1970, II 135/64, BStBl. II 1970, S. 503.

516 Vgl. Beschl. d. *BVerfG* v. 5.4.1978 1 BvR 177/73, BStBl. II 1978, S. 441, Urt. d. *BFH* v. 2.7.1997, I R 25/96, BStBl. II 1997, S. 714; Urt. d. *BFH* v. 8.2.1996, IV R 24/95, BStBl. II 1996, S. 308; Urt. d. *BFH* v. 26.4.1995, XI R 81/93, BStBl. II 1995, S. 754; Urt. d. *BFH* v. 9.9.1993, V R 45/91, BStBl. II 1994, S. 131; Urt. d. *BFH* v. 15.2.1973, V R 152/69, BStBl. II 1973, S. 466.

517 Vgl. Urt. d. *BFH* v. 19.7.1995, I R 56/94, BFHE 179, S. 19, BStBl. II 1996, S. 28.

M.E. kann aus drei Gründen nicht auf § 163 AO als Rechtsgrundlage für das Wahlrecht in Abschn. R 6.5 Abs. 2 EStR zurückgegriffen werden.

- Die reguläre Erfassung des Investitionszuschusses als sofortige Betriebseinnahme beim Zuschussempfänger läuft nicht den Wertungen des Gesetzgebers zuwider. Es führt nicht zu einem Ergebnis, dass der Gesetzgeber offensichtlich nicht wollte. Es fehlt an einem gesetzlichen Überhang, der eine sachliche Billigkeitsmaßnahme nach § 163 AO rechtfertigen könnte.
- Im Subventionsbereich besteht grundsätzlich ein eingeschränkter Anwendungsbereich für § 163 AO. Dieser Grundsatz gilt m.E. auch für die Heranziehung des § 163 AO als Rechtsgrundlage für ein Wahlrecht in Abschn. 6.5 Abs. 2 EStR zur Regelung der Behandlung von Investitionszuschüssen. Dieser eingeschränkte Anwendungsbereich verbietet einen Einsatz des § 163 AO als Rechtsgrundlage für ein generelles Wahlrecht in Abschn. 6.5 Abs. 2 EStR.
- Die Vorschrift des § 163 AO dient der Behebung unbilliger Härten des Einzelfalls. Nicht in jedem Fall ist die Erfassung eines Investitionszuschusses als sofortige Betriebseinnahme von Nachteil für den Zuschussempfänger, so dass von vornherein kein Erfordernis für eine Billigkeitsmaßnahme besteht. Abschn. R 6.5 Abs. 2 EStR gewährt jedoch generell ein Wahlrecht zugunsten des Steuerpflichtigen. Ein generelles Wahlrecht kann aus diesem Grunde nicht auf § 163 AO gestützt werden, weil sonst über den Umweg der Richtlinie auch ein generelles Billigkeitsrecht für die Finanzverwaltung entstünde. Dies ist jedoch gesetzlich nicht vorgesehen.

aa. Kein gesetzlicher Überhang

Aus dem Wortlaut, der Systematik und dem Zweck der gesetzlichen Bestimmungen lässt sich nicht entnehmen, dass Investitionszuschüsse nicht als Betriebseinnahmen erfasst werden sollen. Die Erfassung von Investitionszuschüssen als Betriebseinnahmen entspricht, wie in Kapitel II, C, I. dieser Arbeit gezeigt, der Systematik des Einkommensteuergesetzes.

Der Gesetzgeber wusste auch, dass Zuschüsse grundsätzlich als Betriebseinnahmen den Gewinn eines Unternehmens erhöhen und ggf. durch den Zufluss der Zuschussmittel eine höhere Steuerbelastung beim Steuerpflichtigen anfällt. Aus diesem Grunde hat er für Zulagen, die einen Sonderfall öffentlicher Zuschüsse darstellen, besondere Regelungen getroffen. Dazu ausführlich, siehe Kapitel I, C, I., 3. und Kapitel II, A., I., dieser Arbeit. In den Zulage-Gesetzen hat der Gesetzgeber ausdrücklich bestimmt, dass die erhaltenen Zahlungen nicht zum Einkommen des Zuschussempfängers zu zählen sind.[518] Bei Investitionszuschüssen hat der Gesetzgeber keine vergleichbare Regelung geschaffen. Wenn er die Erfassung der Investitionszuschüsse als sofortige Betriebseinnahme für unbillig gehalten hätte, hätte er dies durch eine entsprechende Regelung ändern können. Die Erfassung der Investitionszuschüsse als Betriebseinnahmen war also für den Gesetzgeber vorhersehbar. Trotzdem hat er über einen langen Zeitraum hinweg bis zum heutigen Tage nichts daran geändert. Der Gesetzgeber hat mithin die Steuerfolge billigend in Kauf genommen. Ein Überhang des Gesetzes ist in der systematischen Erfassung des Zuschusses als sofortige Betriebseinnahme nicht zu sehen. Eine Billigkeitsmaßnahme nach § 163 AO scheidet bereits aus diesem Aspekt aus und damit auch die Heranziehung der Vorschrift als Rechtsgrundlage für das Wahlrecht des Abschn. 6.5 Abs. 2 EStR.

bb. Eingeschränkte Billigkeitsentscheidung

Selbst wenn man eine Billigkeitsmaßnahme nicht bereits aufgrund der vorstehenden Erwägungen ablehnt, besteht im Zuschussbereich nach Überzeugung des BFH[519] nur eine eingeschränkte Möglichkeit für Billigkeitsmaßnahmen, was die generelle Heranziehung des § 163 AO als Rechtsgrundlage für ein Wahlrecht in Abschn. R 6.5 Abs. 2 EStR verbiete.

Dies ergibt sich, nach Auffassung des Gerichts, aus der Wertung bestehender Gesetze, die Zuschüsse betreffen. Im Zuschussbereich sei nämlich der Ausschluss der Anwendung von Billigkeitsmaßnahmen nach § 163 AO kein Einzelfall, sondern vielmehr die Regel.[520]

In einer Vielzahl von Gesetzen im Subventionsbereich hat der Gesetzgeber die Anwendung des § 163 AO sehr umfassend ausgeschlossen. So finden sich hierzu bspw. Regelungen in § 8 Abs. 1 Satz 2 WoPG, § 96 Abs. 1 Satz 2 EStG, § 15 Abs. 1 Satz 2 EigZulG, § 6 Abs. 1 Satz 2 InvZulG (1999), § 14 Abs. 2 Satz 2 des 5. VermBG, § 19 Abs. 6 Satz 2, § 29 Abs. 1 Satz 2 BerlinFG.

In seinem Beschluss vom 21.9.2005[521] bestätigt der X. Senat diese Auffassung. Im Leitsatz der Entscheidung heißt es:

---

518 So findet sich bspw. in § 13 InvZulG 2010 unter der amtlichen Überschrift „Ertragsteuerliche Behandlung der Investitionszulage“ folgende Regelung: „Die Investitionszulage gehört nicht zu den Einkünften im Sinne des Einkommensteuergesetzes. Sie mindert nicht die steuerlichen Anschaffungs- und Herstellungskosten.“

519 Vgl. Beschl. d. *BFH* v. 26.11.2003, X B 124/02, BFH/NV 2004, 754 (NV).

520 Vgl. Beschl. d. *BFH* v. 26.11.2003, X B 124/02, BFH/NV 2004, 754 (NV).

521 Vgl. Beschl. d. *BFH* v. 21.9.2005, X B 100/05, BFH/NV 2005 2160 (NV).

„Eine sachliche Unbilligkeit i.S. von § 163 AO liegt vor, wenn im Einzelfall ein ungewollt über die Wertungen des Gesetzgebers hinausgehender sog. Überhang des gesetzlichen Tatbestands über die mit Sinn und Zweck des Gesetzes zu vereinbarende Regelung feststellbar ist. Bei Subventionsnormen kommt eine solche Billigkeitsprüfung nur in sehr eingeschränktem Umfang in Betracht.“[522]

Die Berufung auf § 163 AO als Rechtgrundlage für ein Wahlrecht nach Abschn. R 6.5 EStR würde diesem Grundsatz der eingeschränkten Billigkeitsprüfung widersprechen.

Durch das Wahlrecht würde es dem Steuerpflichtigen ermöglicht, Investitionszuschüsse ohne Rücksicht auf den Einzelfall nicht als Betriebseinnahmen (so wie einkommenssteuersystematisch vorgesehen) zu behandeln. § 163 AO würde mithin in jedem erdenklichen Fall generell als Rechtsgrundlage für die Wahlentscheidung dienen. Eine solch generelle Anwendung ist aber mit dem Grundsatz der eingeschränkten Möglichkeit der Billigkeitsprüfung nicht vereinbar.

Auch unter diesem Gesichtspunkt kann § 163 AO nicht als Rechtsgrundlage für das Wahlrecht in Abschn. R 6.5 EStR herangezogen werden.

cc. Unbillige Härten des Einzelfalls

Selbst wenn man eine Billigkeitsmaßnahme nicht aus den beiden vorgenannten Gründen ablehnen würde, kann § 163 AO nicht als Rechtsgrundlage herangezogen werden.

Der BFH hatte in seinem Urteil vom 19.7.1995[523] ausgeführt, dass auf § 163 AO als Rechtsgrundlage für das Wahlrecht des Abschn. R 6.5 EStR deshalb zurückgegriffen werden können soll, weil die *„Sofortversteuerung des Investitionszuschusses dem Zweck der Zuschussgewährung zuwiderlaufen kann.“*[524] Dies deshalb, weil dadurch ein Teil des Zuschusses wieder wegbesteuert würde.

Dies trifft jedoch keineswegs auf jeden Fall zu. Der BFH vermittelt den Eindruck, als würde der Zuschuss besteuert. Doch das ist nicht richtig. Besteuert wird nicht der Zuschuss, sondern der Überschuss oder der Gewinn des Steuerpflichtigen. Der Zuschuss wirkt sich als Betriebseinnahme lediglich auf den Gewinn aus. Bei bilanzierenden Steuerpflichtigen ermittelt sich der Gewinn nach § 4 Abs. 1 EStG auf der Grundlage eines Betriebsvermögensvergleichs. Der Gewinn wird also durch eine Vielzahl von Betriebseinnahmen und Betriebsausgaben innerhalb eines Veranlagungszeitraums beeinflusst. So kann es sein, dass ein Steuerpflichtiger trotz der Gewährung eines Zuschusses keinen

---

522 Vgl. Beschl. d. *BFH* v. 21.9.2005, X B 100/05, BFH/NV 2005 2160 (NV).

523 Vgl. Urt. d. *BFH* v. 19.7.1995, I R 56/94, BFHE 179, S. 19, BStBl. II 1996, S. 28.

524 Vgl. Urt. d. *BFH* v. 19.7.1995, I R 56/94, BFHE 179, S. 19, BStBl. II 1996, S. 28.

oder nur einen sehr geringen Gewinn erzielt. In Folge dessen fällt beim Steuerpflichtigen keine oder nur eine geringe Steuerbelastung an.[525] Der Zuschuss führt also keineswegs in jedem Fall zu einer Sofortversteuerung, die den Zuschusszweck konterkariert. Es kommt also gar nicht in jedem Fall dazu, dass ein Investitionszuschuss als Betriebseinnahme durch den Zuschussempfänger sofort zu versteuern ist. Es kommt insoweit auf den Einzelfall an, wann der Erhalt einer Zuschusszahlung zu einer zusätzlichen Steuerbelastung beim Steuerpflichtigen führt.

Das Wahlrecht nach Abschn. R 6.5 EStR hat also einen generellen Charakter. § 163 AO soll demgegenüber ausschließlich Unbilligkeiten „nach Lage des Einzelfalls" beseitigen. Wenn aber auch Steuerpflichtige, die im Jahr des Zuflusses des Zuschusses gar keine erhöhte Steuerbelastung erfahren hätten und somit auch nicht von einer „Sofortbesteuerung", wie der BFH angeführt hat, betroffen waren, dennoch den Ansatz der verringerten Anschaffungs- bzw. Herstellungskosten wählen könnten, wäre der Sinn und Zweck des Billigkeitsausgleichs nach § 163 AO durch die Allgemeingültigkeit des Wahlrechts ausgehebelt. § 163 AO kann mithin auch unter diesem Aspekt nicht als Rechtsgrundlage für das Wahlrecht des Abschn. R 6.5 EStR dienen.

(3.) Zwischenergebnis: § 163 AO keine Rechtsgrundlage

Als Rechtsgrundlage für ein Wahlrecht in Abschn. 6.5 Abs. 2 EStR kann nicht auf eine sachliche Billigkeitsmaßnahme nach § 163 AO verwiesen werden. Die Heranziehung verbietet sich aus den folgenden Gründen:

- Es liegt keine Unbilligkeit in der regulären Behandlung des Investitionszuschusses als sofortige Betriebseinnahme vor. Diese Erfassung läuft den Wertungen des Gesetzgebers nicht zuwider. Es fehlt damit bereits an einem gesetzlichen Überhang, der eine sachliche Billigkeitsmaßnahme nach § 163 AO rechtfertigen könnte.
- Im Subventionsbereich besteht grundsätzlich ein eingeschränkter Anwendungsbereich für § 163 AO. Dieser Grundsatz gilt m.E. auch für die Heranziehung des § 163 AO als Rechtsgrundlage für das generelles Wahlrecht in Abschn. 6.5 Abs. 2 EStR für Investitionszuschüsse.
- Die Vorschrift des § 163 AO dient der Behebung unbilliger Härten des Einzelfalls. Abschn. 6.5 EStR bietet ein generelles Wahlrecht für den Steuerpflichtigen, so dass eine Einzelfallbetrachtung nicht erfolgt. Nicht in jedem Fall ist die Erfassung eines Investitionszuschusses als

---

525 Vgl. Urt. d. *BFH* v. 17.9.1987, III R 225/83, BFHE 151, S. 373, BStBl. II 1988, S. 324.

sofortige Betriebseinnahme von Nachteil für den Zuschussempfänger. Ein generelles Wahlrecht kann aus diesem Grunde nicht auf § 163 AO gestützt werden, weil sonst über den Umweg der Einkommensteuerrichtlinie ein generelles Billigkeitsrecht für die Finanzverwaltung entstünde, das eine Einzelfallbetrachtung entbehrlich machen würde. Dies ist jedoch gesetzlich nicht vorgesehen und mit § 163 AO unvereinbar.

g. *Zwischenergebnis: Wahlrecht ohne Rechtsgrundlage*

Das Wahlrecht Abschn. R 6.5 EStR, das es dem Steuerpflichtigen ermöglicht, einen Investitionszuschuss wahlweise als Minderung der Anschaffungs- bzw. Herstellungskosten des bezuschussten Wirtschaftsguts zu behandeln, wird von keiner Rechtsgrundlage getragen. Sämtliche in Rechtsprechung und Literatur diskutieren Rechtsgrundlagen sind aus den unterschiedlichsten Gründen abzulehnen.

- Abschn. R 6.5 EStR kann nicht als selbstständige Rechtsgrundlage für ein Wahlrecht dienen; es bedarf einer gesetzlichen Grundlage.
- § 255 Abs. 1 Satz 3 HGB rechtfertigt beim Erhalt von Investitionszuschüssen weder nach dem Wortlaut noch nach dem Sinn und Zweck einen verringerten Ansatz der Anschaffungs- bzw. Herstellungskosten der bezuschussten Wirtschaftsgüter.
- Auch die Vorschrift des § 6 Abs. 1 Satz 2 EStG kann nicht als Rechtsgrundlage für das Wahlrecht in Abschn. R 6.5 Abs. 2 EStR herangezogen werden, weil die Norm nur in Ausnahmefällen den Ansatz verringerter Anschaffungs- bzw. Herstellungskosten gestattet. Eine Ausdehnung über die Einkommensteuerrichtlinien zu einem generellen Wahlrecht für die Behandlung von Investitionszuschüssen überdehnt den gesetzlich vorgesehenen Anwendungsbereich des § 6 Abs. 1 Satz 2 EStG.
- Das Realisationsprinzip gemäß § 252 Abs. 1 Nr. 4 Hs. 2 HGB trägt das Wahlrecht als Rechtsgrundlage ebenfalls nicht. Der BFH ist der Auffassung, dass ein verringerter Ansatz der Anschaffungs- bzw. Herstellungskosten des bezuschussten Wirtschaftsguts eine Gewinnrealisation nach Maßgabe der Nutzung bewirke, weil die geringeren Abschreibungsraten über den Abschreibungszeitraum zu einer, der Nutzung entsprechenden, sukzessiven Gewinnrealisation führen würde. M.E. kann dieser Auffassung jedoch nicht gefolgt werden. Die Gewinnrealisation erfolgt nämlich nicht nach Maßgabe der Nutzung,

sondern nach Maßgabe der Abschreibung. Weichen Nutzung und Abschreibung (z.B. bei nicht abschreibungsfähigen Wirtschaftsgütern) voneinander ab, kommt es gerade nicht zu einer Realisation nach Maßgabe der Nutzung. Außerdem setzt eine solche Betrachtung eine Zusammenfassung des Anschaffungs- bzw. Herstellungsvorgangs mit dem Finanzierungsgeschäft voraus, die zu einer unzulässigen Vermischung von Finanzierungs- und Beschaffungsgeschäft führt.

- Das Wahlrecht kann auch nicht auf Gewohnheitsrecht gestützt werden, weil für die Behandlung von Investitionszuschüssen keine einheitliche Praxis besteht.
- Schließlich lässt sich das Wahlrecht auch nicht als sachliche Billigkeitsmaßnahme der Verwaltung auf § 163 AO stützen. Zum einen besteht keine sachliche Unbilligkeit in der regulären Behandlung des Investitionszuschusses. Es fehlt damit bereits an einem gesetzlichen Überhang, der eine sachliche Billigkeitsmaßnahme nach § 163 AO rechtfertigen könnte. Des Weiteren besteht der von der Rechtsprechung entwickelte allgemeine Grundsatz, dass im Subventionsbereich nur sehr eingeschränkte Anwendungsmöglichkeiten des § 163 AO bestehen. Dieser Grundsatz verbietet m.E. auch die Heranziehung des § 163 AO als Rechtsgrundlage für das generelle Wahlrecht in Abschn. 6.5 Abs. 2 EStR für Investitionszuschüsse. Weiterhin dient die Vorschrift des § 163 AO der Behebung unbilliger Härten des Einzelfalls. Abschn. 6.5 Abs. 2 EStR bietet hingegen ein generelles Wahlrecht für den Steuerpflichtigen, so dass eine Einzelfallbetrachtung nicht erfolgt. Ein generelles Wahlrecht kann aus diesem Grunde nicht auf § 163 AO gestützt werden, weil sonst über den Umweg der Einkommensteuerrichtlinie ein generelles Billigkeitsrecht für die Finanzverwaltung entstünde, das eine Einzelfallbetrachtung entbehrlich machen würde. Dies ist jedoch mit § 163 AO unvereinbar.
- Die Einräumung des Richtlinienwahlrecht in Abschn. R 6.5 Abs. 2 EStR – statt der Vereinnahmung des Investitionszuschusses als Betriebseinnahme eine Minderung der Anschaffungs- bzw. Herstellungskosten des bezuschussten Wirtschaftsguts zu wählen – ist mithin rechtswidrig, da es von keiner Rechtsgrundlage getragen wird. Der Erhalt eines Investitionszuschusses führt mithin ebenso wie der Erhalt eines Ertrags- oder Aufwandszuschusses zu gewinnerhöhenden Betriebseinnahmen. Grundsätzlich besteht keine Möglichkeit stattdessen eine Minderung der Anschaffungs- bzw. Herstellungskosten des bezuschussten Wirtschaftsguts herbeizuführen.

- Trotz dieser Erkenntnis bleibt es in den überwiegenden Fällen im Interesse des Zuschussempfängers die Ertragsauswirkungen des Zuflusses des Zuschusses zu vermeiden bzw. durch Verteilung über einen längeren Zeitraum abzumildern. Dies gilt sowohl für den Erhalt von Aufwands- und Ertragszuschüssen, als auch für Investitionszuschüsse. Im Folgenden soll daher weiter untersucht werden, ob ggf. weitere rechtliche Möglichkeiten bestehen, die Ertragsauswirkungen des Zuschusserhalts auf einen längeren Zeitraum zu verteilen. Dabei können für die folgenden Betrachtungen sowohl Aufwands- und Ertragszuschüsse, als auch Investitionszuschüsse gemeinsam untersucht werden.

D. Verteilung der Ertragsauswirkungen durch Bildung von Passivposten

Der Erhalt eines Zuschusses führt – wie vorstehend gezeigt – , egal, ob bei Erfolgszuschüssen oder Investitionszuschüssen, auf Seiten des steuerpflichtigen Zuschussempfängers grundsätzlich zu einem erhöhten Gewinn und ggf. auch zu einer höheren Einkommensteuerbelastung. Dies kann unter Umständen unsachgemäß sein. Grundsätzlich wäre die Bildung eines Passivpostens geeignet, die Ertragsauswirkungen des Zuschusses abzumildern. Würde in der Bilanz ein Passivposten gebildet, der dem Zuschussbetrag entspricht, wäre die Ertragsauswirkung des Zuschusses neutralisiert.

Anlass zur Bildung eines solchen Passivpostens kann jedoch nicht allein der Wunsch sein, den Zuschuss zu neutralisieren. Ebenso wenig kann die Bildung eines Passivpostens auf das Ansinnen des Zuschussgebers gestützt werden, eine Ausschüttungssperre bei einem gewährten Zuschuss zu bewirken, um sicherzustellen, dass Gesellschafter eines bezuschussten Unternehmens den Zuschuss nicht ganz oder in Teilen durch Ausschüttungen konsumieren.[526]

Vielmehr muss es konkrete Anhaltspunkte für die Bildung eines Passivpostens beim Zuschussempfänger geben, die zunächst eine Neutralisierung des Zuschusses erforderlich machen und ggf. durch eine spätere sukzessive Auflösung des Passivpostens zu einer periodengerechten Verteilung der Ertragsauswirkungen führen.

Die Kriterien, wann ein Passivposten bei der Gewährung von Zuschüssen zu bilden ist, finden sich meist in den Zuschussbedingungen bzw. Zuschussauflagen. Denn stellen die mit dem Zuschuss verbundenen Bedingungen bzw. Auflagen bewertungsrechtlich eine Last dar, die bereits am Bilanzstichtag als Schuld anzuerkennen ist, sind entsprechende Passivposten zu bilden, die zu einer Verminderung der sofortigen Ertragsauswirkung beim Zuschussempfänger führen.[527]

Die Frage, wann die Bedingung bzw. Auflage, die mit der Zuschussgewährung verbunden ist, zu einer Verbindlichkeit, einer Rückstellung oder zu einer passiven Rechnungsabgrenzung führt, gilt es im Folgenden im Einzelnen zu untersuchen.

---

526 Vgl. *Kupsch*, WpG 1984, S. 369; *Groh*, BB 1973, S. 742 (744); *Hofbauer*, BB 1976, S. 653.

527 Vgl. *Unverdorben*, Institut „Finanzen und Steuern", Nr. 273, 1987, S. 90.

I. Rückstellung wegen Verbindlichkeit aus Leistungsverpflichtungen

Es ist fraglich, ob die Bildung einer Rückstellung wegen einer Verbindlichkeit aus einer Leistungsverpflichtung seitens des Zuschussempfängers in Betracht kommen kann, wenn er seinerseits zu einer Leistung gegenüber dem Zuschussgeber aus den Zuschussbedingungen bzw. Auflagen verpflichtet wäre.

1. Art der Verbindlichkeit

Eine Verbindlichkeit im handelsrechtlichen und steuerrechtlichen Sinne ist jede Verpflichtung zu einer nach Inhalt und Höhe bestimmten Leistung gegenüber einem Dritten. Sie ist erzwingbar und stellt eine wirtschaftliche Belastung dar.[528]

Die eindeutige Bestimmbarkeit[529] unterscheidet die „*gewisse*“ von der „*ungewissen*“ Verbindlichkeit, die bilanzrechtlich (nur) zur Bildung einer Rückstellung führt.[530] Verbindlichkeiten können insbesondere aus schuldrechtlichen und öffentlich-rechtlichen Leistungspflichten stammen, sofern sie sich zu einer „*greifbaren*“ wirtschaftlichen (Einzel-) Last konkretisiert haben.[531]

Da die Bilanz die wirtschaftliche Vermögenslage am Bilanzstichtag abbilden soll, setzt der Ausweis einer Verbindlichkeit voraus, dass die Leistungsverpflichtung zu diesem Zeitpunkt eine konkrete wirtschaftliche Belastung darstellt. Das ist i.d.R. der Fall, wenn die Leistungspflicht aufgrund einer rechtlichen Leistungsverpflichtung besteht.[532]

---

528 Vgl. *Buciek* in Blümich, EStG-Kommentar, 108. Ergänzungslieferung, 2010, § 5, Rz. 754; st. Rspr. d. BFH: Urt. d. *BFH* v. 18.12.2002, I R 17/02, BStBl. II 2004, S. 126; Urt. d. *BFH* v. 20.10.2004, I R 11/03, BStBl. II 2005, S. 581; Urt. d. *BFH* v. 5.4.2006, I R 43/05, BStBl. II 2006, S. 593; Urt. d. *BFH* v. 11.10.2007, IV R 52/04, BStBl. II 2009, S. 705.

529 Vgl. Urt. d. *BFH* v. 20.1.1993, I R 115/91, BStBl. II 1993, S. 373: Quantifizierbarkeit; aber auch Gewissheit ist dem Grunde nach erforderlich.

530 Vgl. Urt. d. *BFH* v. 20.9.1996, X R 225/93, BStBl. II 1997, S. 320, (324).

531 Vgl. *Buciek* in Blümich, EStG-Kommentar, 108. Ergänzungslieferung, 2010, § 5, Rz. 754.

532 Vgl. Urt. d. *BFH* v. 23.9.1969, I R 22/66, BStBl. II 1970, S. 104; Urt. d. *BFH* v. 14.3.1986, III R 179/82, BStBl. II 1986, S. 669,(670); *Wassermeyer*, Wpg 2002, S. 10, (12); *Christiansen*, DStR 2008, S. 735 (737).

2. Konkrete Leistungsverpflichtung des Zuschussempfängers

Auf das Zuschussverhältnis angewandt, bedeutet dies, dass der Zuschussempfänger als Gegenleistung für die Zuschusszahlung seinerseits rechtlich unmittelbar zu einer Leistung an den Zuschussgeber oder einen Dritten (Vertrag zugunsten Dritter) verpflichtet sein müsste. Es müsste eine wechselseitige Leistungsverpflichtung aus dem Zuschussverhältnis erwachsen. Jede Partei würde dann die eigene Leistungspflicht um der Gegenleistung des Vertragspartners willen übernehmen. Nach dem in Kapitel I, H, I dieser Arbeit ermittelten Zuschussbegriff darf zwischen der Zuschusszahlung und einem hierfür gewährten Gegenwert kein unmittelbarer Zusammenhang bestehen. Würde die Zuschussgewährung gleichzeitig eine konkrete Leistungspflicht des Zuschussempfängers beinhalten, würden die Leistungen aber in einem synallagmatischen Abhängigkeitsverhältnis zueinander stehen. In einem solchen Fall läge nach dem dieser Arbeit zugrundeliegenden Zuschussbegriff per Definition kein Zuschuss vor. Bei den gegenseitigen Rechtsverpflichtungen zwischen den Parteien würde es sich vielmehr um einen gegenseitigen Vertrag im Sinne der §§ 320 ff. BGB handeln.

Die Bildung einer Rückstellung aufgrund einer unmittelbaren Leistungsverpflichtung des Zuschussempfängers gegenüber dem Zuschussgeber oder einem Dritten ist im Zuschussverhältnis aufgrund des Zuschussbegriffs nicht möglich.

II. Rückstellung für auflösend bedingte Rückzahlungsverpflichtung

Fraglich ist, ob eine auflösend bedingte Rückzahlungsverpflichtung in den Zuschussvereinbarungen zur Bildung eines Passivpostens führen kann.

1. Ausgestaltung

Bei auflösend bedingten Rückzahlungsverpflichtungen handelt es sich um Bedingungen i.S. des § 158 Abs. 2 BGB. Bei einem auflösend bedingten Zuschuss entfällt die Rückzahlungsverpflichtung mit Eintritt der Bedingung. Mit anderen Worten: Die auflösende (Rückzahlungs-)Bedingung macht die Weitergeltung des zunächst gültig in Kraft gesetzten Rechtsgeschäfts von einem ungewissen Ereignis abhängig. Endgültige Klarheit über den Umfang der Rechtswirkungen besteht erst, wenn die Ungewissheit über das Eintreten des künftigen Ereignisses beseitigt ist. Das auflösend bedingte Rechtsgeschäft, nämlich die Zuschussvereinbarung, entfaltet zunächst uneingeschränkte Rechtswirkung.[533]

---

533 Vgl. *Westermann* in MünchKomm BGB, Band 1/1, 5. Aufl., § 158 BGB, Rn. 8 f.

2. Passivierung

Um eine auflösend bedingte Rückzahlungsverpflichtung als Verbindlichkeit passivieren zu können, müsste es sich um eine dem Inhalt und der Höhe nach bestimmte Leistungsverpflichtung handeln, die erzwingbar ist und eine wirtschaftliche Belastung darstellt.

Diese sind grundsätzlich von Anfang an als Verbindlichkeiten zu passivieren.[534] Dabei ist eine Rückstellung auch dann noch zu bilden, wenn der Bedingungseintritt und damit der Wegfall der Rückzahlungsverpflichtung (nur) wahrscheinlich ist.[535] Nur dann, wenn der Eintritt der Bedingung (und damit der Wegfall der Rückzahlungsverpflichtung) am Bilanzstichtag als sicher erscheint, ist die Verbindlichkeit nicht (mehr) auszuweisen.[536]

3. Anwendung auf Zuschussverhältnisse

Auflösend bedingte Rückzahlungspflichten bei Zuschüssen sind nach den allgemeinen Regeln auszuweisen.[537] Ist mit dem Zuschuss also auch eine auflösend bedingte Rückzahlungsverpflichtung vereinbart, so wird der Zuschussempfänger durch die Rückstellung so behandelt, als müsste er den erhaltenen Zuschuss von Anfang an zurückzahlen.[538] Die Rückzahlungsverpflichtung entfällt bei Eintritt des auflösenden Ereignisses. Solange die auflösende Bedingung nicht eingetreten ist, ist nach überwiegender Ansicht die Rückzahlungsverpflichtung als Verbindlichkeit zu passivieren.[539] Aufgrund einer auflösend bedingten Rückzahlungsbedingung wird folglich die sofortige Ertragswirksamkeit im Zeitpunkt der Zuschussgewährung vermieden. Die Rückstellung für die auflösend bedingte Rückzahlungsvereinbarung neutralisiert den Zuschuss solange, bis der Eintritt der auflösenden Bedingung sicher erscheint oder die Bedingung eingetreten ist.

---

534 Vgl. *Nieland*, DStZ 1986, S. 246; *Meyer*, DStR 1986, S. 394 ff.; *Küting*, DStR 1996, S. 313.

535 Vgl. *Buciek* in Blümich, EStG-Kommentar, 108. Ergänzungslieferung, 2010, § 5, Rz. 761.

536 Vgl. Urt. d. *BFH* v. 20.9.1995, X R 225/93, BStBl. II 1997, S. 320, (324).

537 Vgl. Urt. d. *BFH* v. 20.8.1995, X R 225/93, BStBl. II 1997, S. 320, (324).

538 Vgl. *Buciek* in Blümich, EStG-Kommentar, 108. Ergänzungslieferung, 2010, § 5, Rz. 920, Lexikon Z; *Clausen* in Herrmann/Heuer/Raupach, § 5 EStG, Anm. 1622.

539 Vgl. *Küting*, DStR 1996, S. 313.

III. Rückstellung für aufschiebend bedingte Rückzahlungsverpflichtung

1. Ausgestaltung

Eine aufschiebend bedingte Rückzahlungsverpflichtung macht das rechtswirksame Eintreten der Belastung von einem ungewissen Eintritt eines künftigen Ereignisses abhängig.[540] Die Verpflichtung zur Rückzahlung des Zuschusses entsteht erst mit dem Eintritt des Ereignisses (Bedingung). Im Zeitpunkt der Zuschussgewährung ist mithin noch nicht sicher, ob es zum Bedingungseintritt und damit zur Rückzahlungsverpflichtung kommt.[541]

2. Passivierung

Bei aufschiebend bedingten Rückzahlungsverpflichtungen besteht letztlich ein Schwebezustand, aufgrund dessen es regelmäßig an der Gewissheit der Leistungspflicht fehlt. Grundsätzlich ist die Rückzahlungsverpflichtung erst mit Eintritt der (letzten) Bedingung als Verbindlichkeit auf Seiten des Zuschussempfängers auszuweisen, weil nicht sicher ist, dass es zu einer Rückzahlungsverpflichtung kommt.[542] Derart ungewisse Verpflichtungen wie die aus aufschiebend bedingten Rückzahlungsverpflichtungen, können daher nicht ohne weiteres passiviert werden.[543]

Eine Passivierung ist nur dann möglich, wenn die Wahrscheinlichkeit des Bedingungseintritts für die Rückstellungsbildung hinreichend konkret geworden ist.[544]

---

540 Vgl. *Küting*, DStR 1996, S. 276 (277).

541 Vgl. *Westermann* in MünchKomm BGB, Band 1/1, 5. Aufl., § 158 BGB, Rn. 8 f.

542 Vgl. st. Rspr. d. BFH; beispielhaft: Urt. d. *BFH* v. 19.7.1995, I R 56/94, BStBl. II 1996, S. 28; Urt. d. *BFH* v. 4.2.1999, IV R 54/97, BStBl. II 2000, S. 139.

543 Die Bildung von Rückstellungen in der Steuerbilanz richtet sich nach handelsrechtlichen Grundsätzen ordnungsgemäßer Buchführung (§ 5 Abs. 1 Satz 1 EStG), soweit das Steuerrecht nicht vorrangige Normen enthält (§ 5 Abs. 2a, Abs. 3, Abs. 4-4 b EStG; § 4d Abs. 2 Satz 2 EStG; § 6 Abs. 1 Nr. 3 a; § 6a EStG) oder steuerrechtliche Prinzipien vorgehen. Unter anderem sind in der Handelsbilanz für ungewisse Verbindlichkeiten nach § 249 Abs. 1 HGB Rückstellungen zu bilden. Dies gilt gleichermaßen für die Steuerbilanz; vgl. *Buciek* in Blümich, EStG-Kommentar, 108. Ergänzungslieferung, 2010, § 5, Rz. 787.

544 Vgl. *Küting*, DStR 1996, S. 313.

Die Wahrscheinlichkeit der Inanspruchnahme ist nach objektiven, am Bilanzstichtag vorliegenden und bis zur Aufstellung der Bilanz subjektiv erkennbaren Verhältnissen zu ermitteln.[545] Dabei ist eine Rückstellung für eine ungewisse Verbindlichkeit zu bilden, wenn aus der Sicht eines sorgfältigen und gewissenhaften Kaufmanns mehr Gründe dafür als dagegen sprechen.[546] Wertaufhellungen sind dabei zu berücksichtigen, wobei nur solche Umstände ausschlaggebend sind, die zum Bilanzstichtag bereits objektiv vorlagen und nach dem Bilanzstichtag, aber vor dem Tag der Bilanzerstellung lediglich bekannt oder erkennbar wurden.[547]

Es ist folglich im Einzelfall zu überprüfen, ob aufgrund der aufschiebend bedingten Rückzahlungsklausel die Voraussetzungen für die Bildung einer Rückstellung ausreichen. Als Richtschnur kann festgehalten werden, dass im Fall von aufschiebend bedingte Rückzahlungsverpflichtungen dann Rückstellungen zu bilden sind, wenn sich abzeichnet, dass eine Rückzahlung wahrscheinlich zu erfolgen hat.[548]

Wurde eine Rückstellung gebildet, ist aber mit der Rückforderung des Zuschusses nicht mehr zu rechnen, weil der Eintritt des Erfolgs ausbleibt, so ist diese gemäß § 249 Abs. 3 Satz 2 HGB aufzulösen.

3. Anwendung auf Zuschussverhältnisse

Grundsätzlich sind aufschiebend bedingte Rückzahlungsverpflichtungen im Zuschussverhältnis als ungewisse Verbindlichkeiten nicht zu passivieren, weil es regelmäßig nicht sicher ist, ob es zu einer Rückzahlungsverpflichtung kommt. Der Zuschuss ist dann im Wirtschaftsjahr der Vereinnahmung voll ertragswirksam. Ausnahmsweise kann die aufschiebend bedingte Rückzahlungsverpflichtung als ungewisse Verbindlichkeit doch passiviert werden. Nämlich dann, wenn mit aller Wahrscheinlichkeit ein Bedingungseintritt erfolgt. In diesem Fall kann der Zuschuss durch die Bildung einer Rückstellung neutralisiert werden.

---

545 Vgl. *Hottmann* in Beck'sches Steuer- und Bilanzlexikon, Edition 4/10, Buchstabe R, Rückstellung, Rn. 15.

546 Vgl. Urt. d. *BFH* v. 19.10.2005, XI R 64/04, BStBl. II 2006, S. 371.

547 Vgl. *Hottmann* in Beck'sches Steuer- und Bilanzlexikon, Edition 4/10, Buchstabe R, Rückstellung, Rn. 15; Urt. d. *BFH* v. 21.10.1981, I R 170/78, BStBl. II 1982, S. 121; Urt. d. *BFH* v. 19.10.2005, XI R 64/04, BStBl. II 2006, S. 371.

548 Vgl. Urt. d. *BFH* v. 22.1.1992, X R 23/89, BStBl. II 1992, S. 488; Urt. d. *BFH* v. 26.11.1996, VIII R 58/93, BStBl. II 1997, S. 390 (394); Urt. d. *BFH* v. 3.7.1997, IV R 49/96, BStBl. II 1998, S. 244; Urt. d. *BFH* v. 17.12.1998, IV R 21/97, BStBl. II 2000, S. 116; Urt. d. *BFH* v. 4.2.1999, IV R 54/97, BStBl. II 2000, S. 139; rkr.: Urt. d. *FG Niedersachsen* v. 4.2.1987, EFG 1987, S. 342.

IV. Bildung eines passiven Rechnungsabgrenzungspostens

Die Bildung eines passiven Rechnungsabgrenzungspostens kommt dann in Betracht, wenn der Zuschussempfänger aufgrund der Zuschusszahlung zur Leistung eines Gegenwerts verpflichtet wäre, die sich zukünftigen Wirtschaftsjahren zuordnen ließe. Durch die Bildung und sukzessive Auflösung eines passiven Rechnungsabgrenzungspostens gemäß § 5 Abs. 5 Satz 1 Nr. 2 EStG (deckungsgleich: § 250 Abs. 2 HGB) könnten sodann die Ertragsauswirkungen des Zuschusses nach Maßgabe der zu erbringenden „Gegenleistung" periodengerecht verteilt werden. Fraglich ist, ob und ggf. wann ein passiver Rechnungsabgrenzungsposten bei Zuschussverhältnissen gebildet werden kann.

1. Sachlicher Anwendungsbereich

Passive Rechnungsabgrenzungsposten sind Bilanzposten, die eine periodengerechte Erfolgsermittlung sicherstellen, wenn dies durch andere Bilanzposten nicht möglich ist. Die Bildung eines passiven Rechnungsabgrenzungspostens soll gewährleisten, dass ein vereinnahmtes Entgelt (Zuschusszahlung) erst durch Auflösung des passiven Rechnungsabgrenzungspostens erfolgswirksam wird. Dies kommt in Fällen in Betracht, in denen eine zeitbezogene Gegenlast („Gegenleistung") zu erbringen ist.[549]

Durch die periodengerechte Auflösung des Rechnungsabgrenzungspostens können dann die Einnahmen (Zuschusszahlung) dem Jahr zugeordnet werden, zu dem sie wirtschaftlich gehören.[550] Es soll damit sichergestellt werden, dass vorab erhaltene Einnahmen (Zuschusszahlung) entsprechend dem Realisationsprinzip gemäß § 252 Abs. 1 Nr. 4 Hs. 2, Nr. 5 HGB verteilt werden. Rechnungsabgrenzungsposten stellen insoweit ein verrechnungstechnisches Hilfsmittel dar, mit dem die Ertragskonten unter Wahrung des Systems der doppelten Buchführung zeitanteilig um stichtagsübergreifende Beträge entlastet werden können.[551]

Der typische Anwendungsfall des Rechnungsabgrenzungspostens betrifft in erster Linie den schuldrechtlichen gegenseitigen Vertrag, in welchem die eine

549 Vgl. Urt. d. *BFH* v. 7.3.2007, I R 18/06, DStR 2007, S. 1519; Urt. d. *BFH* v. 23.2.2005, I R 9/04, BFHE 209, S. 248, BStBl. II 2005, S. 481, DStR 2005, S. 862; Urt. d. *BFH* v. 11.2.1998, I R 23/96, BStBl. II 1998, S. 381; Urt. d. *BFH* v. 3.5.1983, VIII R 100/81, BFHE 138, S. 443, BStBl. II 1983, S. 572; Urt. d. *BFH* v. 9.12.1993, IV R 130/91, BFHE 173, S. 393, BStBl. II 1995, S. 202, DStR 1994, S. 744.

550 Vgl. Urt. d. *BFH* v. 17.9.1987, IV R 49/86, BStBl. II 1988, S. 327.

551 Vgl. *Federmann* in Herrmann/Heuer/Raupach, Einkommensteuer- und Körperschaftsteuergesetz, Kommentar, Stand: 239. Lieferung, Februar 2010, Band 4, § 5 EStG, Rz. 1915.

Partei bereits ihre Vertragspflichten erfüllt hat, die andere aber noch nicht, d.h. Leistung und Gegenleistung zeitlich auseinanderfallen.[552] Insoweit ist die Zielrichtung der passiven Rechnungsabgrenzung mit der der Passivierung von Anzahlungen (§ 266 Abs. 3 C. Nr. 3 HGB) vergleichbar.[553] Hier wird auch schnell das Problem für die Bildung von Rechnungsabgrenzungsposten bei Zuschussverhältnissen erkennbar. Denn bei Zuschüssen handelt es sich eben gerade nicht um ein gegenseitiges Leistungsverhältnis, in dem der Zuschussempfänger dem Zuschussgeber rechtlich zur Erbringung einer Gegenleistung verpflichtet ist.

2. Persönlicher Anwendungsbereich

Bereits aus der systematischen Stellung der Regelung innerhalb des § 5 EStG ergibt sich, dass bei der Gewinnermittlung durch Betriebsvermögensvergleich (§ 5 Abs. 1 EStG) Rechnungsabgrenzungsposten gebildet werden müssen. Eine Rechnungsabgrenzung ist daher von Gewerbetreibenden vorzunehmen, die nach den Vorschriften des Handelsrechts (§ 238 ff. HGB) oder der Abgabenordnung (§§ 140, 141 AO) verpflichtet sind, Bücher zu führen und regelmäßig Abschlüsse zu machen oder die dies ohne solche Verpflichtungen freiwillig tun.[554]

Aufgrund der systematischen Stellung der Regelung gelten die Vorschriften über die Bildung von Rechnungsabgrenzungsposten an sich nur für die Gewinnermittlung nach § 5 Abs. 1 EStG. Allerdings hat der Gesetzgeber in der Begründung zum EStÄndG vom 16.5.1969[555] ausdrücklich klargestellt, dass die Regelungen über den Ansatz von Rechnungsabgrenzungsposten auch für den Betriebsvermögensvergleich nach § 4 Abs. 1 EStG Anwendung finden sollen. Seit der Neufassung des § 141 Abs. 1 Satz 2 AO mit Gesetz vom 19.12.1985[556] haben Land- und Forstwirte die mit § 5 Abs. 5 EStG im Wesentlichen inhaltsgleiche Bestimmung des § 250 HGB zu beachten. Für Freiberufler, die ihren Gewinn nach § 4 Abs. 1 EStG ermitteln, fehlt eine entsprechende gesetzliche Regelung.[557]

---

552 Vgl. *Federmann* in Herrmann/Heuer/Raupach, Einkommensteuer- und Körperschaftsteuergesetz, Kommentar, Stand: 239. Lieferung, Februar 2010, Band 4, § 5 EStG, Rz. 1915.

553 Vgl. Urt. d. *BFH* v. 7.3.2007, I R 18/06, DStR 2007, S. 1519; *Depping*, FR 1992, S. 94 (95).

554 Vgl. *Bauer* in Kirchhof/Söhn/Mellinghoff, Einkommensteuergesetz, Kommentar, Stand: 206. Ergänzungslieferung, April 2010, § 5, Rdnr. F 66.

555 Vgl. BT-Drucks. V/3187, S. 4.

556 Vgl. BGBl. I 1985, S. 2436.

557 Vgl. *Bauer* in Kirchhof/Söhn/Mellinghoff, Einkommensteuergesetz, Kommentar, Stand: 206. Ergänzungslieferung, April 2010, § 5, Rdnr. F 67.

Letztlich ist die Verpflichtung zur Bildung passiver Rechnungsabgrenzungsposten auch für alle Steuerpflichtigen, die ihren Gewinn nach § 4 Abs. 1 EStG ermitteln, dem Realisationsprinzip zu entnehmen und zu beachten.[558]

Bei der Überschussrechnung und bei den Überschusseinkünften steht das in § 11 EStG verankerte Zufluss- und Abflussprinzip einer Verlagerung von Einnahmen in das Geschäftsjahr, dem sie wirtschaftlich zuzurechnen sind, entgegen. Einnahmen sind in dem Jahr zu erfassen, in dem der Empfänger über den ihm zustehenden Betrag wirtschaftlich verfügen kann (§ 11 Abs. 1 Satz 1 EStG). Eine Korrektur der Einnahmen durch die Bildung von passiven Rechnungsabgrenzungsposten im Sinne des § 5 Abs. 5 Satz 1 Nr. 2 EStG kommt nicht in Betracht.[559] Dies setzt eine Bilanzierung voraus.[560]

3. Tatbestandsvoraussetzungen des § 5 Abs. 5 Satz 1 Nr. 2 EStG

Tatbestandlich verlangt das Gesetz hinsichtlich der Bildung passiver Rechnungsabgrenzungsposten: Einnahmen vor dem Abschlussstichtag (1), soweit sie einen Ertrag nach dem Abschlussstichtag bilden (2), der sich über eine bestimmte Zeit verteilen lässt(3).[561]

a. Einnahmen vor dem Abschlussstichtag

Der Gesetzeswortlaut verlangt für einen passiven Rechnungsabgrenzungsposten „*Einnahmen vor dem Abschlussstichtag*“. Über den Rechtsbegriff „*Einnahmen*“ bei der passiven Rechnungsabgrenzung bestehen keine eindeutigen Vorstellungen. Vielmehr werden hier verschiedene Auffassungen vertreten.[562]

---

558 Vgl. Urt. d. *BFH* v. 20.11.1980, IV R 126/78, BStBl. II 1981, S. 398 (399).

559 Vgl. Urt. d. *BFH* v. 28.1.1960, IV 226/58 S, BStBl. III 1960, S. 291 (292); Urt. d. *BFH* v. 2.2.1966, I 372/62, BStBl. III 1966, S. 294 (295); Urt. d. *BFH* v. 24.10.1979, VIII R 92/77, BStBl. II, 1980, S. 187 (188); Urt. d. *BFH* v. 11.10.1983, VIII R 61/81, BStBl. II 1984, S. 267 (269); von *Bornhaupt*, FR 1981, S. 497.

560 Vgl. *Bauer* in Kirchhof/Söhn/Mellinghoff, Einkommensteuergesetz, Kommentar, Stand: 206. Ergänzungslieferung, April 2010, § 5, Rdnr. F 72.

561 Vgl. *Merkt* in Baumbach/Hopt, HGB Kommentar, 34. Aufl., München 2010, § 250 HGB, Rn. 5.

562 Zum Meinungsstand im Einzelnen: vgl. *Federmann* in Herrmann/Heuer/Raupach, Einkommensteuer- und Körperschaftsteuergesetz, Kommentar, Stand: 239. Lieferung, Februar 2010, Band 4, § 5 EStG, Rz. 1935.

Die herrschende Meinung[563] hat ein weit gefasstes Begriffsverständnis. Sie zählt neben Zahlungsmittelmehrungen auch Erhöhungen des Geldvermögens (Mehrungen der Geldforderungen und Minderungen von Geldverbindlichkeiten) zu den Einnahmen. Da das Gesetz nicht von Ein- und Auszahlungen spricht, kommen neben Zahlungsvorgängen bei den Einnahmen i. S. des § 5 Abs. 5 Satz 1 Nr. 2 EStG auch Betriebsvermögensmehrungen durch geldwerte Sachleistungen in Betracht.[564] Es lassen sich folglich alle Veränderungen im Vermögensbestand als Einnahme erfassen, die sich positiv auf den Gewinn auswirken.[565]

Einnahmen „*vor dem Abschlussstichtag*" sind Einnahmen bis um 24:00 Uhr des Abschlussstichtags, d.h. die zeitlich vor dem Ablauf des Abschlussstichtags erfolgt sind. Unerheblich ist, ob es sich um einmalige, laufende, freiwillige oder unfreiwillige Ausgaben handelt.[566]

Beim Zufluss von Zuschüssen handelt es sich in der Regel unzweifelhaft um Vermögensmehrungen, die als Betriebseinnahmen beim Steuerpflichtigen zu erfassen sind. Diese Vermögensmehrungen in einem Wirtschaftsjahr bis zum Ablauf des Abschlussstichtages führen beim Zuschussempfänger mithin zu „*Einnahmen vor dem Abschlussstichtag*" im Sinne des § 5 Abs. 5 Satz 1 Nr. 2 EStG.

b. Ertrag nach dem Abschlussstichtag

(1.) Anknüpfung des Ertrags

Eine passive Rechnungsabgrenzung ist nur für Einnahmen zulässig, die Erträge für eine Zeit nach dem Abschlussstichtag darstellen.

Ertrag kann nur sein, was am Bilanzstichtag durch Geld, Forderungen oder andere Wirtschaftsgüter in Erscheinung tritt.[567] Für den Ertrag ist jedoch nicht der Zeitpunkt der Einnahme entscheidend. Diese wird vielmehr erst zum Ertrag nach dem Abschlussstichtag, wenn der Zahlungsempfänger seine Gegenleistung

---

563 Vgl. Urt. d. *BFH* v. 17.7.1974, I R 195/72, BStBl. II 1974, S. 684; Urt d. *BFH* v. 24.7.1996, I R 94/95, BStBl. II 1997, S. 122.

564 Vgl. Beschl. d. *BFH* v. 7.4.2010, I R 77/08, DStRE 2008, S. 1489, DStR 2010, S. 1015.

565 Vgl. *Buciek* in Blümich, EStG-Kommentar, 108. Ergänzungslieferung, 2010, § 5 EStG, Rz. 674 und 902.

566 Vgl. *Buciek* in Blümich, EStG-Kommentar, 108. Ergänzungslieferung, 2010, § 5 EStG, Rz. 675.

567 Vgl. *Döllner*, BB 1980, S. 1333 (1336); *Federmann* in Herrmann/Heuer/Raupach, Einkommensteuer- und Körperschaftsteuergesetz, Kommentar, Stand: 239. Lieferung, Februar 2010, Band 4, § 5 EStG, Rz. 1936.

oder seinen Gegenwert für die Einnahme in zukünftigen Wirtschaftsperioden erbringt. Erträge sind folglich periodisierte Einnahmen. Die Entstehung des Ertrags richtet sich mithin nach dem Realisationsprinzip gemäß § 252 Abs. 1 Nr. 2 Hs. 2 HGB.[568] Ein Ertrag entsteht damit in jeder Periode, in der vom Zahlungsempfänger eine Gegenleistung bzw. Gegenlast für die erhaltene Einnahme erbracht werden muss.[569]

Fraglich ist, ob es eine Gegenleistungsverpflichtung aus dem Zuschussverhältnis geben kann, die eine passive Rechnungsabgrenzung ermöglicht, aber gleichzeitig auch die begrifflichen Anforderungen an einen Zuschuss erfüllen kann.

(2.) Gegenleistung bzw. „Gegenlast"

Die Gegenleistung bzw. Gegenlast kann grundsätzlich in einem Tun, Dulden oder Unterlassen bestehen.[570] Die Gegenlast braucht nicht in jeder Rechnungsperiode gleich hoch zu sein, sie kann sich progressiv oder degressiv entwickeln.[571]

(a.) Erfordernis einer verbindlichen Gegenleistungspflicht

Überwiegend in der älteren Rechtsprechung[572] betont der BFH hinsichtlich der Voraussetzungen für die Bildung von Rechnungsabgrenzungsposten, dass die Vorleistung eines Vertragsteils der am Bilanzstichtag noch nicht erbrachten zeitbezogenen Gegenleistung des anderen Vertragsteils aus einem gegenseitigen

---

568 Vgl. Urt. d. *BFH* v. 31.5.1967, I 208/63, BStBl. III 1967, S. 607; *Moxter*, Wpg 1984, S. 397 (398).

569 Vgl. *Federmann* in Herrmann/Heuer/Raupach, Einkommensteuer- und Körperschaftsteuergesetz, Kommentar, Stand: 239. Lieferung, Februar 2010, Band 4, § 5 EStG, Rz. 1936.

570 Vgl. *Weber-Grellet* in Schmidt, EStG Kommentar, 30. Aufl., 2011, § 5 EStG, Rn. 249; *Bauer* in Kirchhof/Söhn/Mellinghoff, Einkommensteuergesetz, Kommentar, Stand: 206. Ergänzungslieferung, April 2010, § 5, Rdnr. F 100.

571 Vgl. *Bauer* in Kirchhof/Söhn/Mellinghoff, Einkommensteuergesetz, Kommentar, Stand: 206. Ergänzungslieferung, April 2010, § 5, Rdnr. F 100.

572 Vgl. Urt. d. *BFH* v. 31.5.1967, I 208/63, BStBl. III 1967, S. 607; Urt. d. *BFH* v. 23.9.1969, I R 22/66, BStBl. II 1970, S. 104; Urt. d. *BFH* v. 19.1.1972, I 114/65, BStBl. II 1972, S. 392; Urt. d. *BFH* v. 7.3.1973, I R 48/69, BStBl. II 1973, S. 565; Urt. d. *BFH* v. 11.7.1973, I R 140/71, BStBl. II 1973, S. 840; Urt. d. *BFH* v. 17.7.1974, I R 195/72, BStBl. II 1974, S. 684; Urt. d. *BFH* v. 4.3.1976, IV R 78/72, BStBl. II 1977, S. 380; Urt. d. *BFH* v. 4.5.1977, I R 27/74, BStBl. II 1977, S. 802; Urt. d. *BFH* v. 19.1.1978, IV R 153/72, BStBl. II 1978, S. 262; Urt. d. *BFH* v. 26.6.1979, VIII R 145/78, BStBl. II 1979, S. 625.

Vertrag gegenüberstehen müsse. Die Ursprünge dieser Auffassung dürften bereits auf *Döllerer*[573] zurückreichen.

Der Anwendungsbereich der Rechnungsabgrenzung wäre damit auf gegenseitige Verträge im Sinne der §§ 320 ff. BGB, wie bspw. Miet-, Pacht-, Darlehens- und Versicherungsverträge, beschränkt.[574]

Eine Rechnungsabgrenzung bei Zuschussverhältnissen wäre bei dem Erfordernis einer verbindlichen Gegenleistungspflicht nicht möglich, weil ein Zuschuss begrifflich ausscheidet, wenn der Zuschussempfänger zu einer unmittelbaren Gegenleistung für die Zuschusszahlung verpflichtet wäre.

(b.) Erfordernis eines Leistungsaustausch

Insbesondere bei der Beurteilung von Zuschussverhältnissen[575] sowie in den jüngeren Entscheidungen im Allgemeinen[576] geht der BFH von einem recht weit gefassten Gegenleistungsbegriff für die Rechnungsabgrenzung aus.

Im Urteil des BFH vom 22.7.1982[577], in dem sich der BFH mit einer Abfindung nach dem Mühlenstrukturgesetz befasste, führt der BFH erstmals aus, dass die Voraussetzungen für die Bildung eines passiven Rechnungsabgrenzungspostens auch bei Abfindungen gegeben sind, die der Inhaber eines Mühlenbetriebs aufgrund des MühlStruG für die freiwillige Stilllegung seiner Mühle erhält, auch wenn typischerweise eine Rechnungsabgrenzung bei gegenseitigen Verträgen erfolgt, in denen Leistung und Gegenleistung zeitlich auseinanderfallen. Der BFH lässt damit auch im Bereich der Zuschüsse als Rechtsgrund für die Gegenlast einen Leistungsaustausch im weitesten Sinne zu.

In einem späteren Urteil des BFH vom 5.4.1984[578], das einen Zuschuss zur Lehrlingsausbildung zum Gegenstand hatte, führt der BFH aus, dass das Gebot,

---

573 Vgl. *Döllerer*, BB 1965, S. 1405 ff.

574 Vgl. *Bauer* in Kirchhof/Söhn/Mellinghoff, Einkommensteuergesetz, Kommentar, Stand: 206. Ergänzungslieferung, April 2010, § 5, Rdnr. F 101.

575 Vgl. Urt. d. *BFH* v. 22.7.1982, IV R 111/79, BStBl. II 1982, S. 655; Urt. d. *BFH* v. 5.4.1984, IV R 96/82, BStBl. II 1984, S. 552; Urt. d. *BFH* v. 24.6.2009, IV R 26/06, BStBl. II 2009, S. 781.

576 Vgl. Urt. d. *BFH* v. 19.1.1978, IV R 153/72, BFHE 124, S. 320, BStBl. II 1978, S. 262; Urt. d. *BFH* v. 17.9.1987, IV R 49/86, BFHE 151, S. 386, BStBl. II 1988, S. 327; Urt. d. *BFH* v. 24.7.1996, I R 94/95, BFHE 181, S. 64, BStBl. II 1997, S. 122, DStR 1996, S. 1643; Urt. d. *BFH* v. 29.11.2006, I R 46/05, BFHE 216, S. 159, BStBl. II 2009, S. 955; Urt. d. *BFH* v. 29.11.2006, I R 46/05, BStBl. II 2009, S. 955, DStR 2007, S. 573; Beschl. d. *BFH* v. 7.4.2010, I R 77/08, DStRE 2008, S. 1489, DStR 2010, S. 1015.

577 Vgl. Urt. d. *BFH* v. 22.7.1982, IV R 111/79, BStBl. II 1982, S. 655.

578 Vgl. Urt. d. *BFH* v. 5.4.1984, IV R 96/82, BStBl. II 1984, S. 552.

passive Rechnungsabgrenzungsposten zu bilden, nicht auf Fälle beschränkt sei, in denen Vorleistungen im Rahmen eines gegenseitigen Vertrags im Sinne der §§ 320 ff. BGB erbracht werden. Die Bildung passiver Rechnungsabgrenzungsposten kann beispielsweise auch in Fällen veranlasst sein, in denen die gegenseitigen Verpflichtungen ihre Grundlage im öffentlichen Recht haben. Darüber hinaus kann der Empfang von Zuschüssen auch zu einer passiven Rechnungsabgrenzung führen, sofern das vom Zuschussempfänger erwartete Verhalten wirtschaftlich als Gegenleistung für den Zuschuss aufgefasst werden kann. Die erwartbare „Gegenleistung", die im Rahmen des Zuschussverhältnisses – wenn auch rechtlich nicht verbindlich – vereinbart worden ist, ist folglich nach Auffassung des BFH für die Rechnungsabgrenzung eine ausreichende „Gegenleistung".

In seinem Urteil vom 17.9.1987[579], bei dem der BFH über einen Streit über die bilanzsteuerrechtliche Behandlung einer sog. Nichtvermarktungsprämie zu entscheiden hatte, bestätigt er die Feststellungen aus den beiden vorangegangenen Urteilen.[580] Der BFH führt zu den Anforderungen an die Gegenlast aus:

„Ferner kann auch der Empfang von Subventionen zu einem passiven Rechnungsabgrenzungsposten führen, sofern das vom Subventionsempfänger erwartete Verhalten wirtschaftlich als Gegenleistung für die Subvention aufgefaßt werden kann [...]. Daher ist auch ein einmalig gezahlter öffentlicher Zuschuß für die Bereitstellung eines Ausbildungsplatzes für mindestens zwei aufeinanderfolgende Ausbildungsverhältnisse eine Einnahme, die als Ertrag für eine bestimmte Zeit nach dem Abschlußstichtag passiv abgegrenzt werden muß [...]."[581]

In seinem Urteil vom 24.6.2009[582] führt der BFH ganz im Sinne dieser Rechtsprechung zum Anwendungsbereich der Rechnungsabgrenzung in Zuschussverhältnissen aus:

„Der Anwendungsbereich der Rechnungsabgrenzung betrifft in erster Linie typische Vorleistungen eines Vertragspartners im Rahmen eines gegenseitigen Vertrages i.S. der §§ 320 ff. des Bürgerlichen Gesetzbuches, er ist jedoch nicht auf synallagmatisch schuldrechtliche Leistungen beschränkt [...]. Erfasst werden auch Fälle, in denen die gegenseitigen Verpflichtungen ihre Grundlage im

---

579 Vgl. Urt. d. *BFH* v. 17.9.1987, IV R 49/86, BStBl. II 1988, S. 327.

580 Ein kleiner landwirtschaftlicher Betrieb schaffte zu Beginn des Wirtschaftsjahres 1978/1979 aufgrund der VO (EWG) Nr.1078/77 des Rates vom 17. Mai 1977 (Amtsblatt der Europäischen Gemeinschaften --ABlEG-- L 131/1) i.d.F. der VO (EWG) Nr.1041/78 des Rates vom 22.Mai 1978 (ABlEG L 134/9) seine drei Milchkühe ab. Hierfür erhielt der Betrieb von der Stadt X eine Prämie für die Nichtvermarktung von Milch und Milcherzeugnissen. Der Nichtvermarktungszeitraum betrug 5 Jahre.

581 Vgl. Urt. d. *BFH* v. 17.9.1987, IV R 49/86, BStBl. II 1988, S. 327.

582 Vgl. Urt. d. *BFH* v. 24.6.2009, IV R 26/06, BStBl. II 2009, S. 781.

öffentlichen Recht haben. Deshalb kann auch der Empfang von Subventionen zu einer passiven Rechnungsabgrenzung führen, sofern das vom Subventionsempfänger erwartete Verhalten wirtschaftlich als Gegenleistung für die Subvention aufgefasst werden kann [...]."[583]

In den jüngeren Entscheidungen zur Rechnungsabgrenzung des BFH[584] verwendet der BFH auch außerhalb von Zuschussfällen einen weiten Gegenleistungsbegriff.

In einem Vorlagebeschluss an den Großen Senat des BFH zur Frage der Anwendung des subjektiven Fehlerbegriffs vom 7.4.2010[585] führt der BFH jüngst u.a. zur Rechnungsabgrenzung aus, dass bei der Bestimmung der zeitraumbezogenen Gegenleistung nicht allein auf die zivilrechtliche Beurteilung der Schuldverhältnisse abgestellt werden kann. Entscheidend ist nach seiner Auffassung vielmehr der wirtschaftliche Gehalt der damit zusammenhängenden Leistungsvorgänge.[586]

In Zuschussfällen ist daher keine rechtlich verbindliche Gegenleistungsverpflichtung erforderlich. Eine aus dem Zuschussverhältnis hervorgehende „*erwartbare Gegenleistung*" ist für den BFH ausreichend, wenn dieser ein hinreichender wirtschaftlicher Gehalt zuzumessen ist. [587]

Die wohl h.M. in der Literatur[588] stimmt der weiten Auslegung des BFH zu. Auch nach ihrer Ansicht ist für eine Periodisierung der wirtschaftliche Grund der Einnahme entscheidend. Die Einnahme (Zuschuss) wird dabei als durch die in Zukunft zu erbringende zeitraumbezogene Gegenleistung des Einnahmeemp-

---

583 Vgl. Urt. d. *BFH* v. 24.6.2009, IV R 26/06, BStBl. II 2009, S. 781.

584 Vgl. Urt. d. *BFH* v. 19.1.1978, IV R 153/72, BFHE 124, S. 320, BStBl. II 1978, S. 262; Urt. d. *BFH* v. 17.9.1987, IV R 49/86, BFHE 151, S. 386, BStBl. II 1988, S. 327; Urt. d. *BFH* v. 24.7.1996, I R 94/95, BFHE 181, S. 64, BStBl. II 1997, S. 122, DStR 1996, S. 1643; Urt. d. *BFH* v. 29.11.2006, I R 46/05, BFHE 216, S. 159, BStBl. II 2009, S. 955; Urt. d. *BFH* v. 29.11.2006, I R 46/05, BStBl. II 2009, S. 955, DStR 2007, S. 573; Beschl. d. *BFH* v. 7.4.2010, I R 77/08, DStRE 2008, S. 1489, DStR 2010, S. 1015.

585 Vgl. Beschl. d. *BFH* v. 7.4.2010, I R 77/08, DStRE 2008, S. 1489, DStR 2010, S. 1015.

586 Vgl. Urt. d. *BFH* v. 19.1.1978, IV R 153/72, BFHE 124, S. 320, BStBl. II 1978, S. 262; Urt. d. *BFH* v. 17.9.1987, IV R 49/86, BFHE 151, S. 386, BStBl. II 1988, S. 327.

587 Vgl. Urt. d. *BFH* v. 17.9.1987, IV R 49/86, BFHE 151, S. 386, BStBl. II 1988, S. 327; Urt. d. *BFH* v. 24.7.1996, I R 94/95, BFHE 181, S. 64, BStBl. II 1997, S. 122, DStR 1996, S. 1643.

588 Vgl. *Federmann* in Herrmann/Heuer/Raupach, Einkommensteuer- und Körperschaftsteuergesetz, Kommentar, Stand: 239. Lieferung, Februar 2010, Band 4, § 5 EStG, Rz. 1936; *Bauer* in Kirchhof/Söhn/Mellinghoff, Einkommensteuergesetz, Kommentar, Stand: 206. Ergänzungslieferung, April 2010, § 5, Rdnr. F 101; *Weber-Grellet* in Schmidt, EStG Kommentar, 30. Aufl., 2011, § 5 EStG, Rn. 248; a.A.: *Döllerer*, BB 1965, S. 1408.

fängers (Zuschussempfänger) verursacht angesehen.[589] Dabei muss die Gegenleistung keineswegs einem gegenseitigen Vertrag entstammen. *Federmann*[590] bezeichnet die Gegenleistung aufgrund dieses weiten Begriffsverständnisses als „*Gegenlast*", was zu begrüßen ist, weil der Begriff der Gegenleistung als „terminus technicus" gerade dem gegenseitigen Vertrag zuzuordnen ist.

(c.) Eigene Stellungnahme

Der neueren Rechtsprechung des BFH ist zuzustimmen. M.E. kann die Rechnungsabgrenzung nicht lediglich auf Fälle des gegenseitigen Vertrages beschränkt sein. Eine solche Begrenzung ist nicht vom Wortlaut, Sinn und Zweck, dem Normenzusammenhang und der Entstehungsgeschichte des § 5 Abs. 5 Satz 1 Nr. 2 EStG gedeckt.[591]

Maßgeblich ist, ob bei wirtschaftlicher Betrachtungsweise ein gegenseitiges Abhängigkeitsverhältnis zwischen der Zuschusszahlung und einem hierfür zu erbringenden Gegenwert besteht.[592]

Die folgenden drei Beispiele sollen exemplarisch verdeutlichen, wie die Erbringung einer Gegenlast des Zuschussempfängers als eine Pflicht geringerer Intensität wirtschaftlich mit der Zuschusszahlung verknüpft sein kann:

- Ein Mühlenbesitzer erhält einen Zuschuss dafür, dass er seine Mühle für 30 Jahre stilllegt. Dem Zuschussempfänger obliegt aufgrund der Zuschussvereinbarung folglich das Unterlassen seiner Tätigkeit als Mühlenbetreiber für einen Zeitraum von 30 Jahren. Die Stilllegung ist die Gegenlast, die den Zuschussempfänger trifft.
- Ein Unternehmen erhält einen Zuschuss für die Schaffung eines Ausbildungsplatzes für einen Zeitraum von 6 Jahren. Es obliegt dem Zuschussempfänger, für den vorgeschriebenen Zeitraum einen

589 Vgl. *Federmann* in Herrmann/Heuer/Raupach, Einkommensteuer- und Körperschaftsteuergesetz, Kommentar, Stand: 239. Lieferung, Februar 2010, Band 4, § 5 EStG, Rz. 1936.

590 Vgl. *Federmann* in Herrmann/Heuer/Raupach, Einkommensteuer- und Körperschaftsteuergesetz, Kommentar, Stand: 239. Lieferung, Februar 2010, Band 4, § 5 EStG, Rz. 1936.

591 Vgl. *Federmann* in Herrmann/Heuer/Raupach, Einkommensteuer- und Körperschaftsteuergesetz, Kommentar, Stand: 239. Lieferung, Februar 2010, Band 4, § 5 EStG, Rz. 1927.

592 Vgl. Urt. d. *BFH* v. 24.7.1996, I R 94/95, BFHE 181, S. 64, BStBl. II 1997, S. 122, DStR 1996, S. 1643; Urt. d. *BFH* v. 29.11.2006, I R 46/05, BStBl. II 2009, S. 955, DStR 2007, S. 573.

Ausbildungsplatz bereit zu stellen. Darin liegt die Gegenlast des Zuschussempfängers.

- Ein Automobilkonzern zahlt seinem Zulieferer einen Werkzeugkostenzuschuss, weil die Herstellung eines Spezialwerkzeuges sehr hohe Kosten verursacht. Als Gegenlast obliegt es dem Zuschussempfänger, das Spezialwerkzeug für die nächsten 12 Jahre für den Zuschussgeber aufzubewahren und in Stand zu halten, so dass die Teile, die mit dem Spezialwerkzeug hergestellt werden, bei Bedarf produziert werden können.

Wie die Beispiele zeigen, handelt es sich in derartigen Fallkonstellationen nicht um eine durchsetzbare Gegenleistungsverpflichtung.

Zivilrechtlich ist die den Zuschussempfänger treffende Gegenlast als eine Pflicht geringerer Intensität als Obliegenheit zu qualifizieren.[593] Für den Berechtigten (Zuschussgeber) besteht weder ein durchsetzbarer Erfüllungsanspruch noch können bei Verletzung der Obliegenheit Schadensersatzforderungen geltend gemacht werden.[594] Im Fall der Nichtbeachtung der Obliegenheit (Gegenlast) drohen jedoch häufig andere empfindliche Rechtsnachteile.

Diese Nachteile bestehen meist in dem Verlust des Zuschussbetrages, weil die Zuschussvereinbarung eine entsprechende Rückzahlungsbedingung enthält oder aber schlicht in der Zerstörung einer wichtigen Geschäftsbeziehung, wie im Fall des Werkzeugzuschusses, die das Unternehmen existenziell gefährden kann. Die Obliegenheit aus dem Zuschussverhältnis kann daher wirtschaftlich zu einer ähnlichen Abhängigkeit von der Zuschusszahlung führen, wie zwischen Leistung und Gegenleistung in einem gegenseitigen Vertrag. Auch die vermögensmäßige Belastung des Zuschussempfängers durch die zu erbringende „Gegenlast" kann der Belastung aus einem schuldrechtlichen Vertrag gleichen.

Dies zeigt, dass es bei der Rechnungsabgrenzung nicht auf die rechtliche Verbundenheit zwischen einer Leistung und einer Gegenleistung ankommen kann. Ein Leistungsaustausch im weitesten Sinne reicht aus, weil auf die wirtschaftliche Abhängigkeit von Leistung und Gegenlast abzustellen ist. Erforderlich ist, dass die erwartbare Gegenlast und die Zuschusszahlung über das Zuschussverhältnis miteinander verknüpft sind. Ist dies erfüllt, so ist bei wirtschaftlicher Betrachtung ein für § 5 Abs. 5 Satz 1 Nr. 2 EStG hinreichendes Abhängigkeitsverhältnis zwischen der Zuschusszahlung und der Gegenlast vorhanden. Grundsätzlich kann dann ein Rechnungsabgrenzungsposten für die zukünftigen

---

593 Vgl. *Kramer* in MünchKomm zum BGB, 5. Aufl., 2007, Einleitung, Rn. 50.

594 Vgl. Urt. d. *BGH* v. 13.6.1957, II ZR 35/57, BGHZ 24, S. 378 (382), NJW 1957, S. 1233; Urt. d. *BGH* v. 2.11.1994, IV ZR 201/93, NJW 1995, S. 401, (402).

Gegenleistungsobliegenheiten gebildet werden. Durch die Bildung des Rechnungsabgrenzungspostens wird damit dem Realisationsgrundsatz Rechnung getragen, da die Zuschusszahlung so periodengerecht verteilt wird. Die spätere Auflösung des Rechnungsabgrenzungspostens erfolgt demgemäß nach Maßgabe der Verminderung der übernommenen wirtschaftlichen Gegenlast. Das würde z.B. im Fall der Stilllegungsobliegenheit der Mühle für 30 Jahre bedeuten, dass der Rechnungsabgrenzungsposten in jedem Wirtschaftsjahr um 1/30 aufgelöst werden müsste. Der Ertrag fällt dann in der Periode an, in der die Gegenlast für die erhaltene Einnahme erbracht wird. Das Tatbestandsmerkmal „*Ertrag nach dem Abschlussstichtag*" wäre somit erfüllt.

(d.) Besonderheiten bei Investitionszuschüssen?

aa. Rechtsprechung des BFH

Der IV. Senat des BFH stellt in seinem Urteil vom 14.7.1988[595] fest, dass die einem Investitionszuschuss regelmäßig innewohnende Zweckbindung, das bezuschusste Wirtschaftsgut während einer Nutzungsdauer für den geförderten Zweck vorzuhalten und einzusetzen, keine Gegenlast des Zuschussempfängers darstellt, die für sich genommen eine Rechnungsabgrenzung begründen könnte. In den Urteilen des X. Senats vom 22.1.1992[596] und des I. Senats vom 19.7.1995[597] lässt der BFH die Beantwortung der Frage offen, ob das Vorhalten des Wirtschaftsguts während der Nutzungsdauer eine Gegenlast darstellen kann. Beide Senate deuten jedoch an, dass auf die Umstände des Einzelfalls abzustellen ist und eine Rechnungsabgrenzung in diesen Fällen nicht generell abzulehnen ist.

bb. Finanzverwaltung

Im BMF-Schreiben vom 2.9.1985[598] vertrat die Finanzverwaltung die Ansicht, dass die Bildung passiver Rechnungsabgrenzungsposten nur bei Ertragszuschüssen, nicht aber bei Investitionszuschüssen möglich sei. Für diese gelte aufgrund des Wahlrechts in Abschn. R 6.5 EStR (vormals: Abschn. R 34 EStR) die Mög-

595 Vgl. Urt. d. *BFH* v. 14.7.1988, IV R 78/85, BStBl. II 1989, S. 189.
596 Vgl. Urt. d. *BFH* v. 22.1.1992, X R 23/89, BStBl. II 1992 S. 488.
597 Vgl. Urt. d. *BFH* v. 19.7.1995, I R 56/94, BStBl. II 1996, S. 28.
598 Vgl. *BMF-Schr.* v. 2.9.1985, BMF IV B 2-S 2133-27/85, BStBl. I 1985, S. 568.

lichkeit, den Zuschuss von den Anschaffungskosten des bezuschussten Wirtschaftsguts abzusetzen.[599]

Dem kann jedoch entgegengehalten werden, dass das Wahlrecht sich nach Prüfung in Kapitel II, C, III. dieser Arbeit als rechtswidrig erwiesen hat. Ein Investitionszuschuss kann folglich aus diesem Grund keine besondere Behandlung bei der Rechnungsabgrenzung nach sich ziehen. Im Übrigen ist auch hier auf die wirtschaftliche Betrachtung des Einzelfalls abzustellen.

cc. Literatur

Einige Stimmen in der Literatur[600] vertreten die Ansicht, dass bei Investitionszuschüssen mangels Entgeltcharakter kein Rechnungsabgrenzungsposten gebildet werden könne, weil allein das bestimmte Investitionsverhalten, an das die Zuschussgewährung geknüpft ist, noch keine Gegenleistung darstellt. Diese Ansicht ist wohl auf das Urteil vom 14.7.1988[601] zurückzuführen.

dd. Eigene Stellungnahme

Der Auffassung des I. und X. Senats des BFH ist zuzustimmen, dass grundsätzlich die Verpflichtung zur Nutzung über die übliche Nutzungsdauer des Wirtschaftsguts keine hinreichende Gegenlast darstellen kann. Denn es lässt sich aus einer solchen Vereinbarung nicht entnehmen, ob diese Bestimmung für den Zuschussempfänger eine Belastung darstellt oder nicht. Für die Beantwortung dieser Frage ist m.E. – wie auch bei den sonstigen Zuschüssen – eine wirtschaftliche Betrachtung des Einzelfalls erforderlich. Wie das Beispiel des Werkzeugkostenzuschusses zeigt, kann die Vorhaltung eines Werkzeugs zugunsten des Zuschussgebers für den Zuschussempfänger mit großem Aufwand verbunden sein. Außerdem ist der Zuschussgeber der einzige, der von den Vorteilen des Vorhaltens des Werkzeugs profitiert. In derartigen Fällen besteht bei der Vereinbarung der Vorhaltung eines Wirtschaftsguts über einen gewissen Zeitraum (auch die Nutzungsdauer) gegen die Zuschussgewährung sehr wohl ein wirt-

599 Mit *BMF-Schr.* zur Eindämmung der Normenflut vom 29.3.2007 hat das BMF diese Einschränkung teilweise wieder aufgehoben; vgl. *BMF-Schr.* v. 29.3.2007, BMF IV C 6-O 1000/07/0018, BStBl. I 2007, S. 369; später erneut aufgeführt in: *BMF-Schr.* v. 23.4.2010, BMF IV A 6 – O 1000/09/10095, BStBl. I 2010, S. 391 (Nr. 448 des Anlageverzeichnisses).

600 Vgl. *Kulosa* in Schmidt, EStG Kommentar, 30. Aufl., 2011, § 6, Rn. 75; a.A. *Buciek* in *Blümich*, EStG-Kommentar, 108. Ergänzungslieferung, 2010, § 5, Rz. 683; *Unverdorben*, Institut „Finanzen und Steuern“, Nr. 273, 1987.

601 Vgl. Urt. d. *BFH* v. 14.7.1988, IV R 78/85, BStBl. II 1989, S. 189.

schaftliches Abhängigkeitsverhältnis, das eine Rechnungsabgrenzung rechtfertigt. Eine pauschale Versagung der Rechnungsabgrenzung in diesen Fällen, wie vom IV. Senat in seinem Urteil vom 14.7.1988[602] und der darauf basierenden Literaturmeinen angedeutet, ist jedoch abzulehnen.

(3.) Zwischenergebnis: Ertrag nach dem Abschlussstichtag

Damit die Einnahmen aus der Zuschusszahlung eines früheren Wirtschaftsjahres als ein Ertrag späterer Wirtschaftsjahre beurteilt werden können, ist es erforderlich, dass die Einnahme des Zuschusses in einem Wirtschaftsjahr einen Ertrag in späteren Wirtschaftsjahren darstellt. Dies ist dann der Fall, wenn der Zuschussempfänger wegen des Erhalts der Zuschusszahlung verpflichtet ist, in späteren Wirtschaftsjahren einen Gegenwert für die Zuschusszahlung zu erbringen. Nicht erforderlich ist es, dass der Zuschussempfänger aufgrund eines schuldrechtlichen Vertrages eine Gegenleistung erbringen muss. Es genügt das Vorhandensein eines Leistungsaustauschverhältnisses im weitesten Sinne, durch das ein wirtschaftliches Abhängigkeitsverhältnis zwischen der Zuschusszahlung und der „Gegenleistung" hergestellt wird. Dabei besteht für den Zuschussempfänger eine Gegenleistungspflicht geringerer Intensität („Gegenlast") in Form einer Obliegenheit. Dies gilt grundsätzlich für alle Zuschussarten. Beim Investitionszuschuss ist hervorzuheben, dass eine Gegenlast nicht allein aus der Verpflichtung abgeleitet werden kann, dass das bezuschusste Wirtschaftsgut über die Nutzungsdauer in der vorgesehenen Weise zu verwenden ist. Bei derartigen Vereinbarungen ist im Einzelfall zu ermitteln, ob die Aufrechterhaltung der Nutzung eines Wirtschaftsguts einen Gegenwert für den Zuschussgeber darstellen kann.

c. *Bestimmtheit der Zeit*

Nach dem Wortlaut des § 5 Abs. 5 Satz 1 Nr. 2 EStG müssen die Einnahmen aus dem Zuschuss Erträge für eine „*bestimmte Zeit*" nach dem Abschlussstichtag darstellen. Ob Erträge für eine bestimmte Zeit nach dem Abschlussstichtag vorliegen, ist daran zu messen, ob der Zuschussempfänger seine „Gegenleistung" bzw. Gegenlast zeitlich begrenzt zu erbringen hat.

Das Merkmal „*bestimmte Zeit*" dient dabei der erforderlichen Objektivierung der Rechnungslegung, um eine willkürliche Beeinflussung des Gewinns durch den bilanzierenden Unternehmer zu verhindern.

602 Vgl. Urt. d. *BFH* v. 14.7.1988, IV R 78/85, BStBl. II 1989, S. 189.

In welcher Weise die Zeit nach dem Abschlussstichtag festgelegt sein muss, um bestimmt zu sein, ergibt sich erst durch Auslegung.[603] Hierzu werden im Wesentlichen die folgenden Auffassungen vertreten:

(1.) Kalendermäßig bestimmte Zeit

Nach einer früher häufig vertretenen Auffassung[604] war das Merkmal „bestimmte Zeit" nur erfüllt, wenn sich der Zahlungsvorgang auf einen kalendermäßig fixierten Zeitraum bezog, bei dem Anfang und Ende eindeutig festliegen.[605] Es reichte dabei nicht aus, dass das Ende durch ein künftiges, terminlich noch ungewisses Ereignis bestimmt ist.[606] Diese später als zu eng empfundene Auslegung stellt heute eine nur noch vereinzelt vertretene Mindermeinung[607] dar.

(2.) Berechenbarer Zeitraum

Eine weiter gefasste Ansicht[608] hält die Bestimmbarkeit des Zeitraums in § 5 Abs. 5 Satz 1 Nr. 2 EStG für ausreichend. Das Erfordernis der „bestimmten" Zeit soll lediglich eine uferlose Bildung von Rechnungsabgrenzungsposten und dadurch eine willkürliche Gewinnverlagerung verhindern, nicht aber das Realisierungsprinzip zurückdrängen.[609] Nicht kalendermäßig festgelegte Zeiträume können deshalb nach gefestigter Rechtsprechung des BFH[610] ebenfalls das Tatbestandsmerkmal „bestimmt" i.S. von § 5 Abs. 5 Satz 1 EStG erfüllen. Welche

---

603 Vgl. Urt. d. *BFH* v. 9.12.1993, IV R 130/91, BStBl. II 1995, S. 202.

604 Vgl. *Döllerer*, BB 1965, S. 1405 (1408); *Hoffmann*, DStZ 1972, S. 202 (205); *Paulick*, FR 1968, S. 449; *ders.*, FR 1968, S. 483 (485); *Söffing*, FR 1981, S. 511 (512); *Kormann*, DB 1966, S. 1777; *Vogel*, DB 1966, S. 909.

605 Vgl. Urt. d. *BFH* v. 17.7.1980, IV R 10/76, BStBl. II 1981, S. 669; Urt. d. *BFH* v. 24.3.1982, IV R 96/78, BStBl. II 1982, S. 643; Urt. d. *BFH* v. 3.11.1982, I B 23/82, BStBl. II 1983, S. 132; Urt. d. *BFH* v. 3.5.1983, VIII R 100/81, BStBl. II 1983, S. 572; Urt. d. *BFH* v. 5.4.1984, IV R 96/82, BStBl. II 1984, S. 552, Urt. d. *BFH* v. 9.12.1993, IV R 130/91, BStBl. II 1995, S. 202.

606 Vgl. *Bauer* in Kirchhof/Söhn/Mellinghoff, Einkommensteuergesetz, Kommentar, Stand: 206. Ergänzungslieferung, April 2010, § 5, Rdnr. F 122.

607 Vgl. z.B. *Crezelius*, DB 1998, S. 633 (637).

608 Vgl. Urt. d. *BFH* v. 9.12.1993, IV R 130/91, BStBl. II 1995, S. 202; *Herzig/Söffing*, BB 1993, S. 465; *Gschwendtner*, DStZ 1995, S. 417 (425); *Stobbe*, FR 1995, S. 399.

609 Vgl. *Buciek* in Blümich, EStG-Kommentar, 108. Ergänzungslieferung, 2010, § 5, Rz. 683.

610 Vgl. z.B. Urt d. *BFH* v. 25.10.1994, VIII R 65/91, BStBl. II 1995, S. 312; Urt. d. *BFH* v. 3.11.1982, I B 23/82, BStBl. II 1983, S. 132; Urt. d. *BFH* v. 3.5.1983, BStBl. II 1983, S. 572.

Voraussetzungen dafür vorliegen müssen, ist unter Berücksichtigung der Besonderheiten des jeweiligen Rechtsverhältnisses aus der Entstehungsgeschichte der Norm, dem Realisationsprinzip und dem Gebot der größtmöglichen Objektivierung der Rechnungslegung abzuleiten.[611]

Unter Berücksichtigung der vorgenannten Kriterien genügt es, wenn sich rechnerisch zuverlässig ein Mindestzeitraum bestimmen lässt (Berechenbarkeit).[612] Voraussetzung ist lediglich, dass sich Anfang und Ende des Zeitraums nach eindeutigen Maßstäben durch den (Rechts-)Vorgang so feststellen lassen, dass sie ohne individuelle Schätzung berechenbar sind.[613] Eine bestimmte Zeit liegt deshalb auch dann vor, wenn die Länge des Zeitraums feststeht, und nur sein Beginn noch ungewiss ist.

Auch eine vertraglich vereinbarte Mindestlaufzeit erfüllt das Kriterium „*bestimmte Zeit*"; dabei ist es unerheblich, dass sich im Einzelfall aus besonderen Gründen die Laufzeit des Vertrages verlängern oder verkürzen kann.[614] Die Länge eines Zeitraums spielt für die Erfüllung des Tatbestandsmerkmals „*bestimmt*" keine Rolle. Dabei kann auch ein sehr lang andauernder Zeitraum von mehreren Jahrzehnten bestimmt sein.[615]

Neuerdings lässt die Rechtsprechung auch eine rechnerische Herleitbarkeit aus anderen als zeitlichen Größen (z.B. Bimsstein-Abbaumenge) als indirekte Berechenbarkeit zu.[616] Die Auflösung eines Rechnungsabgrenzungspostens erfolgt dann nach den tatsächlichen Verläufen einer Hilfsgröße (abgebaute Fördermenge).

---

611 Vgl. Urt. d. *BFH* v. 25.10.1994, VIII R 65/91, BStBl. II 1995, S. 312; ausführlich *Herzig/A. Söffing*, BB 1993, S. 465; *Gschwendtner*, DStZ 1995, S. 417; *Stobbe*, FR 1995, S. 399.

612 Vgl. Urt. d. *BFH* v. 24.3.1982, IV R 96/78, BStBl. II 1982, S. 643, (645); Urt. d. *BFH* v. 9.12.1993, IV R 130/91, BStBl. II 1995, S. 202, m. w. N.; Abschn. H 5.6 EStH; *BMF-Schr.* v. 15.3.1995, BMF IV B 2 - S 2133 - 5/95, BStBl. I 1995, S. 183; *Meyer-Scharenberg*, DStR 1991, S. 754; *Federmann* in Herrmann/Heuer/Raupach, Einkommensteuer- und Körperschaftsteuergesetz, Kommentar, Stand: 239. Lieferung, Februar 2010, Band 4, § 5 EStG, Rz. 1926a.

613 Vgl. Urt. d. *BFH* v. 5.4.1984, IV R 96/82, BStBl. II 1984, S. 552; Urt. d. *BFH* v. 9.12.1993, IV R 130/91, BStBl. II 1995, S. 202.

614 Vgl. Urt. d. *BFH* v. 5.4.1984, IV R 96/82, BStBl. II 1984, S. 552.

615 Vgl. Urt. d. *BFH* v. 20.11.1980, IV R 126/87, BStBl. II 1981, S. 398: 99 Jahre; Urt. d. *BFH* v. 9.12.1993, IV R 130/91, BStBl. II 1995, S. 202: 25 Jahre.

616 Vgl. Urt. d. *BFH* v. 25.10.1994, VIII R 65/91, BStBl. II 1995, S. 312.

Folgende Urteile des BFH sind in diesem Zusammenhang zu erwähnen:

In einer seiner ersten Entscheidung vom 22.7.1982[617] zur passiven Rechnungsabgrenzung von Zuschüssen bejahte der BFH das Tatbestandsmerkmal „bestimmte Zeit". Eine Mühle war ab einem bestimmten Zeitpunkt für 30 Jahre stillzulegen. Hier war eine kalendermäßige Bestimmung des Zeitraums möglich.

In einem Urteil des BFH vom 5.4.1984[618] ordneten die Vergaberichtlinien für die streitgegenständlichen Zuschüsse lediglich an, dass der Zuschussempfänger einen Ausbildungsplatz für zwei aufeinanderfolgende Ausbildungsverhältnisse bereitzustellen hatte. Nicht sicher fest stand, über welchen Zeitraum hinweg der Zuschussempfänger diese Verpflichtung zu erbringen hatte, da die Dauer der Ausbildungsverhältnisse u.a. vom Schulabschluss der Lehrlinge und von ihrer Fähigkeit abhängt, das Ausbildungsverhältnis in der vorgesehenen Zeit erfolgreich zu beenden. Der Zeitraum war damit nicht kalendermäßig bestimmt. Fraglich war, ob er als hinreichend bestimmbar anzusehen ist. Der BFH bejahte die Bestimmbarkeit und führte aus: *„Es ist im Sinne dieser Rechtsprechung als genügend bestimmt anzusehen, wenn ein Zuschuß für die Verpflichtung bezahlt wird, einen Ausbildungsplatz für mindestens zwei aufeinanderfolgende Ausbildungsverhältnisse zu besetzen. Denn der Zeitraum eines Ausbildungsverhältnisses (und eines hieran anschließenden weiteren Ausbildungsverhältnisses) ist berechenbar; als Grundlage hierfür dienen die jeweils einschlägigen Vorschriften [...] über die Dauer des betreffenden Ausbildungsverhältnisses."*[619]

In der Entscheidung vom 22.1.1992[620] hatte der BFH über einen Zuschuss zur Investition in einen Behindertenarbeitsplatz zu entscheiden. Die Zuschussbedingungen sahen unter anderem eine zehnjährige Arbeitsplatzbindung für einen Behinderten im Unternehmen vor. Das Unternehmen wollte einen Rechnungsabgrenzungsposten nach Maßgabe der planmäßigen Nutzungsdauer (Abschreibung) bzw. der daraus resultierenden zehnjährigen Arbeitsplatzbindung vornehmen. Dies lehnte der BFH wegen nicht hinreichender Bestimmbarkeit ab. Die planmäßige bzw. betriebsgewöhnliche Nutzungsdauer eines abnutzbaren Sachanlageguts lässt sich nach Ansicht des BFH nur durch Schätzung ermitteln. Sie sei daher nicht hinreichend „*bestimmt*". Auch die zehnjährige Arbeitsplatzbindung rechtfertige nach Ansicht des BFH keine andere Beurteilung. Dies deshalb, weil die zehnjährige Arbeitsplatzbindung gerade aufgrund der gewöhnlichen Nutzung festgelegt worden war und damit letztlich auf derselben Grundlage beruhte.

617 Vgl. Urt. d. *BFH* v. 22.7.1982, IV R 111/79, BStBl. II 1982, S. 655.
618 Vgl. Urt. d. *BFH* v. 5.4.1984, IV R 96/82, BStBl. II 1984, S. 552.
619 Vgl. Urt. d. *BFH* v. 5.4.1984, IV R 96/82, BStBl. II 1984, S. 552.
620 Vgl. Urt. d. *BFH* v. 22.1.1992, X R 23/89, BStBl. II 1992, S. 488.

In seinem Urteil vom 19.7.1995[621] bestätigt der BFH, dass die betriebsgewöhnliche Nutzungsdauer nicht hinreichend bestimmt ist, um eine Rechnungsabgrenzung vornehmen zu können.

(3.) Durch Schätzung ermittelter Zeitraum

Neben der kalendarischen Bestimmbarkeit und Berechenbarkeit besteht noch die Möglichkeit, einen Zeitraum durch Schätzung zu ermitteln. Die Rechtsprechung des *BFH*[622] hält individuelle Schätzungen, durch die eine Zeitdauer nur vage bestimmt werden kann, als nicht hinreichend bestimmt für eine Rechnungsabgrenzung. Die bisherige h.M. im Schrifttum[623] stützt die Auffassung, wonach eine nur durch Schätzung eines Zeitraums festlegbare Zeit dem Tatbestandsmerkmal „bestimmte Zeit" nicht gerecht wird.

(4.) Zwischenergebnis: Bestimmtheit der Zeit

Das Tatbestandsmerkmal „*bestimmbare Zeit*" orientiert sich an der durch den Zuschussempfänger zu erbringenden Gegenleistung bzw. Gegenlast. Diese muss tatbestandlich in einer „bestimmten Zeit" erbracht werden. Dies ist dann der Fall, wenn die Gegenlast kalendermäßig bestimmt oder rechnerisch bestimmbar ist. Die Länge des Zeitraums spielt keine Rolle. Nicht ausreichend sind individuelle Schätzungen, anhand derer ein Zeitraum bestimmt wird. So ist die voraussichtliche Nutzungsdauer eines Wirtschaftsguts keine hinreichend bestimmte Zeit, da diese auf einer Schätzung beruht.

4. Zwischenergebnis: Passiver Rechnungsabgrenzungsposten

Durch die Bildung eines passiven Rechnungsabgrenzungspostens gemäß § 5 Abs. 5 Satz 1 Nr. 2 EStG können bei Zuschüssen sofortige Ertragsauswirkungen beim Zuschussempfänger neutralisiert und durch die sukzessive Auflösung auf spätere Wirtschaftsperioden verteilt werden.

---

621 Vgl. Urt. d. *BFH* v. 19.7.1995, I R 56/94, BStBl. II 1996, S. 28.

622 Vgl. bspw. Urt. d. *BFH* v. 9.12.1993, IV R 130/91, BStBl. II 1995, S. 202; Urt. d. *BFH* v. 3.11.1982, I B 23/82, BStBl. II 1983, S. 132; Urt. d. *BFH* v. 22.1.1992, X R 23/89, BStBl. II 1992, S. 488.

623 Vgl. *Mathiak*, StuW 1984, S. 71 (74); *ders.* DStR 1992, S. 1601 (1604); *Federmann*, BB 1984, S. 246; *Stobbe*, FR 1995, S. 399 (401); *Klempt*, FR 1973, S. 356 (357); kritisch hierzu: *Meyer-Scharenberg*, DStR 1991, S. 754; *Nissen*, DStZ 1969, S. 129; *Rose*, StbJb. 1983/84, S. 141 (157).

Dafür ist es erforderlich, dass die Einnahmen aus der Zuschusszahlung Erträge für eine bestimmte Zeit nach dem Abschlussstichtag darstellen.

Problematisch ist dabei zum einen, anhand welcher Größe der Ertrag für die bestimmte Zeit nach dem Abschlussstichtag zu ermitteln ist, und zum anderen, welche Kriterien an das Tatbestandsmerkmal „bestimmte Zeit" anzulegen sind, damit Erträge periodengerecht abgegrenzt werden können.

Die Größe, anhand derer ein Ertrag für die späteren Perioden bestimmt werden kann, ist der Gegenwert, den der Zuschussempfänger ggf. in den Wirtschaftsperioden nach dem Erhalt der Zuschusszahlung an den Zuschussgeber zu erbringen hat. Maßgeblich ist hierbei nicht die Rechtsnatur der Verpflichtung, auf deren Grundlage der Gegenwert geleistet wird. Insbesondere ist keine Gegenleistung aufgrund eines schuldrechtlichen Vertrags erforderlich. Es genügt vielmehr das Vorhandensein eines Leistungsaustauschverhältnisses im weitesten Sinne („Gegenlast"), durch das ein wirtschaftliches Abhängigkeitsverhältnis zwischen der Zuschusszahlung und der „Gegenleistung" hergestellt wird. Eine wirtschaftliche Betrachtung des Leistungsaustauschs ist somit entscheidend. Beim Investitionszuschuss kann eine Gegenlast nicht allein aus der Verpflichtung abgeleitet werden, dass das bezuschusste Wirtschaftsgut über die Nutzungsdauer in einer verabredeten Weise zu verwenden ist. Im Übrigen werden Investitionszuschüsse und sonstige Zuschüsse gleich behandelt.

Das Tatbestandsmerkmal „*bestimmte Zeit*" orientiert sich an der durch den Zuschussempfänger zu erbringenden Gegenlast. Es ist erfüllt, wenn die Gegenlast kalendermäßig bestimmt oder rechnerisch bestimmbar ist. Nicht ausreichend für die Bestimmbarkeit sind individuelle Schätzungen.

E. Behandlung von Zuschüssen beim Zuschussgeber

Die Gewährung des Zuschusses ist einkommensteuerrechtlich erheblich, wenn sie Voraussetzung oder Folge einer Betätigung des Zuschussgebers ist, bei der dieser in der Absicht handelt, sein Vermögen zu mehren und auch sonst die Merkmale eines einkommensteuerrechtlichen Einkunftstatbestands erfüllt sind.[624]

Im Folgenden soll untersucht werden, in welchen Fällen und unter welchen Voraussetzungen beim Zuschussgeber sofort abziehbare Betriebsausgaben anfallen. In einem weiteren Schritt soll untersucht werden, wann von der Erfassung als Betriebsausgaben Ausnahmen vorzunehmen sind.

I. Zuschüsse als sofort abziehbare Betriebsausgaben

Um klären zu können, ob es sich bei der Aufwendung von Zuschüssen um sofort abziehbare Betriebsausgaben handeln kann, ist zunächst der Begriff der Betriebsausgabe zu analysieren.

1. Begriff der Betriebsausgabe

Gemäß § 4 Abs. 4 EStG handelt es sich bei Betriebsausgaben um „Aufwendungen, die durch den Betrieb veranlasst sind" und den Gewinn mindern.[625] Betriebsausgaben sind zum einen von den Werbungskosten zu unterscheiden, die im Rahmen der Überschusseinkünfte gemäß § 2 Abs. 2 Nr. 2 EStG die Einnahmen mindern und zum anderen von den nicht abziehbaren Kosten der privaten Lebensführung (§ 12 EStG).

Bei der Einnahme-Überschuss-Rechnung nach § 4 Abs. 3 EStG sind die Betriebsausgaben unmittelbarer Teil der Besteuerungsgrundlage, da sie zeitlich entsprechend dem tatsächlichen Abfluss nach § 11 EStG erfasst werden (Abflussprinzip).[626] Beim Betriebsvermögensvergleich werden die betrieblich veranlassten Aufwendungen ihrer wirtschaftlichen Verursachung entsprechend zugeordnet. Sie werden daher grundsätzlich nicht als Betriebsausgaben, sondern als Aufwand bezeichnet.

---

624 Vgl. *Nieland*, DStZ 1986, S. 246 (248).

625 Betriebsausgaben sind bei den Gewinneinkünften i.S. des § 2 Abs. 2 Nr. 1 EStG, nämlich bei den Einkünften aus Land- und Forstwirtschaft (§ 13 EStG), Gewerbebetrieb (§ 15 EStG) und selbständiger Arbeit (§ 18 EStG), abziehbar.

626 Vgl. *Maier* in Beck'sches Steuer- und Bilanzrechtslexikon, Edition 2/11, Buchstabe B, Betriebsausgaben, Rz. 1.

Damit ein Zuschuss beim Zuschussgeber als Betriebsausgabe erfasst werden kann, muss es sich mithin tatbestandlich um (1.) Aufwendungen handeln, die (2.) betrieblich veranlasst sind.

a. Aufwendungen

Der Begriff der Aufwendungen bestimmt sich eigenständig nach der Systematik des Einkommensteuergesetzes. Er erfasst als Obergriff nicht nur Ausgaben in Form von Abflüssen von Gütern in Geld oder Geldeswert, die beim Steuerpflichtigen eine Vermögensminderung bewirken, (argumentum e contrario), sondern auch sonstigen Aufwand (Wertverzehr), dem nach den Bestimmungen des Ertragsteuerrechts die rechtliche Qualität einer den Gewinn mindernden Aufwendung zukommt (z.B. AfA, Rechnungsabgrenzungsposten, Rückstellungen).[627]

Nicht entscheidend für die Qualifikation als Betriebsausgabe ist die steuerliche Behandlung beim Empfänger. Ob es sich beim Empfänger um steuerpflichtige, steuerfreie oder nicht steuerbare Einnahmen handelt, ist daher ohne Belang. Es besteht kein Korrespondenzprinzip.[628]

Die Gewährung von Zuschüssen erfolgt ganz überwiegend durch eine Zuschusszahlung oder durch die Gewährung von Gütern in Geldeswert, wodurch eine Ausgabe anfällt, die eine Vermögensminderung beim Zuschussgeber bewirkt. Das Tatbestandsmerkmal „*Aufwendung*“ ist daher regelmäßig ohne weiteres zu bejahen.

b. Betriebliche Veranlassung

Eine Betriebsausgabe liegt nur dann vor, wenn die Aufwendung auch durch den Betrieb veranlasst ist.[629] Die Prüfung der betrieblichen Veranlassung ist erforderlich, um einem Betrieb die ihm zugehörigen Vorgänge, Handlungen und Wirtschaftsgüter zuordnen zu können.[630]

Inwiefern ein Zusammenhang zwischen der Aufwendung und der Einkunftsquelle, also eine betriebliche Veranlassung, gegeben ist, ist steuerrechtlich

---

627 Vgl. *Wied* in Blümich, EStG – Kommentar, 110. Aufl., § 4 EStG, Rz. 555.

628 Vgl. *Wied* in Blümich, EStG – Kommentar, 110. Aufl., § 4 EStG, Rz. 554.

629 Vgl. *Frotscher*, in Frotscher, EStG – Kommentar, Stand: 26.11.2009, § 4 EStG, Rz. 571.

630 Vgl. *Wied* in Blümich, EStG – Kommentar, 110. Aufl., § 4 EStG, Rz. 555.

eigenständig zu prüfen. Die Kausalitätstheorien aus dem Straf-, Zivil- oder Sozialversicherungsrecht sind nicht ohne weiteres übertragbar.[631]

Mit dem sog. Kontokorrentzinsen-Beschluss[632] hat der BFH das dogmatische Muster des Veranlassungsprinzips, nach dessen Zielsetzung die den Einkunftsarten des Einkommensteuergesetzes zuzuordnenden Erwerbsaufwendungen (Betriebsausgaben, Werbungskosten) von den nicht abziehbaren Kosten der privaten Lebensführung zu trennen sind, konkretisiert.[633]

Die betriebliche Veranlassung von Aufwendungen wird danach im Steuerrecht im Wege einer zweistufigen Prüfung ermittelt. Aufwendungen sind betrieblich veranlasst, wenn sie objektiv mit dem Betrieb zusammenhängen und subjektiv dem Betrieb zu dienen bestimmt sind.[634]

Im Einzelfall ist für jeden Sachverhalt gesondert zu prüfen, ob ein betrieblicher Zusammenhang gegeben ist. Entscheidend ist, ob das auslösende Moment dem betrieblichen Bereich zuzuordnen ist.[635] Lässt das unmittelbar auslösende Moment keinen Rückschluss auf eine bestimmte Veranlassung zu, muss diese aus den gesamten Umständen des Einzelfalles abgeleitet werden, die Einfluss darauf ausüben.[636] Ein nur mittelbarer betrieblicher Zusammenhang genügt jedenfalls dann nicht, wenn er durch außerbetriebliche Umstände überlagert ist.[637]

In den folgenden Fällen hat die Rechtsprechung bei der Gewährung von Zuschüssen auf Seiten des Zuschussgebers eine betriebliche Veranlassung der Aufwendungen bejaht.

Im Urteil vom 26.2.1980[638] hatte der BFH über einen Streit zu entscheiden, der einen Zuschuss eines Transportunternehmers zu einem städtischen Straßenausbau betraf. Der Kläger betrieb ein Transportunternehmen mit einem Baustoffgroßhandel auf seinem Grundstück. Das Grundstück lag an einer öffentlichen Straße, die als landwirtschaftlicher Wirtschaftsweg ausgebaut war. Der Weg wurde nicht nur von landwirtschaftlichen Fahrzeugen, sondern auch von den Fahrzeugen des Transportunternehmens benutzt. Die Straße musste aufgrund starker Abnutzung durch die Stadt zusätzlich stabilisiert werden. Zunächst

---

631 Vgl. Beschl. d. GrS d. *BFH* v. 28.11.1977, GrS 2-3/77, BStBl. II 1978, S. 105.

632 Vgl. Beschl. d. GrS. d. *BFH* v. 4.7.1990, GrS 2-3/88, BStBl. II 1990, S. 817.

633 Vgl. hierzu auch Wied in *Blümich*, EStG – Kommentar, 110. Aufl., § 4 EStG, Rz. 556.

634 Vgl. Beschl. d. GrS. d. *BFH* v. 21.11.1983, GrS 2/82, BStBl. II 1984, S. 160; nunmehr nochmals bestätigt durch: Beschl. d. *BFH* v. 21.9.2009, GrS 1/06, BStBl. II 2010, S. 672.

635 Vgl. *Maier* in Beck'sches Steuer- und Bilanzrechtslexikon, Edition 2/11, Buchstabe B, Betriebsausgaben, Rz. 3.

636 Vgl. *Heinicke* in Schmidt, EStG Kommentar, 30. Aufl., 2011, § 4 EStG, Rn. 28.

637 Vgl. *Heinicke* in Schmidt, EStG Kommentar, 30. Aufl., 2011, § 4 EStG, Rn. 29.

638 Vgl. Urt. d. *BFH* v. 26.2.1980, VIII R 80/77, BStBl. II 1980, S. 687.

wollte die Stadt das Transportunternehmen wegen Schadensersatz in Anspruch nehmen. Es kam jedoch zu einer Einigung. Die Stadt übernahm die Reparaturarbeiten der öffentlichen Straße und das Transportunternehmen wurde mit 50.000,00 DM an den Kosten beteiligt. Der Kläger behandelte die Kosten als Betriebsaufwand, wogegen sich das Finanzamt wendete.

Der BFH bestätigt die Auffassung des Klägers, die 50.000,00 DM als sofort abzugsfähige Betriebsausgaben zu behandeln. Er führt aus:

„Auch die [...] für die Verbesserung der Straße getragenen Aufwendungen beziehen sich auf eine besondere Nutzung des Grundstücks, nämlich auf den Gewerbebetrieb, der auf dem Grundstück unterhalten wurde. Ohne die betriebliche Nutzung der Straße durch die Lastwagen des Betriebes wäre der Aufwand nicht entstanden. Der Betrieb war ursächlich für den Aufwand. Damit steht fest, daß der Aufwand nicht zu nachträglichen Anschaffungskosten des Grund und Bodens gehören kann."[639]

Eine aktivierungspflichtige Aufwendung lehnt der BFH ab. Nach seinem Dafürhalten handelt es sich nicht um Anschaffungskosten eines immateriellen Wirtschaftsguts gemäß § 5 Abs. 2 EStG.

In einem kurze Zeit später folgenden Urteil vom 25.8.1982[640] hatte der BFH die Behandlung von Zuschüssen eines Unternehmens zur Errichtung einer städtischen Kläranlage zu entscheiden. Dem Streit ging voraus, dass der Ausbau der Kläranlage erforderlich geworden war, weil ein Unternehmen im Anschlussbereich der Kläranlage eine sehr abwasserintensive Lederfabrik betrieb. Nach einigen Streitigkeiten einigten sich die Parteien, dass die Lederfabrik der Stadt einen Zuschuss in Höhe von 90.000,00 DM für die Errichtungskosten der Kläranlage zahlt. In den Entscheidungsgründen führt der BFH aus, dass die streitigen Aufwendungen als Betriebsausgabe sofort abzugsfähig sind. Die Aktivierung der Zahlung in Form eines immateriellen Wirtschaftsguts lehnt der BFH ab. Er führt dazu aus:

„Der Umstand, daß in einem solchen Falle ein wirtschaftlicher Vorteil erlangt wird, der als immaterielles Wirtschaftsgut behandelt werden könnte, führt nicht zu einer Aktivierung der Zahlung. Denn ein solches Wirtschaftsgut darf nur aktiviert werden, wenn es entgeltlich erworben wurde (§ 5 Abs. 2 EStG). Aufwendungen, die lediglich einen Betrag zu den Kosten einer vom Steuerpflichtigen mitbenutzten Einrichtung bilden, gehören zu den Aufwendungen für einen originären Erwerb, nicht zu den Aufwendungen für einen abgeleiteten Erwerb des Nutzungsvorteils [...]."[641]

---

639 Vgl. Urt. d. *BFH* v. 26.2.1980, VIII R 80/77, BStBl. II 1980, S. 687.

640 Vgl. Urt. d. *BFH* v. 25.8.1982, I R 130/78, BStBl. II 1983, S. 38.

641 Vgl. Urt. d. *BFH* v. 25.8.1982, I R 130/78, BStBl. II 1983, S. 38.

Wann bei einer Zuschussgewährung durch den Zuschussgeber die Aktivierung eines immateriellen Wirtschaftsguts zu erfolgen hat, wird in Kapitel II, E, II dieser Arbeit ausführlich erörtert.

Der BFH blieb bei ähnlich gelagerten Sachverhalten seiner Linie treu und erfasste die Zuschüsse seitens des Zuschussgebers auch in der Folgezeit als sofort abziehbare Betriebsausgaben.[642] Als problematisch erweist sich ein ums andere Mal die Abgrenzung zu aktivierungspflichtigen Aufwendungen.

c. *Zwischenergebnis: Betriebsausgabe*

Grundsätzlich sind Zuschüsse als sofort abzugsfähige Betriebsausgaben beim Zuschussgeber zu erfassen, wenn die Gewährung der Zuschüsse durch die Erzielung betrieblicher Einkünfte veranlasst ist. Dies ist dann der Fall, wenn die Zuschusszahlung objektiv mit dem Betrieb zusammenhängt und die Zahlung gleichzeitig subjektiv dem Betrieb zu dienen bestimmt ist. Entscheidend ist, ob das auslösende Moment der Zuschussgewährung dem betrieblichen Bereich zuzuordnen ist. Letztlich kommt es darauf an, ob die Zahlung überwiegend im betrieblichen Interesse des Zuschussgebers erfolgt ist.

Die tatsächlichen Feststellungen der betrieblichen Veranlassung einer Aufwendung sind in der Praxis häufig mit großen Schwierigkeiten verbunden. In tatsächlicher Hinsicht muss im Einzelfall geklärt werden, in welchem Maß betriebliche oder außerbetriebliche Gründe für ein Handeln oder einen Handlungserfolg ausschlaggebend waren.[643]

Dies gilt gleichermaßen für Investitionszuschüsse und Aufwands- oder Ertragszuschüsse.

In Ausnahmefällen erhält der Zuschussgeber für die Zuschusszahlung einen Gegenwert vom Zuschussempfänger, den er in Form eines immateriellen Wirtschaftsguts zu aktivieren hat. Wann und nach welchen Regeln dies zu erfolgen hat, und wie infolge dessen sofort abziehbare Betriebsausgaben von aktivierungspflichtigen Betriebsausgaben abzugrenzen sind, gilt es im Folgenden zu untersuchen.

---

642 Vgl. Urt. d. *BFH* v. 26.1.1984, IV R 30/80, BStBl. II 1984, S. 480 – Zuschuss zur Errichtung einer Fußgängerzone; Urt. d. *BFH* v. 13.12.1984, VIII R 249/80, BStBl. II 1985, S. 289; Urt. d. *BFH* v. 22.10.1987, IV R 4/85, BFH/NV 1988, S. 229 – Zuschuss an ein Elektrizitätswerk bei Umstellung der Stromversorgung; Urt. d. *BFH* v. 28.8.1974, I R 66/72, BStBl. II 1975, S. 56 – Zuschuss eines neuen Mieters an den alten Mieter.

643 Vgl. *Heinicke* in Schmidt, EStG – Kommentar, 30. Aufl., 2011, § 4 EStG, Rn 27.

II. Aktivierung eines immateriellen Wirtschaftsguts

Wie gerade festgestellt, ist ein Zuschuss bei einem betrieblichen Zuschussgeber regelmäßig als sofort abziehbare Betriebsausnahme zu erfassen.

Eine Ausnahme von diesem Grundsatz ergibt sich, wenn der Zuschussgeber für die Zuschusszahlung einen Gegenwert erlangt, der seinem Unternehmen in den späteren Wirtschaftsperioden einen Nutzen bringt. Ausgangspunkt der steuerlichen Betrachtung ist also erneut die überperiodische Ertragsauswirkung – diesmal aber – der Ausgabe und nicht der Einnahme. Kosten, die sich lediglich in einer Periode verzehren, sind unter keinem denkbaren Gesichtspunkt handels- oder steuerrechtlich aktivierungsfähig. Nur jene geleisteten Aufwendungen, die wirtschaftlich auf eine Zeit nach dem Bilanzstichtag entfallen, sind zu aktivieren und mindern den Gewinn des Jahres der wirtschaftlichen Zugehörigkeit.[644]

Niederschlag findet diese Problematik bei einem Zuschussgeber in der Weise, dass er für einen erhaltenen Gegenwert ggf. ein immaterielles Wirtschaftsgut gemäß § 5 Abs. 2 EStG zu aktivieren und dann gemäß § 7 Abs. 1 EStG für die Nutzungsdauer abzuschreiben hat.[645]

In gewisser Weise findet sich damit die beim Zuschussempfänger besprochene Problematik der Bildung eines passiven Rechnungsabgrenzungspostens[646] beim Zuschussgeber spiegelbildlich im Gewand der Aktivierung eines immateriellen Wirtschaftsguts wieder. Anknüpfungspunkt auf der Seite des Zuschussempfängers ist die für die Zuschusszahlung zu erbringende Gegenlast und auf der Seite des Zuschussgebers der erhaltene Gegenwert. Wobei jedoch grundsätzlich keine Deckungsgleichheit zwischen Bildung eines passiven Rechnungsabgrenzungspostens beim Zuschussempfänger und der Aktivierung eines immateriellen Wirtschaftsguts beim Zuschussgeber besteht.

Die Aktivierung eines immateriellen Wirtschaftsguts richtet sich nach den Voraussetzungen des § 5 Abs. 2 EStG. Im Folgenden ist daher zu untersuchen, wann die Vorteile aus der Zuschussgewährung zur Entstehung eines immateriellen Wirtschaftsguts führen können, das als Bilanzposten zu aktivieren ist.

1. Allgemeines zur Bildung eines Aktivpostens

§ 5 Abs. 2 EStG gebietet („*sind ... anzusetzen*“) die Aktivierung immaterieller Wirtschaftsgüter des Anlagevermögens in den Fällen, in denen sie entgeltlich

---

644 Vgl. *Schön*, Steuerliche Maßgeblichkeit in Deutschland und Europa, 2005, S. 68 f.

645 Vgl. *Schön*, Steuerliche Maßgeblichkeit in Deutschland und Europa, 2005, S. 68 f.; *Horschitz/Groß/Fanck*, Bilanzsteuerrecht und Buchführung, 11. Aufl., 2007, S. 297.

646 Vgl. Kapitel II, D., IV. dieser Arbeit.

erworben sind, und verbietet sie in allen anderen Fällen („*nur anzusetzen, wenn* ...“).[647]

§ 5 Abs. 2 EStG betrifft also die Behandlung immaterieller Wirtschaftsgüter in der Steuerbilanz. Ursprünglich galt für immaterielle Wirtschaftsgüter handels- und steuerrechtlich die gleiche Regelung, nämlich ein Aktivierungsverbot für selbst geschaffene immaterielle Wirtschaftsgüter und ein Aktivierungsgebot für derivativ erworbene immaterielle Wirtschaftsgüter.[648]

Durch § 248 Abs. 2 HGB in der Fassung des BilMoG ist das handelsrechtliche Aktivierungsverbot für selbst geschaffene immaterielle Vermögensgegenstände aufgehoben und durch ein Aktivierungswahlrecht ersetzt worden. Ein Aktivierungsverbot besteht insoweit nur noch für selbst geschaffene Marken, Drucktitel, Verlagsrechte, Kundenlisten und vergleichbare immaterielle Wirtschaftsgüter. Andere selbst geschaffene immaterielle Vermögensgegenstände dürfen aufgrund des neuen Wahlrechts nunmehr aktiviert werden.[649]

§ 5 Abs. 2 EStG ist hingegen unverändert beibehalten worden. Daher besteht steuerlich weiterhin ein Aktivierungsverbot für selbst geschaffene immaterielle Wirtschaftsgüter. Das handelsrechtliche Aktivierungswahlrecht für Entwicklungsaufwendungen führt daher nicht zu einem steuerrechtlichen Aktivierungsgebot. Insoweit ist der Grundsatz der Maßgeblichkeit damit durchbrochen worden.[650]

2. Tatbestandsvoraussetzungen des § 5 Abs. 2 EStG

a. Immaterielles Wirtschaftsgut

Das Tatbestandsmerkmal „*immaterielles Wirtschaftsgut*“ setzt zunächst das Vorliegen eines Wirtschaftsguts voraus. Wirtschaftsgüter sind nach dem weiten Verständnis der Rechtsprechung neben den körperlichen Gegenständen i.S. des BGB alle vermögenswerten Vorteile, tatsächlichen Zustände und Möglichkeiten des Betriebs, denen im Geschäftsverkehr ein selbstständiger Wert beigelegt wird und die allein oder mit dem Betrieb verkehrsfähig sind.[651]

Bei immateriellen Wirtschaftsgütern handelt es sich um alle unkörperlichen Wirtschaftsgüter, insbesondere Rechte und tatsächliche Positionen von wirt-

---

647 Vgl. *Buciek* in Blümich, EStG – Kommentar, 110. Aufl., 2011, § 5 EStG, Rz. 521.

648 Vgl. *Frotscher* in Frotscher, EStG – Kommentar, § 5 EStG, Stand: 26.10.2009, Rz. 168.

649 Vgl. *Frotscher* in Frotscher, EStG – Kommentar, § 5 EStG, Stand: 26.10.2009, Rz. 168.

650 Vgl. *Frotscher* in Frotscher, EStG – Kommentar, § 5 EStG, Stand: 26.10.2009, Rz. 168.

651 Vgl. Urt. d. *BFH* v. 19.10.2006, III R 6/05, BStBl. II 2007, S. 301; Urt. d. *BFH* v. 26.8.1992, I R 24/91, BStBl. II 1992, S. 977.

schaftlichem Wert.[652] Sie treten u.a. in Form von Ideen, Rechten und Werten auf, die Wirtschaftsgut-Eigenschaft haben und nicht zu den Sachanlagen (materiellen Wirtschaftsgütern) und auch nicht zu den Finanzanlagen (Forderungen, Beteiligungen) zählen.[653]

Effektives Abgrenzungskriterium ist – trotz der vorstehenden Eingrenzung – allein die nach der Verkehrsanschauung zu beurteilende selbstständige Bewertungsfähigkeit geblieben.[654] Der BFH hat bereits mehrfach bestätigt, dass das Vorliegen dieser Voraussetzungen nur aufgrund der Umstände des jeweiligen Einzelfalls beurteilt werden kann.[655] Dem Merkmal der selbstständigen Bewertungsfähigkeit ist damit durch den Rückgriff auf die Verkehrsanschauung ein subjektiver Beurteilungsspielraum immanent, der bei der Qualifikation immaterieller Wirtschaftsgüter zur Orientierung an Einzelfallentscheidungen zwingt.[656]

Als ein häufig angeführtes Paradebeispiel für die Bildung eines immateriellen Wirtschaftsguts wird regelmäßig der verlorene Baukostenzuschuss angeführt[657]. In diesen Fällen zahlt ein Mieter einen bestimmten Geldbetrag, damit die Sanierung des Mietobjekts vom Vermieter durchgeführt werden kann. Im Gegenzug erhält der Mieter einen Mietvertrag für eine bestimmte Zeit (z.B. 10 Jahre) zu einem bestimmten Preis zugesichert. Als immaterielles Wirtschaftsgut identifiziert der BFH in seinem Urteil vom 25.7.1957[658] ein Mietrecht, welches der Zuschussgeber im Gegenzug für die Zuschussgewährung erhält. Der BFH führt unter anderem aus:

> *„Der Zuschuß ist an die Stelle der zunächst vereinbarten Mietvorauszahlung getreten und ebenso wie diese selbstverständlich im Hinblick auf das Zustandekommen des Mietvertrags vereinbart worden. Der Zusammenhang mit dem Mietvertrag kann demnach nicht zweifelhaft sein."*[659]

Ein ebenfalls häufig zitiertes Beispiel für einen Zuschuss wonach, beim Zuschussgeber ein immaterielles Wirtschaftsgut zu aktivieren ist, ist der Fall, in dem einem Zuschussgeber für die Zuschusszahlung ein sog. Bierlieferungsrecht eingeräumt wird.[660]

Über die steuerbilanzielle Behandlung von Bierlieferungsrechten gegen die Gewährung eines Zuschusses hatte der BFH bereits in seiner Entscheidung vom

---

652 Vgl. *Weber-Grellet* in Schmidt, EStG – Kommentar, 30. Aufl., 2011, § 5, Rn. 171.
653 Vgl. *Frotscher* in Frotscher, EStG – Kommentar, § 5 EStG, Stand: 26.10.2009, Rz. 169.
654 Vgl. *Anzinger* in Herrmann/Heuer/Raupach, EStG – Kommentar, § 5 EStG, Anm. 1681.
655 Vgl. Urt. d. *BFH* v. 3.9.2002, I B 144/01, BFH/NV 2003, S. 154.
656 Vgl. *Anzinger* in Herrmann/Heuer/Raupach, EStG – Kommentar, § 5 EStG, Anm. 1681.
657 Vgl. Urt. d. *BFH* v. 25.7.1957, IV 195/56 U, BStBl. III 1957, S. 346.
658 Vgl. Urt. d. *BFH* v. 25.7.1957, IV 195/56 U, BStBl. III 1957, S. 346.
659 Vgl. Urt. d. *BFH* v. 25.7.1957, IV 195/56 U, BStBl. III 1957, S. 346.
660 Vgl. Urt. d. *BFH* v. 26.2.1975, I R 72/73, BStBl. II 1976, S. 13.

26.2.1975[661] zu urteilen. Eine Brauerei wendete mehreren Gastwirten größere Geldbeträge zu. Diesen – als Zuschüsse bezeichneten – Zuwendungen der Brauerei stand die Übernahme einer zeitlich begrenzten Bierbezugsverpflichtung der Gastwirte gegenüber. Mit Rücksicht auf die Bierbezugsverpflichtungen erkannte das Finanzamt die sofortige Abzugsfähigkeit der Zuschusszahlungen nicht an. Das Finanzgericht billigte diese Auffassung und führte aus, dass es sich bei der Aktivierung der Bierlieferungsrechte um die Aktivierung eines entgeltlich erworbenen immateriellen Wirtschaftsguts handele. Nach den Vorstellungen der Vertragsparteien entspricht die Übernahme der Bierbezugsverpflichtung durch den Gastwirt dem Aufwand der Brauerei (Zuschussgewährung).

Der BFH bestätigt in seinem Urteil, dass seitens der Brauerei das Bierlieferungsrecht als immaterielles Wirtschaftsgut zu aktivieren ist. Der BFH führt in diesem Zusammenhang aus:

„Danach ist auch das Bierlieferungsrecht als Vermögensgegenstand (Wirtschaftsgut) anzusehen. Es ist ein selbständiges Recht (§ 241 BGB) und kann seiner Art nach zusammen mit dem Betrieb der Brauerei veräußert werden (§ 398 BGB).“[662]

Die Finanzverwaltung nahm in der Folge im BMF-Schreiben vom 11.7.1995[663] zu Bierlieferungsrechten wie folgt Stellung:

„Gewährt der Bierlieferant i.V.m. dem Bierlieferungsvertrag einen verlorenen Zuschuß, so erwirbt er damit entgeltlich ein immaterielles Wirtschaftsgut, nämlich ein Bierlieferungsrecht. Das Bierlieferungsrecht ist beim Lieferanten und Zuschußgeber mit den Anschaffungskosten zu aktivieren (§ 5 Abs. 2 EStG) und über die Laufzeit des Vertrags abzuschreiben (§ 7 Abs. 1 EStG). Die Anschaffungskosten des Bierlieferungsrechts bemessen sich nach der Höhe des hingegebenen Zuschusses (§ 6 Abs. 1 Nr. 1 EStG). […]“[664]

Der BFH hatte bestätigt, dass es sich bei dem Bierlieferungsvertrag um ein selbständiges Recht i.S. des § 241 BGB handelt.

Bei der Betrachtung einzelner vermeintlicher Zuschussfälle, bei denen seitens des Zuschussgebers die Bilanzierung eines Aktivpostens für den Erhalt eines immateriellen Wirtschaftsguts erwägt wird, rücken als immaterielle Wirtschaftsgüter, neben den sehr konkreten Fällen eines Mietrechts beim sog. verlo-

---

661 Vgl. Urt. d. *BFH* v. 26.2.1975, I R 72/73, BStBl. II 1976, S. 13.

662 Vgl. Urt. d. *BFH* v. 26.2.1975, I R 72/73, BStBl. II 1976 S. 13.

663 Vgl. *BMF-Schr.* v. 11.7.1995, IV B 2 – S 2134 a – 2/95, DStR 1995, S. 1351.

664 Das Schreiben ist nicht mehr anzuwenden für Steuertatbestände, die nach dem 31.12.2004 verwirklicht werden, da nicht in der Positivliste des BMF v. 29.3.2007 enthalten; Positivliste: vgl. *BMF-Schr.* v. 29.3.2007, Schreiben betr. Eindämmung der Normenflut, BMF-Schreiben, die vom 1.1.1980 bis zum 31.12.2004 ergangen sind, BMF IV C 6-O 1000/07/0018, BStBl. I 2007, S. 369.

renen Baukostenzuschuss und einem Bierlieferungsrecht, in erster Linie Nutzungsrechte/Nutzungsmöglichkeiten in den Fokus.

(1.) Nutzungsrecht

Neben den vorgenannten Sonderfällen wird die Aktivierung eines immateriellen Wirtschaftsguts beim Zuschussgeber überwiegend für die Einräumung von „Nutzungsrechten" gegen eine Zuschusszahlung diskutiert.[665]

(a.) Begriff des Nutzungsrechts

Als Nutzungsrechte lassen sich alle Ansprüche aus vertraglich fixierten Nutzungsverhältnissen bezeichnen.[666] Nutzungen stellen die Früchte einer Sache oder eines Rechts sowie Vorteile dar, die durch den Gebrauch einer Sache oder eines Rechts entstehen.[667] An einer Sache begründen Nutzungsrechte gesicherte Rechtspositionen, die es ermöglichen, eigentümerähnlich die wirtschaftlichen Nutzungsmöglichkeiten aus der Sache zu ziehen.[668]

(b.) Wirtschaftsgutsfähigkeit von Nutzungsrechten

Umstritten ist die Frage, ob Nutzungsrechte überhaupt eigenständige (immaterielle) Wirtschaftsgüter sein können.[669] Entscheidend für die Beantwortung der Frage ist es, welche Reichweite man dem Begriff des Wirtschaftsguts zuschreibt.

---

665 Vgl. *Buciek* in Blümich, EStG – Kommentar, 110. Aufl., 2011, § 5 EStG, Rz. 591.

666 Vgl. *Babel*, BB 1997, S. 2261.

667 Vgl. *Anzinger* in Herrmann/Heuer/Raupach, EStG – Kommentar, § 5 EStG, Anm. 1687.

668 Vgl. *Babel*, BB 1997, S. 2261.

669 Vgl. Beschl. d. GrS d. *BFH* v. 26.10.1987, GrS 2/86, BStBl. II 1988, S. 348, (353); ebenso Urt. d. *FG Köln* v. 7.9.2005, 13 K 6449/03, DStRE 06, S. 579; Urt. d. *FG München* v. 9.12.2008, EFG 2009, S. 909; *Kußmaul*, BB 1987, S. 2053, (2058); *ders.*, StuW 1988, S. 46; *Wüllenkemper*, FR 1991, S. 101; *Buciek* in Blümich, EStG – Kommentar, 110. Aufl., 2011, § 5 EStG, Rz. 591; *Weber-Grellet* in Schmidt, EStG – Kommentar, 30. Aufl., 2011, § 5, Rn. 176; *Lamers*, Aktivierungsfähigkeit und Aktivierungspflicht immaterieller Werte, 1981, S. 238 f.; *Anzinger* in Herrmann/Heuer/Raupach, EStG – Kommentar, § 5 EStG, Anm. 1687; a.A. (niemals WG): *Trzaskalik*, StuW 1983, S. 132; *Meyer-Scharenberg*, BB 1987, S. 874; *ders.*, StuW 1987, S. 103; *Eisgruber*, DStR 1997, S. 522; *Weber-Grellet*, DB 1995, S. 2550; differenzierend: *Babel*, BB 1997, S. 2261; *Hiort*, Einlagen obligatorischer Nutzungsrechte in Kapitalgesellschaften, S. 85 ff.; *ders.*, BB 2004, S. 2760.

In ständiger Rechtsprechung hat der BFH[670] einen weiten Begriff des Wirtschaftsgutes und des Vermögensgegenstandes geprägt. Die Begriffe „Vermögensgegenstand" und „Wirtschaftsgut" stimmen nach Ansicht des BFH inhaltlich überein.[671]

Hiernach zählen zu den Wirtschaftsgütern nicht nur Gegenstände i. S. des bürgerlichen Rechts (Sachen und Rechte), sondern auch:

(1.) tatsächliche Zustände, konkrete Möglichkeiten und Vorteile für den Betrieb, (2.) deren Erlangung der Kaufmann sich etwas kosten lässt, (3.) die einer besonderen Bewertung zugänglich sind, (4.) in der Regel eine Nutzung für mehrere Wirtschaftsjahre erbringen und (5.) zumindest mit dem Betrieb übertragen werden können.[672]

Eine andere Ansicht in der Literatur[673] vertritt einen enger gefassten Wirtschaftsgutsbegriff. Hiernach ist die abstrakte Aktivierungsfähigkeit von Nutzungsrechten grundsätzlich abzulehnen, da nach dieser Ansicht Rechte an Sachen und Rechte an Rechten nur Teil des Wirtschaftsguts sein können, nicht aber das Wirtschaftsgut selbst.

M.E. ist mit der h.M. im Schrifttum[674] und der Rechtsprechung[675] von einem weit gefassten Begriff des Wirtschaftsguts auszugehen. Dies deshalb, weil auch ein Nutzungsrecht einen feststellbaren Wert besitzt und einen Vorteil für den Betrieb darstellt.[676] Die Zuordnung eines Nutzungsrechts an einer Sache oder ein

670 Vgl. Urt. d. *BFH* v. 22.2.1962, IV 58/59 U, BFHE 75, S. 275, BStBl. III 1962, S. 367; Urt. d. *BFH* v. 29.4.1965, IV 403/62 U, BFHE 82, S. 461, BStBl. III 1965, S. 414; Beschl. d. *BFH* v. 16.2.1990, III B 90/88, BFHE 160, S. 364, BStBl. II 1990, S. 794; Beschl. d. *BFH* v. 7.8.2000, GrS 2/99, BFHE 187, S. 305, BStBl. II 99, S. 551.

671 Vgl. Beschl. d. *BFH* v. 2.3.1970, GrS 1/69, BFHE 98, S. 360, BStBl. II 1970, S. 382; Beschl. d. *BFH* v. 26.10.1987, GrS 2/86, BFHE 151, S. 523, BStBl. II 1988, S. 348; Beschl. d. *BFH* v. 7.8.2000. GrS 2/99, BFHE 187, S. 305, BStBl. II 1999, S. 551; st. Rspr.

672 Vgl. Urt. d. *BFH* v. 28.5.1979, I R 1/76, BStBl. II 1979, S. 734, (736); Urt. d. *BFH* v. 6.12.1990, IV R 3/89, BStBl. II 1991, S. 346; Beschl. d. *BFH* v. 26.10.1987, GrS 2/86, BStBl. II 1988, S. 348, (352); Urt. d. *BFH* v. 26.8.1992, I R 24/91, BStBl. II 1992, S. 977; Urt. d. *BFH* v. 3.8.1993, VIII R 37/92, BStBl. II 1994, S. 444.

673 Vgl. *Meyer-Scharenberg*, StuW 1987, S. 103 (106); *Weber-Grellet*, DB 1995, S. 2550 (2557).

674 Vgl. z.B.: *Anzinger* in Herrmann/Heuer/Raupach, EStG – Kommentar, § 5 EStG, Anm. 1687.

675 Vgl. Urt. d. *BFH* v. 22.2.1962, IV 58/59 U, BFHE 75, S. 275, BStBl. III 1962, S. 367; Urt. d. *BFH* v. 29.4.1965, IV 403/62 U, BFHE 82, S. 461, BStBl. III 1965, S. 414; Beschl. d. *BFH* v. 16.2.1990, III B 90/88, BFHE 160, S. 364, BStBl. II 1990, S. 794; Beschl. d. *BFH* v. 7.8.2000, GrS 2/99, BFHE 187, S. 305, BStBl. II 99, S. 551.

676 Vgl. so auch: *Anzinger* in Herrmann/Heuer/Raupach, EStG – Kommentar, § 5 EStG, Anm. 1687.

Recht ist nicht erforderlich. Dies zeigt sich insbesondere daran, dass ein Nutzungsrecht durchaus einzeln veräußert werden kann (so wie z.B. das Recht, ein Mobilfunknetz nutzen zu dürfen), was ein bestechendes Merkmal eines eigenständigen Wirtschaftsguts ist.[677]

Nutzungsrechte sind mithin aufgrund ihrer Rechtsnatur als immaterielles Wirtschaftsgut zu erfassen.

Es ist jedoch fraglich, ob in einem Zuschussverhältnis für die Zuschussgewährung konkrete Nutzungsrechte als „Gegenleistung" für die Zuschusszahlung übertragen werden können, so dass die Bildung eines immateriellen Wirtschaftsguts erforderlich würde.

(2.) Gewährung eines Nutzungsrechts im Zuschussverhältnis

Wie bei der Begriffsklärung der Nutzungsrechte ausgeführt, sind Nutzungsrechte als Ansprüche aus vertraglich fixierten Nutzungsverhältnissen zu qualifizieren. Um ein konkretes Nutzungsrecht übertragen zu bekommen, bedarf es folglich der Übertragung eines rechtlich verbindlichen Anspruchs. Konkret heißt das, der Zuschussempfänger müsste dem Zuschussgeber als Gegenleistung für die Zuschusszahlung ein Nutzungsrecht übertragen. Dies wäre dann seitens des Zuschussgebers in Höhe des Zuschussbetrages zu aktivieren. Der Aktivposten wäre dann über die vereinbarte Nutzungsdauer aufzulösen.

Allerdings würden in diesen Fällen die Zuschusszahlung und die Gewährung der Nutzungsrechte unmittelbar miteinander verknüpft. Leistung (Zuschuss) und Gegenleistung (Nutzungsrecht) würden in einem echten Gegenseitigkeitsverhältnis ausgetauscht, so dass zivilrechtlich ein gegenseitiger Vertrag im Sinne der §§ 320 ff. BGB vorläge.[678]

Dies wird besonders in den beiden oben genannten Beispielen (verlorener Baukostenschuss und Bierlieferungsrecht) deutlich. In beiden Fällen erfolgt die Zuschussgewährung grundsätzlich deshalb, weil sich der Zuschussgeber von dem Zuschussempfänger die Übertragung des (Nutzungs-)Rechtes erhofft. So zahlt der Zuschussgeber in dem ersten Fall den Baukostenzuschuss an den Vermieter, um ein Mietrecht für eine bestimmte Dauer und einen bestimmten Preis zu erhalten. Im Fall des Bierlieferungsrechts zahlt der Bierlieferant (Zuschussgeber) an den Zuschussempfänger, um im Gegenzug das Recht zu erhalten, an den Zuschussempfänger Bier liefern zu können. Es findet somit ein Leistungsaustausch i.S. eines gegenseitigen Vertrages gem. §§ 320 ff. BGB statt.

---

677 Vgl. *Anzinger* in Herrmann/Heuer/Raupach, EStG – Kommentar, § 5 EStG, Anm. 1687.
678 Vgl. Kapitel I, H., I. und II. dieser Arbeit.

Nach dem herausgearbeiteten Begriffsverständnis (siehe Kapitel I, K, I und II dieser Arbeit) können gegenseitige Vertragsverhältnisse gem. §§ 320 ff. BGB begrifflich keine Zuschüsse im Sinne dieser Arbeit darstellen. Die Zahlung eines Geldbetrages gegen die Einräumung eines Nutzungsrechts ist daher nicht weiter unter dem Problemkreis der Zuschüsse zu thematisieren.

Fraglich ist jedoch, ob die Übertragung lediglich von Nutzungsmöglichkeiten (obligatorischen Nutzungsrechten) als ein „Weniger" im Vergleich zu Nutzungsrechten zur Bildung eines Aktivpostens beim Zuschussgeber führen kann. Dabei ist insbesondere zu untersuchen, ob eine Nutzungsmöglichkeit gewährt werden kann, ohne dadurch gegen die Begriffsdefinition des Zuschusses zu verstoßen.

(3.) Nutzungsmöglichkeiten (Obligatorische Nutzungsrechte)

(a.) Begriff der Nutzungsmöglichkeit

Eine Nutzungsmöglichkeit steht dem Nutzungsrecht nahe. Nutzungsmöglichkeiten bieten dem Begünstigten jedoch im Unterschied zu Nutzungsrechten keine gesicherte Rechtsposition. Sie können der Person, dem die Nutzungsmöglichkeit eingeräumt wurde, auch gegen ihren Willen entzogen werden.[679] Im Verhältnis zum Nutzungsrecht ist die Nutzungsmöglichkeit daher als ein „Weniger" zu verstehen.[680] Es kann auch als obligatorisches Nutzungsrecht bezeichnet werden. Zivilrechtlich ist die Vereinbarung einer solchen Nutzungsmöglichkeit m.E. als Obliegenheit einzustufen. Hierbei handelt es sich um „Pflichten geringerer Intensität", die für den Berechtigten weder einen Erfüllungsanspruch noch bei Verletzungen eine Schadensersatzforderung begründen, sondern vielmehr für den Fall der Nichtbeachtung andere (Rechts-)nachteile in Aussicht stellen.[681]

---

679 Vgl. *Anzinger* in Herrmann/Heuer/Raupach, EStG – Kommentar, § 5 EStG, Anm. 1687.

680 So auch *Anzinger* in Herrmann/Heuer/Raupach, EStG – Kommentar, § 5 EStG, Anm. 1687.

681 Vgl. Urt. d. *BGH* v. 13.6.1957, II ZR 35/57, BGHZ 24, S. 378 (382), NJW 1957, S. 1233; Urt. d. *BGH* v. 2.11.1994, IV ZR 201/93, NJW 1995, S. 401, (402).

(b.) Wirtschaftsgutsfähigkeit einer Nutzungsmöglichkeit

aa. Rechtsprechung

Wie bereits bei den Nutzungsrechten ausgeführt, vertritt der BFH einen weit gefassten Wirtschaftsgutsbegriff.[682] Nach seiner Ansicht können auch Nutzungsmöglichkeiten (immaterielle) Wirtschaftsgüter darstellen, wenn sie einen feststellbaren Wert haben.[683] In ähnlicher Weise bejaht der BGH[684] im Zivilrecht die Vermögensgegenstandseigenschaft für obligatorische Nutzungsrechte.

In einer jüngeren Entscheidung vom 14.3.2006[685] hatte der BFH über die Frage zu befinden, ob die Gewährung einer rechtlich unverbindlichen Nutzungsmöglichkeit an einem Tanklager im Gegenzug für eine Zuschusszahlung beim Zuschussgeber zur Bildung eines Aktivpostens für ein immaterielles Wirtschaftsgut „Nutzungsmöglichkeit" führen musste. Der BFH ist in der Entscheidung der Ansicht, dass die Gewährung einer Nutzungsmöglichkeit auch im Rahmen eines Zuschussverhältnisses zur Entstehung eines immateriellen Wirtschaftsguts führen kann, wenn die Nutzungsmöglichkeit einen feststellbaren Wert besitze und in einem wirtschaftlichen Abhängigkeitsverhältnis zur Zuschusszahlung stehe.

Der BFH führt diesbezüglich aus: *„Die [...] eingeräumte Möglichkeit, Tankraum [...] zu eigener betrieblicher Verwendung zu nutzen, begründet unbestritten einen Vorteil für den Betrieb, der einer besonderen Bewertung zugänglich ist und auch mit dem Betrieb übertragen werden kann. Ihrer Qualifikation als immaterielles Wirtschaftsgut steht nicht entgegen, dass dieser Nutzungsvorteil nicht auf dinglicher, sondern lediglich schuldrechtlicher (obligatorischer) Grundlage besteht."*[686]

---

682 Vgl. Urt. d. *BFH* v. 22.2.1962, IV 58/59 U, BFHE 75, S. 275, BStBl. III 1962, S. 367; Urt. d. *BFH* v. 29.4.1965, IV 403/62 U, BFHE 82, S. 461, BStBl. III 1965, S. 414; Beschl. d. *BFH* v. 16.2.1990, III B 90/88, BFHE 160, S. 364, BStBl. II 1990, S. 794; Beschl. d. *BFH* v. 7.8.2000, GrS 2/99, BFHE 187, S. 305, BStBl. II 99, S. 551.

683 Vgl. Urt. d. *BFH* v. 19.6.1997, IV R 16/95, BStBl. II 1997, S. 808; Urt. d. *BFH* v. 25.10.1994, VIII R 65/91, BStBl. II 1995, S. 312; Urt. d. *BFH* v. 9.8.1989, X R 20/86, BStBl. II 1990, S. 128; Beschl. d. *BFH* v. 26.10.1987, GrS 2/86, BStBl. II 1988, S. 348 (353); Urt. d. *BFH* v. 20.1.1983, IV R 158/80, BStBl. II 1983, S. 413; Beschl. d. *BFH* v. 2.3.1970, GrS 1/69, BStBl. II 1970, S. 382; Urt. d. *BFH* v. 29.4.1965, IV 403/62 U, BStBl. III 1965, S. 414.

684 Vgl. Urt. d. *BGH* v. 14.6.2004, II ZR 121/02, BB 2004, S. 1925; Urt. d. *BGH* v. 15.5.2000, II ZR 359/98, DStR 2000, S. 1615.

685 Vgl. Urt. d. *BFH* v. 14.3.2006, I R 109/04, BFH/NV 2006, S. 1812.

686 Vgl. Urt. d. *BFH* v. 14.3.2006, I R 109/04, BFH/NV 2006, S. 1812.

Abschließend kann festgehalten werden, dass nach dem weiten Wirtschaftsgutsbegriff des BFH auch die Nutzungsmöglichkeit ein (immaterielles) Wirtschaftsgut darstellen kann. In Zuschussverhältnissen kann daher nach Ansicht des BFH grundsätzlich durch die Einräumung einer Nutzungsmöglichkeit ein Aktivposten in Höhe der Zuschusszahlung zu bilden sein, wenn die Zuschusszahlung und die Nutzungsmöglichkeit in einem Abhängigkeitsverhältnis stehen und der Nutzungsmöglichkeit ein konkreter Wert zugeordnet werden kann.

bb. Literatur

Die bereits dargestellte Literaturmeinung[687], die den Begriff des Wirtschaftsguts sehr eng fasst, hatte Nutzungsrechte nicht als Wirtschaftsgüter erfasst. Nach dieser Ansicht können daher Nutzungsmöglichkeiten als ein „Weniger" im Vergleich zu einem Nutzungsrecht auch kein Wirtschaftsgut darstellen. Im Übrigen wurde die Frage der Wirtschaftsgut-Eigenschaft von Nutzungsmöglichkeiten bisher nur vereinzelt thematisiert.[688] *Anzinger*[689] bejaht im Wesentlichen die Auffassung des BFH.[690]

cc. Eigene Stellungnahme

M.E. können entsprechend der weiten Begriffsauffassung des BFH auch Nutzungsmöglichkeiten als (immaterielle) Wirtschaftsgüter erfasst werden. Der BFH hatte, wie bereits bei den Nutzungsrechten ausgeführt, zu den Wirtschaftsgütern nicht nur Gegenstände i. S. des bürgerlichen Rechts (Sachen und Rechte) gezählt, sondern auch (1.) tatsächliche Zustände, konkrete Möglichkeiten und Vorteile für den Betrieb, (2.) deren Erlangung der Kaufmann sich etwas kosten lässt, (3.) die einer besonderen Bewertung zugänglich sind, (4.) in der Regel eine

---

687 Vgl. *Meyer-Scharenberg*, StuW 1987, S. 103 (106); *Weber-Grellet*, DB 1995, S. 2550 (2557).

688 Vgl. *Anzinger* in Herrmann/Heuer/Raupach, EStG – Kommentar, § 5 EStG, Anm. 1687.

689 Vgl. *Anzinger* in Herrmann/Heuer/Raupach, EStG – Kommentar, § 5 EStG, Anm. 1687.

690 Seine Ansicht variiert insoweit, als Nutzungsmöglichkeiten nur dann als Wirtschaftsgut qualifiziert werden, „*wenn sich eine bestimmte Wahrscheinlichkeit für ihr Fortbestehen auch für den Fall der Übertragung des Betriebs auf einen Dritten bestimmen lässt und ein Dritter im Rahmen eines Unternehmenserwerbs auch ein gesondertes Entgelt für diese entrichten würde. Danach sind nichtexklusive Nutzungsmöglichkeiten nicht als WG anzusehen. Der Unternehmenserwerber würde mit der Allgemeinheit auch dann von dieser Nutzungsmöglichkeit profitieren, wenn er nicht bereit wäre, für diese beim Unternehmenserwerb einen gesonderten Preis zu bezahlen [...]. Die Nutzungsmöglichkeit ist in diesem Fall nur ein wertbildender Faktor des Unternehmens.*"

Nutzung für mehrere Wirtschaftsjahre erbringen und (5.) zumindest mit dem Betrieb übertragen werden können.[691]

Im Einzelnen heißt das für eine Nutzungsmöglichkeit:

Auch die Einräumung einer Nutzungsmöglichkeit hat positive Effekte für das Unternehmen des Begünstigten (z.B. Nutzungsmöglichkeit an einem Tanklager). Dabei genügen auch bereits faktische Vorteile bzw. konkrete Möglichkeiten. Ein durchsetzbarer Anspruch ist nicht erforderlich. Der Betrieb des Zuschussgebers erlangt so einen Vorteil (1.).

Besteht eine wirtschaftliche Abhängigkeit zwischen der Zuschussgewährung und der Nutzungsmöglichkeit, dann ist mit der Zuschusszahlung auch das Kriterium „*deren Erlangung der Kaufmann sich etwas kosten lässt*" (2.) erfüllt. Eine rechtsverbindliche gegenseitige Verbundenheit von Zuschusszahlung und Einräumung der Nutzungsmöglichkeit ist nicht erforderlich. Es reicht auch eine „Pflicht geringerer Intensität" aus, mit der Zuschusszahlung und Zuwendung einer Nutzungsmöglichkeit verknüpft sind. Entscheidend ist die wirtschaftliche Abhängigkeit zwischen der Zuschusszahlung und der Zuwendung der Nutzungsmöglichkeit.[692]

Das Begriffsmerkmal *„in der Regel eine Nutzung für mehrere Wirtschaftsjahre"* (3.) wird von der neueren Rechtsprechung und Literatur[693] nicht mehr oder in eingeschränkter Form aufgegriffen.[694] Eine mehrjährige Nutzung eines Wirtschaftsguts muss nicht mehr als Voraussetzung vorliegen. Es reicht aus, wenn die Aufwendung (Zuschussgewährung) für einen Nutzen getätigt worden ist, der über den Abschlussstichtag hinausreicht. Dies ist immer dann zu beja-

691 Vgl. Urt. d. *BFH* v. 28.5.1979, I R 1/76, BStBl. II 1979, S. 734, (736); Urt. d. *BFH* v. 6.12.1990, IV R 3/89, BStBl. II 1991, S. 346; Beschl. d. *BFH* v. 26.10.1987, GrS 2/86, BStBl. II 1988, S. 348, (352); Urt. d. *BFH* v. 26.8.1992, I R 24/91, BStBl. II 1992, S. 977; Urt. d. *BFH* v.3.8.1993, VIII R 37/92, BStBl. II 1994, S. 444.

692 Vgl. Urt. d. *BFH* v. 14.3.2006, I R 109/04, BFH/NV 2006, S. 1812.

693 Vgl. Urt. d. *BFH* v. 17.12.2008, IV R 36/06, BeckRS 2008, 25014903; Urt. d. *BFH* v. 5.6.2008, IV R 67/05, BStBl. II 2008, S. 960 (962); Urt. d. *BFH* v. 15.4.2004, IV R 51/02, BFH/NV 2004, S. 1393 (1394); *Tiedchen* in Herrmann/Heuer/Raupach, EStG – Kommentar, § 5 EStG, Anm. 353; *Hiort*, Einlagen obligatorischer Nutzungsrechte in Kapitalgesellschaften, S. 153 f.; etwas einschränkend: Urt. d. *BFH* v. 20.3.2003, IV R 27/01, BStBl. II 2003, S. 878 (879); Urt. d. *BFH* v. 14.3.2006, I R 109/04, BFH/NV 2006, S. 1812.

694 Die frühere Rechtsprechung hatte für die Qualifikation als Wirtschaftsgut verlangt, dass der Vorteil einen über die Dauer des einzelnen Steuerabschnitts hinausreichenden, mehrjährigen Nutzen für das Unternehmen haben müsse; vgl. Urt. d. *BFH* v. 29.4.1965, IV 403/62 U, BStBl. III 1965, S. 414 (415); Urt. d. *BFH* v. 9.7.1986, I R 218/82, BStBl. II 1987, S. 14.

hen, wenn der Zuschussempfänger dem Zuschussgeber eine Nutzungsmöglichkeit für eine Wirtschaftsperiode nach der Zuschusszahlung einräumt.

Eine selbstständige Bewertbarkeit (4.) wird dann angenommen, wenn ein fiktiver Erwerber des ganzen Betriebs im Rahmen des Gesamtkaufpreises dem obligatorischen Nutzungsrecht ein besonderes Entgelt zuordnen würde.[695] Dabei muss der Vorteil als solcher für sich gesondert bewertbar und deswegen vom eigentlichen Geschäftswert abgrenzbar sein.[696] In der Regel lässt sich ein Wert für eine Nutzungsmöglichkeit ebenso wie für ein Nutzungsrecht feststellen.

Sofern die eingeräumte Nutzungsmöglichkeit auch von einem fiktiven Unternehmenserwerber übernommen werden kann, ist das Kriterium „jedenfalls mit dem Betrieb übertragen werden können" (5.) erfüllt.[697] Dies ist bei Nutzungsmöglichkeiten gleichermaßen wie bei Nutzungsrechten möglich.

(c.) Zwischenergebnis: Nutzungsmöglichkeiten

Räumt der Zahlungsempfänger dem Zahlenden für die „Zuschusszahlung" als Gegenleistung eine durchsetzbare Rechtsposition (wie z.B. Mietrecht, Bierlieferungsrecht oder Nutzungsrecht) ein, handelt es sich hierbei um eine unmittelbare Leistungsverpflichtung für die Zuschussgewährung. Zuschusszahlung und Gegenleistung werden dabei rechtsverbindlich miteinander verknüpft (Vertrag i.S. der §§ 320 ff. BGB). Die so zugesicherten Rechte können zwar grundsätzlich zur Aktivierung eines immateriellen Wirtschaftsguts beim Zahlungsgeber führen, begrifflich scheidet ein Zuschussverhältnis jedoch aus. Räumt der Zuschussempfänger dem Zuschussgeber hingegen eine Nutzungsmöglichkeit (wie z.B. die Einräumung der Nutzungsmöglichkeit an einem Tanklager oder die Einräumung der Nutzungsmöglichkeit an einem Spezialwerkzeug) als eine „Pflicht ge-

---

695 Vgl. bspw. Urt. d. *BFH* v. 5.6.2008, IV R 67/05, BStBl. II 2008, S. 960 (962); Urt. d. *BFH* v. 17.2.1998, VIII R 28/95, BStBl. II 1998, S. 505 (507); Urt. d. *BFH* v. 22.1.1992, I R 43/91, BStBl. II 1992, S. 529 (530); Urt. d. *BFH* v. 1.10.1975, BStBl. II 1976, S. 202; *Koss/Wohlgemuth* in Pelka/Niemann, Jahres- und Konzernabschluss nach Handels- und Steuerrecht, Band A, 2010, Rn. 901k; *Schön*, Steuerliche Maßgeblichkeit in Deutschland und Europa, S. 71.

696 Vgl. z. B. Urt. d. *BFH* v. 2.3.1970, BStBl. II 1970, S. 382; Urt. d. *BFH* v. 8.2.1996, BStBl. II 1996, S. 542; Urt. d. *BFH* v. 20.2.1997, BStBl. II 1997, S. 360.

697 Hierbei handelt es sich eigentlich nicht um ein Abgrenzungsmerkmal, anhand dessen man Wirtschaftsgüter von Nicht-Wirtschaftsgütern unterscheiden kann, sondern vielmehr um ein *„negatives Merkmal"*, das verdeutlichen soll, dass keine selbstständige Verkehrsfähigkeit, Vererblichkeit, Verwertungsfähigkeit oder Vollstreckungsfähigkeit für das Vorliegen eines Wirtschaftsguts erforderlich ist; vgl. *Tiedchen* in Herrmann/Heuer/Raupach, EStG – Kommentar, § 5 EStG, Anm. 355.

ringerer Intensität“ gegen die Zuschusszahlung ein, sind auch die Begriffsvoraussetzungen eines Zuschusses erfüllt. Die Gewährung einer Nutzungsmöglichkeit kann beim Zuschussgeber auch zu einer Aktivierung eines immateriellen Wirtschaftsguts führen. Nach dem weiten Begriffsverständnis des BFH vom Wirtschaftsgutsbegriff ist auch die Nutzungsmöglichkeit als solche erfasst. Nach seinem Verständnis sind zu den Wirtschaftsgütern nicht nur Gegenstände i. S. des bürgerlichen Rechts (Sachen und Rechte), sondern auch tatsächliche Zustände, konkrete Möglichkeiten und Vorteile für den Betrieb zu zählen. Im Zuschussverhältnis hat der Zuschussgeber eine eingeräumte Nutzungsmöglichkeit daher grundsätzlich in Höhe der Zuschusszahlung als immaterielles Wirtschaftsgut zu aktivieren, wenn sich der Nutzungsmöglichkeit ein feststellbarer Wert zuordnen lässt.

Um schließlich ein immaterielles Wirtschaftsgut aktiveren zu können, müssen allerdings auch die weiteren Voraussetzungen erfüllt sein. So muss es sich bei dem immateriellen Wirtschaftsgut um ein Wirtschaftsgut des Anlagevermögens handeln und es muss entgeltlich erworben worden sein.

b. *Wirtschaftsgüter des Anlagevermögens*

Das Aktivierungsverbot gilt nach dem eindeutigen Wortlaut des Gesetzes nur für Wirtschaftsgüter des Anlagevermögens und folglich nicht für solche des Umlaufvermögens.[698] Eine analoge Anwendung des § 5 Abs. 2 EStG auf Wirtschaftsgüter des Umlaufvermögens scheidet angesichts der vom Gesetz ersichtlich gewollten unterschiedlichen Behandlung aus.[699]

c. *Entgeltlicher Erwerb*

Eine Aktivierung eines immateriellen Wirtschaftsguts kann nur erfolgen, wenn ein entgeltlicher Erwerb gemäß § 5 Abs. 2 EStG erfolgt. Für nicht entgeltlich erworbene Wirtschaftsgüter gilt im Umkehrschluss ein Aktivierungsverbot. Darin spiegelt sich der Zweck der Regelung wider, der darin besteht, die Aktivierung von immateriellen Wirtschaftsgütern unter den Vorbehalt eines Markttests zu stellen.[700] Das Erfordernis eines Markttests bildet den zentralen teleologischen Auslegungsmaßstab für das Tatbestandsmerkmal des entgeltlichen Erwerbs.

---

698 Vgl. Urt. d. *BFH* v. 20.9.1995, X R 225/93, BStBl. II 1997, S. 320, (322).
699 Vgl. *Buciek* in Blümich, EStG – Kommentar, 110. Aufl., 2011, § 5 EStG, Rz. 523.
700 Vgl. *Anzinger* in Herrmann/Heuer/Raupach, EStG – Kommentar, § 5 EStG, Anm. 1730.

Der Markttest setzt voraus, dass

- das immaterielle Wirtschaftsgut nicht beim Steuerpflichtigen hergestellt (originärer Erwerb), sondern über den Markt erworben (abgeleiteter Erwerb) wurde und
- das immaterielle Wirtschaftsgut gegen ein Entgelt, also durch Erbringung einer „Gegenleistung“ und gerade nicht unentgeltlich erworben worden ist und
- das immaterielle Wirtschaftsgut am Markt (zu Marktbedingungen) im Rahmen eines entgeltlichen Leistungsaustauschs erlangt wurde, wobei Leistung und Gegenleistung sich nach kaufmännischen Gesichtspunkten ausgewogen gegenüber stehen.[701]

(1.) Abgeleiteter Erwerb

Die nach § 5 Abs. 2 EStG gebotene Objektivierung für die Aktivierung von immateriellen Wirtschaftsgütern kann nur auf der Grundlage von geleisteten Anschaffungskosten und nicht am Maßstab interner Herstellungskosten erfolgen. Soweit unter „erwerben“ ein Oberbegriff sowohl für „anschaffen“ als auch für „herstellen“ gesehen wird, muss eine einschränkende Auslegung des Wortsinnes des § 5 Abs. 2 EStG in der Weise vorgenommen werden, dass nur der abgeleitete Erwerb von einem außenstehenden Dritten erfasst werde soll.[702] Ein „erwerben“ fehlt damit, wenn der Kaufmann selbst Hersteller des Wirtschaftsguts ist.[703]

In den Zuschussfällen kann dem Zuschussgeber – wie aufgezeigt – gegen die Gewährung des Zuschusses eine Nutzungsmöglichkeit (z.B. an einem Spezialwerkzeug) eingeräumt werden. Das immaterielle Wirtschaftsgut in Form der Nutzungsmöglichkeit würde also angeschafft und nicht selbst hergestellt. Das Kriterium des abgeleiteten Erwerbs ist in Zuschussfällen regelmäßig unproblematisch erfüllt.

---

701 Vgl. *Crezelius* in Scholz, GmbHG, II. Band, 10. Aufl., Köln 2006, Anh. § 42a, Rn. 118; *Anzinger* in Herrmann/Heuer/Raupach, EStG – Kommentar, § 5 EStG, Anm. 1730.

702 Vgl. *Anzinger* in Herrmann/Heuer/Raupach, EStG – Kommentar, § 5 EStG, Anm. 1731.

703 Vgl. Urt. d. *BFH* v. 10.12.1992, XI R 45/88, BStBl. II 1993, S. 538.

(2.) „Entgeltlicher" Erwerb

Das Entgelt ist Ansatz- und nicht Bewertungskriterium. Es sollen nur solche immateriellen Wirtschaftsgüter angesetzt werden, die sich durch einen entgeltlichen Erwerb als werthaltig erwiesen haben.[704]

Ein Erwerb ist entgeltlich, wenn eine geldwerte Gegenleistung für das Wirtschaftsgut als solches erbracht wird. Dabei ist der entgeltliche Erwerb final zu verstehen. Das Entgelt muss sich auf den Vorgang des Erwerbs als solchen beziehen. Es genügt dabei nicht, dass dem Erwerber des Wirtschaftsguts gelegentlich irgendwelche Aufwendungen entstanden sind.[705] Ein bloßer Veranlassungszusammenhang zwischen Zahlung und Erwerb reicht deshalb nicht aus. Allerdings ist es nicht erforderlich, dass Leistung und Gegenleistung sich stets im formalen Sinne in einem synallagmatischen Gegenseitigkeitsverhältnis gegenüberstehen.[706] Die Lieferung des Wirtschaftsguts und die Aufwendungen des Erwerbers müssen nicht aufgrund eines zivilrechtlichen Gegenseitigkeitsverhältnisses i.S. der §§ 320 ff. BGB ausgetauscht werden.[707] An das wirtschaftliche Gegenseitigkeitsverhältnis von Entgelt und Erwerb eines Wirtschaftsguts sind geringere Anforderungen zu stellen.[708] Es genügt vielmehr, dass der Kaufmann Aufwendungen tätigt, die nach dem Inhalt des Erwerbsvertrags oder jedenfalls nach den Vorstellungen beider Vertragspartner[709] „Gegenleistung" für die erlangten Vorteile sind.[710] Für ein Entgelt i.S. des § 5 Abs. 2 EStG ist es mithin

---

704 Vgl. *Anzinger* in Herrmann/Heuer/Raupach, EStG – Kommentar, § 5 EStG, Anm. 1740.

705 Vgl. *Buciek* in Blümich, EStG – Kommentar, 108. Auf., § 5 EStG, Rz. 536a.

706 Vgl. Urt. d. *BFH* v. 26.8.1992, I R 24/91, BStBl. II 1992, S. 977 (979); Urt. d. *BFH* v. 14.3.2006, I R 109/04, BFH/NV 06, S. 1812; Abschn. R 5.5 Abs. 2 Satz 4 EStR; *Hütteman*, DStR 1994, S. 490 (493); *Kronner*, DStR 1996, S. 1185 (1187); *Buciek* in Blümich, EStG – Kommentar, 108. Auf., § 5 EStG, Rz. 536a; *Anzinger* in Herrmann/ Heuer /Raupach, EStG – Kommentar, § 5 EStG, Anm. 1741; a.A. *Wolfgang* in Kirchhof/ Söhn / Mellinghoff, EStG – Kommentar, § 5, Rn. 780 – hält ein Synallagma grundsätzlich für erforderlich.

707 Vgl. *Buciek* in Blümich, EStG – Kommentar, 108. Auf., § 5 EStG, Rz. 537; *Anzinger* in Herrmann/Heuer/Raupach, EStG – Kommentar, § 5 EStG, Anm. 1741; *Kronner*, DStR 1996, S. 1185 (1187).

708 Vgl. *Buciek* in Blümich, EStG – Kommentar, 108. Auf., § 5 EStG, Rz. 537; Kronner, DStR 1996, S. 1185 (1187).

709 Vgl. zur subjektiven Geschäftsgrundlage: Urt. d. *BFH* v. 26.2.1975, I R 72/73, BStBl. II 1976, S. 13.

710 Vgl. Urt. d. *BFH* v. 3.8.1993, VIII R 37/92, BStBl. II 1994, S. 444; Urt. d. *BFH* v. 16.5.2002, III R 45/98, BStBl. II 2003, S. 10; Urt. d. *BFH* v. 14.3.2006, I R 109/04, BFH/NV 06, S. 1812; *Buciek* in Blümich, EStG – Kommentar, 108. Auf., § 5 EStG, Rz. 536a.

ausreichend, dass die Zahlung nur die wirtschaftliche Funktion einer „Gegenleistung“ erfüllt.[711]

Die Zuschusszahlung kann folglich grundsätzlich zu einem entgeltlichen Erwerb eines immateriellen Wirtschaftsguts im Zuschussverhältnis führen.

Jedoch ist eine wichtige Einschränkung vorzunehmen: Zuschusszahlungen sind nur dann Entgelt für die Einräumung einer Nutzungsmöglichkeit, wenn dem Zuschussgeber exklusive Nutzungsmöglichkeiten / Vorteile eingeräumt werden, d.h. die Vorteile stehen ausschließlich dem Zuschussgeber zur Verfügung.[712]

Im Umkehrschluss ist in den Fällen, in denen eine nichtexklusive Nutzungsmöglichkeit für die Zuschusszahlung eingeräumt wird, ein entgeltlicher Erwerb i.S. des § 5 Abs. 2 EStG abzulehnen. Es fehlt hier an einer hinreichenden wirtschaftlichen Verknüpfung von Entgelt (Zuschuss) und Erwerb (Nutzungsmöglichkeit).[713]

Aufgrund dessen scheitert die Aktivierung eines immateriellen Wirtschaftsguts bei Zuschusszahlungen an die öffentliche Hand für den Ausbau öffentlicher Einrichtungen, (bspw. Beiträge zum Ausbau einer Fußgängerzone[714], Kläranlage[715], Straße[716]), oder an ein Energieversorgungsunternehmen für den Ausbau der Stromversorgung[717], da die geförderten Einrichtungen der Allgemeinheit zur Verfügung stehen und von jedermann benutzt werden können. Das Tatbestandsmerkmal des § 5 Abs. 2 EStG *„entgeltlicher Erwerb“* ist in diesen Fällen nicht erfüllt.

---

711 Vgl. *Anzinger* in Herrmann/Heuer/Raupach, EStG – Kommentar, § 5 EStG, Anm. 1741.

712 Vgl. Urt. d. *BFH* v. 14.3.2006, I R 109/04, BFH/NV 06, S. 1812 – Zuschuss zur Errichtung eines Tanklagers gegen die Nutzungsmöglichkeit von Tanklagerraum; Urt. d. *BFH* v. 1.6.1989, IV R 64/88, BStBl. II 1989, S. 830 – Zuschuss zur Erstellung von Formgussteilen gegen die Nutzungsmöglichkeit der Teile für die eigene Produktion; *Moxter*, Bilanzrechtsprechung, 6. Aufl., 2007, S. 32 f; Abschn. 5.5 Abs. 2 Satz 4 EStR; *Anzinger* in Herrmann/Heuer/Raupach, EStG – Kommentar, § 5 EStG, Anm. 1741.

713 Vgl. *Anzinger* in Herrmann/Heuer/Raupach, EStG – Kommentar, § 5 EStG, Anm. 1741.

714 Vgl. Urt. d. *BFH* v. 12.4.1984, IV R 137/80, BStBl. II 1984, S. 489.

715 Vgl. Urt. d. *BFH* v. 25.8.1982, I R 130/78, BStBl. II 1983, S. 38.

716 Vgl. Urt. d. *BFH* v. 26.2.1980, VIII R 80/77, BStBl. II 1980, S. 687.

717 Vgl. Urt. d. *BFH* v. 22.10.1987, IV R 4/85, BFH/NV 1988, S. 229 – Stromversorgung; Urt. d. *BFH* v. 13.12.1987, VIII R 249/80, BStBl. II 1985, S. 289 – Beiträge für Stromanschlussarbeiten sind keine Gegenleistung für ein Stromversorgungsrecht.

(3.) Zu Marktbedingungen erlangtes Wirtschaftsgut

Auch wenn das Wirtschaftsgut zu Marktbedingungen erlangt sein muss, kommt es auf die Höhe der „Gegen"-Leistung (Zuschuss) nicht an, solange Gewähr dafür besteht, dass Leistung und Gegenleistung unter Marktbedingungen abgewogen sind. Selbst bei einem objektiven Missverhältnis zwischen Leistung und Gegenleistung ist der Erwerb insgesamt entgeltlich, wenn die Parteien von einem eigenen Bewertungsmaßstab ausgegangen sind und nach ihren subjektiven Vorstellungen übereinstimmend angenommen haben, dass Leistung und Gegenleistung ausgewogen waren.[718] Eine erkennbar wertlose Gegenleistung deutet jedoch darauf hin, dass keine Marktbedingungen vorlagen und das immaterielle Wirtschaftsgut unentgeltlich erworben worden ist.[719] Wird eine Nutzungsmöglichkeit für die Zuschussgewährung eingeräumt, handelt es sich regelmäßig um ein zu Marktbedingungen erlangtes Wirtschaftsgut. Die Höhe des Zuschusses muss dabei nicht in einem objektiv angemessenen Verhältnis zu dem Wert der Nutzungsmöglichkeit stehen. Nur in den Fällen, in denen die Nutzungsmöglichkeit wertlos ist, scheitert eine Aktivierung.

c. *Kein schwebendes Geschäft*

Bei Zahlung einer einmaligen Gegenleistung für die Einräumung einer längerfristigen (meist mehrjährigen) Nutzungsmöglichkeit ist es in Literatur und Rechtsprechung umstritten, ob eine Aktivierung der Nutzungsmöglichkeit wegen Vorliegens eines schwebenden Geschäfts erfolgen darf oder nicht.[720] Eine große Strömung in der ältere Rechtsprechung und die Literatur verneinen, mit dem Hinweis auf ein schwebendes Geschäft, die Aktivierungsfähigkeit von Nutzungsrechten / Nutzungsmöglichkeiten grundsätzlich, wenn für die Erlangung

718 Vgl. *Anzinger* in Herrmann/Heuer/Raupach, EStG – Kommentar, § 5 EStG, Anm. 1743.

719 Vgl. Urt. d. *FG Berlin* v. 27.1.1982, EFG 1982, S. 505 (506).

720 Schwebendes Geschäft auch im Fall von Einmalzahlungen bejahend: Vgl. Urt. d. *BFH* v. 19.10.1993, VIII R 87/91, BStBl. II 1994, S. 109; Urt. d. *BFH* v. 25.10.1994, VIII R 65/91, BStBl. 1995, S. 312; Urt. d. *BFH* v. 11.10.1983, VIII R 61/81, BStBl. II 1984, S. 267; *Hiort*, Einlagen obligatorischer Nutzungsrechte in Kapitalgesellschaften, 2004, S. 220; *Lamers*, Aktivierungsfähigkeit und Aktivierungspflicht, 1981, S. 287;
Schwebendes Geschäft im Fall von Einmalzahlungen verneinend: Urt. d. *BFH* v. 14.3.2006, I R 109/04, BFH/NV 2006; Urt. d. *BFH* v. 18.12.2002; I R 17/02, BFHE 201, S. 234, BStBl. II 2004, S. 126; Paus, FR 1987, S. 163; *Bieg*, Schwebende Geschäfte in Handels- und Steuerbilanz, 1977, S. 346 ff.; differenzierend: *Anziger* in Herrmann / Heuer / Raupach, EStG – Kommentar, § 5 EStG, Anm. 1687; *Stapperfend*, FR 1993, S. 525.

der Nutzungsmöglichkeit eine Einmalzahlung geleistet wird.[721] Nach ihrer Ansicht endet der Schwebezustand, der das Aktivierungsverbot begründet, nämlich erst, wenn die Nutzungsmöglichkeit beendet ist.

Nach *Anzinger*[722] ist bislang nicht hinreichend überzeugend geklärt, inwiefern Nutzungsrechte vom Aktivierungsverbot für schwebende Geschäfte erfasst werden. Seiner Ansicht nach müsse die Reichweite des Aktivierungsverbots für schwebende Geschäfte grundsätzlich überdacht werden. Er führt hierzu aus: *„Es spricht einiges dafür, wenigstens durch die einmalige Zahlung erworbene zeitlich bestimmte Nutzungsrechte nicht als schwebendes Geschäft zu qualifizieren und für die Beendigung des schwebenden Geschäfts auf die Einräumung des Nutzungsrechts abzustellen."*[723]

In jüngeren Entscheidungen grenzt der BFH[724] das Aktivierungsverbot wegen eines schwebenden Geschäftes ein. Seiner Auffassung nach ist nämlich der für das schwebende Geschäft erforderliche Schwebezustand dann beendet, wenn die Gegenleistung in Form einer Einmalzahlung vollständig erbracht ist. In seinem Urteil vom 18.12.2002[725] führt er im Zusammenhang mit Stillhalteverpflichtungen aus Optionsgeschäften aus:

„Der Schwebezustand des [...] Schuldverhältnisses betreffend die Einräumung und Gewährleistung des Optionsrechts ist – unabhängig davon, ob die Option nachfolgend in Form eines weiteren Rechtsgeschäfts ausgeübt wird – beendet, nachdem der Erwerber der Option seine Gegenleistung in Form der Optionsprämie erbracht hat."[726]

In einer Entscheidung vom 14.3.2006[727] hat auch der BFH nunmehr diese die Auffassung bestätigt und auf ein Zuschussverhältnis übertragen, in dem die Zuschusszahlung wirtschaftlich mit der Einräumung einer Nutzungsmöglichkeit verknüpft wurde. Es fehle auch in diesen Fällen an einem wiederkehrenden

---

721 Vgl. Urt. d. *BFH* v. 19.10.1993, VIII R 87/91, BStBl. II 1994, S. 109; Urt. d. *BFH* v. 25.10.1994, VIII R 65/91, BStBl. 1995, S. 312; Urt. d. *BFH* v. 11.10.1983, VIII R 61/81, BStBl. II 1984, S. 267; *Hiort*, Einlagen obligatorischer Nutzungsrechte in Kapitalgesellschaften, 2004, S. 220; *Lamers*, Aktivierungsfähigkeit und Aktivierungspflicht, 1981, S. 287.

722 Vgl. *Anzinger* in Herrmann/Heuer/Raupach, EStG – Kommentar, § 5 EStG, Anm. 1687.

723 Vgl. *Anzinger* in Herrmann/Heuer/Raupach, EStG – Kommentar, § 5 EStG, Anm. 1687.

724 Vgl. Urt. d. *BFH* v. 11.3.1983, IIIV R 61/81, BStBl. II 1984 S. 267; Urt. d. *BFH* v. 20.1.1983, IV R 158/80, BFHE 138, S. 53, BStBl. II 1983, S. 413.

725 Vgl. Urt. d. *BFH* v. 18.12.2002, I R 17/02, BStBl. II 2004, S. 126, BFH/NV 2003, S. 702.

726 Vgl. Urt. d. *BFH* v. 18.12.2002, I R 17/02, BStBl. II 2004, S. 126, BFH/NV 2003, S. 702.

727 Vgl. Urt. d. *BFH* v. 14.3.2006, I R 109/04, BFH/NV 2006.

Leistungsaustauschverhältnis, das ein Aktivierungsverbot wegen eines schwebenden Geschäfts nach sich zöge. In dem Moment, in dem die Zuschusszahlung in voller Höhe erbracht ist, *„bestand insoweit kein schwebendes Geschäft mehr[...].“*[728]

Der Auffassung des BFH[729] ist zu folgen. M.E. ist mit vollständiger Erbringung der Zuschusszahlung das Aktivierungsverbot aufgrund eines schwebenden Geschäfts abzulehnen. Anders als in wiederkehrenden Leistungsaustauschverhältnissen, in denen Leistung und Gegenleistung pro rata temporis ausgetauscht werden, ist mit der Zahlung des vollständigen Zuschussbetrages der erforderliche Schwebezustand aufgehoben. In Zuschussfällen scheitert die Bilanzierung der Nutzungsmöglichkeit in Form eines immateriellen Wirtschaftsguts nicht am Aktivierungsverbot schwebender Geschäfte, sobald die Zuschusszahlung vollständig erbracht worden ist.

3. Zwischenergebnis: Immaterielles Wirtschaftsgut

Die Vorteile, die der Zuschussgeber im Gegenzug für die Zuschusszahlung erhält, können unter Umständen zur Aktivierung eines immateriellen Wirtschaftsguts gemäß § 5 Abs. 2 EStG beim Zuschussgeber führen. Dies kommt dann in Betracht, wenn die erhaltenen Vorteile für Wirtschaftsperioden nach dem Wirtschaftsjahr der Zuschusszahlung eingeräumt werden. Durch die Aktivierung der immateriellen Wirtschaftsgüter wird die Betriebsausgabe (Zuschusszahlung) zunächst neutralisiert. Der Aktivposten ist dann über die Nutzungsdauer gemäß § 7 Abs. 1 EStG aufzulösen, wodurch die Betriebsausgaben der Zuschusszahlung über den Nutzungszeitraum verteilt werden.

Als aktivierungsfähige immaterielle Wirtschaftsgüter kommen in Zuschussverhältnissen in erster Linie vom Zuschussempfänger eingeräumte Nutzungsmöglichkeiten in Betracht. Nach dem weiten Begriffsverständnis des BFH erfüllt die Nutzungsmöglichkeit den Wirtschaftsgutsbegriff, wenn sich ihr ein feststellbarer Wert zuordnen lässt. Werden hingegen durchsetzbare Rechtspositionen (wie z.B. Mietrecht, Bierlieferungsrecht oder Nutzungsrecht) eingeräumt, handelt es sich zwar auch um immaterielle Wirtschaftsgüter, weil diese jedoch in einem Leistungs- / Gegenleistungsverhältnis unmittelbar mit der Zuschusszahlung zusammenhängen, scheidet ein Zuschuss begrifflich aus.

Darüber hinaus muss das immaterielle Wirtschaftsgut durch einen entgeltlichen Erwerb erlangt worden sein. Nicht erforderlich ist dabei ein Entgelt aus

---

728 Vgl. Urt. d. *BFH* v. 14.3.2006, I R 109/04, BFH/NV 2006.

729 Vgl. Urt. d. *BFH* v. 14.3.2006, I R 109/04, BFH/NV 2006; Urt. d. *BFH* v. 18.12.2002, I R 17/02, BStBl. II 2004, S. 126, BFH/NV 2003, S. 702.

einer synallagmatischen Vertragsbeziehung. Für die Erfüllung des Entgeltbegriffs in § 5 Abs. 2 EStG reicht es aus, wenn wirtschaftlich ein Entgelt zugeordnet werden kann. Ist die Zuschusszahlung daher wirtschaftlich mit der Einräumung der Nutzungsmöglichkeit verknüpft, ist ein entgeltlicher Erwerb grundsätzlich zu bejahen. Dies gilt jedoch nur, wenn dem Zuschussgeber exklusive Nutzungsmöglichkeiten/Vorteile eingeräumt werden. Bei nicht exklusiven Nutzungsmöglichkeiten fehlt es an einer hinreichenden wirtschaftlichen Verknüpfung von Entgelt (Zuschuss) und Erwerb (Nutzungsmöglichkeit). Die Aktivierung der Nutzungsmöglichkeit in Form eines immateriellen Wirtschaftsguts scheitert auch nicht am Aktivierungsverbot schwebender Geschäfte, sobald die Zuschusszahlung vollständig erbracht worden ist.

III. Bildung aktiver Rechnungsabgrenzungsposten (§ 5 Abs. 5 EStG)

Die Bildung eines aktiven Rechnungsabgrenzungspostens gemäß § 5 Abs. 5 Satz 1 Nr. 1 EStG scheidet stets unabhängig vom Vorliegen der Voraussetzungen zur Bildung eines aktiven Rechnungsabgrenzungspostens dann aus, wenn ein immaterielles Wirtschaftsgut zu aktivieren ist.[730] Die Bildung eines Rechnungsabgrenzungspostens ist insoweit subsidiär.[731] Es besteht daher nur eine scheinbare Konkurrenz zwischen der Aktivierung eines immateriellen Wirtschaftsguts und der Bildung eines aktiven Rechnungsabgrenzungspostens. Soweit eine Nutzungsmöglichkeit als immaterielles Wirtschaftsgut zu aktivieren ist, scheidet die Bildung eines aktiven Rechnungsabgrenzungspostens aus.[732]

730 Vgl. *Bauer* in Kirchhof/Söhn/Mellinghoff, EStG – Kommentar, Stand: 211. Ergänzungslieferung, § 5, Rn. F 50; *Federmann*, BB 1984, S. 246 (248); *Anzinger* in Herrmann / Heuer / Raupach, EStG – Kommentar, § 5 EStG, Anm. 1687; *Hennrich* in MünchKomm. zum AktG, Band 5, 2. Aufl., § 250 HGB, Rn 8.

731 Vgl. *Hennrich* in MünchKomm. zum AktG, Band 5, 2. Aufl., § 250 HGB, Rn 8.

732 Vgl. *Anzinger* in Herrmann/Heuer/Raupach, EStG – Kommentar, § 5 EStG, Anm. 1671.

F. Wesentliche Ergebnisse im Ertragsteuerrecht

Behandlung beim Zuschussempfänger:

- Zuschüsse stellen mit Ausnahme von Zulagen keine außerbetrieblichen, steuerfreien Vermögensmehrungen dar. Zulagen gehören kraft gesetzlicher Fiktion nicht zu den Einnahmen im Sinne des Einkommensteuergesetzes.
- Zuschüsse können nicht als durchlaufenden Posten behandelt werden, weil sie nicht in fremden Namen und für fremde Rechnung vereinnahmt werden.
- In Ausnahmefällen kann eine Zuschusszahlung eines nahestehenden Nichtgesellschafters in Form einer verdeckten Einlage in eine Gesellschaft erfolgen, wenn die Zuwendung in erster Linie im Interesse des Gesellschaftes erbracht wird, daneben aber auch ein eigenes wirtschaftliches Interessen an der Zuschusszahlung besteht.
- Ertrags- und Aufwandszuschüsse (Erfolgszuschüsse), d.h. Zuschüsse, mit denen die Erlöse eines Unternehmens aufgebessert oder die Belastungen abgemildert werden sollen, die einem Betriebsvermögen zugewendet werden, stellen ganz überwiegend Betriebseinnahmen dar.
- Bei Investitionszuschüssen herrscht innerhalb der Senate des BFH und in der Literatur Streit über die Frage, ob Investitionszuschüsse die Anschaffungs- bzw. Herstellungskosten des bezuschussten Wirtschaftsguts mindern oder ob sie – ebenso wie die Erfolgszuschüsse – zu Betriebseinnahmen führen. Die Analyse der verschiedenen Meinungen zur einkommensteuersystematischen Einordnung von Investitionszuschüssen hat gezeigt, dass es sich bei diesen Zuschüssen, die ein Unternehmen zur Anschaffung bzw. Herstellung bestimmter Wirtschaftsgüter erhält, ebenso wie bei den Erfolgszuschüssen grundsätzlich um Betriebseinnahmen handelt. Eine Subsumtion des Investitionszuschusses unter den Begriff Anschaffungspreisminderungen des § 255 Abs. 1 Satz 3 HGB ist nicht möglich. Vom Wortlaut der Vorschrift sind lediglich solche Anschaffungspreisminderungen erfasst, die unmittelbar Gegenstand der vertraglichen Vereinbarung zwischen Verkäufer und Käufer sind und sich direkt mit dem Anschaffungsvorgang verbunden sind (Skonti, Rabatte, Preisnachlässe etc.). Der Investitionszuschuss ist jedoch nicht Gegenstand des Beschaffungsgeschäfts, sondern eine unabhängige Vertragsbeziehung außerhalb des Anschaffungsvorgangs. Der Investitionszuschuss ist der Ebene des Finanzierungsgeschäfts zuzuordnen. Eine Subsumtion des Investitionszuschusses unter den Begriff „Anschaffungspreisminderungen"

würde zu einer unzulässigen Vermischung zweier Rechtsgeschäfte führen (Kaufvertrag/Werklieferungsvertrag o.ä. einerseits und Zuschussverhältnis andererseits). Dies würde einen Verstoß gegen den Grundsatz der Einzelbewertung (§ 252 Abs. 1 Nr. 4 HGB) und gegen den Grundsatz der Bilanzwahrheit und der Bilanzvollständigkeit darstellen. Hinsichtlich einer Minderung der Herstellungskosten fehlt eine vergleichbare Regelung zu § 255 Abs. 1 Satz 3 HGB.

- Es ist grundsätzlich nicht möglich, bezuschusste Wirtschaftsgüter mit einem um den Zuschuss verringerten Teilwert gemäß § 6 Abs. 1 Nr. 1 Satz 3 EStG anzusetzen. Es bleibt bei der Teilwertvermutung der vollen Anschaffungs- bzw. Herstellungskosten. Nur bei besonderen Umständen kann die Teilwertvermutung im Einzelfall entkräftet werden und so zu einem verringerten Teilwertansatz führen. Dies ist dann der Fall, wenn durch den Investitionszuschuss eine generelle Beeinflussung des Marktpreises von bestimmten Wirtschaftsgütern erfolgt oder die Bezuschussung zu massiven unternehmenspolitischen Beschränkungen führt.
- Das Wahlrecht in Abschn. R 6.5 Abs. 2 EStR, das es dem Steuerpflichtigen ermöglicht, einen Investitionszuschuss wahlweise als Verminderung der Anschaffungs- bzw. Herstellungskosten des bezuschussten Wirtschaftsguts (in Höhe des Zuschussbetrages) zu behandeln, wird von keiner Rechtsgrundlage getragen. Sämtliche in Rechtsprechung und Literatur diskutieren Rechtsgrundlagen sind abzulehnen. Die Einräumung des Richtlinienwahlrechts in Abschn. R 6.5 Abs. 2 EStR ist mithin rechtswidrig.

  Zu den diskutierten Rechtsgrundlagen im Einzelnen:

  - Abschn. R 6.5 Abs. 2 EStR selbst kann nicht als eigenständige Rechtsgrundlage für ein Wahlrecht dienen, da es einer gesetzlichen Grundlage bedarf.
  - § 255 Abs. 1 Satz 3 HGB rechtfertigt einen verringerten Ansatz der Anschaffungs- bzw. Herstellungskosten von bezuschussten Wirtschaftsgütern nicht nach dem Wortlaut und auch nicht nach Sinn und Zweck der Vorschrift.
  - Auch die Vorschrift des § 6 Abs. 1 Satz 2 EStG kann nicht generell als Rechtsgrundlage für das Wahlrecht in Abschn. R 6.5 Abs. 2 EStR herangezogen werden, weil die Norm nur in Ausnahmefällen den Ansatz verringerter Anschaffungs- bzw. Herstellungskosten gestattet. Eine Ausdehnung des gesetzlich vorgesehenen Anwendungsbereichs des § 6 Abs. 1 Satz 2 EStG über den Umweg der Einkommensteuerrichtlinien ist nicht möglich.

- ➢ Auch das Realisationsprinzip gemäß § 252 Abs. 1 Nr. 4 Hs. 2 HGB trägt das Wahlrecht nicht. Die Gewinnrealisation erfolgt nämlich nicht nach Maßgabe der Nutzung, sondern nach Maßgabe der Abschreibung. Weichen Nutzung und Abschreibung (z.B. bei nicht abschreibungsfähigen Wirtschaftsgütern) voneinander ab, kommt es gerade nicht zu einer Realisation nach Maßgabe der Nutzung.
- ➢ Das Wahlrecht kann nicht auf Gewohnheitsrecht gestützt werden, weil für die Behandlung von Investitionszuschüssen keine einheitliche Praxis existiert.
- ➢ Schließlich lässt sich das Wahlrecht ebenso nicht als sachliche Billigkeitsmaßnahme der Verwaltung auf § 163 AO stützen. Im Subventionsbereich besteht grundsätzlich nur eine eingeschränkte Anwendungsmöglichkeit von sachlichen Billigkeitsmaßnahmen. Zudem fehlt es an einer sachlichen Unbilligkeit bei der regulären Behandlung von Investitionszuschüssen. Und schließlich verstößt ein genereller Rückgriff in Abschn. R 6.5 EStR gegen die in § 163 AO angelegte Plicht zur Einzelfallbetrachtung. Über den Umweg der Richtlinie kann diese nicht übergangen und so ein generelles Billigkeitsrecht geschaffen werden.

- Ist eine auflösend bedingte Rückzahlungsverpflichtung vereinbart, ist grundsätzlich ein Passivposten zu bilden, der den Zuschuss neutralisiert. Die Rückstellung für die auflösend bedingte Rückzahlungsverpflichtung ist erst aufzulösen, wenn der Eintritt der auflösenden Bedingung sicher erscheint oder die Bedingung eingetreten ist, so dass eine Rückzahlungsverpflichtung entfällt.
- Ist eine aufschiebend bedingte Rückzahlungsverpflichtung vereinbart, ist grundsätzlich kein Passivposten zu bilden. Es handelt sich um eine ungewisse Verbindlichkeit. Eine ungewisse Verbindlichkeit kann nur passiviert werden, wenn die Wahrscheinlichkeit des Bedingungseintritts hinreichend konkret geworden ist. Eine solche Wahrscheinlichkeit ist dann gegeben, wenn mehr Gründe für als gegen die künftige Inanspruchnahme sprechen.
- Durch die Bildung eines passiven Rechnungsabgrenzungspostens gemäß § 5 Abs. 5 Satz 1 Nr. 2 EStG können die sofortige Ertragsauswirkungen aufgrund des Zuflusses eines Zuschusses im Jahr des Zuflusses neutralisiert und durch die sukzessive Auflösung des Passivpostens in späteren Wirtschaftsperioden periodengerecht verteilt werden. Dafür ist es erforderlich, dass die Einnahmen aus der Zuschusszahlung Erträge für eine bestimmte Zeit nach dem Abschlussstichtag darstellen. Die Größe, anhand derer ein Ertrag für die späteren Perioden bestimmt werden kann, ist der Gegenwert, den der Zu-

schussempfänger in den Wirtschaftsperioden nach dem Erhalt der Zuschusszahlung an den Zuschussgeber zu erbringen hat. Dabei genügt das Vorhandensein eines Leistungsaustauschverhältnisses im weitesten Sinne („Gegenlast"), durch das ein wirtschaftliches Abhängigkeitsverhältnis zwischen der Zuschusszahlung und der „Gegenleistung" hergestellt wird. Ein Schuldverhältnis ist nicht erforderlich. Das Tatbestandsmerkmal „bestimmte Zeit" orientiert sich an der durch den Zuschussempfänger zu erbringenden Gegenlast. Es ist erfüllt, wenn die Gegenlast kalendermäßig bestimmt ist oder rechnerisch bestimmbar ist. Nicht ausreichend für die Bestimmbarkeit sind individuelle Schätzungen.

Behandlung beim Zuschussgeber:

- Grundsätzlich sind Zuschüsse als sofort abzugsfähige Betriebsausgaben beim Zuschussgeber zu erfassen, wenn die Gewährung der Zuschüsse durch die Erzielung betrieblicher Einkünfte veranlasst ist. Dies ist dann der Fall, wenn die Zuschussgewährung objektiv mit dem Betrieb zusammenhängt und dem Betrieb subjektiv zu dienen bestimmt sind. In tatsächlicher Hinsicht muss im Einzelfall gesondert geprüft werden, ob und in welchem Maße betriebliche oder außerbetriebliche Gründe für die Zuschussgewährung ausschlaggebend waren. Ein nur mittelbarer betrieblicher Zusammenhang genügt dann nicht, wenn er durch außerbetriebliche Umstände überlagert wird.
- Ausnahmsweise sind Aktivposten für den Erhalt immaterieller Wirtschaftsgüter gemäß § 5 Abs. 2 EStG zu bilden, wenn der Zuschussgeber im Gegenzug für die Zuschusszahlung einen entsprechenden Gegenwert erhält. Dieser Vorteil muss zunächst grundsätzlich für Wirtschaftsperioden nach dem Zeitpunkt der Zuschusszahlung eingeräumt werden. Durch die Aktivierung der immateriellen Wirtschaftsgüter wird die Betriebsausgabe (Zuschusszahlung) zunächst neutralisiert. Der Aktivposten ist dann über die Nutzungsdauer gemäß § 7 Abs. 1 EStG aufzulösen, wodurch die Betriebsausgaben der Zuschusszahlung über den Nutzungszeitraum des erhaltenen Gegenwerts verteilt werden. Als aktivierungsfähige immaterielle Wirtschaftsgüter kommen in Zuschussverhältnissen in erster Linie vom Zuschussempfänger eingeräumte Nutzungsmöglichkeiten in Betracht. Nach dem weiten Begriffsverständnis des BFH erfüllt die Nutzungsmöglichkeit den Wirtschaftsgutsbegriff, wenn sich ihr ein feststellbarer Wert zuordnen lässt. Werden hingegen durchsetz-bare Rechtsposition (wie z.B. Mietrecht, Bierlieferungsrecht oder Nutzungsrecht) eingeräumt, handelt es sich zwar auch um immaterielle Wirtschaftsgüter, weil diese jedoch über ein Leistungs- / Gegenleistungsver-

hältnis unmittelbar mit der Zuschusszahlung verknüpft sind, scheidet ein Zuschuss begrifflich aus. Darüber hinaus muss das immaterielle Wirtschaftsgut durch einen entgeltlichen Erwerb erlangt worden sein. Nicht erforderlich ist dabei eine Entgeltzahlung aus einer synallagmatischen Vertragsbeziehung. Für die Erfüllung des Entgeltbegriffs in § 5 Abs. 2 EStG reicht es aus, wenn wirtschaftlich ein Entgelt zugeordnet werden kann. Dies gilt jedoch nur, wenn dem Zuschussgeber exklusive Nutzungsmöglichkeiten / Vorteile eingeräumt werden. Bei nicht exklusiven Nutzungsmöglichkeiten fehlt es an einer hinreichenden wirtschaftlichen Verknüpfung von Entgelt (Zuschuss) und Erwerb (Nutzungsmöglichkeit). Sobald die Zuschusszahlung vollständig erbracht ist, scheitert die Aktivierung der Nutzungsmöglichkeit auch nicht am Aktivierungsverbot für schwebende Geschäfte.

Kapitel III Zuschüsse im Umsatzsteuerrecht

Die Untersuchung der umsatzsteuerlichen Behandlung von Zuschüssen soll, wie bereits bei der Untersuchung im Ertragsteuerrecht, anhand des in Kapitel I. ermittelten Zuschussbegriffs erfolgen.

Bei Zuschusszahlungen stellt sich im Umsatzsteuerrecht zunächst die Frage, ob die Zahlung tatsächlich ein Entgelt für eine steuerbare Leistung i. S. des § 1 Abs. 1 Nr. 1 UStG darstellen kann. Der Blick im Umsatzsteuerrecht wird aus diesem Grunde verstärkt auf die Leistung des Zuschussempfängers (Gegenwert für die Zuschusszahlung) zu richten sein.

Ist eine umsatzsteuerbare Leistungsbeziehung i. S. des § 1 Abs. 1 Nr. 1 UStG vorhanden, ist weiter zu klären, inwieweit Zuschusszahlungen insbesondere von Dritten als zusätzliches Entgelt in die umsatzsteuerliche Bemessungsgrundlage gemäß § 10 Abs. 1 Satz 3 UStG einzubeziehen sind.

Für den Steuerpflichtigen ist dies von großer Bedeutung, denn vom Ergebnis dieser Prüfung hängt ab, ob der Zuschuss wie (zusätzliches) Entgelt zu behandeln ist und dementsprechend eine Umsatzsteuerschuld auslöst.

Bevor auf die Problemfelder im Einzelnen eingegangen wird, soll zunächst ein knapper Überblick über die bestehenden gesetzlichen Regelungen folgen sowie eine kurze rechtsdogmatische Einordnung vorgenommen werden.

A. Gesetzliche Grundlagen

I. Nationale Regelungen

Im Umsatzsteuergesetz sucht man vergebens nach speziellen Regelungen zur umsatzsteuerlichen Behandlung von Zuschüssen. Derartige Regelungen fehlen schlicht.

Bis zum 30.6.1973[733] waren Zuschüsse aus öffentlichen Kassen aufgrund ausdrücklicher gesetzlicher Regelung vom Entgelt ausgenommen. § 10 Abs. 1 Satz 3 UStG enthielt nämlich bis dahin in einem Halbsatz die Formulierung: „*das gilt nicht für Zuschüsse aus öffentlichen Kassen*". Diese Formulierung wurde später jedoch gestrichen. Ursprünglich war sie eingeführt worden, um Unternehmern die Rechnungsstellung zu erleichtern. Allerdings wurde die Vorschrift in zunehmender Weise von den Steuerpflichtigen entgegen ihrem Zweck als generelle Steuerbefreiungsvorschrift für Zuschüsse der öffentlichen Hand

733 Vgl. StÄndG 1973 v. 26.6.1973, BGBl. I 1973, S. 676, BStBl. II 1973, S. 545.

ausgelegt.[734] Aus diesem Grund wurde ihre Streichung zur Klarstellung der Rechtslage notwendig.[735]

Zuschüsse der öffentlichen Hand sind nach der klarstellenden Streichung, wie vom Gesetzgeber ursprünglich intendiert, auch nach dem Wortlaut des Gesetzes wie alle anderen (von nicht staatlichen Dritten) gewährte Zuschüsse zu behandeln.[736]

Mithin ist im Umsatzsteuerrecht – ebenso wie im Ertragsteuerrecht – keine grundsätzliche Differenzierung zwischen öffentlichen und privaten Zuschüssen erforderlich.

Mangels spezieller Regelungen im Umsatzsteuergesetz zur Behandlung von Zuschüssen sind so bezeichnete Zahlungen im Umsatzsteuerrecht nach den allgemeinen Grundsätzen dahingehend zu prüfen, ob sie tatsächlich Entgelt für eine steuerbare Leistung sein können.

In diesem Zusammenhang drängen sich anhand des nationalen Umsatzsteuergesetzes zwei Fragen auf, die für die umsatzsteuerliche Behandlung von Zuschüssen von Bedeutung sein können. Einerseits gilt es zu prüfen, ob ein Leistungsaustausch gemäß § 1 Abs. 1 Nr. 1 UStG durch das Zuschussverhältnis ausgelöst wurde, d.h. es gilt die Frage zu klären, ob überhaupt ein Rechtsverhältnis besteht, aufgrund dessen die Leistung umsatzsteuerbar ist. Andererseits ist anhand von § 10 Abs. 1 Sätze 1 – 3 UStG zu prüfen, ob die Zuschusszahlung ein Entgelt bzw. Zusatzentgelt darstellt und demgemäß in die Bemessungsgrundlage für die Ermittlung eines Umsatzes einzubeziehen ist, d.h. letztlich ist die Frage zu klären, ob die Zuschusszahlung Entgeltcharakter hat.

Für die Klärung der umsatzsteuerlichen Behandlung von Zuschüssen sind jedoch nicht nur die Vorschriften aus dem deutschen Umsatzsteuergesetz zu berücksichtigen, sondern zusätzlich auch Rechtsakte der Europäischen Union. So sind auf internationaler Ebene die Regelungen der MwStSystRL[737] zu berücksichtigen. Das deutsche Umsatzsteuerrecht ist an die Maßgaben der Richtlinie anzupassen und soweit dies nicht erforderlich ist, ist eine richtlinienkonforme Auslegung des Umsatzsteuergesetzes vorzunehmen. Aus diesem Grunde hat insbesondere die Rechtsprechung des EuGH und die von ihm vorgenommene

---

734 Vgl. Rechtsprechung zu dieser Problematik, die lediglich durch die Fehlinterpretation verständlich ist: Urt. d. *BFH* v. 26.6.1986, V R 93/77, BStBl. II 1986, S. 260; Urt. d. *BFH* v. 9.10.1975, V R 88/74, BStBl. II 1976, S. 105; Urt. d. *FG München* v. 13.2.1974, III 134/72 U, UR 1974, S. 102.

735 Vgl. *Streng*, Zuschüsse und Subventionen im Umsatzsteuerrecht, Köln 1999, S. 12.

736 Vgl. *Streng*, Zuschüsse und Subventionen im Umsatzsteuerrecht, Köln 1999, S. 12; *List*, BB 2005, S. 241.

737 Vgl. Richtlinie 2006/112/EG des Rates vom 28. November 2006 über das gemeinsame Mehrwertsteuersystem (Mehrwertsteuersystemrichtlinie).

Begriffsauslegung heute erheblichen Einfluss auf das nationale Begriffsverständnis.

II. Rechtsetzung der EU – Mehrwertsteuersystemrichtlinie

Gemäß Art. 113 AEUV[738] können Rechtsvorschriften über die indirekten Steuern innerhalb der EU harmonisiert werden, um auf diesem Weg innerhalb der verschiedenen Mitgliedsstaaten der EU gleiche Wettbewerbsbedingungen zu schaffen.[739] Die Rechtsetzung erfolgt innerhalb der EU durch den Erlass von Richtlinien. So auch im Bereich des Umsatzsteuerrechts. Besondere Bedeutung für die umsatzsteuerliche Bewertung von Zuschussverhältnissen kommt Art. 2 Abs. 1 lit. a) und c) MwStSystRL und Art. 73 MwStSystRL zu.

Gemäß Art. 2 Abs. 1 lit. a) und c) MwStSystRL unterliegen Lieferungen von Gegenständen und Dienstleistungen, die ein Steuerpflichtiger als solcher im Gebiet eines Mitgliedstaats gegen Entgelt erbringt, grundsätzlich der Umsatzsteuer. Dies entspricht im Wesentlichen § 1 Abs. 1 Nr. 1 UStG. Für die Frage, wann eine entgeltliche Lieferung oder Dienstleistung umsatzsteuerbar ist, ist daher Art. 2 Abs. 1 lit. a) und c) MwStSystRL zu berücksichtigen.

Nach Art. 73 MwStSystRL bestimmt sich die Bemessungsgrundlage für Lieferungen und Dienstleistungen nach dem Wert der Gegenleistung, die der Lieferer oder der Dienstleistende vom Abnehmer oder Dienstleistungsempfänger oder einem Dritten erhält, „*einschließlich der unmittelbar mit dem Preis dieser Umsätze zusammenhängenden Subventionen*“. Diese Vorschrift hat Einfluss auf die nationale Regelung in § 10 Abs. 1 Satz 3 UStG, nämlich wann ein Zuschuss als zusätzliches Entgelt in die Bemessungsgrundlage der Umsatzsteuer einzubeziehen ist.

---

738 Artikel 113 AEUV [Harmonisierung der indirekten Steuern] lautet: „*Der Rat erlässt gemäß einem besonderen Gesetzgebungsverfahren und nach Anhörung des Europäischen Parlaments und des Wirtschafts- und Sozialausschusses einstimmig die Bestimmungen zur Harmonisierung der Rechtsvorschriften über die Umsatzsteuern, die Verbrauchsabgaben und sonstige indirekte Steuern, soweit diese Harmonisierung für die Errichtung und das Funktionieren des Binnenmarkts und die Vermeidung von Wettbewerbsverzerrungen notwendig ist.*“

739 Vgl. *Streng*, Zuschüsse und Subventionen im Umsatzsteuerrecht, Köln 1999, S. 13.

III. Verhältnis der nationalen Bestimmungen zum Recht der EU

Das Recht der EU (Sekundärrecht) gelangt zum Teil unmittelbar und verbindlich in den Mitgliedstaaten zur Anwendung, teilweise überlässt es den Mitgliedstaaten die unmittelbar verbindliche Umsetzung der festgelegten Grundsätze. Gemäß Art. 288 Abs. 2 AEUV wirken Verordnungen unmittelbar verbindlich innerhalb der Mitgliedstaaten. In jedem Mitgliedstaat, der vom Regelungstatbestand erfasst wird, wirkt die Verbindlichkeit der Verordnung gegenüber jedermann.[740]

Demgegenüber sind (Umsatzsteuer-)Richtlinien gemäß Art. 288 Abs. 3 AEUV für die Mitgliedsstaaten, an die sie adressiert sind, lediglich hinsichtlich des zu erreichenden Ziels verbindlich. Den Nationalstaaten wird jedoch die Wahl der Form und der Mittel überlassen, wie sie die Ziele gesetzgeberisch umsetzen.[741] Welchen Gestaltungsspielraum der nationale Gesetzgeber dabei hat, hängt davon ab, wie detailliert die Richtlinie ist.[742] Eine wörtliche Übernahme des Richtlinientextes in das nationale Gesetz ist nicht erforderlich.[743]

Die MwStSystRL gilt nach dem Wortlaut des Art. 288 AEUV mithin nicht unmittelbar. Ihre Geltung tritt vielmehr erst nach ihrer Umsetzung durch die einzelnen Mitgliedsstaaten ein (zweistufiges Rechtssetzungsverfahren).[744]

Sofern die nationale Gesetzeslage bereits der Richtlinie entspricht, müssen durch den Mitgliedstaat keine Umsetzungsmaßnahmen erfolgen. Eine vorhandene Rechtsvorschrift ist dann vielmehr in der Weise auszulegen, dass eine richtlinienkonforme Rechtsgestaltung erreicht wird.[745] Auf den Nenner gebracht heißt das, dass über das Wesen der Umsatzsteuer im umsatzsteuerharmonisierten Europa heute maßgeblich die Umsatzsteuer-(Richtlinien) der Europäischen Union entscheiden.[746] Nach ständiger Rechtsprechung des EuGH sind die Mitgliedstaaten verpflichtet, innerstaatliche Rechtsvorschriften im Lichte des Wortlauts und des Zwecks der einschlägigen Richtlinien der Europäischen Union auszulegen

740 Vgl. *Wendt* in Spahlinger/Wegen, Internationales Gesellschaftsrecht, 1. Aufl., 2005, Rn. 830.

741 Vgl. *Schwarz*, Europäisches Gesellschaftsrecht, 1. Aufl, 2000, Rn. 75.

742 Vgl. *Wendt* in Spahlinger/Wegen, Internationales Gesellschaftsrecht, 1. Aufl., 2005, Rn. 830.

743 Vgl. *Streng*, Zuschüsse und Subventionen im Umsatzsteuerrecht, Köln 1999, S. 15.

744 Vgl. *Wendt* in Spahlinger/Wegen, Internationales Gesellschaftsrecht, 1. Aufl., 2005, Rn. 830.

745 Vgl. *Streng*, Zuschüsse und Subventionen im Umsatzsteuerrecht, Köln 1999, S. 16.

746 Vgl. *Streng*, StuW 1999, S. 154 (156).

(Richtlinienkonforme Auslegung) und anzuwenden. Dies gilt für die Finanzverwaltung ebenso wie für den Bundesfinanzhof.

Regelmäßig sehen Richtlinien eine Umsetzungsfrist vor. Wird der durch die Richtlinie vorgegebene Normzweck von einem Mitgliedstaat nicht innerhalb der Umsetzungsfrist in das geltende nationale Recht umgesetzt, kann die Richtlinie nach der Rechtsprechung des EuGH unter bestimmten Voraussetzungen unmittelbare Wirkung entfalten.[747] Eine unmittelbare Wirkung der Richtlinie setzt voraus, dass neben einer fehlenden oder unzureichenden Umsetzung innerhalb der Frist, der Inhalt der Richtlinie zu ihrer unmittelbaren Anwendung ausreichend bestimmt ist und die Bestimmung den Einzelnen begünstigt.[748] Im Kollisionsfall bestünde ein Anwendungsvorrang. Die Umsatzsteuerrichtlinien würden dann unmittelbar in den Rechtskreis der Bundesrepublik Deutschland hineinwirken.[749]

747 Vgl. *Wendt* in Spahlinger/Wegen, Internationales Gesellschaftsrecht, 1. Aufl., 2005, Rn. 830; Urt. d. *EuGH* v. 6.10.1970, Rs. 9/70, Slg. 1970, S. 825 (838, Rn. 5); Urt. d. *EuGH* v. 12.7.1973, Rs. 70/72, Slg. 1973, S. 813 (829); Urt. d. *EuGH* v. 4.12.1974, Rs. 41/74, Slg. 1974, S. 1337 (1348, Rn. 12 ff.).

748 Vgl. *Wendt* in Spahlinger/Wegen, Internationales Gesellschaftsrecht, 1. Aufl., 2005, Rn. 830.

749 Vgl. *Streng*, Zuschüsse und Subventionen im Umsatzsteuerrecht, Köln 1999, S. 18.

B. Rechtsdogmatische Einordnung

I. Fallgruppen

Eine Geldleistung an einen Unternehmer kann in Zuschussfällen nur dann (als Entgelt) der Umsatzbesteuerung unterliegen, wenn sie zu qualifizieren ist als:

- Entgelt für eine steuerbare und steuerpflichtige Leistung des Zuschussempfängers an den Zuschussgeber (1. Fallgruppe) oder
- (zusätzliches) Entgelt des Zuschussgebers für eine steuerbare und steuerpflichtige Leistung des Zuschussempfängers an einen anderen Leistungsempfänger (§ 10 Abs. 1 Satz 3 UStG) (2. Fallgruppe).[750]

Nur dann, wenn eine Zuschuss nicht einer der beiden Gruppen zugeordnet werden kann, liegt ein nichtsteuerbarer *„echter"* Zuschuss vor.

II. Maßgeblichkeit der Leistungsbeziehungen

Zu unterscheiden sind daher die jeweiligen Leistungsbeziehungen. Handelt es sich um die 1. Fallgruppe, ist ein Zweipersonenverhältnis zu untersuchen. Hier ist insbesondere die problematische Frage zu klären, ob ein Leistungsaustausch i.S. des § 1 Abs. 1 Nr. 1 Satz 1 UStG zwischen dem (leistenden) Zuschussempfänger und dem (zahlenden) Zuschussgeber besteht. In der 2. Fallgruppe ist ein Dreipersonenverhältnis zu untersuchen. Wesentlicher Unterschied im Vergleich zu der 1. Fallgruppe ist es, dass der Zuschussgeber nicht der Leistungsempfänger ist, sondern als Dritter (*„anderer als der Leistungsempfänger"* i.S. des § 10 Abs. 1 Satz 3 UStG) für die Leistung des Zuschussempfängers an den Leistungsempfänger beteiligt ist (Abnehmer oder Dienstleistungsempfänger i. S. des Art. 73 MwStSystRL).

750 Vgl. *Lange*, UR 1994, S. 413 (414).

Skizze: Umsatzsteuerliche Leistungsbeziehungen bei Zuschüssen

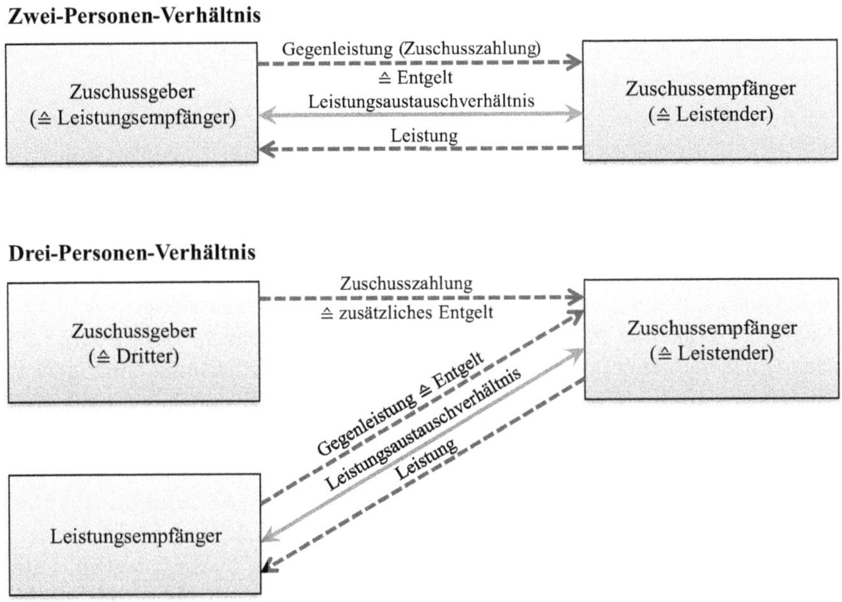

III. Abschn. 10.2 des Umsatzsteueranwendungserlasses (UStAE)

Der Umsatzsteueranwendungserlass greift die Konstellationen im Zweipersonen- und Dreipersonenverhältnis auf und unterteilt nach Abschn. 10.2 UStAE in:

- Zuschüsse als Entgelt für eine Leistung an den Zuschussgeber (Zahlenden) im Zweipersonenverhältnis, sog. „unechte Zuschüsse“,
- Zuschüsse als zusätzliches Entgelt eines Dritten im Dreipersonenverhältnis und
- „echte“, nicht steuerbarer Zuschüsse.

Dieser Unterscheidung ist grundsätzlich zuzustimmen. Im Folgenden sollen daher zunächst Zuschussbeziehungen im Zweipersonenverhältnis untersucht werden und anschließend Zuschussbeziehungen in einem Dreipersonenverhältnis, bei denen die Einbeziehung der Zuschusszahlung in die Bemessungsgrundlage einer umsatzsteuerpflichtigen Leistung in Betracht kommt. In beiden Konstellationen kann es dazu kommen, dass die Zuschusszahlung keine Umsatzsteuerpflicht auslöst. Entweder, weil es an einem umsatzsteuerbaren Leistungsaustausch im Zweipersonenverhältnis mangelt oder weil die Zuschusszahlung des Dritten kein zusätzliches Entgelt darstellt und daher nicht in die Bemessungsgrundlage einbezogen werden kann. Dies sind dann die Fälle, die als „echte" Zuschüsse bezeichnet werden können.

C. Zuschuss als Entgelt für eine Leistung (Zweipersonenverhältnis)

Die im Einzelfall vorzunehmende Abgrenzung, ob ein Zuschuss ein Entgelt für eine Leistung darstellt („unechter Zuschuss"), ist oftmals schwierig.[751]

Zentrale Frage ist, ob im Fall der Zuschussgewährung zwischen dem Leistenden (Zuschussgeber) und dem Leistungsempfänger (Zuschussempfänger) ein Leistungsaustausch i.S. des § 1 Abs. 1 Nr. 1 Satz 1 UStG stattfindet. Ist dies der Fall, handelt es sich bei der Zuschusszahlung um eine Gegenleistung für eine steuerbare Leistung an den Zuschussgeber. Im Einzelnen ist jedoch nicht klar, anhand welcher Kriterien ein umsatzsteuerbares Entgelt von einem nicht steuerbaren Zuschuss zu unterscheiden ist. In der Rechtsprechung und in der Literatur sind viele unterschiedliche Kriterien entwickelt worden. Diese haben im Laufe der Zeit eine Reihe von Änderungen erfahren. Dabei spielt neben der Rechtsentwicklung des BFH auch die Rechtsprechung des EuGH eine entscheidende Rolle.

I. Ältere Rechtsprechung des BFH

1. Urteil des BFH zum Leistungsaustausch vom 7.5.1981[752]

Obgleich sich der BFH in diesem Urteil nicht mit Zuschüssen, sondern mit der Umsatzsteuerbarkeit betrieblicher Sozialzuwendungen befasste, waren die hierin vorgenommenen Ausführungen für den Begriff des Leistungsaustauschs und damit auch für die Problematik der Umsatzsteuerbarkeit von Zuschüssen von Bedeutung. Das Urteil kann als Grundsatzurteil bezeichnet werden, weil der BFH hierin dem umsatzsteuerlichen Begriff des Leistungsaustauschs genauere

---

751 Vgl. *Husmann* in Rau/Dürrwächter, Kommentar zum Umsatzsteuergesetz, 115. Ergänzungslieferung, August 2003, § 1 UStG, Rn. 385.1.

752 Vgl. Urt. d. *BFH* v. 7.5.1981, V R 47/76, BStBl. II 1981, S. 475.

Konturen gegeben hat, auf die er in der Folgezeit für die Abgrenzung von echten und unechten Zuschüssen immer wieder zurückgegriffen hat.

Streitbefangen war die Frage der Umsatzsteuerbarkeit betrieblicher Sozialzuwendungen des Arbeitgebers an seine Arbeitnehmer in Gestalt der kostenlosen Beförderung von Arbeitnehmern zwischen Wohnung und Arbeitsstätte.

Der BFH kam zum Ergebnis, dass es mangels einer zweckgerichteten (finalen) Unternehmerleistung an einer notwendigen inneren Verknüpfung von Leistung und Gegenleistung fehle. Aufgrund dessen fehle es an einem erforderlichen entgeltlichen Leistungsaustausch, weshalb der Vorgang nicht umsatzsteuerbar sei.

Der BFH führt aus, dass zur Annahme eines Leistungsaustauschs auf der Seite des leistenden Unternehmers ein Verhalten erforderlich sei, das auf den Erhalt einer Gegenleistung im Austausch gegen die erbrachte Leistung abziele oder zumindest geeignet sei, eine Vergütung für die erbrachte Leistung auszulösen. Entscheidend sei daher allein die Zweckgerichtetheit des Unternehmerhandelns.

Der BFH stellt folglich ausschließlich auf den Empfänger ab und lässt die Frage der Steuerbarkeit der Zahlung (im Zuschussverhältnis: Zuschusszahlung) davon abhängen, ob der Leistende (im Zuschussverhältnis: Zuschussempfänger) gefördert werden soll. Wird dem Leistenden (Zuschussempfänger) die Zahlung lediglich aus strukturpolitischen, volkswirtschaftlichen oder allgemeinpolitischen Gründen gewährt, bleibt sie steuerfrei.[753]

Diese Rechtsprechung zum Begriff des Leistungsaustauschs aus der Sichtweise des Leistenden diente in der Folgezeit lange der Abgrenzung zwischen echten und unechten Zuschüssen.[754]

---

753 Die Rechtsprechung zur Annahme eines Leistungsaustauschs hatte sich damit geändert. Zuvor kam es dem BFH darauf an, dass der Zahlende kausal die Leistung des Leistenden abgelten wollte, damit ein Leistungsaustausch bejaht werden konnte; vgl. Urt. d. *BFH* v. 6.2.1975, V R 103/72, BStBl. II 1975, S. 255.

754 Vgl. Urt. d. *BFH* v. 5.6.1986, V R 114/76, BFH/NV 1987, S. 199; Urt. d. *BFH* v. 26.6.1986, V R 93/77, BStBl. II 1986, S. 723; Urt. d. *BFH* v. 25.11.1986, V R 109/78, BStBl. II 1987, S. 228, UR 1987, S. 131 m. Anm. *Weiß*; Urt. d. *BFH* v. 4.6.1987, V R 9/79, BStBl. II 1987, S. 653; Urt. d. *BFH* v. 15.7.1987, X R 13/80, BFH/NV 1988, S. 56; Urt. d. *BFH* v. 9.12.1987, X R 39/81, BStBl. II 1988, S. 471; Urt. d. *BFH* v. 28.1.1988, V R 112/86, BStBl. II 1988, S. 473; Urt. d. *BFH* v. 22.6.1989, V R 37/84, BStBl. II 1989, S. 913; Urt. d. *BFH* v. 23.2.1989, V R 141/84, BStBl. II 1989, S. 638; Urt. d. *BFH* v. 10.8.1989, V R 154/84, BFH/NV 1990, S. 398, UR 1990, S. 147 m. Anm. *Husmann*; Urt. d. *BFH* v. 28.7.1994, V R 27/92; Urt. d. *BFH* v. 25.1.1996, V R 61/94, BFH/NV 1996, S. 715; Urt. d. *BFH* v. 30.1.1997, V R 11/97, BStBl. II 1998, S. 169.

2. Urteil des BFH vom 20.4.1988[755]

In der Entscheidung des BFH vom 20.4.1988 hatte sich der BFH mit Zuwendungen des Absatzfonds der deutschen Land-, Forst- und Ernährungswirtschaft (Körperschaft öffentlichen Rechts) an eine GmbH beschäftigt. Die GmbH hatte die Aufgabe, für den Absatzfonds die in- und ausländischen Märkte für die Land- und Forstwirtschaft zu beobachten und Bericht zu erstatten.

Der BFH hielt hier die Zahlungen des Absatzfonds für nicht umsatzsteuerbar. Er verneinte einen Leistungsaustausch i. S. des § 1 Abs. 1 Nr. 1 UStG. Im Wesentlichen stützt sich der BFH auf seine Entscheidung vom 7.5.1981[756].

Der BFH führt aus:

„Bestätigung findet diese Ansicht in den neueren Erkenntnissen zur Abgrenzung des Leistungsaustauschs vom nichtsteuerbaren, sog. echten Zuschuß, die der BFH schon in seinem Urteil vom 24. August 1967 V 31/64 (BFHE 89, 407, BStBl III 1967, 717) u.a. davon abhängig gemacht hat, ob die in Frage stehenden Zahlungen rechtlich und tatsächlich an die Ausführung bestimmter Umsätze gebunden sind, und die sich inzwischen ganz allgemein am erkennbaren Zweck der zugrunde liegenden Zahlungen ausrichtet. Danach werden für die Leistung gewährte Zahlungen in die Bemessungsgrundlage für den steuerbaren Leistungsaustausch einbezogen; für den leistenden Unternehmer, zu seiner Förderung, aus strukturpolitischen, volkswirtschaftlichen oder allgemeinpolitischen Gründen gewährte Zahlungen dagegen bleiben als (echte) Zuschüsse unbesteuert.“[757]

3. Zusammenfassung der Auffassung des BFH

Die Definition des Begriffs „Leistungsaustausch“ erfolgt nach Maßgabe des Urteils vom 7.5.1981[758] ausschließlich von der Seite des Leistenden her.[759] Seitens des leistenden Unternehmens (Zuschussempfängers) ist nach dieser Ansicht also ein Verhalten erforderlich, das auf den Erhalt einer Gegenleistung abzielt oder zumindest geeignet ist, eine Vergütung auszulösen.[760]

---

755 Vgl. Urt. d. *BFH* v. 20.4.1988, X R 3/82, BStBl. II 1988, S. 792.

756 Vgl. Urt. d. *BFH* v. 7.5.1981, V R 47/76, BStBl. II 1981, S. 495.

757 Vgl. Urt. d. *BFH* v. 7.5.1981, V R 47/76, BStBl. II 1981, S. 495.

758 Vgl. Urt. d. *BFH* v. 7.5.1981, V R 47/76, BStBl. II 1981, S. 495.

759 Vgl. *Streng*, Zuschüsse und Subventionen im Umsatzsteuerrecht, Köln 1999, S. 47.

760 Der BFH zieht daraus den Schluss, dass das Tatbestandsmerkmal des Leistungsaustauschs *„gegen Entgelt“* zur Abgrenzung eines echten Zuschusses von einem unechten Zuschuss dem § 1 Abs. 1 Satz 1 Nr. 1 UStG zu entnehmen ist und nicht dem § 10 Abs. 1 UStG; vgl. Urt. d. BFH v. 28.1.1988, V R 112/86, BStBl. II 1988, S. 473.

Dient die Zahlung rechtlich und tatsächlich der Ausführung bestimmter Umsätze, dann ist ein Leistungsaustausch zu bejahen. Eine Entgeltlichkeit der Leistung (Leistungsaustausch) ist hingegen abzulehnen, wenn durch die Zahlung lediglich eine aus strukturpolitischen, volkswirtschaftlichen oder allgemeinpolitischen Gründen erwünschte Tätigkeit des Zahlungsempfängers gefördert werden soll.

4. Kritik aus der Literatur

Diese Argumentation hat in der Literatur breite Kritik hervorgerufen.[761] Dem BFH wurde im Wesentlichen entgegengehalten, seine Definition des Leistungsaustauschs stimme nicht mit dem Wortlaut des Gesetzes überein.[762] Das Gesetz definitere in § 10 UStG den in § 1 Abs. 1 Nr. 1 UStG beinhalteten Entgeltbegriff als: „alles, was der Leistungsempfänger (oder ein Dritter) aufwende, um die Leistung zu erhalten." Jede Zahlung um der Leistung willen ist folglich als Entgelt zu qualifizieren. Die innere Verknüpfung von Leistung und Gegenleistung muss aus der Sicht des Leistungsempfängers (Zuschussgebers) beurteilt werden. Eine innere Verknüpfung liegt dann vor, wenn der Leistungsempfänger (Zuschussgeber) seine Gegenleistung (Zuschusszahlung) erbringt, um die Leistung abzugelten.[763] Im Gesetz werde mithin nicht auf die Finalität des Leistenden (Zuschussempfängers) abgestellt, sondern auf eine Kausalität der Leistung für die Gegenleistung, womit hinsichtlich der Frage des Leistungsaustauschs der Blick auf den Leistungsempfänger (Zuschussgeber) zu richten sei. Die Abgrenzung, die der BFH vornehme, nämlich vom Leistenden her, sei mit dem System der Umsatzsteuer unvereinbar.[764]

---

761 Vgl. dazu *Streng*, Zuschüsse und Subventionen im Umsatzsteuerrecht, Köln 1999, S. 48 mit einem ausführlichen Überblick; *Theler*, DStR 1983, S. 215; *ders.*, DStR 1995, S. 433; *Söhn*, Leistungsaustausch, Festschrift v. Wallis, S. 439; *Reiß*, StuW 1983, S. 364; *ders.*, DStJG 13 (1990), S. 3; *Widmann*, DStR 1981, S. 703.

762 Vgl. *Reiß*, StuW 1983, S. 364.

763 Vgl. *Streng*, Zuschüsse und Subventionen im Umsatzsteuerrecht, Köln 1999, S. 240.

764 Vgl. *Streng*, Zuschüsse und Subventionen im Umsatzsteuerrecht, Köln 1999, S. 240.

II. Entscheidungen des EuGH

1. Urteil des EuGH vom 3.3.1994 – Rs. Tolsma[765]

In der Rechtssache Tolsma war streitig, ob ein Drehorgelspieler, der auf öffentlichen Straßen spielt, deshalb gegen Entgelt spielt, weil die Passanten in seine Sammelbüchse Geldbeträge werfen.

Es ist die Frage zur Vorabentscheidung gestellt worden, ob es als Dienstleistung gegen Entgelt anzusehen ist, wenn auf öffentlichen Wegen Musik zum Gehör gebracht wird, wofür keine Vergütung vereinbart, jedoch eine Vergütung empfangen wird.

Der EuGH verneint hier ein Entgelt, weil

- zwischen den Parteien keine Vereinbarung besteht und die Passanten freiwillig eine Vergütung bezahlen, deren Höhe sie selbst bestimmen,
- kein notwendiger Zusammenhang zwischen der musikalischen Darbietung und den dadurch veranlassten Zahlungen besteht,
- die Passanten nicht aufgrund der musikalischen Darbietung, sondern aus persönlichen Motiven bezahlen,
- die Zahlungen aus freien Stücken erfolgen und vom Zufall abhängig sind; ihre Höhe sich praktisch nicht bestimmen lässt.

Für die Beurteilung einer entgeltlichen Leistung stellt der EuGH folgenden Grundsatz auf: Eine Leistung ist gegen Entgelt erbracht und somit steuerpflichtig, *„wenn zwischen dem Leistenden und dem Leistungsempfänger ein Rechtsverhältnis besteht, in dessen Rahmen gegenseitige Leistungen ausgetauscht werden, wobei die vom Leistenden empfangene Vergütung den tatsächlichen Gegenwert für die dem Leistungsempfänger erbrachte Dienstleistung bildet.“*[766]

Nach dem EuGH muss folglich die Vergütung (Zuschusszahlung) den tatsächlichen Gegenwert für die erbrachte Dienstleistung darstellen. Anknüpfungspunkt ist folglich die Leistung und damit die Sicht des Zuschussgebers, um eine innere Verbundenheit zwischen Leistung und Gegenleistung herzustellen.

---

765 Vgl. Urt. d. *EuGH* v. 3.3.1994, C-16/93, Rs. Tolsma, EuGHE 1994, I-743, UR 1994, S. 399.

766 Vgl. Urt. d. *EuGH* v. 3.3.1994, C-16/93, Rs. Tolsma, EuGHE 1994, I-743, UR 1994, S. 399.

2. Urteil des EuGH vom 29.2.1996 – Rs. Mohr[767]

Streitbefangen war die Zahlung eines Geldbetrages von Mitgliedsstaaten der EU an Landwirte für die endgültige Aufgabe der Milchproduktion. Entsprechend der VO Nr. 1336/86 hatten sich nämlich die Mitgliedstaaten der EU verpflichtet, Landwirten eine Vergütung zu zahlen, wenn sich diese verpflichten, die Milcherzeugung endgültig aufzugeben. Da die deutsche Regierung und der BFH die Auffassung vertraten, dass der Landwirt mit der Aufgabe der Milchproduktion eine Dienstleistung erbringe, wurde diese Frage und die Frage, ob die dafür erhaltene Dienstleistung nach Art. 11 Teil A Abs. 1 lit. a der Sechsten Richtlinie (heute: Art. 73 MwStSystRL) zu versteuern ist, dem EuGH zur Entscheidung vorgelegt.[768]

Der EuGH entwickelte folgende Leitlinien für die Ermittlung einer umsatzsteuerbaren Lieferung/Dienstleistung:

- Die Mehrwertsteuer ist eine allgemeine Verbrauchsteuer auf die Lieferung von Gegenständen und Dienstleistungen. Bei der Aufgabe der Milcherzeugung gibt es nach Ansicht des EuGH keinen Verbraucher i.S. des Mehrwertsteuersystems.
- Die Gemeinschaft erwirbt dadurch, dass sie den Landwirten einen Ausgleich gewährt, die sich zur Aufgabe ihrer Milcherzeugung verpflichten, keinen Gegenstand und empfängt auch keine Dienstleistung zur eigenen Verwendung. Es handelt sich vielmehr um eine Maßnahme im allgemeinen Interesse an der Förderung des ordnungsgemäßen Funktionierens des Milchmarktes der Gemeinschaft.[769]
- Die Verpflichtung der Landwirte zur Aufgabe der Milchproduktion bringt weder der Gemeinschaft noch den zuständigen nationalen Stellen Vorteile, aufgrund derer sie als Empfänger einer umsatzsteuerlich relevanten Dienstleistung angesehen werden könnten.

Der EuGH legte erstmals ein Anforderungsprofil an die Leistung fest. Zentrale Erkenntnis war, dass eine Leistung nur bejaht werden konnte, wenn auf Seiten des Leistungsempfängers (Zuschussgebers) auch ein Verbrauch i.S. des Mehrwertsteuersystems erfolgt. Findet kein Verbrauch seitens des Zuschussgebers (Leistungsempfängers) statt, kann auch keine umsatzsteuerbare Leistung gegen Entgelt angenommen werden. Eine weitere Betrachtung des Leistungs-

---

767 Vgl. Urt. d. *EuGH* v. 29.2.1996, Rs. C-215/94, Mohr, EuGHE I 1996, S. 959, BB 1996, S. 1596, UR 1996, m. Anm. *Wittmann*.

768 Vgl. auch kurze Entscheidungszusammenfassung: *List*, BB 2005, S. 241.

769 Vgl. *List*, BB 2005, S. 241 (242).

austauschverhältnisses ist dann nicht mehr erforderlich, wenn beim Leistungsempfänger bereits kein Verbrauch im Sinne des Umsatzsteuerrechts erfolgt.

3. Urteil des EuGH vom 18.12.1997 – Rs. Landboden-Agrardienste[770]

In dem der Entscheidung zugrundeliegenden Sachverhalt hat sich ein Landwirt gegen eine Vergütung von staatlicher Stelle verpflichtet, mindestens 20 % der von ihm angebauten Kartoffeln nicht zu ernten. Ähnlich wie in der Rechtssache Mohr lautete die gestellte Rechtsfrage, ob die Unterlassung der Kartoffelernte eine Dienstleistung und die gezahlte Zuwendung eine Geldleistung ist, die nach Art. 11 Teil A Abs. 1 Buchstabe a der Sechsten Richtlinie (heute: Art. 73 MwStSysRL) zu versteuern ist. Der EuGH verweist in dieser Entscheidung auf die entwickelten Abgrenzungskriterien im Fall Mohr und schließt sich diesen vollumfänglich an.

Die Mehrwertsteuer ist eine allgemeine Verbrauchsteuer auf Gegenstände und Dienstleistungen. Der EuGH weist ausdrücklich die deutsche Ansicht zurück, bei der Vergütung handele es sich um ein Entgelt und bei der Dienstleistung komme es nicht auf den Verbrauch an.

Entscheidend ist für den EuGH die Natur der eingegangenen Leistungsverpflichtung. Damit eine solche Verpflichtung unter das gemeinsame Mehrwertsteuersystem fällt, muss sie nach Ansicht des EuGH einen Verbrauch implizieren. Um festzustellen, ob eine Dienstleistung in den Geltungsbereich der Richtlinie fällt, ist daher der Umsatz anhand der Ziele und der Merkmale des gemeinsamen Mehrwertsteuersystems zu prüfen. Dazu führt der EuGH aus:

"Das gemeinsame Mehrwertsteuersystem beruht auf dem Grundsatz, daß auf Gegenstände und Dienstleistungen, ungeachtet der Zahl der Umsätze, die auf den vor der Besteuerungsstufe liegenden Produktions- und Vertriebsstufen bewirkt wurden, eine allgemeine zum Preis der Gegenstände und Dienstleistungen genau proportionale Verbrauchsteuer anzuwenden ist.

Bei allen Umsätzen wird die Mehrwertsteuer, die nach dem auf den Gegenstand oder die Dienstleistung anwendbaren Steuersatz auf den Preis des Gegenstands oder der Dienstleistung errechnet wird, abzüglich des Mehrwertsteuerbetrags geschuldet, der die verschiedenen Kostenelemente unmittelbar belastet hat."[771]

---

770 Vgl. Urt. d. *EuGH* v. 18.12.1997, Rs. C-384/95, Landboden-Agrardienste, EuGHE I 1997, S. 7387, RIW 1998, S. 330.

771 Vgl. Urt. d. *EuGH* v. 18.12.1997, Rs. C-384/95, Landboden-Agrardienste, EuGHE I 1997, S. 7387, RIW 1998, S. 330.

Die von den Landwirten eingegangene Verpflichtung zur Verringerung der Produktion entspricht diesem Grundsatz nicht, weil die Leistung nicht zu einem Verbrauch führt.

Ein Landwirt erbringt durch die Verringerung der Produktion gegenüber keinem identifizierbaren Leistungsempfänger eine Dienstleistung. Er verschafft keinen Vorteil, *„der einen Kostenfaktor in der Tätigkeit eines anderen Beteiligten am Wirtschaftsleben bilden könnte."* [772] Die Erbringung einer Dienstleistung ist folglich nach Ansicht des EuGH abzulehnen, weil es an einer tauglichen Leistung mangelt.

4. Zusammenfassung und Bewertung

Der EuGH bringt wesentliche Erkenntnisse für die Auslegung einer Leistung gegen Entgelt (Leistungsaustausch). Wenn auch „Dienstleistung gegen Entgelt" im Allgemeinen als ein umsatzsteuerlicher Tatbestandsbegriff verstanden wird, so darf nach Ansicht des EuGH nicht übersehen werden, dass zwei Begriffselemente in einer „Dienstleistung gegen Entgelt" enthalten sind, die je für sich wiederrum einen umsatzsteuerlichen Tatbestandsbegriff darstellen, nämlich „Dienstleistung" und „Entgelt". Die Steuerbarkeit setzt das Vorliegen beider Begriffselemente voraus. Fehlt auch nur eines der beiden, entfällt folglich die Steuerbarkeit.[773]

Zum Tatbestandsmerkmal „Leistung" („Dienstleistung") hat der EuGH in der Rs. Mohr[774] und in der Rs. Landboden-Agrardienste[775] ausführlich Stellung genommen. Nach seiner Ansicht muss eine Leistung bei einem identifizierbaren Verbraucher zu einem Vorteil führen, der einen Verbrauch i.S. des gemeinsamen Mehrwertsteuersystems darstellt. Erst nach der Klärung der Leistung ist in einem weiteren Schritt auf das „Entgelt" einzugehen.

Hinsichtlich des „Entgelts" und damit der Frage, wie ein Leistungsaustauschverhältnisses ausgestaltet sein muss, hat der EuGH in der Rs. Tolsma[776] ausgeführt, das Entgelt (Zuschusszahlung) den tatsächlichen Gegenwert für die erbrachte Dienstleistung darstellen muss. Äußerlich müssen der erhaltene Ge-

772 Vgl. Urt. d. *EuGH* v. 18.12.1997, Rs. C-384/95, Landboden-Agrardienste, EuGHE I 1997, S. 7387, RIW 1998, S. 330.

773 Vgl. *List*, UVR 2001, S. 201 (205).

774 Vgl. Urt. d. *EuGH* v. 29.2.1996, Rs. C-215/94, Mohr, EuGHE I 1996, S. 959, BB 1996, S. 1596, UR 1996, m. Anm. *Wittmann*.

775 Vgl. Urt. d. *EuGH* v. 18.12.1997, Rs. C-384/95, Landboden-Agrardienste, EuGHE I 1997, S. 7387, RIW 1998, S. 330.

776 Vgl. Urt. d. *EuGH* v. 3.3.1994, C-16/93, Rs. Tolsma, EuGHE 1994, I-743, UR 1994, S.399.

genwert und die Leistung über ein Rechtsverhältnis miteinander verbunden sein. Innerlich müssen die Leistungen in der Weise verbunden sein, dass der beim Leistungsempfänger angefallene Vorteil mit der Entrichtung des Gegenwerts abgegolten werden soll. Für die Beurteilung der inneren Verbundenheit von Leistung und Gegenleistung (Leistungsaustausch) stellt er damit auf die Sicht des Leistungsempfängers (Zuschussgebers) ab.

Damit werden erhebliche Unterschiede zwischen der Auffassung des EuGH und der Auffassung des BFH sichtbar.

Der BFH geht auf die Leistung in seinen Entscheidungen insbesondere unter dem Gesichtspunkt, dass es sich aus Sicht des Leistungsempfängers (Zuschussgeber) um einen Verbrauch handeln muss, nicht ein.

Einen Leistungsaustausch schlussfolgert der BFH nach Maßgabe des Urteils vom 7.5.1981[777] ausschließlich von der Seite des Leistenden her.[778] Seitens des Leistenden (Zuschussempfängers) ist nach dieser Ansicht also ein Verhalten erforderlich, das auf den Erhalt einer Gegenleistung abzielt oder zumindest geeignet ist, eine Vergütung auszulösen.[779]

Es gibt also einen deutlichen Unterschied zwischen BFH und EuGH bei der Abgrenzung eines nicht steuerbaren echten Zuschusses und eines steuerbaren Leistungsaustauschs (unechten Zuschuss). Der BFH ist jedoch an die Auslegung des EuGH gebunden.

Es ist daher zu untersuchen, ob der BFH in der Folge seine Auffassung und Prüfungskriterien an die des EuGH angepasst hat.

III. Entscheidungen des BFH unmittelbar nach den Urteilen des EuGH

1. Urteil des BFH vom 30.1.1997 – Brachlegung von Ackerflächen[780]

In seinem Urteil vom 30.1.1997 hatte der BFH entschieden, dass es sich bei der Brachlegung von Ackerflächen nach dem Fördergesetz vom 6.7.1990[781] um keine umsatzsteuerbaren Leistungen handele.

777 Vgl. Urt. d. *BFH* v. 7.5.1981, V R 47/76, BStBl. II 1981, S. 495.
778 Vgl. *Streng*, Zuschüsse und Subventionen im Umsatzsteuerrecht, Köln 1999, S. 47.
779 Vgl. Urt. d. *BFH* v. 28.1.1988, V R 112/86, BStBl. II 1988, S. 473.
780 Vgl. Urt. d. *BFH* v. 30.1.1997, V R 133/93, BStBl. II 1997, S. 335.
781 Vgl. GBl. DDR I Nr. 42, S. 633.

Erstmals beruft sich der BFH in seiner Entscheidung auf die Rechtsprechung des EuGH. Prämisse der Entscheidung ist, dass die Besteuerung sonstiger Leistungen nach § 1 Abs. 1 Nr.1 UStG der Steuerbarkeit der Dienstleistungen nach Art. 2 Nr. 1 der Richtlinie 77/388/EWG (heute: Art. 2 Abs. 2 lit. c MwStSystRL) entspricht.

In Anwendung dieser Kriterien stellte der BFH fest, dass die Stilllegung im Interesse der Allgemeinheit oder einer nicht näher bestimmten Gruppe von Nutznießern stattfand. Der Streitfall sei nicht anders zu beurteilen als die Aufgabe der Milcherzeugung in der Entscheidung Mohr des EuGH.

2. Urteil des BFH vom 10.7.1997 – Entschädigung / Optionsgebühr[782]

Auch in seinem Urteil vom 10.7.1997 setzte sich die neue Entwicklung in der Rechtsprechung des BFH fort. Der BFH hat sich auf die gemeinschaftsrechtlichen Vorgaben bezogen und festgestellt, dass eine der Umsatzsteuer unterliegende Leistung gegen Entgelt (Leistungsaustausch) voraussetze, dass zwischen dem Leistenden (Zuschussempfänger) und dem Leistungsempfänger (Zuschussgeber) ein Rechtsverhältnis bestehe, in dessen Rahmen gegenseitige Leistungen ausgetauscht werden, wobei die vom Leistenden empfangene Vergütung den tatsächlichen Gegenwert für die gegenüber dem Leistungsempfänger erbrachte Dienstleistung bilde.[783] Damit knüpfte der BFH, wie vom EuGH vorgegeben, an die Leistung an, um ein Leistungsverhältnis festzustellen.

3. Urteil des BFH vom 13.11.1997 – Tiefgaragenstellplätze[784]

Die Entscheidung des BFH vom 13.11.1997 rief hingegen erneut Kritik hinsichtlich der Abgrenzung von Zuschüssen und Entgeltzahlungen der öffentlichen Hand hervor.

Im streitigen Fall hatte der Bauherr einer Tiefgarage mit der Stadt den Bau und die Zurverfügungstellung von Stellplätzen für die Allgemeinheit vereinbart und hierfür von der Stadt einen Zuschuss erhalten. Anders als die Vorinstanz, welche unter Berufung auf die vom EuGH in der Rechtsache Mohr aufgestellten Grundsätze einen Leistungsaustausch ablehnte, kam der BFH zu dem Ergebnis, dass ein Leistungsaustausch vorliege.

---

782 Vgl. Urt. d. *BFH* v. 10.7.1997, V R 94/96, BStBl. II 1997, S. 707.

783 Vgl. hierzu *Streng*, Zuschüsse und Subventionen im Umsatzsteuerrecht, Köln 1999, S. 229.

784 Vgl. Urt. d. *BFH* v. 13.11.1997, V R 11/97, BStBl. II 1998, S. 169.

Der BFH prüft zunächst die Kriterien, die der EuGH vorgegeben hat. Er bejahte sodann einen umsatzsteuerlichen Leistungsaustausch zwischen der Stadt (Zuschussgeber) und dem Bauherrn (Zuschussempfänger). Bei der Frage eines entgeltlichen Leistungsaustauschs geht der BFH von seinem Grundsatz aus, dass es maßgeblich auf die Vereinbarung des Leistenden (Bauherrn / Zuschussempfänger) mit dem Zahlenden (Stadt / Zuschussgeber) ankommt. Er prüft dabei, ob die Leistung des Unternehmers in der Weise mit der Zuschusszahlung verknüpft ist, dass sie sich auf die Erlangung einer Gegenleistung (Zuschusszahlung) richtet. Der BFH nimmt erneut auf seine Grundsatzentscheidung vom 7.5.1981[785] Bezug. Er beurteilt die Frage einer Entgeltlichkeit damit weiterhin vom Standpunkt des Leistenden aus, statt – wie vom EuGH vorgegeben – von der Leistung bzw. dem Leistungsempfänger auszugehen.

Der BFH kommt zu dem Ergebnis, dass der Bauherr die Stellplätze um der vereinbarten Gegenleistung willen zur Verfügung gestellt hat. Das entscheidende Kriterium sah der BFH darin, dass die Zuschusszahlung der Stadt an den Bauherren nicht nur aus strukturpolitischen, volkswirtschaftlichen oder allgemein politischen Gründen erfolgte. Nach Ansicht des BFH habe die Stadt durch die Leistung des Bauherrn auch einen eigenen Vorteil erhalten, da es zu ihren Aufgaben gehöre, im Rahmen der öffentlichen Daseinsfürsorge für ausreichend öffentlichen Parkraum zu sorgen. Von dieser Pflicht sei die Stadt durch die Leistung des Bauherrn befreit worden.

Der BFH sieht sich bei der Auslegung einer „*sonstigen Leistung gegen Entgelt*" i.S. des § 1 Abs. 1 Nr. 1 Satz 1 UStG mit der Rechtsprechung des EuGH im Einklang. Einen Widerspruch zu der Rechtssache Mohr weist er ausdrücklich aufgrund eines aus seiner Sicht nicht vergleichbaren Sachverhalts zurück.

4. Kritik wegen mangelnder Umsetzung der EuGH Rechtsprechung[786]

List[787] ist der Auffassung, dass der BFH mit dem Urteil vom 13.11.1997[788] von der Rechtsprechung des EuGH abweicht. Nach seiner Ansicht ist die Obliegenheit des Bauherren, gegen eine Zuschusszahlung u.a. auch öffentliche Parkflä-

785 Vgl. Urt. d. *BFH* v. 7.5.1981, V R 47/76, BStBl. II 1981, S. 495.

786 Vgl. *Streng*, Zuschüsse und Subventionen im Umsatzsteuerrecht, Köln 1999; *Thieme / Rehbein*, BB 2003, S. 1644 (1645); wohl auch *Schumann* in Rau/Dürrwächter, Kommentar zum Umsatzsteuergesetz, Stand: 143. Ergänzungslieferung, 9/2010, § 10 UStG, Anm. 260; *List*, UVR 2001, S. 201.

787 Vgl. *List*, UVR 2001, S. 201.

788 Vgl. Urt. d. *BFH* v. 13.11.1997, V R 11/97, BStBl. II 1998, S. 169.

chen zu errichten, vergleichbar mit der Verpflichtung der Landwirte in den beiden EuGH-Urteilen in der Rechtssache Mohr vom 29.2.1996 und in der Rechtssache Landboden-Agrardienste vom 18.12.1997. Umsatzsteuerlich bestünden keine Unterschiede. Es hätte deshalb nahe gelegen, dass der BFH die in den beiden EuGH-Entscheidungen entwickelten Kriterien überträgt und anwendet. Der BFH weiche jedoch in mehrfacher Weise von diesen Entscheidungen ab.

List ist der Ansicht, dass der BFH sich in seiner Tiefgaragen-Stellplätze Entscheidung vom 13.11.1997[789] zur Bestimmung eines umsatzsteuerbaren Leistungsaustauschs auf seine frühere Rechtsprechung bezieht, wonach ein Zuschuss kein Entgelt für eine steuerbare Leistung darstellt, wenn der Zahlungsempfänger aus strukturpolitischen und ähnlichen Gründen gefördert werden soll.

List führt aus: *„Der BFH stellt demnach in seiner Entscheidung ausschließlich auf den Empfänger ab und lässt die Frage der Steuerbarkeit der Zahlung davon abhängen, ob dieser aus den genannten Gründen gefördert werden soll. Demgegenüber geht der EuGH in den beiden Entscheidungen Mohr und Landboden-Agrardienste von einer ganz anderen umsatzsteuerlichen Betrachtungsweise aus. Der EuGH stellt die Entscheidung darauf ab, ob eine Dienstleistung an den Zahlenden erbracht worden ist. Dabei unterscheidet der EuGH, ob die Dienstleistung zur eigenen Verwendung des Zahlenden erbracht wird oder nicht. Eine Dienstleistung wird nicht zur eigene Verwendung des Zahlenden erbracht, wenn dieser im Interesse der Allgemeinheit handelt.“*[790]

Nach *List* wird hieran ganz offensichtlich, dass der EuGH zur Bestimmung eines umsatzsteuerpflichtigen Leistungsaustauschs von anderen Kriterien ausgeht als der BFH. *„Der BFH weicht damit in seinem Tiefgaragen – Stellplätze – Urteil insoweit eindeutig von der Rechtsprechung des EuGH ab.“*[791]

Darüber hinaus legt der BFH – nach Ansicht von *List* – gleich mehrere vom EuGH entwickelte Kriterien unrichtig aus. Zum einen geht der BFH davon aus, dass die Stadt durch die Verpflichtung des Bauherrn, zusätzliche Tiefgaragen-Stellplätze zu errichten, einen eigenen Vorteil erhalten habe, da es zu ihren Aufgaben gehöre, ausreichend öffentlichen Parkraum zu schaffen und sie von der Verpflichtung durch die Vereinbarung mit dem Bauherrn frei geworden wäre. Nach der Ansicht von *List* verkennt der BFH dabei jedoch die Ausführungen des EuGH in den Entscheidungen Mohr und Landboden-Agrardienste. In beiden Entscheidungen führe der EuGH aus, dass die Gemeinschaft durch die Verpflichtung der Landwirte, ihre Milcherzeugung bzw. Kartoffelerzeugung gegen die Gewährung eines Ausgleichs einzustellen, keine Gegenstände erhalte und

789 Vgl. Urt. d. *BFH* v. 13.11.1997, V R 11/97, BStBl. II 1998, S. 169.
790 Vgl. *List*, UVR 2001, S. 201.
791 Vgl. *List*, UVR 2001, S. 201.

empfange, auch keine Dienstleistungen zur eigenen Verwendung, sondern sie handele im allgemeinen Interesse an der Förderung des ordnungsgemäßen Funktionierens des Milchmarktes der Gemeinschaft. Der EuGH habe ausdrücklich ausgeführt, dass unter diesen Umständen die Verpflichtung eines Landwirts, eine Milch- oder Kartoffelerzeugung einzustellen, weder gegenüber der Gemeinschaft noch den zuständigen Stellen einen Vorteil darstellt.

Nach List können diese Ausführungen des EuGH nur so verstanden werden, dass Vorteile für einen Beteiligten nur dann entstehen, wenn eine Dienstleistung zur eigenen Verwendung erbracht wird, nicht aber wenn die zahlende öffentliche Hand im Interesse der Allgemeinheit handelt. Nach der Ansicht von *List* kommt eine Dienstleistung zur eigenen Verwendung nur dann in Betracht, wenn der Bauherr sich der Stadt gegenüber verpflichtet hätte, Tiefgaragen-Stellplätze für die Bediensteten der Stadt zu errichten. Nur in diesem Fall hätte auch der erforderliche identifizierbare Verbraucher, nämlich die Stadt, vorgelegen.

Schließlich macht List deutlich, dass der Begriff des Vorteils vom EuGH sehr genau umschrieben wurde. Für die Bejahung einer Dienstleistung zur eigenen Verwendung müsse es sich nämlich um einen solchen Vorteil handeln, der einen Kostenfaktor in der Tätigkeit eines anderen Beteiligten am Wirtschaftsleben bilden könnte. Ein solcher Kostenfaktor, verursacht durch den erhaltenen Vorteil, ist aber im Tiefgaragen-Stellplätze Urteil nicht entstanden, weil die Stadt durch die Verpflichtung des Bauherrn keine Dienstleistung zur eigenen Verwendung erhalten habe. Denklogisch konnte auch kein Vorteil entstehen, der einen Kostenfaktor hätte verursachen können.

Thieme/Rehbein[792] werten im Jahr 2003 die Rechtsprechung des BFH zu öffentlichen Zuschüssen aus, insbesondere mit Blick auf die Vorgaben des EuGH. Sie kommen zu dem Ergebnis, dass der BFH die Grundsätze zur Behandlung öffentlicher Beihilfen uneinheitlich und zum Teil widersprüchlich anwendet, insbesondere im Urteil vom 13.11.1997.[793]

Die Kritik seitens der Literatur am Urteil vom 13.11.1997 ist m.E. berechtigt. Der BFH hatte die vom EuGH entwickelten Auslegungskriterien für eine entgeltliche Leistung nicht richtig angewendet.

IV. Die neueste Rechtsprechung des BFH

Es ist fraglich, ob der BFH in der jüngsten Vergangenheit die Kriterien für die Ermittlung einer entgeltlichen Leistung i.S. des § 1 Abs. 1 Nr. 1 UStG gemein-

792 Vgl. *Thieme/Rehbein*, BB 2003, S. 1644.

793 Vgl. Urt. d. *BFH* v. 13.11.1997, V R 11/97, BStBl. II 1998, S. 169.

schaftsrechtskonform und in Einklang mit den Grundsätzen des EuGH gebracht hat, oder ob der BFH andere Kriterien anwendet.

1. Urteil des BFH vom 27.11.2008 – Mediendienstleistungen[794]

a. *Sachverhalt und Problemstellung*

Ein Verein, dessen Zweck in der Förderung der kirchlichen Medienarbeit durch die Herausgabe von Druckwerken und Beiträgen in Funk und Fernsehen besteht, erhält von einer Kirchengemeinde Mittel für die Erstellung von Rundfunkbeiträgen. Das Finanzamt hält die Mittel für umsatzsteuerpflichtiges Entgelt, wohingehen der Verein in den Mitteln einen echten Zuschuss erblickt. Das Finanzgericht Schleswig-Holstein[795] stellt in der Vorinstanz fest, dass der Mittelvergabe zwar kein gegenseitiger Vertrag zugrunde liegt, aber trotzdem ein entgeltlicher Leistungsaustausch vorläge, der gemäß § 1 Abs. 1 Nr. 1 UStG umsatzsteuerpflichtig sei.

In der Revision sind folgende Rechtsfragen zu beantworten: Besteht zwischen der Zuwendung der Kirchengemeinde und einer konkreten Leistung des Vereins ein unmittelbarer Zusammenhang? Ist die Kirchengemeinde ein identifizierbarer Verbraucher? Hat ein Verbrauch im Sinne des Mehrwertsteuerrechts stattgefunden?

b. *Entscheidungsgründe*

Der BFH sieht in der Mittelvergabe eine entgeltliche Leistung. Er führt aus, dass nach nunmehr ständiger Rechtsprechung des EuGH und des BFH die Auslegung einer „entgeltlichen Leistung“ im Wesentlichen geklärt und gemeinschaftsrechtlich abgestimmt sei. Demnach musste:

- zwischen der Leistung und einem erhaltenen Gegenwert ein unmittelbarer Zusammenhang bestehen;
- sich der unmittelbare Zusammenhang aus einem zwischen dem Leistenden und dem Leistungsempfänger bestehenden Rechtsverhältnis ergeben, in dessen Rahmen gegenseitige Leistungen ausgetauscht werden, wobei die Vergütung den Gegenwert für die Leistung bildet;

---

794 Vgl. Urt. d. *BFH* v. 27.11.2008, V R 8/07, BStBl. II 2009, S. 397, BFH/NV 2009, S. 663, DStR 2009, S. 476.

795 Vgl. Urt. d. *FG Schleswig-Holstein* v. 12.12.2006, 4 K 71/05, EFG 2007, S. 1195.

- der Leistungsempfänger identifizierbar sein. Er muss einen Vorteil erhalten, der zu einem Verbrauch im Sinn des gemeinsamen Mehrwertsteuerrechts führt. Deshalb kann es bei Zahlungen aus öffentlichen Kassen an einem Leistungsaustausch fehlen, wenn die Zahlung lediglich der Förderung der Tätigkeit des Empfängers allgemein – aus strukturpolitischen, volkswirtschaftlichen oder allgemeinpolitischen Gründen – dient und nicht der Gegenwert für eine Leistung des Zahlungsempfängers an den Geldgeber ist.[796]

Er führt im Einzelnen aus, dass zwischen der Leistung und der Gegenleistung ein unmittelbarer Zusammenhang bestand. Ein hinreichendes Rechtsverhältnis für diesen Zusammenhang sei ein Haushaltsbeschluss gewesen. Die Kirchengemeinde hat nach Ansicht des BFH auch als identifizierbarer Leistungsempfänger einen Vorteil erhalten. Die Übernahme der Medienarbeit identifiziert der BFH dabei als Vorteil. Zur Begründung, dass dem Kirchenverband ein Vorteil zugewandt worden ist, stellt der BFH Überlegungen zu einem hypothetischen Geschehensverlauf an. Hätte die Kirchengemeinde die Zahlung nicht an den Verein erbracht und dieselbe Leistung bei einem gewerblichen Unternehmen der Medienbranche eingekauft, wäre der Kirchengemeinde (als identifizierbarem Leistungsempfänger) auf diesem Wege steuerbare Medienleistung zu Gute gekommen. Ein Interesse der Allgemeinheit, das dem Handeln jeder Körperschaft des öffentlichen Rechts innewohnt, schließt die Identifizierbarkeit des Leistungsempfängers nach Ansicht des BFH nicht aus. Entscheidend ist seiner Auffassung nach vielmehr, ob ein individueller Leistungsempfänger vorhanden ist, der aus der Leistung einen konkreten Vorteil zieht.

c. *Eigene Stellungnahme*

Der BFH prüft das Vorliegen einer entgeltlichen Leistung nach § 1 Abs. 1 Nr. 1 UStG nach Maßgabe eines Verbrauchs bei einem identifizierten Leistungsempfängers (Zuschussgeber). Der BFH urteilt dabei ausgehend von der Leistung des Zuschussempfängers (Leistenden). Die Frage nach dem erforderlichen unmittelbaren Zusammenhang zwischen der Zuwendung des Zuschusses und einer Leistung des Zuschussempfängers bejaht er wegen des Vorhandenseins eines konkreten Grundes für die Zuschusszahlung. Bei der Frage des Entgelts knüpft der BFH damit, anders als in seinem Urteil vom 7.5.1981[797], an die erhaltene Leis-

---

796 Vgl. Urt. d. *BFH* v. 27.11.2008, V R 8/07, BStBl. II 2009, S. 397, BFH/NV 2009, S. 663, DStR 2009, S. 476.

797 Vgl. Urt. d. *BFH* v. 7.5.1981, V R 47/76, BStBl. II 1981, S. 475.

tung auf Seiten des Leistungsempfängers an. Damit sind die Vorgaben des EuGH erfüllt.

2. Urteil des BFH vom 18.12.2008 – Stadtfest[798]

a. *Sachverhalt und Problemstellung*

Streitbefangen waren verschiedene Zahlungen einer Gemeinde an einen Verein, der mit der Konzeptionierung und Durchführung von Stadtfesten beauftragt war. In seiner Umsatzsteuererklärung behandelte der Verein die Zahlungen der Gemeinde als nicht steuerbare Zuschüsse. Das Finanzamt hingegen behandelte die Zahlungen als Entgelt für steuerpflichtige Leistungen des Vereins.

Nach erfolglosem Einspruchsverfahren kam das Finanzgericht der Vorinstanz[799] zu dem Ergebnis, dass es sich um nicht steuerbare Zuschüsse handele. Zur Begründung führt das Finanzgericht aus, dass es bei den Zuschüssen zur institutionellen Förderung als Verein, als auch bei den Zuschüssen zur Durchführung der Stadtfeste an einer Verknüpfung zwischen Leistung und Gegenleistung gefehlt habe, weshalb es sich um echte Zuschüsse und nicht um Entgelt für Leistungen des Klägers gehandelt habe.

Das Finanzgericht sieht insbesondere eine nicht hinreichende Verknüpfung von Leistung und Gegenleistung für einen Leistungsaustausch. In diesem Zusammenhang führt es aus:

„Anders als bei Aufgaben, zu deren Erfüllung eine Kommune gesetzlich verpflichtet ist (insbesondere zur Daseinsversorgung gegenüber den Bürgern ihres Territoriums) und an deren Erfüllung sie auch bei entgeltlicher Betrauung eines Privatrechtssubjekts ein besonderes Interesse haben muss – da sie auch nach Vergabe eines entsprechenden Auftrages in dieser Pflicht bleibt (so etwa in den Fällen der Fremdvergabe der Aufgabe der Müll- und Abwasserentsorgung), ist bei einer entgeltlichen Betrauung eines Privatrechtssubjekts mit der Erfüllung von freiwilligen Aufgaben der Kommune, wie vorliegend im Bereich der kulturellen Förderung durch die Veranstaltung von Stadtfesten, unter engeren Voraussetzungen auf das Vorliegen eines Leistungsaustauschverhältnis zu schließen.“[800]

---

798 Vgl. Urt. d. *BFH* v. 18.12.2008, V R 38/06, BStBl. II 2009, S. 749; DStRE 2009, S. 866; NVwZ 2010, S. 205.

799 Vgl. Urt. d. *Sächsischen FG* v. 8.6.2006, 3 K 2006/03, EFG 2006, S. 1862, DStRE 2007, S. 775.

800 Vgl. Urt. d. *Sächsischen FG* v. 8.6.2006, 3 K 2006/03, EFG 2006, S. 1862, DStRE 2007, S. 775.

In der Revision wird die Frage aufgeworfen, ob nicht auch die Übertragung freiwilliger Aufgaben an ein Privatsubjekt einen Leistungsaustausch darstellen kann. Dies insbesondere vor dem Hintergrund, dass der Stadt mit der Beauftragung des Vereins ein Vorteil erwachsen sei, weil sie das Fest nicht selbst ausrichten und durchführen musste.

b. Entscheidungsgründe

Der BFH gab der Revision statt und kommt zu dem Ergebnis, dass es sich bei der Zuwendung der Stadt um eine entgeltliche Leistung handele. Seiner Auffassung nach ist es nicht möglich, unterschiedliche Anforderungen an die Annahme eines Leistungsaustauschs zu stellen, nämlich einerseits strenge Anforderungen bei der Übertragung freiwilliger Aufgaben durch eine Kommune an einen privaten Unternehmer und andererseits weniger strenge Anforderungen bei der Übertragung von Pflichtaufgaben.

Wie bereits in der vorangegangenen Entscheidung vom 27.11.2008[801] bekennt sich der BFH ausdrücklich zu einem, mit dem Gemeinschaftsrecht und der Rechtsprechung des EuGH abgestimmten Begriff der entgeltlichen Leistung. Erneut beginnt er die Urteilsbegründung, indem er die Grundsätze zur Beurteilung einer (entgeltlichen) Leistung nach den Prüfungskriterien des EuGH in einer Art „Theorie-Teil" voranstellt. Diese lauten:

- *„Zwischen der Leistung und einem erhaltenen Gegenwert muss ein unmittelbarer Zusammenhang bestehen [...]."*
- *„Der unmittelbare Zusammenhang muss sich aus einem zwischen dem Leistenden und dem Leistungsempfänger bestehenden Rechtsverhältnis ergeben, in dessen Rahmen gegenseitige Leistungen ausgetauscht werden, wobei die Vergütung den Gegenwert für die Leistung bildet [...]."*
- *„Der Leistungsempfänger muss identifizierbar sein. Er muss einen Vorteil erhalten, der zu einem Verbrauch im Sinne des gemeinsamen Mehrwertsteuerrechts führt [...]."*[802]

Hinsichtlich der Bestimmung eines Entgelts i.S. eines Leistungsaustauschs führt der BFH aus:

---

801 Vgl. Urt. d. *BFH* v. 27.11.2008, V R 8/07, BStBl. II 2009, S. 397, BFH/NV 2009, S. 663, DStR 2009, S. 476.

802 Vgl. Urt. d. *BFH* v. 18.12.2008, V R 38/06, BStBl. II 2009, S. 749; DStRE 2009, S. 866; NVwZ 2010, S. 205.

- *„Allein der Umstand, dass eine Leistung im öffentlichen oder allgemeinen Interesse liegt, steht der Steuerbarkeit nicht schon entgegen; entscheidend ist vielmehr, ob ein individueller Leistungsempfänger vorhanden ist, der aus der Leistung einen Vorteil zieht, der Gegenstand eines Leistungsaustauschs sein kann. [...] Soll der Zahlungsempfänger mit dem Zuschuss nur unterstützt werden, damit er seine Tätigkeit ausüben kann, fehlt es an der erforderlichen Verknüpfung von Leistung und Zuschusszahlung zu einem steuerbaren Umsatz. [...] Dabei bestimmt sich in erster Linie nach dem der Leistung zugrunde liegenden Rechtsverhältnis, ob die Leistung des Unternehmers derart mit der Zahlung („Zuschuss") verknüpft ist, dass sie sich auf die Erlangung einer Gegenleistung (Zahlung) richtet."*
- *„Bei Leistungen, zu deren Ausführung sich die Vertragsparteien in einem gegenseitigen Vertrag verpflichtet haben, liegt grundsätzlich ein Leistungsaustausch vor. [...]"*[803]

Dient die Zahlung lediglich der Förderung der Tätigkeit des Empfängers allgemein (aus strukturpolitischen, volkswirtschaftlichen oder allgemeinpolitischen Gründen) und ist sie kein Gegenwert für eine Leistung des Zahlungsempfängers, fehlt es an einem Leistungsaustausch.

Anhand dieser Kriterien beurteilt der BFH den Streitfall und gelangt – anders als das vorbefasste sächsische Finanzgericht – zu dem Ergebnis, dass in den Zuschusszahlungen der Stadt an den Verein doch steuerpflichtige Entgeltleistungen zu sehen sind. Der BFH sieht einen unmittelbaren Zusammenhang zwischen Leistung und erhaltenem Gegenwert.

Die Stadt ist nach seiner Auffassung ein identifizierbarer Leistungsempfänger. Den zugewandten Vorteil sieht der BFH in der Übernahme der Ausrichtung des Stadtfests, bei der es sich um eine konkrete Aufgabe handelt, die mit einer Vielzahl logischer und organisatorischer Aufgabenstellungen einhergeht. Der BFH stellt eine hypothetische Überlegung an. Hätte nämlich die Stadt die Zahlung nicht geleistet, sondern die Durchführung des Stadtfestes bei einem anderen Unternehmer eingekauft, wäre hierin eine der Stadt als identifizierbarem Leistungsempfänger zurechenbare Organisationsleistung zu sehen.

„Ein Interesse der Allgemeinheit, das dem Handeln jeder Körperschaft innewohnt, schließt die Identifizierbarkeit des Leistungsempfängers nicht aus.

803 Vgl. Urt. d. *BFH* v. 18.12.2008, V R 38/06, BStBl. II 2009, S. 749; DStRE 2009, S. 866; NVwZ 2010, S. 205.

Entscheidend ist vielmehr, dass ein individueller Leistungsempfänger vorhanden ist, der aus der Leistung eine konkreten Vorteil zieht [...]"[804]

c. *Eigene Stellungnahme*

Wie bereits im Urteil vom 27.11.2008[805] subsumiert der BFH den Sachverhalt unter die vom EuGH entwickelten Kriterien, um zunächst eine Leistung zu bejahen. Das Urteil entspricht damit den Voraussetzungen der Entscheidung des EuGH in der Rs. Mohr[806] und in der Rs. Landboden-Agrardienste[807], nach denen eine Leistung nach dem wirtschaftlichen Gehalt zu beurteilen ist. Die Kriterien für zur Abgrenzung der Leistung hat der BFH mit den Vorgaben des EuGH vollständig abgestimmt. Der für den Leistungsaustausch erforderliche innere Zusammenhang zwischen Leistung und Zuschusszahlung ist nach neuer Überzeugung des BFH dann gegeben, wenn die Zuschusszahlung erbracht wird, um die empfangene Leistung abzugelten. Damit hat der BFH trotz ähnlicher Kriterien einen Wechsel der Betrachtungsweise im Vergleich zu seinem früheren Urteil vom 7.5.1981[808] vollzogen.

3. Urteil des BFH vom 19.11.2009 – Schwimmbad[809]

a. *Sachverhalt und Problemstellung*

Im streitbegangenen Fall verpflichtete sich ein Unternehmen gegenüber einer Stadt zur Übernahme und dem Betrieb von modernisierungsbedürftigen Hallen- und Freibädern. Für „die Aufrechterhaltung des öffentlichen Badebetriebes" erhielt das Unternehmen von der Stadt Betriebsführungszuschüsse in Höhe von insgesamt 220.000 EUR. Neben den genannten Zuschüssen erhielt die Klägerin für die Bereitstellung der Bäder für Schulen und Vereine „konkret benannte" weitere Zuschüsse, sog. Schulzuschüsse. Das Unternehmen deklarierte nur die

---

804 Vgl. Urt. d. *BFH* v. 18.12.2008, V R 38/06, BStBl. II 2009, S. 749; DStRE 2009, S. 866; NVwZ 2010, S. 205.

805 Vgl. Urt. d. *BFH* v. 27.11.2008, V R 8/07, BStBl. II 2009, S. 397, BFH/NV 2009, S. 663, DStR 2009, S. 476.

806 Vgl. Urt. d. *EuGH* v. 29.2.1996, C-215/94, Rs. Mohr, EGHE 1996, S. 959, DStR 1996, S. 421.

807 Vgl. Urt. d. *EuGH* v. 18.12.1997, C-384/95, Rs. Landboden-Agrardienste, EGHE 1997, S. 7387, DStRE 1998, S. 888.

808 Vgl. Urt. d. *BFH* v. 7.5.1981, V R 47/76, BStBl. II 1981, S. 475.

809 Vgl. Urt. d. *BFH* v. 19.11.2009, V R 29/08, BFH/NV 2010, S. 701.

Betriebsführungszuschüsse als umsatzsteuerbare Leistungsentgelte. Die Schulzuschüsse hingegen behandelte das Unternehmen als umsatzsteuerfreie echte Zuschüsse. Das Finanzamt sah auch in den Schulzuschüssen steuerbare entgeltliche Leistungen.

Das vorbefasste Finanzgericht[810] gab der Klage des Unternehmens, mit der er die Festsetzung der Umsatzsteuer entsprechend der abgegebenen Steuererklärung beantragt hatte (Steuerbarkeit des Betriebskostenzuschusses, keine Steuerbarkeit der Schulzuschüsse), statt. Zur Begründung führte das Finanzgericht – im Widerspruch zum Akteninhalt – aus, das Unternehmen habe die Schulzuschüsse als steuerpflichtig und die Betriebskostenzuschüsse als nicht steuerpflichtig erklärt. Die Besteuerung der Betriebskostenzuschüsse sei jedoch rechtswidrig, weil das Betreiben der Schwimmbäder den Gesellschaftszweck des Unternehmens verwirkliche. Das Unternehmen habe die Gemeinden auch nicht von einer kommunalen Pflichtaufgabe befreit, weil die Vorhaltung von Bädern eine freiwillige Aufgabe der Gemeinden sei. Das Finanzgericht hatte offensichtlich die tatsächliche Behandlung der beiden Zuschussarten verwechselt. Das Finanzgericht kam zu dem Ergebnis, dass der Betriebsführungszuschuss ein nichtsteuerbarer echter Zuschuss sei.

Hiergegen richtet das Finanzamt die Revision. Das Finanzamt machte geltend, dass es sich bei den Zahlungen der Stadt um einen Leistungsaustausch aufgrund eines gegenseitigen Vertrages handele. Eine konkrete Leistung für den Erhalt der Zahlungen liege in der Öffnung der Bäder für den Publikumsverkehr und in der sozialen Staffelung der Eintrittspreise. Damit läge auch ein umsatzsteuerbarer Verbrauch vor.

b. Entscheidungsgründe

Zunächst führt der BFH kurz aus, dass das Gemeinschaftsrecht und die Rechtsprechung des EuGH für die Auslegung einer steuerbaren Leistung nach § 1 Abs. 1 Nr. 1 UStG zu berücksichtigen sind. Auf die einzelnen Kriterien der Leistung nach Maßgabe des EuGH geht der BFH nicht weiter ein.

Zur Feststellung eines Leistungsverhältnisses führt der BFH aus:

„Der für die Steuerbarkeit erforderliche Leistungsaustausch ist bei Zahlungen aus öffentlichen Kassen zu verneinen, wenn Zahlungen, die z.B. aus struktur- oder allgemeinpolitischen oder volkswirtschaftlichen Gründen erfolgen, lediglich dazu dienen, die Tätigkeit des Zahlungsempfängers allgemein zu fördern, nicht aber als Gegenwert für eine Leistung des Zahlungsempfängers an

810 Vgl. Urt. d. *FG Niedersachsen*, v. 28.8.2008, 16 K 133/07, BeckRS 2008, 26026398.

den Träger der öffentlichen Kasse anzusehen sind. Anders ist es, wenn Zahlungen zur Ausführung bestimmter Leistungen im Interesse des Zuwendenden geleistet werden [...]. Erbringt ein Unternehmer aufgrund eines gegenseitigen Vertrages Leistungen zur Erfüllung der von ihm übernommenen Aufgaben einer juristischen Person des öffentlichen Rechts gegen Entgelt, ist grundsätzlich von einem Leistungsaustausch auszugehen [...]."[811]

Hinsichtlich der „Betriebsführungszuschüsse" bejahte der BFH einen Leistungsaustausch zwischen der Stadt und dem Verein. Es handelte hierbei um einen unproblematischen Fall, weil die Leistungen in einem Vertragsverhältnis ausgetauscht worden sind. Es handelte sich insoweit schon begrifflich nicht um ein Zuschussverhältnis. Hinsichtlich des „Schulzuschusses", der die begrifflichen Anforderungen eines Zuschusses erfüllte, konnte keine abschließende Entscheidung getroffen werden.

c. Eigene Stellungnahme

Bei einem „Betriebsführungszuschuss" handelt es sich um eine Leistungserbringung in dem gegenseitigen Vertrag gemäß §§ 320 ff. BGB. Die Ausführungen zum Leistungsaustausch lassen sich jedoch auf Zuschussfälle übertragen. Der BFH knüpft hinsichtlich eines Leistungsaustauschs an die Vorgaben des EuGH in der Rechtssache Tolsma[812] an. Der BFH ist mit dieser Entscheidung im Einklang mit seinen jüngsten Entscheidungen vom 27.11.2008[813] und 19.11.2009[814]. Die Kriterien für zur Abgrenzung der Leistung und des Leistungsaustauschs entsprechen den Vorgaben des EuGH.

4. Urteil des BFH vom 5.8.2010 – Sporthalle[815]

a. Sachverhalt und Problemstellung

Ein regionaler Verein im weitesten Sinne zur Förderung des Sports schloss einen Vertrag mit einer Stadt. Nach diesem Vertrag übertrug die Stadt dem Verein

---

811 Vgl. Urt. d. *BFH* v. 19.11.2009, V R 29/08, BFH/NV 2010, S. 701.

812 Vgl. Urt. d. *EuGH* v. 3.3.1994, C-16/93, Rs. Tolsma, EuGHE 1994, I-743, UR 1994, S. 399.

813 Vgl. Urt. d. *BFH* v. 27.11.2008, V R 8/07, BStBl. II 2009, S. 397, BFH/NV 2009, S. 663, DStR 2009, S. 476.

814 Vgl. Urt. d. *BFH* v. 19.11.2009, V R 29/08, BFH/NV 2010, S. 701.

815 Vgl. Urt. d. *BFH* v. 5.8.2010, V R 54/09, BStBl. II 2011, S. 191, BFH/NV 2011, S. 169, DB 2010, S. 2777; BB 2011, S. 99, DStRE 2011, S. 101.

die Befugnis, Sporthallen in städtischer Trägerschaft zu sportlichen Zwecken in fremdem Namen und für fremde Rechnung zu vermieten. Die Geschäftsbesorgung umfasste das Einziehen des Mietzinses unter Einschluss etwaiger Mahn- und Vollstreckungsverfahren. Hierfür sollte der Verein zunächst eine Aufwandsentschädigung in Höhe von EUR 50.000 per anno erhalten. Das Finanzamt und das vorbefasste Finanzgericht[816] bewerteten dies als steuerbare Geschäftsbesorgung. Nach Ansicht des Vereins fehlt es jedoch an einem Leistungsaustausch, weil der Verein durch die Hallenvermietung nur seinen satzungsmäßigen Zweck erfülle. Es stellt sich die Frage, ob es an einem Leistungsaustausch fehlt, wenn mit der Tätigkeit lediglich der Satzungszweck des Vereins erfüllt wird.

b. Entscheidungsgründe

Eingangs des Urteils legte der BFH in gewohnter Weise dar, dass die Voraussetzungen zur Feststellung einer steuerbaren Leistung i.S. des § 1 Abs. 1 Nr. 1 UStG mit dem Gemeinschaftsrecht und insbesondere der Rechtsprechung des EuGH abgestimmt ist.

Zum Leistungsaustausch führt der BFH aus:

„Der für die Steuerbarkeit erforderliche Leistungsaustausch ist bei Zahlungen aus öffentlichen Kassen zu verneinen, wenn Zahlungen, die z.B. aus struktur- oder allgemeinpolitischen oder volkswirtschaftlichen Gründen erfolgen, lediglich dazu dienen, die Tätigkeit des Zahlungsempfängers allgemein zu fördern, nicht aber als Gegenwert für eine Leistung des Zahlungsempfängers an den Träger der öffentlichen Kasse anzusehen sind. Anders ist es, wenn Zahlungen zur Ausführung bestimmter Leistungen im Interesse des Zuwendenden geleistet werden […]. Erbringt ein Unternehmer aufgrund eines gegenseitigen Vertrages mit einer juristischen Person des öffentlichen Rechts Leistungen zur Erfüllung der von ihm vertraglich gegen Entgelt übernommenen Aufgaben, ist grundsätzlich von einem Leistungsaustausch auszugehen […].“[817]

Der BFH beschränkt sich bei seiner Prüfung auf das Leistungsaustauschverhältnis. Dies prüft er nach Maßgabe der Urteile vom 27.11.2008[818], 19.11.2009[819]

816 Vgl. Urt. d. *FG Niedersachsen* v. 20.10.2009, 5 K 292/04, EFG 2010, S. 359.

817 Vgl. Urt. d. *BFH* v. 5.8.2010, V R 54/09, BStBl. II 2011, S. 191, BFH/NV 2011, S. 169, DB 2010, S. 2777; BB 2011, S. 99, DStRE 2011, S. 101.

818 Vgl. Urt. d. *BFH* v. 27.11.2008, V R 8/07, BStBl. II 2009, S. 397, BFH/NV 2009, S. 663, DStR 2009, S. 476.

819 Vgl. Urt. d. *BFH* v. 19.11.2009, V R 29/08, BFH/NV 2010, S. 701.

und vom 5.8.2010[820] anhand der Leistung. Schließlich macht der BFH noch einmal klar, dass es für die Bestimmung der inneren Verknüpfung von Leistung und erhaltenem Gegenwert unerheblich ist, ob ein Zahlungsempfänger eine Pflichtaufgabe oder eine freiwillige Aufgabe einer Körperschaft übernimmt.

Der BFH wies die Sache zurück. Es handelt es sich bei den streitigen Zahlungen nicht um einen Zuschuss, sondern um Entgelt für Geschäftsbesorgungsleistungen aus einem gegenseitigen Vertrag. Aus der Natur der Sache handelt es sich um eine entgeltliche Leistung, die der Umsatzsteuer unterliegt.

c. *Eigene Stellungnahme*

Der BFH geht von einem Geschäftsbesorgungsvertrag zwischen den Parteien aus. Ein solcher gegenseitiger Vertrag schließt ein Zuschussverhältnis aus. Der Streitfall bietet liefert jedoch trotzdem wichtige Erkenntnisse, die auf Zuschussverhältnisse übertragen werden können. Zum einen wird nochmals deutlich, dass der BFH seine neue Rechtsprechung zur Ermittlung einer entgeltlichen Leistung fortführt. Zum anderen gibt er den Hinweis, dass die Unterteilung in Pflichtaufgabe und freiwillige Aufgabe bei einer öffentlichen Körperschaft kein Kriterium darstellt, um einen Leistungsaustausch bejahen oder verneinen zu können. In beiden Fällen ist entscheidend, dass der Leistungsempfänger einen konkreten Vorteil erhält, für den er einen Gegenwert erbringt.

V. Bewertung der neuesten Rechtsprechung des BFH

Bei den vom BFH entschiedenen Fällen handelt es sich nach der in dieser Arbeit zum Zuschuss herausgebildeten Begriffsbestimmung (Kapitel I, K dieser Arbeit) entgegen den vom BFH verwendeten Termini nicht per se um Zuschussverhältnisse. Soweit nämlich zwischen der Leistung und dem Zuschuss als Gegenwert ein Synallagma besteht, kann gerade nicht mehr von einem Zuschussverhältnis gesprochen werden. Meist ist die Erörterung, ob ein „echter" umsatzsteuerfreier Zuschuss vorliegt, daher vom Grundsatz gar nicht möglich. Es zeigt jedoch, wie dringend auch ein handhabbarer Zuschussbegriff im Umsatzsteuerrecht benötigt wird. Trotz allem liefern die angeführten Entscheidungen des BFH – auch wenn ein Teil der angeführten Entscheidungen gegenseitige Verträge und keine Zuschussverhältnisse betreffen – wichtige Erkenntnisse, die auf Zuschussverhältnisse übertragen werden können.

---

820 Vgl. Urt. d. *BFH* v. 5.8.2010, V R 54/09, BStBl. II 2011, S. 191, BFH/NV 2011, S. 169, DB 2010, S. 2777, BB 2011, S. 99, DStRE 2011, S. 101.

Die jüngste Rechtsprechung des BFH zu der Frage, wann eine entgeltliche Leistung i.S. des § 1 Abs. 1 Nr. 1 UStG vorliegt, erfolgt nunmehr in Übereinstimmung mit dem Gemeinschaftsrecht und ist an den Kriterien ausgerichtet, die der EuGH herausgearbeitet hat. Die Prüfung erfolgt dabei im Wesentlichen in zwei Schritten, nämlich anhand der „Leistung“ und des „Entgelts“.

Zunächst prüft der BFH die „Leistung“ nach Maßgabe der Kriterien, die der EuGH in der Rs. Mohr[821] und in der Rs. Landboden-Agrardienste[822] entwickelt hat. Hiernach muss eine Leistung i.S. des § 1 Abs. 1 Nr. 1 UStG gegenüber einem identifizierbaren Leistungsempfänger erbracht werden. Der Leistungsempfänger muss dabei einen Vorteil erhalten, der zu einem Verbrauch i.S. des gemeinsamen Mehrwertsteuersystems führt. Bei der Bestimmung der Leistung ist auf die Auswirkungen beim Leistungsempfänger (Zuschussgeber) abzustellen. Denn nur, was als ein Leistungskonsum aus Sicht des Verbrauchers anfällt, kann als ein unternehmerisches Leistungsverhalten angesehen werden und damit überhaupt steuerbar sein.

In einem zweiten Schritt prüft der BFH unter dem Tatbestandsmerkmal „Entgelt“ das Vorliegen eines Leistungsaustauschverhältnisses. Für die Annahmen eines Leistungsaustauschverhältnisses müssen die Leistung und der hierfür erhaltene Gegenwert (Zuschusszahlung) miteinander äußerlich über ein Rechtsverhältnis verbunden sein; dabei genügt ein Zuschussverhältnis. Die Verbindung über einen schuldrechtlichen Vertrag ist nicht erforderlich. Jedoch müssen die Leistung und das Entgelt (Zuschuss) innerlich miteinander zusammenhängen. Der innere Zusammenhang ist nach Auffassung des BFH dann gegeben, wenn die Zuschusszahlung erbracht wird, um die empfangene Leistung abzugelten. Für die Beurteilung der inneren Verbundenheit von Leistung und „Gegenleistung“ (Leistungsaustausch) stellt der BFH damit auf die Sicht des Leistungsempfängers (Zuschussgebers) ab. Mit anderen Worten: Der aufgrund der Leistung beim identifizierbaren Leistungsempfänger angefallene Vorteil muss mit der Entrichtung eines Gegenwerts abgegolten werden. An einem inneren Zusammenhang zwischen Leistung und erhaltenem Gegenwert fehlt es nach Ansicht des BFH, wenn die Zahlung lediglich der Förderung der Tätigkeit des Empfängers allgemein – aus strukturpolitischen, volkswirtschaftlichen oder all-

---

821 Vgl. Urt. d. *EuGH* v. 29.2.1996, C-215/94, Rs. Mohr, EGHE 1996, S. 959, DStR 1996, S. 421.

822 Vgl. Urt. d. *EuGH* v. 18.12.1997, C-384/95, Rs. Landboden-Agrardienste, EGHE 1997, S. 7387, DStRE 1998, S. 888.

gemeinpolitischen Gründen – dient. Er setzt damit auch in diesem Prüfungsschritt die Vorgaben des EuGH[823] um.

Damit hat der BFH in seiner jüngeren Rechtsprechung einen Wechsel im Hinblick auf den Leistungsaustausch vollzogen. Die Definition des Begriffs „Leistungsaustausch“ erfolgte nämlich nach Maßgabe des Urteils vom 7.5.1981[824] ausschließlich von der Seite des Leistenden her.[825] Nach der überholten Rechtsprechung war für die Ermittlung des Leistungsaustauschverhältnisses ein Verhalten des Zuschussempfängers erforderlich, das auf den Erhalt einer Gegenleistung abzielt oder zumindest geeignet ist, eine Vergütung auszulösen.[826] Diese Formel verwendet der BFH nun nicht mehr. Nach einer kurzen Irritation durch das Urteil vom 13.11.1997[827], in dem sich der BFH nochmals auf die überholte Formel bezog, setzte der BFH die gemeinschaftsrechtlichen Grundsätze und die Rechtsprechung des EuGH nun bei der Ermittlung des Leistungsaustauschverhältnisses i.S. des § 1 Abs. 1 Nr. 1 UStG konsequent um.

Die Abgrenzung eines „unechten“ von einem „echten“ Zuschuss erfolgt nunmehr systemkonform. Damit dürfte sich m.E. in diesem Punkt auch die Kritik in der Literatur erledigt haben.

VI. Tatbestandsvoraussetzungen für eine entgeltliche Leistung

Auf der Grundlage der neuesten Entscheidungen des *BFH*[828] und der maßgeblichen Urteile des *EuGH*[829] lassen sich folgende Prüfungskriterien für die Ermitt-

---

823 Vgl. Urt. d. *EuGH* v. 3.3.1994, C-16/93, Rs. Tolsma, EuGHE 1994, I-743, UR 1994, S. 399.

824 Vgl. Urt. d. *BFH* v. 7.5.1981, V R 47/76, BStBl. II 1981, S. 495.

825 Vgl. *Streng*, Zuschüsse und Subventionen im Umsatzsteuerrecht, Köln 1999, S. 47.

826 Vgl. Urt. d. *BFH* v. 28.1.1988, V R 112/86, BStBl. II 1988, S. 473.

827 Vgl. Urt. d. *BFH* v. 13.11.1997, V R 11/97, BStBl. II 1998, S. 169.

828 Vgl. Urt. d. *BFH* v. 27.11.2008, V R 8/07, BStBl. II 2009, S. 397, BFH/NV 2009, S. 663; Urt. d. *BFH* v. 18.12.2008, V R 38/06, BFHE 225, S. 155, BStBl. II 2009, S. 749; Urt. d. *BFH* v. 19.11.2009, V R 29/08, BFH/NV 2010, S. 701; Urt. d. *BFH* v. 5.8.2010, V R 54/09, BFH/NV 2011, S. 169, BStBl. II 2011, S. 191, DStRE 2011, S. 101.

829 Vgl. Urt. d. *EuGH* v. 20.1.2005, C-412/03, Hotel Scandic Gasabäck, UR 2005, S. 98; Urt. d. *EuGH* v. 21.3.2002, C-174/00, Kennemer Golf & Country Club, Slg. 2002, I-3293, DStRE 2002, S. 642; Urt. d. *BFH* v. 19.2.2004, V R 10/03, BFHE 205, S. 495, BStBl. II 2004, S. 675; Urt. d. *BFH* v. 5.12.2007, V R 60/05, BFHE 219, S. 455, DStR 2008, S. 866, jeweils m.w.N.; Urt. d. *EuGH* v. 3.3.1994, C-16/93, Tolsma, Slg. 1994, I-743, NJW 1994, S. 1941; Urt. d. *EuGH* v. 16.10.1997, C-258/95, Fillibeck, Slg. 1997, I-

lung eines Zuschusses als eine entgeltliche Leistung i.S. des § 1 Abs. 1 Nr. 1 UStG festhalten:

- Stufe: Leistung
  - Identifizierbarer Leistungsempfänger
  - Konkreter Vorteil
  - Verbrauch i.S. des gemeinsamen Mehrwertsteuersystems
- 2. Stufe: Entgelt
  - Gegenwert
  - Äußere Verknüpfung durch ein Rechtsverhältnis
  - Innere Verknüpfung (Leistungsaustauschverhältnis)

Anhand dieser Kriterien können „unechte“ steuerbare Zuschüsse von „echten“ nicht steuerbaren Zuschüssen m.E. trennschaft voneinander abgegrenzt werden.

Hierzu im Einzelnen:

1. Ausgangspunkt

Die Annahme einer Leistung gegen Entgelt setzt das Vorhandensein eines unmittelbaren Zusammenhangs zwischen der erbrachten Leistung und dem dafür erhaltenen Gegenwert voraus, wobei die vom Leistenden (Zuschussempfänger) empfangene Vergütung den tatsächlichen Gegenwert für die dem Leistungsempfänger (Zuschussgeber) erbrachte Leistung bildet.[830] Der unmittelbare Zusam-

---

5577, DStRE 1997, S. 930; Urt. d. *BFH* v. 11.4.2002, V R 65/00, BFHE 198, S. 233, BStBl. II 2002, S. 782, DStR 2002, S. 953; Urt. d. *BFH* v. 19.2.2004, V R 10/03, BFHE 205, S. 495, BStBl. II 2004, S. 675, DStRE 2004, S. 981; Urt. d. *BFH* v. 6.5.2004, V R 40/02, BFHE 205, S. 535, BStBl. II 2004, S. 854, DStRE 2004, S.1039.

830 Vgl. *Tehler* in Reiß/Kraeusel/Langer, Umsatzsteuergesetz – Kommentar, Stand: 84. Ergänzungslieferung, Bonn, Juni 2010, § 1, Rn. 203; Urt. d. *BFH* v. 27.11.2008, V R 8/07, BStBl. II 2009, S. 397, BFH/NV 2009, S. 663; Urt. d. *EuGH* v. 18.12.1997, C-384/95, Rs. Landboden-Agrardienste, EGHE 1997, S. 7387, DStRE 1998, S. 888; Urt. d. *EuGH* v. 29.2.1996, C-215/94, Rs. Mohr, EGHE 1996, S. 959, DStR 1996, S. 421; Urt. d. *BFH* v. 18.12.2008, V R 38/06, BFHE 225, S. 155, BStBl. II 2009, S. 749; Urt. d. *EuGH* v. 21.3.2002, C-174/00, Kennemer Golf & Country Club, Slg. 2002, I-3293, DStRE 2002, S. 642; Urt. d. *BFH* v. 19.2.2004, V R 10/03, BFHE 205, S. 495, BStBl. II 2004, S. 675; Urt. d. *BFH* v. 5.12.2007, V R 60/05, BFHE 219, S. 455, DStR 2008,

menhang zwischen der Leistung und einem hierfür empfangenen Gegenwert (Zuschuss) seitens des Leistungsempfängers ergibt sich regelmäßig aus dem zwischen den Personen bestehenden Rechtsverhältnis, in dessen Rahmen Leistung und ein dafür gewährter Gegenwert ausgetauscht werden.[831]

Die Prüfung erfolgt dabei in zwei Stufen. In einem ersten Schritt ist sind die Anforderungen an die Leistung zu prüfen und in einem zweiten Schritt ist das Entgelt und die damit verbundene Frage eines Leistungsaustauschs zu untersuchen.

2. Leistung

Zu einem steuerbaren Umsatz führt die Leistung nur dann, wenn sie im Rahmen einer wirtschaftlichen Tätigkeit erbracht wurde. Zuerst ist folglich die wirtschaftliche Tätigkeit zu untersuchen, die denjenigen, der sie ausübt, zum Unternehmer (Steuerpflichtigen) macht.[832]

Dabei ist für die Bestimmung des Inhalts und Umfangs der Leistung umsatzsteuerrechtlich insbesondere von Bedeutung, wem die Leistung zuzurechnen ist.[833]

Die Leistung muss gegenüber einem identifizierbaren Leistungsempfänger erbracht werden. Dieser muss einen Vorteil erhalten, der zu einem Verbrauch im Sinne des gemeinsamen Mehrwertsteuersystems führt.[834] Bei der Bestimmung

S. 866, jeweils m.w.N.; Urt. d. *EuGH* v. 3.3.1994, C-16/93, Tolsma, Slg. 1994, I-743, NJW 1994, S. 1941; Urt. d. *EuGH* v. 16.10.1997, C-258/95, Fillibeck, Slg. 1997, I-5577, DStRE 1997, S. 930; Urt. d. *BFH* v. 11.4.2002, V R 65/00, BFHE 198, S. 233, BStBl. II 2002, S. 782, DStR 2002, S. 953; Urt. d. *BFH* v. 19.2.2004, V R 10/03, BFHE 205, S. 495, BStBl. II 2004, S. 675, DStRE 2004, S. 981; Urt. d. *BFH* v. 6.5.2004, V R 40/02, BFHE 205, S. 535, BStBl. II 2004, S. 854, DStRE 2004, S.1039.

831 Vgl. Urt. d. *BFH* v. 27.11.2008, V R 8/07, BStBl. II 2009, S. 397, BFH/NV 2009, S. 663; Urt. d. *BFH* v. 18.12.2008, V R 38/06, BFHE 225, S. 155, BStBl. II 2009, S. 749; Urt. d. *EuGH* v. 21.3.2002, C-174/00, Rs. Kennemer Golf & Country Club, Slg. 2002, I-3293, DStRE 2002, S. 642; Urt. d. *EuGH* v. 17.9.2002, C-498/99, Rs. Town & Country Factors Ltd., DStRE 2002, S. 1326; Urt. d. *BFH* v. 19.2.2004, V R 10/03, BFHE 205, S. 495, BStBl. II 2004, S. 675.

832 Vgl. *Birkenfeld* in Birkenfeld, Das große Umsatzsteuer-Handbuch, Stand:, 54. Ergänzungslieferung, 12/2010, § 32, Rn. 171.

833 Vgl. *Tehler* in Reiß/Kraeusel/Langer, Umsatzsteuergesetz – Kommentar, Stand: 84. Ergänzungslieferung, Bonn, Juni 2010, § 1, Rn. 232.

834 Vgl. Urt. d. *EuGH* v. 18.12.1997, C-384/95, Rs. Landboden-Agrardienste, EGHE 1997, S. 7387, DStRE 1998, S. 888; Urt. d. *EuGH* v. 29.2.1996, C-215/94, Rs. Mohr, EGHE 1996, S. 959, DStR 1996, S. 421; Urt. d. *BFH* v. 27.11.2008, V R 8/07, BStBl. II 2009,

des Wesens der Leistung ist auf die Auswirkung der Leistung beim Leistungsempfänger abzustellen.

a. *Identifizierbarer Leistungsempfänger*

Die Leistung des Zuschussempfängers (Leistender) muss einem identifizierbarem Leistungsempfänger (Zuschussgeber) einen bestimmbaren individuellen Vorteil verschaffen.[835] Ohne Belang ist es dabei, wenn eine Leistung mittelbar auch der Allgemeinheit zugutekommen sollte. Ein Interesse der Allgemeinheit, das dem Handeln jeder Körperschaft des öffentlichen Rechts innewohnt, schließt die Identifizierbarkeit des Leistungsempfängers nicht aus. Ein identifizierbarer Leistungsempfänger ist die Person, der ein konkreter Vorteil zugewandt wird.

b. *Konkreter Vorteil*

Die Leistung muss so beschaffen sein, dass sie einen Kostenfaktor in der Tätigkeit eines anderen Beteiligten am Wirtschaftsleben bilden kann.[836]

Konkrete Leistungen können bspw. in der tatsächlichen Überlassung von Büroräumen, Büromaterial, Energie, Organisations- und Überwachungsleistungen oder Werbeleistung liegen.[837] Ein Vorteil kann aber auch darin zu sehen sein, dass sich der Leistungsempfänger durch den Erhalt der Leistung Kosten erspart, die bei ihm angefallen wären, wenn er sich die Leistung durch einen Dritten hätte einkaufen müssen. [838] Ohne Belang ist es, ob Leistungen von einer öffentlichen Körperschaft im Rahmen der Erfüllung einer Pflichtaufgabe oder einer freiwilligen Aufgabe bezogen werden.[839]

Des Weiteren ist es unerheblich, ob eine Leistung mit dem Satzungs- bzw. Gesellschaftszweck eines Leistenden (Zuschussempfängers) übereinstimmt oder

---

S. 397, BFH/NV 2009, S. 663; Urt. d. *BFH* v. 18.12.2008, V R 38/06, BFHE 225, S. 155, BStBl. II 2009, S. 749.

835 Vgl. Urt. d. *BFH* v. 11.4.2002, V R 65/00, BStBl. II 2002, S. 782 (784).

836 Vgl. Urt. d. *EuGH* v. 18.12.1997, C-384/95, Rs. Landboden-Agrardienste, EGHE 1997, S. 7387, DStRE 1998, S. 888; Urt. d. *BFH* v. 18.12.2008, V R 38/06, DStRE 2009, S. 866; Urt. d. *BFH* v. 27.11.2008, V R 8/07, BStBl. II 2009, S. 397.

837 Vgl. Urt. d. *BFH* v. 27.11.2008, V R 8/07, BStBl. II 2009, S. 397; Urt. d. *BFH* v. 18.12.2008, V R 38/06, DStRE 2009, S. 866.

838 Vgl. Urt. d. *BFH* v. 27.11.2008, V R 8/07, BStBl. II 2009, S. 397; Urt. d. *BFH* v. 5.12.2007, V R 63/05, BFH/NV 2008, S. 996; Beschl. d. *BFH* v. 29.6.2007, V B 28/06, BFH/NV 2007, S. 1938.

839 Vgl. Urt. d. *BFH* v. 19.11.2009, V R 29/08, BFH/NV 2010, S. 701;Urt. d. *BFH* v. 18.06.2009, V R 4/08, BFH/NV 2009, S. 2067; Urt. d. *BFH* v. 5.8.2010, V R 54/09, BStBl. II 2011, S. 191.

nicht.[840] Maßgeblich ist allein die Sicht des Zuschussgebers (Leistungsempfängers).

c. *Verbrauch i.S. des gemeinsamen Mehrwertsteuersystems*

Die Leistung muss zu einem Verbrauch i.S. eines am Prinzip der allgemeinen Verbrauchsbesteuerung ausgerichteten gemeinsamen Mehrwertsteuersystems führen. Die Umsatzsteuer besitzt den Charakter einer indirekten, allgemeinen Verbrauchsteuer. Eigentlicher Belastungsträger ist der Endverbraucher, der eine steuerbare Leistung in Anspruch nimmt. Für einen Verbrauch im Sinne des Mehrwertsteuersystems der Gemeinschaft hängt der Begriff der Leistung deshalb nicht davon ab, welchen Zweck der Leistende (Zuschussempfänger) mit dieser verbindet. Der Verbrauch bestimmt sich folglich nicht aus den vereinbarten Zuschussbedingungen zwischen Zuschussempfänger und Zuschussgeber, sondern aus den tatsächlichen Umständen. Entscheidend ist allein die Natur der eingegangenen Verpflichtung. Die Leistungsverpflichtung muss daher einen Verbrauch implizieren.[841] Dabei ist auf einen konkreten (Leistungs-) Empfängerhorizont (Zuschussgeber) abzustellen.

3. Entgelt

a. *Gegenwert*

Der Gegenwert ist das, was der Leistende (Zuschussempfänger) vom Leistungsempfänger (Zuschussgeber) fordern oder erwarten kann und was ihm dementsprechend zufließt, nämlich die Zuschusszahlung. Der Gegenwert muss der Höhe nach bestimmt sein; zumindest muss der Wert in Geld bestimmbar sein.[842] Für die Bestimmung des Steuertatbestands besteht der Gegenwert mindestens in der erwarteten und höchstens in der tatsächlich für die Leistung erhaltenen (in Geld ausdrückbaren) Gegenleistung.[843] Letztlich ist Besteuerungsgrundlage jedoch stets nur der tatsächlich erhaltene Gegenwert. Besteuerungsgrundlage ist dem

---

840 Vgl. Urt. d. *BFH* v. 27.11.2008, V R 8/07, BStBl. II 2009, S. 397; Urt. d. *BFH* v. 29.10.2008, XI R 59/07, BFH/NV 2009, S. 324, m.w.N.

841 Vgl. Urt. d. *EuGH* v. 18.12.1997, C-384/95, Rs. Landboden-Agrardienste, EGHE 1997, S. 7387, DStRE 1998, S. 888.

842 Vgl. Urt. d. *EuGH* v. 3.3.1994, C-16/93, Rs. Tolsma, UR 1994, 399.

843 Vgl. Urt. d. *EuGH* v. 16.10.1997, C-258/95, Rs. Fillibeck, UR 1998, S. 121; *Birkenfeld* in Birkenfeld, Das große Umsatzsteuer-Handbuch, Stand:, 54. Ergänzungslieferung, 12/2010, § 32, Rn. 81.

Umfang nach jede bewertbare „Gegenleistung“, die der Steuerpflichtige vom Abnehmer oder Dienstleistungsempfänger „für“ die Leistung erhält oder erhalten soll.[844]

b. *Äußere Verknüpfung durch ein Rechtsverhältnis*

Leistung und Gegenwert müssen zunächst äußerlich miteinander verbunden sein. Der hierfür erforderliche Zusammenhang wird durch ein Rechtsverhältnis zwischen dem Leistenden (Zuschussempfänger) und dem Leistungsempfänger (Zuschussgeber) hergestellt, in dessen Rahmen gegenseitige Leistungen ausgetauscht werden, wobei die vom Leistenden empfangenen Zuschusszahlungen den tatsächlichen Gegenwert für die dem Zuschussgeber (Leistungsempfänger) erbrachten Leistungen bilden.[845]

Das Rechtsverhältnis verbindet eine erbrachte Leistung und einen dafür erhaltenen Gegenwert.[846] Leistungen, zu deren Ausführung sich die Vertragsparteien in einem gegenseitigen Vertrag verpflichten, stellen grundsätzlich ein hinreichendes Rechtsverhältnis zwischen Leistung und Gegenleistung her.[847] Die Qualifikation als gegenseitiger Vertrag schließt jedoch ein Zuschussverhältnis begrifflich aus.[848] Auf diese Weise können die Leistungen folglich nicht miteinander verknüpft sein.[849] Dies ist jedoch auch nicht erforderlich.

---

844 Vgl. *Birkenfeld* in Birkenfeld, Das große Umsatzsteuer-Handbuch, Stand:, 54. Ergänzungslieferung, 12/2010, § 32, Rn. 82.

845 Vgl. z.B. Urt. d. *EuGH* v. 3.3.1994, C-16/93, Rs. Tolsma, EuGHE 1994, I-743, UR 1994, S. 399; Urt. d. *EuGH* v. 16.10.1997, C-258/95, Rs. Fillibeck, UR 1998, S. 121; Urt. d. *EuGH* v. 18.7.2007, C-277/05, Rs. Societe thermale d'Eugenie-les-Bains, EuGHE 2007, I-6415, UR 2007, S. 643; Urt. d. *EuGH* v. 8.3.1988, C-102/86, Rs. Apple and Pear Development Council, EuGHE 1988, S. 1443, UR 1989, S. 275; Urt. d. *BFH* v. 27.11.2008, V R 8/07, BStBl. II 2009, S. 397; Urt. d. *BFH* v. 18.12.2008, V R 38/06, DStRE 2009, S. 866.

846 Vgl. *Birkenfeld* in Birkenfeld, Das große Umsatzsteuer-Handbuch, Stand:, 54. Ergänzungslieferung, 12/2010, § 32, Rn. 61; Urt. d. *EuGH* v. 16.10.1997, C-258/95, Fillibeck, Slg. 1997, I-5577, DStRE 1997, S. 930.

847 Vgl. Urt. d. *BFH* v. 8.11.2007, V R 20/05, BFHE 219, S. 403, BStBl. II 2009, S. 483; Urt. d. *BFH* v. 5.12.2007, V R 63/05, BFH/NV 2008, S. 996; Urt. d. *BFH* v. 9.11.2006, V R 9/04, BStBl. II 2007, S. 285; Urt. d. *BFH* v. 18.12.2008, V R 38/06, DStRE 2009, S. 866; Urt. d. *BFH* v. 19.11.2009, V R 29/08, BFH/NV 2010, S. 701.

848 Vgl. Kapitel I, H, II dieser Arbeit.

849 Soweit in Abschn. 10.2. Abs. 2 Nr. 2 UStAE unter der Überschrift „Zuschüsse als Entgelt für Leistungen an den Zahlenden“ aufgeführt ist, dass insbesondere bei gegenseitigen Verträgen eine notwendige Verknüpfung zwischen der erbrachten Leistung und der

Ein hinreichender unmittelbarer Zusammenhang kann auch aufgrund eines einseitigen Rechtsgeschäfts oder faktisch entstehen (z.B. freiwillige Leistungen).[850] Ein Leistungsaustausch setzt weder voraus, dass der leistende Unternehmer einen Rechtsanspruch auf Zahlung, noch dass der Leistungsempfänger einen Anspruch auf Leistung hat.[851] Das Zuschussverhältnis stellt mithin einen hin-reichenden Rechtsgrund dar, wenn der Leistungsempfänger (Zuschussgeber) die Leistung annimmt und der Leistende (Zuschussempfänger) für diesen Fall mit einem Gegenwert rechnet, weil die Zahlung erwartbar, d.h. nicht unwahrscheinlich ist.[852] Ein solches Rechtsverhältnis kann privatwirtschaftlicher oder auch öffentlich-rechtlicher Natur sein.[853]

c. *Innere Verknüpfung (Leistungsaustauschverhältnis)*

Leistung und Zuschusszahlung müssen auch innerlich zu einem Leistungsaustauschverhältnis miteinander verbunden werden. Für die Beurteilung der inneren Verbundenheit von Leistung und „Gegenleistung“ ist der Leistungsempfängerhorizont (Sicht des Zuschussgebers) maßgeblich. Folglich ist der innere Zusammenhang dann gegeben, wenn die Zuschusszahlung erbracht wird, um die empfangene Leistung abzugelten. Mit anderen Worten: Der aufgrund der Leistung beim identifizierbaren Leistungsempfänger angefallene Vorteil muss mit der Entrichtung eines Gegenwerts abgegolten werden. Ist dies der Fall, liegt ein „unechter“ Zuschuss vor.

An einem inneren Zusammenhang zwischen Leistung und erhaltenem Gegenwert fehlt es daher, wenn die Zahlung lediglich der Förderung der Tätigkeit des Empfängers allgemein – aus strukturpolitischen, volkswirtschaftlichen oder allgemeinpolitischen Gründen – dient. Es liegt ein nicht umsatzsteuerbarer „echter“ Zuschuss vor.

Anhand der inneren Verbundenheit des Leistungsaustauschs lässt sich folglich die Abgrenzung zwischen einem „echten“ und einem „unechten“ Zuschuss vornehmen.

Zahlung des Zuschusses besteht, ist diese Aussage unzutreffend, weil begrifflich unmöglich ein Zuschussverhältnis vorliegen kann.

850 Vgl. *Husmann* in Rau/Dürrwächter, Kommentar zum Umsatzsteuergesetz, Stand: 143. Ergänzungslieferung, 9/2010, § 1 UStG, Anm. 203.

851 Vgl. Urt. d. *BFH* v. 9.10.2003, V R 51/02, BStBl. II 2004, S. 322; Urt. d. *BFH* v. 13.11.1997, V R 11/97, BStBl. II 1998, S. 169.

852 Vgl. *Birkenfeld* in Birkenfeld, Das große Umsatzsteuer-Handbuch, Stand:, 54. Ergänzungslieferung, 12/2010, § 32, Rn. 221.

853 Vgl. Urt. d. *BFH* v. 18.12.2008, V R 38/06, DStRE 2009, S. 866.

D. Zuschüsse als zusätzliches Entgelt (Dreipersonenverhältnis)

Soweit zwischen dem Leistenden und dem Zuschussgeber kein Leistungsaustauschverhältnis (Zweipersonenverhältnis) besteht, ist in einem weiteren Schritt zu prüfen, ob ein anderes Leistungsaustauschverhältnis besteht, in welches das Entgelt eines Dritten mit einbezogen werden kann.[854] Dies deshalb, weil zum Entgelt nach § 10 Abs. 1 Satz 3 UStG nämlich auch gehört, was ein anderer als der Leistungsempfänger dem Zuschussempfänger (Leistender) zusätzlich gewährt (sog. zusätzliches Entgelt).[855]

I. Allgemeines

Bezogen auf ein in diesen Fällen bestehendes Leistungsaustauschverhältnis zahlt also ein daran nicht beteiligter Dritter (Zuschussgeber) einen Zuschuss.[856] Im Unterschied zum Zweipersonenverhältnis sind Zuschussverhältnis und Leistungsverhältnis nicht deckungsgleich.

Für diese auch als Preisauffüllung bezeichneten Fälle ist also die Beteiligung von drei Personen kennzeichnend, nämlich dem Leistenden (Zuschussempfänger), dem Leistungsempfänger sowie dem Dritten, der den Zuschuss in Form eines zusätzlichen Entgelts zahlt (Zuschussgeber).

Ein zusätzliches Entgelt kommt in der Regel nur dann in Betracht, wenn ein unmittelbarer Leistungsaustausch zwischen dem Zahlungsempfänger und dem zahlenden Dritten (Zuschussgeber) zu verneinen ist.[857]

---

854 Vgl. *Streng*, Zuschüsse und Subventionen im Umsatzsteuerrecht, Köln 1999, S. 241.

855 Vgl. *Wagner* in Sölch/Ringleb, Umsatzsteuergesetz – Kommentar, Stand: 63. Ergänzungslieferung, München April 2010, § 10, Rn. 185.

856 Beispiel 1: Die Bundesagentur für Arbeit (Dritte und Zuschussgeberin) gewährt einer Werkstatt für behinderte Menschen (Leistende und Zuschussempfängerin) pauschale Zuwendungen zu den Sach-, Personal- und Beförderungskosten, die für die Betreuung und Ausbildung der behinderten Menschen (Leistungsempfänger) entstehen. Die Zahlungen sind Entgelt von dritter Seite für die Leistungen der Werkstatt für behinderte Menschen (Zahlungsempfänger) an die behinderten Menschen, da der einzelne behinderte Mensch auf diese Zahlungen einen Anspruch hat.

Beispiel 2: Ein Bundesland (Dritter und Zuschussgeber) gewährt einem Studentenwerk (Leistungsempfänger) einen Zuschuss zum Bau eines Studentenwohnheims. Der Zuschuss wird unmittelbar dem Bauunternehmer (Leistender und Zuschussempfänger) ausgezahlt. Es liegt Entgelt von dritter Seite für die Leistung des Bauunternehmers an das Studentenwerk vor.

857 Vgl. Absch. 150 Abs. 3 S. 2 UStR.

Unproblematisch ist die Erfassung der Zuschusszahlungen Dritter als Entgelt, wenn in einem Umsatzverhältnis mit Entgeltvereinbarung zwischen Leistendem und Leistungsempfänger der Dritte als Zuschussgeber lediglich die Zahlung für den Leistungsempfänger übernimmt. Hier ist die Zahlung so zu betrachten, als hätte der Leistungsempfänger sie selbst erbracht.[858]

Problematischer ist die Abgrenzung einer Zuschusszahlung in Form eines zusätzlichen Entgelts von einem „echten" nicht steuerbaren Zuschuss.

II. Frühere Ansicht des BFH zur Abgrenzung (zusätzlichen Entgelt)[859]

Bei Zuschüssen, die durch Dritte gezahlt werden, also von Personen, die nicht direkt am Leistungsaustausch beteiligt sind, haben Rechtsprechung und Verwaltung seit dem Urteil vom 9.10.1975[860] die Abgrenzung zwischen steuerbarem Entgelt eines Dritten und „echtem" Zuschuss nach der Person des Bedachten (Zuschussempfänger oder aber Leistungsempfänger) und dem Förderziel vorgenommen. Anknüpfungspunkt war damit das Entgelt.

Nach dieser Ansicht handelt es sich um einen „echten" Zuschuss und damit nicht um ein zusätzliches Entgelt, wenn die Zahlung der Förderung des leistenden Unternehmers, der Aufrechterhaltung seiner Tätigkeit allgemein dient. Mit anderen Worten: Wenn die Zahlung also zu seiner Bezuschussung aus bestimmten strukturpolitischen, volkswirtschaftlichen oder allgemein politischen Gründen erfolgt. Im Umkehrschluss liegt ein zusätzliches Entgelt für eine vom Leistungsempfänger in Anspruch genommene Leistung vor, wenn die Zahlung an ihn aufgrund einer öffentlich rechtlichen Verpflichtung oder zumindest überwiegend in seinem Interesse geleistet wird.[861]

Das heißt: Solange ein Zuschuss im Interesse des Leistungsempfängers gewährt wird, ist er als zusätzliches Entgelt eines Dritten im Sinne von § 10 Abs. 1 Satz 3 UStG in die Bemessungsgrundlage mit einzubeziehen. Wird er dagegen

---

858 Vgl. *Weiß*, UR 1986, S. 83 (92).

859 Vgl. Urt. d. *BFH* v. 9.10.1975, V R 88/74, BStBl. II 1976, S. 105; Urt. d. *BFH* v. 26.6.1986, V R 93/77, BStBl. II 1986, S. 723; Urt. d. *BFH* v. 6.10.1988, V R 101/85, UR 1989, S. 243, BFH/NV 1989, S. 327; Urt. d. *BFH* v. 15.6.1988, V R 137/83, UR 1989, S. 241; Urt. d. *BFH* v. 8.3.1990, V R 67/89, BStBl. II 1990, S. 708; Urt. d. *BFH* v. 20.2.1992, V R 26/87, BFH/NV 1992, S. 701; Urt. d. *BFH* v. 22.10.1993, V B 54/93, UVR 1994, S. 53; Urt. d. *BFH* v. 25.1.1996, V R 61/94, UR 1997, S. 432; ausführlich dazu: *Streng*, Zuschüsse und Subventionen im Umsatzsteuerrecht, Köln 1999, S. 230.

860 Vgl. Urt. d. *BFH* v. 9.10.1975, V R 88/74, BStBl. II 1976, S. 105.

861 Vgl. Urt. d. *BFH* v. 22.10.1993, V B 54/93, UVR 1994, S. 53.

im Interesse des Zuschussempfängers (Leistenden) gewährt, liegt ein echter nicht steuerbarer Zuschuss vor.[862] Im Einzelfall war es nach dieser Abgrenzung jedoch oft schwierig, den Zahlungszweck konkret zu ermitteln.[863]

III. Kritik aus der Literatur

Streng[864] bezweifelt, dass die von der Rechtsprechung des BFH getroffene Abgrenzung des zusätzlichen Entgelts von umsatzsteuerfreien „echten" Zuschüssen mit dem Wesen der Umsatzsteuer als allgemeiner Verbrauchssteuer in Einklang gebracht werden kann.

Nach Auffassung von Streng sind Zuschüsse als zusätzliches Entgelt nur dann in die Bemessungsgrundlage für die Berechnung der Umsatzsteuer mit einzubeziehen, wenn sich in ihnen eine zusätzliche Leistungsfähigkeit im Sinne des verbrauchsteuerlichen Umsatzsteuersystems zeigt. Dieses Kriterium ist nach Auffassung von Streng ein objektives Kriterium, welches anhand objektiver Tatsachen festgestellt werden muss. Das von der Rechtsprechung bis dato angelegte Kriterium, nach dem die umsatzsteuerliche Beurteilung eines Entgeltes eines Dritten am Förderziel der Zuschusszahlung festzumachen ist, ist nach seiner Ansicht nicht mit dem Wesen der Umsatzsteuer als allgemeiner Verbrauchsteuer in Einklang zu bringen.

Nach seiner Ansicht handelt es sich um ein zusätzliches Entgelt, das in die Bemessungsgrundlage der Umsatzsteuer einzubeziehen, wenn der Verbraucher (Leistungsempfänger) aufgrund des Zuschusses einen niedrigeren Preis zahlen muss, als er ohne den Zuschuss zu zahlen gehabt hätte. Anderenfalls ist der Zuschuss nicht umsatzsteuerbar, denn der Verbraucher (Leistungsempfänger) hätte sich auch anderweitig zum gleichen Preis versorgen können, ohne mehr Mittel aufwenden zu müssen.[865]

IV. Rechtsprechung des EuGH

Ein Blick auf die Rechtsprechung des EuGH sollte klären, ob die Besteuerung eines zusätzlichen Entgelts gemäß § 10 Abs. 1 Satz 3 UStG nach Maßgabe der bisherigen Rechtsprechung überhaupt gemeinschaftsrechtskonform ist.

---

862 Vgl. *Streng*, Zuschüsse und Subventionen im Umsatzsteuerrecht, Köln 1999, S. 231.
863 Vgl. *Streng*, Zuschüsse und Subventionen im Umsatzsteuerrecht, Köln 1999, S. 231.
864 Vgl. *Streng*, Zuschüsse und Subventionen im Umsatzsteuerrecht, Köln 1999, S. 236.
865 Vgl. *Streng*, Zuschüsse und Subventionen im Umsatzsteuerrecht, Köln 1999, S. 237.

1. Urteil des EuGH v. 22.11.2001 – Rs. Office d. Produits Wallons[866]

a. Sachverhalt und Problemstellung[867]

Das Office des Produits Wallons betätigt sich im Bereich der Werbung und des Verkaufs wallonischer Produkte und ist grundsätzlich mehrwertsteuerpflichtig. Eines seiner Betätigungsbereiche des Office des Produits Wallons ist die Herausgabe einer Zeitschrift. Aufgrund einer entsprechenden Rahmenvereinbarung erhält das Office des Produits Wallons von der wallonischen Region jährlich Zuschüsse. Nach dieser Vereinbarung hat es vier Aufgaben, nämlich die Herausgabe eines Verzeichnisses, die Herausgabe der Zeitschrift Wallonie nouvelle", die Betreuung dezentralisierter Nebenstellen und schließlich die Teilnahme an örtlichen Veranstaltungen. Eine Verwendung der Zuschüsse war u.a. für Personalkosten, Mietkosten, Kosten für den Erwerb von Mobilien u.ä. gestattet.

Der EuGH hatte unter anderem folgende Frage zu beantworten: Sind betriebliche Zuschüsse, die einen Teil der Betriebsaufwendungen (Investitionshilfen, Beteiligungen an den allgemeinen laufenden Kosten, Ausgaben und Personalkosten) eines Steuerpflichtigen abdecken und den Selbstkostenpreis seiner Waren oder Dienstleistungen beeinflussen, ohne einen konkreten Bezug zum Preis der Umsätze anzuweisen, gemäß Art. 11 Teil A der Sechsten Richtlinie 77/388/ EWG (heute: Art. 73 MwStSystRL) steuerpflichtig?

b. Entscheidungsgründe

Eingangs seiner Entscheidungsgründe macht der EuGH Ausführungen zum Anwendungsbereich des Art. 11 Teil A der Sechsten Richtlinie 77/388/ EWG (heute: Art. 73 MwStSystRL). Er stellt klar, dass mit Umsätzen i.S. des Artikel 11 Teil A der Sechsten Richtlinie nicht diejenigen gemeint sind, die zugunsten der Stelle bewirkt werden, die den Zuschuss gewährt hat. Mit anderen Worten: Auf das Zweipersonenverhältnis, bei dem der Zuschussgeber vom Zuschussempfänger eine Leistung gegen Gewährung eines Zuschusses erhält, ist Artikel 11 Teil A der Sechsten Richtlinie (heute: Art. 73 MwStSystRL) nicht anwendbar.

Nach Ansicht des EuGH betrifft die Vorschrift die Fälle mit jeweils drei Beteiligten. Die Beteiligten seien dabei die Behörde, die die Subvention gewährt (Zuschussgeber), die Einrichtung, die die Subvention erhält (Zuschussempfänger u. Leistender), und der Käufer des von der subventionierten Einrichtung ge-

866 Vgl. Urt. d. *EuGH* v. 22.11.2001, C-184/00, Rs. Office des Produits Wallons, EuGHE 2001, S. 9115, RIW 2002, S. 160, BeckRS 2004, 74760.

867 Vgl. Urteilszusammenfassung: *List*, BB 2005, S. 241 (242).

lieferten Gegenstandes bzw. der Empfänger der von dieser erbrachten Dienstleistung (Leistungsempfänger).

Liegt ein solches Dreiecksverhältnis vor, kommt es stets auf den Umsatz zwischen dem Zuschussempfänger und dem Leistungsempfänger an.

Die vorliegenden betrieblichen Zuschüsse, die einen Teil der Betriebskosten des Zuschussempfängers decken, wirken sich nach Ansicht des EuGH praktisch immer auf den Selbstkostenpreis der von der subventionierten Einrichtung gelieferten Gegenstände oder erbrachten Dienstleistungen aus. Soweit der Zuschussempfänger nämlich bestimmte Gegenstände liefert oder bestimmte Dienstleistungen erbringt, wird er dies zu Preisen tun können, die ihm nicht möglich wären, wenn er seine Kosten weitergeben und zugleich Gewinne erzielen müsste.

Der Umstand, dass durch den Zuschuss der Preis von Gegenständen oder Dienstleistungen des Zuschussempfängers beeinflusst wird, reicht jedoch allein nicht aus um die Steuerbarkeit des Zuschusses bejahen zu können.

Es muss zudem ein unmittelbarer Zusammenhang zwischen dem Zuschuss und dem Preis dieser Umsätze bestehen. Der EuGH führt aus, dass der Zuschuss an den Zuschussempfänger gerade für die Lieferung eines bestimmten Gegenstandes oder die Erbringung einer bestimmten Dienstleistung gezahlt werden muss. Nur in diesem Fall kann aus Sicht des EuGH der Zuschuss als Gegenleistung der Lieferung eines Gegenstandes oder der Erbringung einer Dienstleistung angesehen werden und ist damit steuerbar. Notwendiger Ausgangspunkt ist also die Lieferung oder die Leistung an einen Leistungsempfänger, die zu einem Verbrauch führt.

Der tatsächliche Nachweis eines unmittelbaren Zusammenhangs zwischen der Zuschusszahlung an den Zuschussempfänger und dem Preis aus den Umsätzen mit dem Leistungsempfänger ist schwierig und ggf. tatrichterlich zu ermitteln.

Der EuGH führt aus, dass die Verbindung zwischen der Zuschusszahlung des Zuschussgebers und dem Preis der Lieferungen und Leistungen des Zuschussempfängers nach einer Untersuchung der Umstände des Einzelfalls eindeutig zum Ausdruck kommen müsse. Nicht erforderlich ist dagegen, dass der Preis des Gegenstandes oder der Dienstleistung – oder ein Teil des Preises – konkret bestimmt ist. Es genügt, dass er bestimmbar ist.

Der EuGH liefert daher die folgenden Kriterien für die Feststellung eines unmittelbaren Zusammenhangs zwischen Zuschusszahlung und dem Preis der Leistung:

- Der Zuschuss des Zuschussempfängers muss dem Abnehmer des Gegenstands oder der Dienstleistung (Leistungsempfänger / Verbraucher) zugutekommen;

- dies ist dann der Fall, wenn der zu zahlende Preis für Gegenstände oder Dienstleistungen beim Leistungsempfänger so festgesetzt ist, dass er sich entsprechend der dem Verkäufer (Zuschussempfänger) des Gegenstandes oder dem Dienstleistungserbringer gewährten Subvention ermäßigt;
- der Zuschuss muss folglich in die Kalkulation des Preises einfließen.

Nach dem EuGH ist also zu prüfen, ob die Zahlung des Zuschusses es dem Zuschussempfänger objektiv ermöglicht, die eigenen Produkte bzw. die Erbringung von Dienstleistung zu einem niedrigeren Preis anbieten zu können, wenn er den Zuschuss nicht erhalten hätte. Anders ausgedrückt: Ohne den Zuschuss hätte der Zuschussempfänger einen höheren Preis für seine eigenen Lieferungen und Leistungen verlangen müssen.

Hat ein Zuschussempfänger, wie im vorliegenden Fall, mehrere Tätigkeiten übernommen, ist zu prüfen, ob jede einzelne Tätigkeit eine besondere bestimmbare Zahlung auslöst oder ob der Zuschuss allgemein zur Deckung der betrieblichen Kosten des Zuschussempfängers insgesamt gewährt wird. Kann (durch die Finanzverwaltung) nur ein Teil des Zuschusses einzelnen Tätigkeiten zugeordnet werden, ist nur dieser Teil des Zuschusses in die Bemessungsgrundlage der Umsatzsteuer einzubeziehen.

Der EuGH regt das vorlegende Gericht an, anhand der Jahresabrechnung zwischen dem Office des Produits Wallons und der Wallonischen Region zu überprüfen, ob die Zuschüsse, die den einzelnen dem Office des Produits Wallons von der Wallonischen Region auferlegten Verpflichtungen zuzuordnen sind, in der Rahmenvereinbarung der Höhe nach festgelegt sind. Träfe dies zu, könnte ein unmittelbarer Zusammenhang zwischen dem betreffenden Zuschuss und dem Verkauf der vom Office des Produits Wallons herausgegebenen Zeitschriften damit nachgewiesen werden.

2. Urteil des EuGH v. 13.6.2002 – Rs. Keeping Newcastle Warm[868]

a. *Sachverhalt und Problemstellung*

Die Keeping Newcastle Warm Ltd. ist eine Gesellschaft, deren Zweck es ist, einen sparsamen Energieverbrauch im Allgemeinen und insbesondere unter Bedürftigen zu fördern, die dazu erforderlichen Arbeiten auszuführen sowie die

868 Vgl. Urt. d. *EuGH* v. 13.6.2002, C-353/00, Rs. Keeping Newcastle Warm Ltd., EuGHE 2002, S. 5419, UVR 2002, S. 255.

Förderung und Beratung in Bezug auf einen sparsamen Energieverbrauch durchzuführen. In ihrem örtlichen Zuständigkeitsbereich schloss die Gesellschaft mit Wohnungsinhabern Vereinbarungen über die Energieberatung ab. Dafür erhielt sie von der Agentur für Energiehilfsmaßnahmen für die Durchführung der Regelung über einen sparsamen Umgang mit Energie im Haushalt einen Zuschuss.

Nach Ansicht der britischen Regierung stellt die Zuschusszahlung der Agentur für Energiehilfsmaßnahmen eine Gegenleistung im Sinne des Art. 11 Teil A Abs. 1 lit. a der Sechsten Richtlinie (heute: Art. 73 MwStSystRL) dar.

Die Gesellschaft hingegen ist der Ansicht, dass der Zuschuss nicht unmittelbar mit dem Preis des Umsatzes zusammenhänge, sondern pauschaler Natur sei.

Zu entscheiden war folglich in erster Linie die Frage, ob der Zuschuss an die Gesellschaft für die Energieberatung gegenüber den Wohnungsinhabern einen Zuschuss im Sinne des Art. 11 Teil A Abs. 1 lit. a der Sechsten Richtlinie (heute: Art. 73 MwStSystRL) darstellt.[869]

b. *Entscheidungsgründe*

Der EuGH bestätigt seine Auslegungsgrundsätze aus seiner Entscheidung vom 22.11.2001[870] in der Rs. Office des Produits Wallons. Er beurteilt den Sachverhalt nach den dort entwickelten Kriterien.

Ein Dreiecksverhältnis im Sinne der Richtlinie wird vorliegend vom EuGH bejaht. Die Agentur für Energiehilfsmaßnahmen (einem Wirtschaftsteilnehmer) ist der Zuschussgeber. Die Keeping Newcastle Warm Limited ist die Zuschussempfängerin. Sie erbringt an bestimmte Wohnungsinhaber Energieberatungen. Der Zuschuss wurde für diese Beratungen gewährt. Damit wird für die Dienstleistung auch die Zuschusszahlung als Gegenleistung in die Besteuerungsgrundlage einbezogen, weil alles zu berücksichtigen ist, was als Gegenleistung für den geleisteten Dienst empfangen wird. Die Zuschusszahlung ist als Gegenleistung zu bewerten und fließt in die Besteuerungsgrundlage i.S. der Richtlinie ein.

3. Zusammenfassung und Bewertung

Nach Ansicht des EuGH betrifft die Regelung des Art. 73 MwStSystRL Fälle mit drei Beteiligten, nämlich einem Zuschussgeber, einer Einrichtung, die die Zuschüsse erhält (Zuschussempfänger / Leistender) und einen Empfänger einer

869 Vgl. Urteilszusammenfassung: *List*, BB 2005, S. 241 (243).

870 Vgl. Urt. d. *EuGH* v. 22.11.2001, C-184/00, Office des Produits Wallons, EuGHE 2001, S. 9115.

vom Leistenden erbrachten Dienstleistung (Leistungsempfänger). Bei diesem Dreiecksverhältnis kommt es auf den Umsatz zwischen dem Zuschussempfänger und dem Leistungsempfänger an.

Der Zuschuss eines Dritten ist dann in die Bemessungsgrundlage zur Umsatzsteuer einzubeziehen, wenn sich die Zahlung (vom Zuschussgeber an den Zuschussempfänger) auf den Preis der Dienstleistung des Zuschussempfängers objektiv auswirkt.

Es muss folglich ein unmittelbarer Zusammenhang zwischen Zuschusszahlung und dem Preis des Umsatzes bestehen. Dabei ist es nicht erforderlich, dass der Preis der Dienstleistung im Einzelnen konkret bestimmt ist. Es genügt die Bestimmbarkeit. Der Zuschuss muss also beim Zuschussempfänger Eingang in seine Preiskalkulation gefunden haben.

Diese Ansicht knüpft am Preis des Verbrauchsguts an und steht im Einklang mit dem System der Umsatzsteuer.

Der EuGH hat damit einen anderen Prüfungsmaßstab angelegt, als es der BFH bisher getan hat. Ausschlaggebend für den BFH[871] waren bisher die Vereinbarungen in den Förderbestimmungen. Ist der Zuschuss im Interesse des Leistungsempfängers gewährt worden, war er als zusätzliches Entgelt i.S. des § 10 Abs. 1 Satz 3 UStG in die Bemessungsgrundlage der Umsatzsteuer einzubeziehen. Dient die Zahlung der Förderung des leistenden Unternehmers aus strukturpolitischen, volkswirtschaftlichen oder ähnlichen Gründen, d.h. der Aufrechterhaltung seiner Tätigkeit im Allgemeinen, handelt es sich um einen „*echten*“ Zuschuss. Der BFH beurteilt die Frage damit nach der Person des Bedachten nach Maßgabe der Fördervereinbarung.

Damit steht die bisherige Rechtsprechung des BFH zur Ermittlung eines zusätzlichen Entgelts gemäß § 10 Abs. 1 Satz 3 UStG nicht im Einklang mit der Rechtsprechung des EuGH.

V. Die jüngere Rechtsprechung des BFH

Es ist zu untersuchen, ob der BFH seine Rechtsprechung zur umsatzsteuerlichen Behandlung von Zuschüssen im Dreipersonenverhältnis i.S. des § 10 Abs. 1 Satz 3 UStG gemeinschaftsrechtskonform an die Rechtsprechung des EuGH zu Art. 73 MwStSystRL angepasst hat.

---

871 Vgl. Urt. d. *BFH* v. 9.10.1975, V R 88/74, BStBl. II 1976, S. 105.

1. Urteil des BFH vom 9.10.2003 – Milchleistungsprüfung[872]

a. Sachverhalt und Problemstellung

Im streitbefangenen Sachverhalt hat ein Verein, dessen Aufgabe es ist, in seinem Verbandsgebiet die Qualität der tierischen Erzeugnisse im allgemeinen volkswirtschaftlichen Interesse u.ä. zu fördern, dem Tierschutz und dem Tierseuchenschutz zu dienen, bei seinen Mitgliedsbetrieben monatlich Milchleistungsprüfungen vorgenommen, deren Vorgabe auf dem Tierzuchtgesetz und zugehörigen Verordnungen beruht. Für jede durchgeführte Milchleistungsprüfung zahlte das Land Brandenburg dem Verein einen Zuschuss i.H. von 20 DM pro Jahr und Kuh.

Der Verein finanziert sich aus Mitgliedsbeiträgen und den vorgenannten Zuschüssen. Die Mitgliedsbeiträge sind umsatzsteuerbare Leistungen. Die Zuschüsse des Landes behandelt der Verein als nicht umsatzsteuerbare Zuschusszahlungen.

Die zu beurteilende Rechtsfrage ist, ob und inwiefern die Zuschüsse ein zusätzliches Entgelt nach § 10 Abs. 1 Satz 3 UStG darstellen und in die Bemessungsgrundlage für die ausgeführten Umsätze einzubeziehen sind.

b. Entscheidungsgründe

Nach Feststellung des BFH bemisst sich die Frage nach § 10 Abs. 1 Satz 3 UStG. Diese Vorschrift entspricht nach seiner Auffassung Art. 11 Teil A Abs. 1 Buchst. a der Sechsten Richtlinie 77/388/EWG (heute: Art. 73 MwStSystRL). Das Gemeinschaftsrecht und daher die Rechtsprechung des EuGH, insbesondere die Entscheidungen des EuGH vom 22.11.2001[873] und vom 13.6.2002[874], sind zu berücksichtigen.

Nach Auffassung des BFH decken sich die Urteile des EuGH im Ergebnis weitgehend mit der bisherigen Rechtsprechung des BFH zu § 10 Abs. 1 Satz 3 UStG. Unter Einbeziehung der Rechtsgrundsätze des EuGH kommt der BFH nunmehr zu folgenden Kriterien:

„Zahlungen der öffentlichen Hand an einen Unternehmer, der Lieferungen oder sonstige Leistungen an Dritte erbringt, gehören – unabhängig von der Be-

---

872 Vgl. Urt. d. *BFH* v. 9.10.2003, V R 51/02, BStBl. II 2004, S. 322.

873 Vgl. Urt. d. *EuGH* v. 22.11.2001, C-184/00, Rs. Office des Produits Wallons, EuGHE 2001, S. 9115, RIW 2002, S. 160, BeckRS 2004, 74760.

874 Vgl. Urt. d. *EuGH* v. 13.6.2002, C-353/00, Rs. Keeping Newcastle Warm Ltd., EuGHE 2002, S. 5419, UVR 2002, S. 255.

zeichnung als „Zuschuss" – dann gemäß § 10 Abs. 1 Satz 3 UStG zum Entgelt für diese Umsätze, wenn

- *der Zuschuss dem Abnehmer des Gegenstands oder dem Dienstleistungsempfänger zu Gute kommt,*
- *der Zuschuss gerade für die Lieferung eines bestimmten Gegenstands oder die Erbringung einer bestimmten sonstigen Leistung gezahlt wird, und*
- *mit der Verpflichtung der den Zuschuss gewährenden Stelle zur Zuschusszahlung das Recht des Zahlungsempfängers (Unternehmers) auf Auszahlung des Zuschusses einhergeht, wenn er einen steuerbaren Umsatz bewirkt hat."*[875]

In einem Nachsatz greift der BFH zur Abgrenzung eines echten Zuschusses von einem zusätzlichen Entgelt dann aber wieder auf seine alte Formel zur Abgrenzung zurück. Er führt aus:

„Nicht zum Entgelt gehören die Zahlungen des Dritten dann, wenn sie zur allgemeinen Förderung des leistenden Unternehmers und nicht überwiegend im Interesse des Leistungsempfängers für eine bestimmte Leistung bewirkt werden. In diesem Fall wird die Zahlung des Dritten gewöhnlich als echter Zuschuss bezeichnet. Die Abgrenzung von Entgelt und „echtem Zuschuss" wird somit nach der Person des Bedachten und dem Förderungsziel vorgenommen."[876]

Der BFH hält die Sache für nicht entscheidungsreif, weil eine abschließende Beurteilung nur anhand der Vorschriften, Bewilligungsbedingungen und ähnlicher Bestimmungen möglich sei, auf Grund derer die Zuschüsse gewährt wurden. Hierüber gäbe die Vorentscheidung keine Auskunft.

c. *Eigene Stellungnahme*

Der BFH grenzt in seiner Entscheidung nach der Person des Bedachten ab. Damit hält er an seiner bisherigen Rechtsprechung fest.[877] Maßgeblich ist für ihn das zwischen Zuschussempfänger und Zuschussgeber Vereinbarte. Ist Förderungsziel eine Begünstigung des Leistungsempfängers, dann soll die Zuschusszahlung als zusätzliches Entgelt in die Bemessungsgrundlage einbezogen werden. Diese Betrachtungsweise steht jedoch nicht im Einklang mit der Rechtsprechung des EuGH.

---

875 Vgl. Urt. d. *BFH* v. 9.10.2003, V R 51/02, BStBl. II 2004, S. 322.
876 Vgl. Urt. d. *BFH* v. 9.10.2003, V R 51/02, BStBl. II 2004, S. 322.
877 Vgl. Urt. d. *BFH* v. 9.10.2003, V R 51/02, BStBl. II 2004, S. 322.

Nach Ansicht des EuGH muss nach objektiven Kriterien beurteilt werden können, ob die Zuschusszahlung an den Leistenden (Zuschussempfänger) die Erbringung der Dienstleistung zu einem niedrigeren Preis als zu dem ermöglicht, den er ohne Subvention verlangen müsste.

Ob der Zuschuss den Zuschussempfänger objektiv in die Lage versetzt hat, eine preisgünstigere Leistung zu erbringen, lässt sich daran erkennen, dass der Zuschuss in die Preiskalkulation des Leistenden Eingang gefunden hat. Für die Ermittlung ist es dabei nicht erforderlich, dass eine einzelne Leistung einen konkreten Preis hat. Die Bestimmbarkeit reicht aus. Kann eine Auswirkung auf den Preis bejaht werden, liegt ein zusätzliches Entgelt vor.

Dieses entscheidende Kriterium des EuGH bleibt bei der Entscheidung des BFH unberücksichtigt. Legt man die Kriterien des EuGH an, erhält man im vorliegenden Fall sogar ein abweichendes Ergebnis.

Der Verein muss monatlich Milchprüfleistungen für seine Mitglieder erbringen. Der Preis für diese Leistungen findet sich in den Mitgliedsbeiträgen wieder.

Das Land Brandenburg zahlt an den Leistenden (Verein) einen Zuschuss für jede durchgeführte Milchleistungsprüfung in Höhe von 20 DM pro Kuh und pro Jahr. Diese feste Größe ermöglicht es, eine Preiskalkulation vorzunehmen, in der der Zuschuss unmittelbar Berücksichtigung findet. Ein Preis mit Zuschuss ist daher berechenbar. So ergibt sich ein objektiv niedrigerer Mitgliedsbeitrag, da der Zuschuss in der dargereichten Form ohne weiteres in die Preiskalkulation einbezogen werden kann. Damit steht im Ergebnis m.E. fest, dass die Zuschusszahlung es dem Zuschussempfänger (Leistenden) ermöglicht hat, einen günstigeren Preis für die Milchprüfleistungen für seine Mitglieder zu erzielen, als in dem Fall, in dem er die Leistungen ohne den Zuschuss erbracht hätte. Nach den Kriterien des EuGH wäre in den Zuschüssen folglich ein zusätzliches Entgelt zu sehen gewesen. Damit weicht die Entscheidung des BFH auch im Ergebnis von der Rechtsprechung des EuGH ab.

2. Urteil des BFH vom 5.12.2007 – Abfallentsorgung[878]

Im streitbefangenen Fall betreibt eine GmbH eine Abfallentsorgung aufgrund vertraglicher Vereinbarungen mit einem Kreis für dessen Kreisgebiet. Das Land NRW unterstützt die GmbH mit Zuschüssen für die Übernahme der Abfallentsorgung. Fraglich ist, ob die Zuschüsse als zusätzliches Entgelt in die Bemessungsgrundlage der Umsatzsteuer gemäß § 10 Abs. 1 Satz 3 beim Leistenden einzubeziehen und damit zu besteuern ist.

878 Vgl. Urt. d. *BFH* v. 5.12.2007, V R 63/05, BFH/NV 2008, S. 996.

Der BFH lehnt die Einbeziehung der Zuschusszahlungen in die Bemessungsgrundlage als zusätzliches Entgelt ab. Er bezieht sich erneut ausdrücklich auf die Rechtsprechung des EuGH und wiederholt seine Formel aus dem Urteil vom 9.10.2003[879] und führt aus:

„Nicht erforderlich ist, dass der Leistungsempfänger einen Rechtsanspruch auf die Zahlung hat; es reicht aus, dass sie in seinem Interesse erfolgt. [...] Leistungsempfänger der Übernahme der Abfallentsorgung war der Kreis. Nach den Feststellungen des FG erfolgte die Zuwendung „im überwiegenden Interesse" der Klägerin und nicht des Kreises. [...] Demnach war die Zuwendung des Landes auch kein Entgelt i.S. von § 10 Abs. 1 Satz 3 UStG 1993 für die Leistungen der Klägerin an die Abfallanlieferer."[880]

Der BFH grenzt, nach wie vor, nach der Person des Bedachten ab. Er prüft damit nicht die vom EuGH als maßgeblich erachtete Frage: Hat die Zuschusszahlung an den Zuschussempfänger (Leistenden) objektiv die Erbringung einer preisgünstigeren Leistung, im Vergleich zu einer Situation, in der er keinen Zuschuss erhalten hätte, ermöglicht?

3. Urteil des BFH vom 18.6.2009 – Waldkalkung[881]

Eine in der Rechtsform eines Vereins organisierte Forstbetriebsgemeinschaft führt unter anderem zur Verbesserung und Erhaltung des Forstes Waldkalkungen durch. Dabei hat der Verein zuvor die Flächeninhaber angeschrieben und nachgefragt, ob diese eine Kalkung der Flächen wünschten. Die Kalkung wurde allen Mitgliedern angeboten und in der Regel auch angenommen. Ein individuelles Entgelt ist den Mitgliedern gegenüber nicht erhoben worden. Für die Durchführung der Kalkung hat der Verein von der Landwirtschaftskammer Zuschusszahlungen erhalten.

Unter anderem ist fraglich, ob diese Zahlungen ein zusätzliches Entgelt gemäß § 10 Abs. 1 Satz 3 UStG darstellen.

Der BFH verweist die Sache an das Finanzgericht Niedersachsen zurück und führt hinsichtlich einer Einbeziehung der Zuschusszahlungen in die Bemessungsgrundlage der UStG aus, dass im zweiten Rechtsgang zu prüfen sein wird, ob die an die Forstgemeinschaft für die Durchführung der Kalkung gezahlten Zuschüsse der Landwirtschaftskammer, zu denen das Finanzgericht Niedersach-

879 Vgl. Urt. d. *BFH* v. 9.10.2003, V R 51/02, BStBl. II 2004, S. 322.
880 Vgl. Urt. d. *BFH* v. 5.12.2007, V R 63/05, BFH/NV 2008, S. 996.
881 Vgl. Urt. d. *BFH* v. 18.6.2009, V R 77/07, BFH/NV 2009, S. 1912.

sens in der Vorentscheidung[882] keine weiteren Feststellungen getroffen hat, gemäß § 10 Abs. 1 Satz 3 UStG ebenfalls als Entgelt zu berücksichtigen sind. Der BFH führt dann erneut seine Formel aus dem Urteil vom 9.10.2003[883] aus, die nicht im Einklang mit den Vorgaben des EuGH steht.

4. Urteil des BFH vom 19.11.2009 – Schwimmbad[884]

In der bereits besprochenen Entscheidung vom 19.11.2009[885], in dem eine Gesellschaft den Betrieb und die Modernisierung von öffentlichen Schwimmbädern übernommen hat, waren zwei unterschiedlichen Arten von Zuschüssen von der Gemeinde gewährt worden. Zum einen ein Betriebszuschuss, dessen Untersuchung im Zweipersonenverhältnis relevant war, zum anderen aber auch ein sog. Schulzuschuss für die Bereitstellung der Schwimmbäder für Schulen und Vereine.

Bezüglich dieser Schulzuschüsse kommt der BFH zu dem Ergebnis, dass die Feststellungen des Finanzgerichts keine abschließende Entscheidung in Bezug auf die Schulzuschüsse erlauben. Er führt aus:

„Hinsichtlich der Frage, ob es sich bei den Schulzuschüssen um Entgelt eines Dritten nach § 10 Abs. 1 Satz 3 UStG für Leistungen handelt, die die Klägerin gegenüber den Benutzern der Einrichtungen erbrachte, verweist der Senat auf die BFH-Urteile vom 25. November 1986 V R 109/78 (BFHE 148, 351, BStBl II 1987, 228, unter II.2.c zu Landesbeihilfen für die verbilligte Personenbeförderung von Schülern im öffentlichen Nahverkehr), vom 9. Oktober 2003 V R 51/02 (BFHE 203, 515, BStBl II 2004, 322 zu Zuschüssen für Milchleistungsprüfungen) und in BFH/NV 2009, 2067."[886]

Auch hier verweist er auf seine ältere Rechtsprechung.

5. Bewertung der jüngeren Rechtsprechung des BFH

In den jüngeren Entscheidungen stellt der BFH fest, dass § 10 Abs. 1 Satz 3 UStG nach Maßgabe des heutigen Art. 73 MwStSystRL gemeinschaftsrechtskonform ausgelegt werden muss. Demgemäß nimmt der BFH formelhaft auf die Rechtsprechung des EuGH Bezug.

---

882 Vgl. Urt. d. *FG Niedersachsen* v. 27.8.2007, 16 K 494/06, BeckRS 2007, 26024497.

883 Vgl. Urt. d. *BFH* v. 9.10.2003, V R 51/02, BStBl. II 2004, S. 322.

884 Vgl. Urt. d. *BFH* v. 19.11.2009, V R 29/08, BFH/NV 2010, S. 701.

885 Vgl. Kapitel III, C., IV., 3. dieser Arbeit.

886 Vgl. Urt. d. *BFH* v. 19.11.2009, V R 29/08, BFH/NV 2010, S. 701.

Trotz ähnlich anmutender Prüfungspunkte stellt der BFH letztlich aber auf seine Kriterien aus seiner älteren Rechtsprechung und damit auf andere Kriterien als der EuGH ab.

Der BFH grenzt nach wie vor nach der Person des Bedachten und dem Förderziel ab. Solange ein Zuschuss im Interesse des Leistungsempfängers gewährt wird, ist der Zuschuss als zusätzliches Entgelt in die Bemessungsgrundlage der Umsatzsteurer einzubeziehen. Wird dagegen Zuschuss im Interesse des Zuschussempfängers (Leistenden) gewährt, liegt ein „echter" und damit nicht steuerbarer Zuschuss vor.

Der EuGH bejaht ein zusätzliches Entgelt, wenn die Zuschusszahlung des Dritten (Zuschussgebers) an den Leistenden (Zuschussempfänger) objektiv die Erbringung einer Dienstleistung zu einem niedrigeren Preis als dem ermöglicht, den er ohne den Zuschuss betragen würde. Kann eine Beeinflussung des Preises nicht festgestellt werden, dann handelt es sich um einen „echten" nicht steuerbaren Zuschuss.

Damit steht die Rechtsprechung des BFH hinsichtlich der Beurteilung der Frage, wann ein zusätzliches Entgelt in einer Zuschusszahlung eines Dritten vorliegt im Widerspruch zur Rechtsprechung des EuGH und damit zu den gemeinschaftsrechtlichen Bestimmungen. Die vom BFH vorgenommene Abgrenzung nach der Person des Bedachten und dem Förderziel ist mit dem System der Mehrwertsteuer als Verbrauchsteuer nicht vereinbar. Entscheidend für die Einbeziehung ist der Preis des Verbrauchguts, der anhand objektiver Kriterien ermittelt werden muss.

Im Schrifttum besteht Einigkeit darüber, dass die Rechtsprechung nationaler Gerichte an die Entscheidungen des EuGH gebunden ist.[887] Der BFH hat folglich die Qualifikation eines zusätzlichen Entgelts nach Maßgabe der in den Entscheidungen in der Rs. Office des Produits Wallons[888] und Rs. Keeping Newcastle Warm Ltd.[889] entwickelten Auslegungsgrundsätze vorzunehmen.

VI. Ergebnis: Zuschuss im Dreipersonenverhältnis

Ein Zuschuss kann zusätzliches Entgelt i.S. des § 10 Abs. 1 Satz 3 UStG darstellen. Die Vorschrift entspricht der Regelung in Art. 73 MwStSysRL. Das Ge-

887 Vgl. *List*, UVR 2001, S. 201 (207); Nicolaysen, Europarecht, Band I, 2002, S. 216.

888 Vgl. Urt. d. *EuGH* v. 22.11.2001, C-184/00, Rs. Office des Produits Wallons, EuGHE 2001, S. 9115, RIW 2002, S. 160, BeckRS 2004, 74760.

889 Vgl. Urt. d. *EuGH* v. 13.6.2002, C-353/00, Rs. Keeping Newcastle Warm Ltd., EuGHE 2002, S. 5419, UVR 2002, S. 255.

meinschaftsrecht und die Rechtsprechung des EuGH zur Bestimmung eines zusätzlichen Entgelts sind mithin vom BFH zu beachten.

Ein zusätzliches Entgelt ist dann zu bejahen, wenn die Leistung des Dritten (Zuschussgeber) an den Leistenden (Zuschussempfänger) im unmittelbaren Zusammenhang mit dem Preis der Leistung steht. Dies ist der Fall, wenn der vom Leistungsempfänger zu zahlende Preis so festgesetzt ist, dass er sich entsprechend dem dem Verkäufer des Gegenstandes oder dem Dienstleistungserbringer gewährten Zuschuss ermäßigt und damit in die Kalkulation des Preises des Leistenden einfließt.

Mit dem EuGH liegt somit in den Fällen ein zusätzliches Entgelt vor, wenn folgende Prüffrage bejaht werden kann: Hat die Zuschusszahlung des Dritten (Zuschussgebers) an den Leistenden (Zuschussempfänger) objektiv die Erbringung einer Lieferung oder Leistung zu einem niedrigeren Preis als dem ermöglicht, den er ohne den Zuschuss hätte verlangen müsste?

In der jüngeren Rechtsprechung des BFH hat dieser zwar Bezug auf die Rechtsprechung des EuGH genommen, aber diese in einem zentralen Punkt nicht umgesetzt. Er grenzt ein zusätzliches Entgelt weiterhin nach der Person des Bedachten und dem Förderziel ab. Damit legt er gerade nicht die objektiven Kriterien, die der EuGH vorgegeben hat, zugrunde.

Die aktuelle Auslegung des § 10 Abs. 1 Satz 3 UStG durch den BFH steht mithin nicht im Einklang mit dem Gemeinschaftsrecht und der Rechtsprechung des EuGH.

E. Wesentliche Ergebnisse im Umsatzsteuerrecht

Zuschüsse können im Umsatzsteuerrecht auch nach Maßgabe des Untersuchungsbegriffes (vgl. Kapitel I, H dieser Untersuchung) in Form eines Entgelts für eine Leistung i.S. des § 1 Abs. 1 Satz 1 UStG i.V.m. § 10 Abs. 1 Satz 2 UStG im Zweipersonenverhältnis in Erscheinung treten, in Form eines zusätzlichen Entgelts i.S. des § 10 Abs. 1 Satz 3 UStG zur Bemessungsgrundlage des Entgelts im Dreipersonenverhältnis hinzugerechnet werden oder aber in Form eines nicht umsatzsteuerbaren echten Zuschusses vorkommen.

Zuschüsse in Form eines Entgelts für eine Leistung gemäß § 1 Abs. 1 Nr. 1 UStG (Zweipersonenverhältnis)

- Die ältere Rechtsprechung des BFH definierte eine entgeltliche Leistung aus dem Blickwinkel des Leistenden (Zuschussempfängers). Seitens des Leistenden war ein Verhalten erforderlich, das auf den Erhalt einer Gegenleistung abzielt oder zumindest geeignet ist, eine Vergütung auszulösen.
- Der EuGH definiert eine entgeltliche Leistung jedoch anders als die ältere Rechtsprechung des BFH. Ausgangspunkt für die Untersuchung einer entgeltlichen Leistung ist für den EuGH zunächst der Leistungsbegriff. Nach dem EuGH muss eine Leistung bei einem identifizierbaren Verbraucher zu einem Vorteil führen, der einen Verbrauch i.S. des gemeinsamen Mehrwertsteuersystems darstellt. Erst nach der Klärung des Leistungsbegriffs ist in einem weiteren Schritt auf das „*Entgelt*" einzugehen. Das Entgelt muss den tatsächlichen Gegenwert für die erbrachte Leistung darstellen. Damit werden erhebliche Unterschiede hinsichtlich der Auslegung einer „entgeltlichen Leistung" zwischen EuGH und BFH sichtbar.
- Die jüngste Rechtsprechung des BFH zur Auslegung einer „entgeltlichen Leistung" erfolgt nunmehr in Übereinstimmung mit dem Gemeinschaftsrecht und der Rechtsprechung des EuGH. Die Prüfung erfolgt dabei im Wesentlichen in zwei Schritten, nämlich anhand der „*Leistung*" und des „*Entgelts*".
- Hinsichtlich der Leistung übernimmt der BFH die Kriterien des EuGH vollständig. Hinsichtlich des Entgelts führt der BFH aus, dass es sich um einen Gegenwert (Zuschusszahlung) handeln muss, der über ein Rechtsverhältnis äußerlich mit der Leistung verknüpft sein muss. Dabei ist kein schuldrechtlich verbindliches Rechtsverhältnis erforderlich. Ein Zuschussverhältnis, aus dem eine Zuschusszahlung erwartet werden kann, ist ausreichend. Innerlich

muss die Leistung jedoch mit dem erhaltenen Gegenwert unmittelbar verknüpft sein. Der innere Zusammenhang ist nach Auffassung des BFH dann gegeben, wenn die Zuschusszahlung erbracht wird, um die empfangene Leistung abzugelten. Mit anderen Worten: Der aufgrund der Leistung beim identifizierbaren Leistungsempfänger angefallene Vorteil muss mit der Entrichtung eines Gegenwerts abgegolten werden. Für die Beurteilung der inneren Verbundenheit von Leistung und „*Gegenleistung*" (Leistungsaustausch) stellt der BFH damit nunmehr auf die Sicht den Leistungsempfänger (Zuschussgebers) ab. An einem inneren Zusammenhang zwischen Leistung und erhaltenem Gegenwert fehlt es nach Ansicht des BFH, wenn die Zahlung lediglich der Förderung der Tätigkeit des Empfängers allgemein – aus strukturpolitischen, volkswirtschaftlichen oder allgemeinpolitischen Gründen – dient. Er setzt damit die Kriterien des EuGH vollständig um. Die Abgrenzung eines „unechten" von einem „*echten*" Zuschuss erfolgt nunmehr systemkonform.

Zuschüsse als zusätzliches Entgelt gemäß § 10 Abs. 1 Satz 3 UStG (Dreipersonenverhältnis)

- Soweit zwischen dem Leistenden und dem Zuschussgeber kein Leistungsaustauschverhältnis (Zweipersonenverhältnis) besteht, ist in einem weiteren Schritt zu prüfen, ob ein anderes Leistungsaustauschverhältnis besteht, in welches das Entgelt eines Dritten miteinbezogen werden kann. Dies deshalb, weil zum Entgelt nach § 10 Abs. 1 Satz 3 UStG nämlich auch gehört, was ein anderer als der Leistungsempfänger dem Zuschussempfänger (Leistender) zusätzlich gewährt (sog. zusätzliches Entgelt).
- Betrachtungsrahmen des § 10 Abs. 1 Satz 3 UStG ist folglich stets ein Dreipersonenverhältnis.
- Nach der älteren Rechtsprechung des BFH ist die Abgrenzung zwischen steuerbarem zusätzlichem Entgelt eines Dritten und einem „echten" Zuschuss nach der Person des Bedachten (Leistungsempfänger oder Zuschussempfänger) und dem Förderziel vorzunehmen. Solange ein Zuschuss im Interesse des Leistungsempfängers gewährt wird, ist dieser als zusätzliches Entgelt eines Dritten im Sinne von § 10 Abs. 1 Satz 3 UStG in die Bemessungsgrundlage mit einzubeziehen. Wird er dagegen im Interesse des Zuschussempfängers (Leistenden) gewährt, liegt ein echter nicht steuerbarer Zuschuss vor.

- Nach Ansicht des EuGH ist ein Zuschuss eines Dritten dann als zusätzliches Entgelt in die Bemessungsgrundlage zur Umsatzsteuer einzubeziehen, wenn sich die Zahlung (vom Zuschussgeber an den Zuschussempfänger) auf den Preis der Dienstleistung des Zuschussempfängers objektiv auswirkt. Es muss folglich ein unmittelbarer Zusammenhang zwischen Zuschusszahlung und dem Preis des Umsatzes bestehen. Der Zuschuss muss also beim Zuschussempfänger Eingang in seine Preiskalkulation gefunden haben. Maßgeblich ist damit ein objektiver Maßstab. Letztlich ist der Preis des Verbrauchsguts entscheidend. Damit stand die Rechtsprechung des EuGH im Widerspruch zur bisherigen Rechtsprechung des BFH.
- In den jüngeren Entscheidungen übernimmt der BFH eine Reihe von Kriterien des EuGH. Trotz ähnlicher Prüfungspunkte weicht der BFH bei der Beurteilung des zusätzlichen Entgelts weiterhin vom EuGH ab. Statt bei der Abgrenzung eines zusätzlichen Entgelts von einem „*echten*" Zuschuss auf objektive Kriterien abzustellen, und zu fragen, ob die Zahlung sich auf den Preis der Leistung auswirken kann, grenzt der BFH nach wie vor nach der Person des Bedachten und den Förderzielen ab. Die aktuelle Rechtsprechung des BFH zur Ermittlung eines zusätzlichen Entgelts gemäß § 10 Abs. 1 Satz 3 UStG steht daher nicht im Einklang mit der Rechtsprechung des EuGH.
- Liegt ein gegenseitiger Vertrag vor, d.h. stehen Leistung und Gegenleistung in einem synallagmatischen Verhältnis zueinander, dann ist bereits begrifflich kein Zuschussverhältnis gegeben. Eine Abgrenzung zu einem „*echten*" Zuschuss kommt von vornherein nicht in Betracht.

Kapitel IV Gesamtergebnis

Subventions- und Zuschussbegriff

- Die Untersuchung des Subventionsbegriffs und des Zuschussbegriffs im Einzelnen zeigt, dass die Begriffe Subvention und Zuschuss in vielen Punkten deckungsgleich sind. Obgleich der großen Übereinstimmungen unterscheiden sich die Begriffe erheblich voneinander hinsichtlich der beteiligten Parteien eines Zuschuss- bzw. Subventionsverhältnisses. Bei den Subventionen ist der Subventionsgeber (Begünstigender) stets der Staat bzw. eine staatliche Institution, wohingegen beim Zuschuss sowohl ein öffentlicher, als auch ein privater Zuschussgeber (Unternehmen / Privatperson) in Betracht kommt. Der Subventionsbegriff ist folglich enger gefasst und kann als Untergruppe des Zuschusses, nämlich als öffentlicher Zuschuss, verstanden werden. Die Untersuchung sollte nicht auf staatliche Zuschussgeber beschränkt sein. Folglich war der Zuschussbegriff Ausgangspunkt der Untersuchung.
- Der einheitliche Untersuchungsgegenstand im Ertrag- und Umsatzsteuerrecht basiert im Wesentlichen auf der Begriffsbestimmung in Abschn. R 6.5 EStR. Das Ertragsteuerrecht bietet eine Reihe von Kriterien zur Bestimmung des Zuschussbegriffs, wohingegen das Umsatzsteuerrecht kaum verwertbare Kriterien liefert. M.E. ist es sinnvoll, einen einheitlichen Zuschussbegriff in beiden Steuerrechtsdisziplinen zu verwenden, insbesondere zur Abgrenzung zu verwandten Rechtsinstituten, wie der Schenkung und den gegenseitigen Verträgen i.S. der §§ 320 ff. BGB.
- Folgender einheitlicher Zuschussbegriff ist der Untersuchung im Ertragsteuer- und Umsatzsteuerrecht zugrunde gelegt worden: Ein privater oder staatlicher Zuschussgeber wendet einem Zuschussempfänger zu einem bestimmten Zweck einen Vermögensvorteil zu, wobei die Zuwendung auch im Eigeninteresse des Zuschussgebers erfolgt, diese aber nicht im unmittelbaren Zusammenhang mit einer Gegenleistung steht und damit die Zahlung nicht lediglich der Erfüllung einer rechtlichen Verpflichtung dient.

Zuschüsse im Ertragsteuerrecht

Beim Zuschussempfänger

- Bei Zuschüssen handelt es sich nicht um außerbetriebliche, steuerfreie Vermögensmehrungen. Lediglich Zulagen, als Sonderfall des öffentlichen Zuschusses, gehören kraft gesetzlicher Fiktion nicht zu den Einnahmen im Sinne des Einkommensteuergesetzes. Nur sie sind daher ergebnisneutral und damit steuerfrei.
- Der Erhalt eines Zuschusses kann auch buchhalterisch nicht als ein durchlaufender Posten erfasst werden. Der Zuschuss wird nicht in fremden Namen und für fremde Rechnung vereinnahmt, sondern zur eigenen Verwendung.
- Das Leisten einer Einlage durch den Gesellschafter stellt keine Zuschusszahlungen dar. In seltenen Ausnahmefällen kann die Zuschusszahlung eines nahe stehenden Nichtgesellschafters in Form einer verdeckten Einlage in eine Gesellschaft vorgenommen werden. Dies ist dann der Fall, wenn der nahe stehende Nichtgesellschafter die Zahlung in erster Linie im Interesse des Gesellschaftes erbringt, aber daneben auch ein eigenes wirtschaftliches Interessen an der Zuschussgewährung besitzt.
- Bei der weitergehenden Untersuchung der ertragsteuerlichen Behandlung sind zwingend zwei Gruppen von Zuschüssen zu unterscheiden: Einerseits Ertrags- und Aufwandszuschüsse, d.h. Zuschüsse mit denen die Erlöse eines Unternehmens aufgebessert oder die Belastungen abgemildert werden sollen und andererseits Investitionszuschüsse, mit deren Hilfe die Anschaffung bzw. Herstellung von Wirtschaftsgütern unterstützt wird.
- Die Ertrags- und Aufwandszuschüsse (Erfolgszuschüsse) stellen regelmäßig Betriebseinnahmen dar.
- Bei den Investitionszuschüssen, herrscht innerhalb der Senate des BFH und in der Literatur Streit über die Frage, ob diese die Anschaffungs- bzw. Herstellungskosten eines Wirtschaftsguts mindert oder ob sie als Betriebseinnahmen zu erfassen sind. Im Ergebnis der Untersuchung sind m.E. Investitionszuschüsse – ebenso wie Erfolgszuschüsse – zu den Betriebseinnahmen zu zählen.
- Die Erfassung des Investitionszuschusses als eine Minderung der Anschaffungs- bzw. Herstellungskosten über § 255 Abs. 1 Satz 3 HGB ist weder nach dem Wortlaut noch nach Sinn und Zweck der Vorschrift möglich. Eine Erfassung von Investitionszuschüssen als Anschaffungspreisminderungen

würde zwei separate Rechtsgeschäfte (Kaufvertrag o.ä. einerseits und Zuschussverhältnis andererseits) in unzulässiger Weise miteinander vermischen. Dies stellt einen Verstoß gegen die Grundsätze der Einzelbewertung sowie die Grundsätze der Bilanzwahrheit und Bilanzvollständigkeit dar. Auch der verringerte Teilwertansatz des bezuschussten Wirtschaftsguts gemäß § 6 Abs. 1 Nr. 1 Satz 3 EStG ist regelmäßig nicht möglich. Nur in besonderen Ausnahmefällen, in denen es durch die Zahlung der Investitionszuschüsse zu einer generellen Beeinflussung des Marktpreises von bestimmten Wirtschaftsgütern kommt oder die Bezuschussung zu massiven unternehmenspolitischen Beschränkungen führt, kann wahlweise ein um den Zuschuss verringerter Teilwert gemäß § 6 Abs. 1 Nr. 1 Satz 3 EStG angesetzt werden.

- Die Einkommensteuerrichtlinien sehen ein Wahlrecht in Abschn. R 6.5 Abs. 2 EStR, das es dem Steuerpflichtigen ermöglicht, einen Investitionszuschuss wahlweise als Verminderung der Anschaffungs- bzw. Herstellungskosten des bezuschussten Wirtschaftsguts (in Höhe des Zuschussbetrages) zu behandeln. Dieses Wahlrecht wird rechtsgrundlos gewährt. Sämtliche in Rechtsprechung und Literatur diskutieren Rechtsgrundlagen sind aus den unterschiedlichsten Gründen abzulehnen. Das Richtlinienwahlrecht in Abschn. R 6.5 Abs. 2 EStR ist rechtswidrig.

  Im Einzelnen:

  - Abschn. R 6.5 Abs. 2 EStR als eigenständige Rechtsgrundlage trägt das Wahlrecht nicht. Es wird eine gesetzliche Grundlage benötigt.
  - Sowohl der Wortlaut, als auch der Sinn und Zweck des § 255 Abs. 1 Satz 3 HGB rechtfertigen keinen verringerten Ansatz der Anschaffungs- bzw. Herstellungskosten von bezuschussten Wirtschaftsgütern. Auch die Vorschrift des § 255 Abs. 1 Satz 3 HGB kann daher nicht als Rechtsgrundlage für das Wahlrecht in Abschn. R 6.5 Abs. 2 EStR herangezogen werden.
  - Ebenso wenig kann die Vorschrift des § 6 Abs. 1 Satz 2 EStG generell als Rechtsgrundlage für das Wahlrecht in Abschn. R 6.5 Abs. 2 EStR herangezogen werden. Nur in seltenen Ausnahmen ist der Ansatz verringerter Anschaffungs- bzw. Herstellungskosten beim Erhalt von Investitionszuschüssen gestattet. Diese Vorschrift für das generell geltende Richtlinienwahlrecht in Abschn. R 6.5 Abs. 2 EStR heranzuziehen, würde zu einer massiven Überdehnung der gesetzlichen Bestimmung führen und ist daher nicht möglich.

- Das Wahlrecht in Abschn. R 6.5 Abs. 2 EStR wird auch nicht vom Realisationsprinzip gemäß § 252 Abs. 1 Nr. 4 Hs. 2 HGB getragen. Die Gewinnrealisation erfolgt nämlich nicht nach Maßgabe der Nutzung, sondern nach Maßgabe der Abschreibung, was nicht in jedem Fall deckungsgleich ist.

- Da die Behandlung von Investitionszuschüssen bereits jahrzehntelang umstritten ist, kann das Wahlrecht in Abschn. R 6.5 Abs. 2 EStR auch nicht auf Gewohnheitsrecht gestützt werden. Eine einheitliche Praxis ist nicht existent.

- Das Wahlrecht lässt sich auch nicht als sachliche Billigkeitsmaßnahme der Verwaltung auf § 163 AO stützen. Es fehlt insbesondere an einer sachlichen Unbilligkeit bei der regulären Behandlung von Investitionszuschüssen, als Betriebseinnahmen. Das Richtlinienwahlrecht in Abschn. R 6.5 Abs. 2 EStR durch das es dem Steuerpflichtigen gestattet wird, nach dessen Willen – statt der Vereinnahmung des Zuschusses als Betriebseinnahme – eine Minderung der Anschaffungs- bzw. Herstellungskosten zu wählen, verstößt damit gegen die in § 163 AO vorgeschriebene Pflicht zur Einzelfallbetrachtung durch die zuständige Finanzbehörde. Die in § 163 AO gesetzlich verankerte Einzelfallbetrachtung kann nicht über den Umweg der Einkommensteuerrichtlinie zu einem generellen Billigkeitsrecht erweitert werden.

- Unter Umständen kann die sofortige Ertragsausauswirkung aufgrund des Zuflusses eines Zuschusses durch die Bildung eines Passivpostens zunächst neutralisiert werden. Ggf. kann durch eine spätere sukzessive Auflösung des Passivpostens auch eine periodengerechte Verteilung der Ertragsauswirkungen erfolgen. Dies gilt für Erfolgszuschüsse und Investitionszuschüsse grundsätzlich gleichermaßen.

  - Beinhaltet die Zuschussvereinbarung eine auflösend bedingte Rückzahlungsverpflichtung, ist grundsätzlich ein Passivposten zu bilden, der den Zuschuss neutralisiert. Diese Rückstellung ist aufzulösen, sobald der Eintritt der auflösenden Bedingung sicher erscheint oder die Bedingung eingetreten ist, so dass eine Rückzahlungsverpflichtung entfällt.

  - Beinhaltet die Zuschussvereinbarung eine aufschiebend bedingte Rückzahlungsverpflichtung, ist grundsätzlich kein Passivposten zu bilden, da es sich hierbei um eine ungewisse Verbindlichkeit handelt. Eine Passivierung kann nur erfolgen, wenn die Wahrscheinlichkeit des Bedingungseintritts hinreichend konkret geworden ist. Dies ist dann der Fall, wenn mehr Gründe für als gegen die künftige Inanspruchnahme sprechen.

➢ Durch die Bildung eines passiven Rechnungsabgrenzungspostens gemäß § 5 Abs. 5 Satz 1 Nr. 2 EStG können sofortige Ertragsauswirkungen beim Zuschussempfänger unter engen Voraussetzungen neutralisiert und durch die sukzessive Auflösung auf spätere Wirtschaftsperioden verteilt werden. Hierzu müssen, die Einnahmen durch die Zuschusszahlung Erträge für eine bestimmte Zeit nach dem Abschlussstichtag sein. Problematisch sind dabei im Wesentlichen zwei Punkte. Zum einen, anhand welcher Größe der Ertrag für die bestimmte Zeit nach dem Abschlussstichtag zu ermitteln ist, und zum anderen, welche Kriterien an das Tatbestandsmerkmal *„bestimmte Zeit“* anzulegen sind, damit Erträge periodengerecht abgegrenzt werden können. Die Größe, anhand derer ein Ertrag für die späteren Perioden bestimmt werden kann, ist der Gegenwert, den der Zuschussempfänger ggf. in den Wirtschaftsperioden nach dem Erhalt der Zuschusszahlung an den Zuschussgeber zu erbringen hat. Es genügt hierbei ein Leistungsaustauschverhältnis im weitesten Sinne (*„Gegenlast“*), durch das ein wirtschaftliches Abhängigkeitsverhältnis zwischen der Zuschusszahlung und der *„Gegenleistung“* hergestellt wird. Das problematische Tatbestandsmerkmal „bestimmte Zeit“ orientiert sich maßgeblich an der vom Zuschussempfänger zu erbringenden Gegenlast. Es ist erfüllt, wenn die Gegenlast kalendermäßig bestimmt ist oder rechnerisch bestimmbar ist. Individuelle Schätzungen sind nicht ausreichend.

Beim Zuschussgeber

- Zuschüsse sind als sofort abzugsfähige Betriebsausgaben beim Zuschussgeber zu erfassen, wenn die Gewährung der Zuschüsse durch die Erzielung betrieblicher Einkünfte veranlasst ist. Entscheidend ist dabei, ob das auslösende Moment dem betrieblichen Bereich zuzuordnen ist. Dies bereitet in der Praxis häufig große Schwierigkeiten. In tatsächlicher Hinsicht muss geklärt werden, in welchem Maße im Einzelfall betriebliche oder außerbetriebliche Gründe für ein Handeln oder einen Handlungserfolg ausschlaggebend waren.

- Ausnahmsweise ist beim Zuschussgeber gemäß § 5 Abs. 2 EStG ein immaterielles Wirtschaftsgut zu aktivieren. Dies kommt dann in Betracht, wenn dem Zuschussgeber – im Gegenzug für die Zuschusszahlung – Vorteile für Wirtschaftsperioden nach dem Wirtschaftsjahr der Zuschusszahlung eingeräumt werden. Durch die Aktivierung der immateriellen Wirtschaftsgüter erfolgt zunächst eine Neutralisierung der Betriebsausgabe (Zuschusszahlung). Der Aktivposten (immaterielles Wirtschaftsgut) ist später über die Nutzungsdauer gemäß § 7 Abs. 1 EStG aufzulösen, was die Verteilung der Betriebsausgaben der Zuschusszahlung über den Nutzungszeitraum zur Folge hat. In Zuschussverhältnissen kommen als aktivierungsfähige immaterielle Wirtschaftsgüter vorrangig vom Zuschussempfänger eingeräumte Nutzungsmöglichkeiten in Betracht. Nach dem weiten Begriffsverständnis des BFH erfüllt die Nutzungsmöglichkeit den Wirtschaftsgutsbegriff, wenn sich ihr ein feststellbarer Wert zuordnen lässt und sie aus einem entgeltlichen Erwerb stammt. Nicht erforderlich ist dabei ein Entgelt aus einer synallagmatischen Vertragsbeziehung, was sonst auch im Widerspruch zum Zuschussbegriff stünde. Für die Erfüllung des Entgeltbegriffs in § 5 Abs. 2 EStG reicht die Möglichkeit der wirtschaftlichen Zuordnung aus. Ist die Zuschusszahlung daher wirtschaftlich mit der Einräumung der Nutzungsmöglichkeit verknüpft, ist ein entgeltlicher Erwerb grundsätzlich zu bejahen. Dies ist jedoch nur dann der Fall, wenn dem Zuschussgeber exklusive Nutzungsmöglichkeiten/Vorteile eingeräumt werden. Bei nicht exklusiven Nutzungsmöglichkeiten fehlt es an einer hinreichenden wirtschaftlichen Verknüpfung von Entgelt (Zuschuss) und Erwerb (Nutzungsmöglichkeit). Ein passiver Rechnungsabgrenzungsposten kann in diesen Fällen nicht gebildet werden.

Zuschüsse im Umsatzsteuerrecht

Im Umsatzsteuerrecht können Zuschüsse:

- in Form eines steuerbaren Entgelts für eine Leistung i.S. des § 1 Abs. 1 Satz 1 UStG i.V.m. § 10 Abs. 1 Satz 2 UStG im Zweipersonenverhältnis in Erscheinung treten,
- in Form eines ebenfalls steuerbaren, zusätzlichen Entgelts i.S. des § 10 Abs. 1 Satz 3 UStG zur Bemessungsgrundlage des Entgelts im Dreipersonenverhältnis hinzugerechnet werden oder
- in Form eines nicht umsatzsteuerbaren echten Zuschusses vorkommen.

Zuschüsse als Entgelt für eine Leistung (§ 1 Abs. 1 Nr. 1 UStG)

- Die jüngste Rechtsprechung des BFH zur Auslegung einer „*entgeltlichen Leistung*" stimmt mit dem Gemeinschaftsrecht und der Rechtsprechung des EuGH überein. Die Prüfung erfolgt dabei im Wesentlichen in zwei Schritten, nämlich zunächst anhand der „*Leistung*" und anschließend anhand des „*Entgelts*".
- Die Leistung muss dabei bei einem identifizierbaren Verbraucher zu einem Vorteil führen. Dieser Vorteil muss beim Leistungsempfänger zu einem Verbrauch i.S. des gemeinsamen Mehrwertsteuersystems führen.
- Bei dem Entgelt muss es sich um einen Gegenwert (Zuschusszahlung) für die Leistung handeln. Das Entgelt des Zuschussgebers und die Leistung des Zuschussempfängers müssen über ein Rechtsverhältnis äußerlich miteinander verknüpft sein. Dabei ist kein schuldrechtlich verbindliches Rechtsverhältnis erforderlich. Ein Zuschussverhältnis, aus dem eine Zuschusszahlung erwartet werden kann, ist ausreichend. Innerlich muss die Leistung jedoch mit dem erhaltenen Gegenwert unmittelbar verknüpft sein. Der innere Zusammenhang ist dann gegeben, wenn die Zuschusszahlung erbracht wird, um die empfangene Leistung abzugelten. Der aufgrund der Leistung beim identifizierbaren Leistungsempfänger angefallene Vorteil muss also mit der Entrichtung eines Gegenwerts abgegolten werden. Für die Beurteilung der inneren Verbundenheit von Leistung und „*Gegenleistung*" (Leistungsaustausch) ist auf die Sicht des Leistungsempfängers (Zuschussgeber) abzustellen. An einem inneren Zusammenhang zwischen Leistung und erhaltenem Gegenwert fehlt es, wenn die Zahlung lediglich der Förderung der Tätigkeit des Empfängers allgemein – aus strukturpolitischen, volkswirtschaftlichen oder allgemeinpolitischen Gründen – dient.
- Eine Abgrenzung zu einem echten Zuschuss kommt vornherein nicht in Betracht, wenn Gegenstand der Vertragsbeziehung ein gegenseitiger Vertrag i.S. der §§ 320 ff. BGB ist. Ein Synallagma schließt ein Zuschussverhältnis von vornherein aus.

Zuschüsse als zusätzliches Entgelt (§ 10 Abs. 1 Satz 3 UStG)

- Ist zwischen dem Leistenden und dem Zuschussgeber kein Leistungsaustauschverhältnis (Zweipersonenverhältnis) vorhanden, ist daraufhin zu prüfen, ob ein anderes Leistungsaustauschverhältnis besteht, in das das Entgelt eines Dritten mit einbezogen werden könnte. Nach § 10 Abs. 1 Satz 3 UStG gehört nämlich auch zum Entgelt, was ein anderer als der Leistungsempfänger dem Zuschussempfänger (Leistender) zusätzlich gewährt (sog. zusätzliches Entgelt).

- Die Frage, ob ein Zuschuss ein zusätzliches Entgelt gemäß § 10 Abs. 1 Satz 3 UStG darstellt, betrifft daher stets ein Dreipersonenverhältnis.
- Ein Zuschuss ist nach den Vorgaben des EuGH als zusätzliches Entgelt in die Bemessungsgrundlage zur Umsatzsteuer einzubeziehen, wenn sich die Zahlung (vom Zuschussgeber an den Zuschussempfänger) auf den Preis der Leistung des Zuschussempfänger (Leistenden) objektiv auswirkt. Zwischen der Zuschusszahlung und dem Preis des Umsatzes muss folglich ein unmittelbarer Zusammenhang bestehen. Beim Zuschussempfänger wird dies insbesondere dann erkennbar, wenn der Zuschuss Eingang in die Preiskalkulation des Zuschussempfängers gefunden hat. Ein objektiver Maßstab ist maßgeblich. Letztlich ist entscheidend, ob der Preis des Verbrauchsguts durch die Zuschussgewährung beeinflusst wurde oder nicht.
- Der BFH übernimmt in jüngeren Entscheidungen eine Reihe von Kriterien des EuGH für die Ermittlung des zusätzlichen Entgelts i.S. des § 10 Abs. 1 Satz 3 UStG. Es ergeben sich jedoch mitunter große Schwierigkeiten bei der Abgrenzung des zusätzlichen Entgelts von einem „*echten*“ Zuschuss. Trotz ähnlicher Prüfungspunkte weicht der BFH bei der Beurteilung der Frage, wann ein zusätzliches Entgelt vorliegt, vom den Vorgaben des EuGH ab. Statt bei der Abgrenzung – wie der EuGH – auf objektive Kriterien abzustellen, und zu fragen, ob die Zahlung sich auf den Preis der Leistung auswirken kann, grenzt der BFH wie in der Vergangenheit anhand subjektiver Kriterien ab. Der BFH stellt auf die Person des Bedachten und das mit der Bezuschussung verbundene Förderziel ab. Die aktuelle Rechtsprechung des BFH zur Ermittlung eines zusätzlichen Entgelts i.S. des § 10 Abs. 1 Satz 3 UStG steht daher in diesem Punkt nicht im Einklang mit der Rechtsprechung des EuGH.

Abschließend bleibt festzuhalten, dass die Behandlung von Zuschüssen im Ertrag- und Umsatzsteuerrecht vielfältige Probleme aufwirft. Sämtliche Problemstellungen werden jedoch aufgrund der uneinheitlichen Begrifflichkeit und einer fehlenden Definition des Zuschussbegriffs ungleich größer. Eine einheitliche konsequente Anwendung des in dieser Untersuchung vorgeschlagenen Zuschussbegriffs würde dem Rechtsanwender sowohl im Ertragsteuerrecht, als auch Umsatzsteuerrecht den Umgang mit den Zuschüssen vereinfachen. Ein Teil der Problemfälle würde sich bereits auf diese Weise im Vorfeld lösen.

Literaturverzeichnis

Adler, Hans / Düring, Walther / Schmaltz, Kurt, Rechnungslegung und Prüfung der Unternehmen, Kommentar zum HGB, AktG, GmbHG, PublG nach den Vorschriften des Bilanzrichtlinien-Gesetzes, Band 1: Rechnungslegung, 6. Auflage, neu bearb. von Forster, Karl-Heinz, Stuttgart 1995 (Grundwerk).

Alewell, Karl, Subventionen als betriebswirtschaftliche Frage. Eine betriebswirtschaftliche Untersuchung ihres Wesens, ihrer Erfassung im betrieblichen Rechnungswesen und ihre Wirkungen auf die empfangenen Betriebe, Köln und Opladen 1965.

Andel, Norbert, Subventionen als Instrument des finanzwirtschaftlichen Interventionismus, Tübingen 1970.

Anziger, Heribert / Schleiter, Isabell, Die Ausübung steuerlicher Wahlrechte nach dem BilMoG – eine Rückbesinnung auf den Maßgeblichkeitsgrundsatz, DStR 2010, 395 – 399.

Babel, Mathias, Zur Aktivierungsfähigkeit von Nutzungsrechten, BB 1997, 2261 – 2268.

Babrowski, Udo W., Die Steuerbefreiung als Rechtsform der Subvention, Diss. Univ., Tübingen, 1976.

Bader, Johann / Ronellenfitsch, Michael, Beck'scher Onlinekommentar, VwVfG, Edition 11, München, Stand: 1.4.2011, München 2011 (zit.: Verfasser in Bader/Ronellenfitsch in BeckOK VwVfG).

Baldamus, Ernst-August, Forderungsverzicht als Kapitalrücklage gemäß § 272 Abs. 2 Nr. 4 HGB (Zugleich Anmerkung zum Beschluss des FG Hamburg vom 30.8.2001, VII 105/01, DStRE 2002, 193), DStR 2003, 852 – 854.

Bamberger, Heinz-Georg / Roth Herbert, Kommentar zum Bürgerlichen Gesetz, Band 1, 2. Auf., München 2008 (zit.: Verfasser in Bamberger/Roth).

Bamberger Heinz-Georg / Roth Herbert, Beck'scher Online-Kommentar zum BGB,
Edition 20, Stand: 1.3.2011, München 2011 (zit.: Verfasser in Bamberger/Roth, BeckOK – BGB).

Bauer, Jörg, Zuschüsse und passive Rechnungsabgrenzung, BB 1985, 161 – 163.

Baumbach, Adolf / Hopt, Klaus J., Kommentar HGB, 34. Aufl., München 2010, (zit. Verfasser in Baumbach/Hopt).

Beermann, Albert / Gosch, Dietmar, Kommentar zur Abgabenordnung / Finanzgerichtsordnung, Stand: 84. Ergänzungslieferung, Berlin Bonn 10/2010 (zit.: Verfasser in Beermann/Gosch, AO/FGO Kommentar).

Bieg, Hartmut, Schwebende Geschäfte in Handels- und Steuerbilanz, Diss. Univ. Frankfurt am Main 1977.

Birkenfeld, Wolfram, Das große Umsatzsteuer-Handbuch, Stand: 54. Ergänzungslieferung, Köln Dezember 2010.

Bleckmann, Albert, Subventionsrecht, Stuttgart 1978.

Blümich, Walter / Heuermann, Bernd / Ebling, Klaus, Einkommensteuergesetz, Körperschaftsteuergesetz, Gewerbesteuergesetz, Loseblatt-Kommentar, Stand: 110 Ergänzungslieferung, April 2011 (zit.: Verfasser in Blümich*).*

Bökenkamp, Emil, Besteuerung der Subvention – Wirtschaftliche Wirkungen der von Zahlungen von öffentlichen Finanzhilfen ausgehenden Einflüsse auf die steuerlichen Bemessungsgrundlagen, Diss. Univ., Köln 1966.

Bornhaupt von, Kurt Joachim, Inwieweit können fehlgeschlagene Anschaffungs- oder Herstellungskosten bei Grundstücken und Gebäuden Werbungskosten sein?, FR 1981, 497 – 504.

Bös, Dieter, Gedanken zum Subventionsbegriff in den Wirtschaftswissenschaften, in Karl Wenger (Hg.), Förderungsverwaltung, Wien, New York 1973.

Budde, Wolfgang / Dieter, Beisse, Heinrich, Handelsbilanzen und Steuerbilanzen, Festschrift zum 70. Geburtstag von Heinrich Beisse, Düsseldorf 1997 (zit.: Verfasser in Festschrift Beisse).

Bunjes, Johann / Geist, Reinhold, Umsatzsteuer – Kommentar, 10. Aufl., München 2011 (zit.: Verfasser in Bunjes/Geist).

Christiansen, Alfred, Passivierung öffentlich-rechtlich normierter Verbindlichkeiten, DStR 2008, 735 – 740.

Claussen, Carsten P. / Crezelius, Georg / Drüen, Klaus-Dieter / Hennrichs, Joachim / Hommelhoff, Peter / Hopt, Klaus Jürgen / Hüttemann, Rainer / Kersting, Christian / Kleindiek, Detlef / Kropff, Bruno / Merkt, Hanno / Prister Hans-Joachim, Schön, Wolfgang / Schulze-Osterloh, Joachim (Arbeitskreis Bilanzrecht der Hochschullehrer Rechtswissensschaften, Köln), Zur Maßgeblichkeit der Handelsbilanz für die steuerliche Gewinnermittlung gem. § 5 Abs. 1 EStG i.d.F. durch das BilMoG, DB 2009, 2570 – 2573.

Colm, Gerhard, Volkswirtschaftliche Theorie der Staatsausgaben, Tübingen 1927.

Crezelius, Georg, Bestimmte Zeit und passive Rechnungsabgrenzung, DB 1998, 633 – 638.

Dahl, Johann, Die Aktivierung der Sachanlagegüter in Handels- und Steuerbilanz, Köln 1959, (zugl. Diss. Univ.Köln 1958).

Depping, Bernd, Öffentliche Zuschüsse und passive Rechnungsabgrenzung, FR 1992, 94 – 97.

Döllerer, Georg, Rechnungslegung nach dem neuen Aktiengesetz und ihre Auswirk-ungen auf das Steuerrecht, BB 1965, 1405 – 1417.

Döllerer, Georg, Droht eine neue Aktivierungswelle?, BB 1981, 1333 – 1337.

Dörfler, Oliver / Adrian, Gerrit, Steuerbilanzpolitik nach BilMoG, Ubg. 2009, 390 – 402.

Ehlers, Dirk, Die Kontrolle von Subventionen, DVBl 1993, 861 – 868.

Eisgruber, Thomas, Bauten auf fremden Grund und Boden, DStR 1997, 522 – 529.

Ellrott, Hellmut / Förschle, Gerhard / Kozikowski, Michael / Winkeljohann, Norbert, Beck'scher Bilanz-Kommentar, Handels- und Steuerbilanz §§ 238 bis 339, 342 bis 342e HGB mit IFRS-Abweichungen, 7. Aufl., München 2010.

Eppe, Franz, Subventionen und staatliche Geschenke, Stuttgart 1966.

Epping, Volker / Hillgruber, Christian, Beck'scher Onlinekommentar – Verfassungsrecht, Edition 8, Stand 1.7.2011, München 2010, (zit.: Verf. in Epping/Hillgruber, BeckOK – Verfassungsrecht).

Ewertowski, Thomas, Die Behandlung von erhaltenen Investitionszuschüssen in Handels- und Steuerbilanz, BB 1984, 1015 – 1024.

Fabri, Stefan, Grundsätze ordnungsgemäßer Bilanzierung entgeltlicher Nutzungsverhältnisse, Diss, Bergisch – Gladbach, 1986.

Fasold, Peter, Anschaffungs- und Herstellungskosten bei Erhalt von Zuschüssen zur Förderung des Wohnungsbaues oder des Schiffbaus, BB 1959, 774 – 776.

Federmann, Rudolf, Zeitbestimmtheit bei transitorischer Rechnungsabgrenzung in der Handels- und Steuerbilanz, BB 1984, 246 – 252.

Felix, Günther, Zur ertragsteuerlichen Behandlung öffentlicher Zuschüsse für die Sicherung von Arbeitsplätzen, die an Auffanggesellschaften gewährt werden, DB 1976, 740 – 743.

Förschle, Gerhart / Scheffels, Rolf, Die Bilanzierung von Zuschüssen, insbesondere für Werkzeugkosten, DB 2393, 2393 – 2399.

Förster, Guido / Schmidtmann, Dirk, Steuerliche Gewinnermittlung nach dem BilMoG, BB 2009, 1342 – 1346.

Freudenberg, Hans Erich, Die Subvention als Kreislaufproblem in Markt und Staatswirtschaft, Tübingen 1934.

Fischer, Thomas, Strafgesetzbuch und Nebengesetze, 58. Aufl., München 2010 (zit.: Verfasser in Fischer).

Fuchs, Michael, Die transitorischen Rechnungsabgrenzungsposten, Diss. Univ. Köln 1967.

Glade, Anton, Rechnungslegung und Prüfung nach dem Bilanzrichtlinien – Gesetz, Herne 1986.

Götte, Wulf / Habersack, Matthias, Münchner Kommentar zum Aktiengesetz, Band 5a, 2. Aufl., München 2003 (zit.: Verfasser in MüKo zum AktG).

Götz, Volkmar, Recht der Wirtschaftssubvention, München und Berlin 1966.

Gräber, Fritz, Finanzgerichtsordnung – Kommentar, 7. Aufl., München 2010 (zit.: Verfasser in Gräber).

Grashoff, Dietrich, Steuerrecht 2010, Steuerarten, Bilanzsteuerrecht, Unternehmensteuerrecht, Verfahrensrecht, 6. Aufl., München 2010.

Grieger, Rudolph, Öffentliche Zuschüsse zum Erwerb von Anlagegütern als durchlaufender Posten, BB 1966, 398 – 398.

Groh, Manfred, Bilanzierung öffentlicher Zuschüsse, DB 1988, 2417 - 2421.

Gröbner, Bruno, Subventionen, Göttingen 1983 (zugl. Diss. Univ., Erlangen, Nürnberg, 1983).

Groh, Manfred, Öffentliche Zuschüsse in der Handels- und Steuerbilanz, BB 1973, 742 – 746.

Groh, Manfred, Bilanzierung öffentlicher Zuschüsse, DB 1988, 2417 – 2421.

Groh, Manfred, Rechtsprechung zum Bilanzsteuerrecht, StuW 1994, 90 – 96.

Grosser, Hans-Dieter, Die Spannungslage zwischen Verfassungsrecht und Verfassungswirklichkeit bei Vergabe von staatlichen Wirtschaftssubventionen durch die öffentliche Hand, Berlin 1983.

Gschwendtner, Hubertus, Zur Bilanzierung von Vorleistungen bei Dauerrechtsverhältnissen, DStZ 1995, 417 – 426.

Haller, Heinz, Finanzpolitik, 5. Aufl., Tübingen 1972.

Hansmeyer, Karl-Heinrich, Subvention als wirtschaftspolitisches Instrument, in: Subventionen in der Bundesrepublik Deutschland, (Hrg.) Karl Heinrich Hansmeyer, Berlin 1963.

Haupt, Heiko, Investitionszulagengesetz 2010 – der Anfang vom Ende der Investitionszulage, DStR 2009, 1070 – 1076.

Haverkate, Görg, Gesetzesgestaltung und Rechtsanwendung im Leistungsrecht, NVwZ 1988, S. 769 – 778.

Heinrichs, Joachim, Neufassung der Maßgeblichkeit gemäß § 5 Abs. 1 EStG nach dem BilMoG, Ubg 2009, 538 – 543.

Henke Wilhelm, Das Recht der Wirtschaftssubventionen als öffentliches Vertragsrecht, Tübingen 1979.

Herrmann, Carl / Heuer, Gerhard / Raupach, Arndt, Einkommensteuer- und Körperschaftsteuergesetz, Kommentar, Band 4, §§ 4d – 5 a EStG, Stand: 239. Lieferung, Köln, Februar 2010, (zit.: Verfasser in Herrmann/Heuer/Raupach).

Herzig, Norbert / Briesemeister, Simone, Reichweite und Folgen des Wahlrechtvorbehalts § 5 Abs. 1 EStG – Stellungnahme zum BMF-Schreiben vom 12.3.2010 – IV C 6 – S 2133/09/10001, DB 2010, 917 – 924.

Herzig, Norbert / Briesemeister, Simone, Steuerliche Konsequenzen des BilMoG – Deregulierung und Maßgeblichkeit, DB 2009, 926 – 931.

Herzig, Norbert / Briesemeister, Simone, Steuerliche Konsequenzen der Bilanzrechtsmodernisierung für Ansatz und Bewertung, DB 2009, 976 – 982.

Herzig, Norbert, Tax Accounting zwischen BilMoG und E-Bilanz, DStR 2010, 1900 – 1908.

Herzig, Norbert / Söffing, Andreas, Rechnungsabgrenzung und die Lehre vom Mindestzeitraum, BB 1993, 465 – 472.

Hiort, Malte, Kapitalerhöhung in der GmbH durch (Teil-)Einlage obligatorischer Nutzungsrechte, BB 2004, 2760 – 2766.

Hiort, Malte, Einlagen obligatorischer Nutzungsrechte in Kapitalgesellschaften, Berlin, Bern, Bruxelles, New York, Oxford, Wien, 2004 (zugl. Diss. Univ. Hamburg, 2003).

Hofbauer, Max, Die Bilanzierung von Zulagen und Zuschüssen, BB 1976, 653 – 661.

Hofbauer, Max / Kupsch, Peter, Bonner Handbuch Rechnungslegung, Loseblattsammlung, Stand: 50. Ergänzungslieferung, Köln, Juli 2010 (zitiert: Verfasser in Bonner Handbuch Rechnungslegung).

Hoffmann, Fritz, Das immaterielle Wirtschaftsgut und die Rechungsabgrenzung in der Steuerbilanz, DStZ 1972, 202 – 207.

Horschitz, Harald / Groß, Walter / Fanck, Bernfried, Bilanzsteuerrecht und Buch-führung, 11. Aufl., Stuttgart 2007.

Husemann, Karl-Heinz, Grundsätze der Bilanzierung der Anlagegegenstände, Düsseldorf 1970 (zugl. Diss. Univ. Mannheim 1969).

Ipsen, Hans Peter, Verwaltung durch Subventionen, VVDStRL Heft 25 (1967), 257 – 266.

Isensee, Josef, Die typisierende Verwaltung, Bonn 1975 (zugl. Habil.-Schr. Univ. Erlangen 1975).

Jansen, Manfred, Die Bilanzierung von Zuwendungen an Industrieunternehmen im handelsrechtlichen Jahresabschluß, Diss. Univ. München 1987.

Jochum, Georg, Die Steuervergünstigung, Berlin 2006 (zugl. Habil.-Schr., Univ. Konstanz 2003).

Kanzler, Hans Joachim, Zur Angleichung der Einnahmeüberschussrechnung an den Bestandsvergleich bei Verbuchung von Zuschüssen, FR 2008, 918.

Kapp, Reinhard, Der Billigkeitserlaß bei der Erbschaftsteuer, DStZ 1988, 46 – 48.

Kirchhof, Paul /Söhn, Hartmut / Mellinghoff, Rudolf, Einkommensteuergesetz, Kommentar, Stand: 211. Ergänzungslieferung, Heidelberg, August 2010, Band 5 (zit.: Verfasser in Kirchhof/Söhn/Mellinghoff).

Kirchhof, Paul /Söhn, Hartmut / Mellinghoff, Rudolf, Einkommensteuergesetz, Kommentar, Stand: 211. Ergänzungslieferung, Heidelberg, August 2010, Band 6 (zit.: Verfasser in Kirchhof/Söhn/Mellinghoff).

Kirchhof, Paul, EStG KompaktKommentar, Einkommensteuergesetz, 6. Aufl., München 2006 (zit.: Verfasser in Kirchhof)

Kirchhof, Paul, Verwalten durch „mittelbares" Einwirken, Köln 1977 (zugl. Habil.-Schr., Univ., Heidelberg, 1974).

Kirchhoff, Gerd, Subventionen als Instrument der Lenkung und Koordinierung, Berlin 1973.

Klein, Franz, Öffentliches Finanzrecht, 2. Aufl., Neuwied 1993 (zit.: Verfasser in Klein).

Klein, Franz, Abgabenordnung Kommentar, 11. Aufl., München 2011, (zit.: Verfasser in Klein, AO – Kommentar).

Kleine, Klaus, Aktuelle Fragen aus der Betriebsprüfung, JbFStR 1996/1997, S. 147 – 232.

Klempt, Walter, Anmerkung zum Grundsatzurteil zur bilanzsteuerrechtlichen Beurteilung bauspartechnischer Abgrenzungsposten, BB 1973, 356 – 357.

Kliem, Bernd, Bilanzielle Abgrenzung, Kriterien für den Ansatz und die Wertermittlung von Rechnungsabgrenzungsposten in der Handelsbilanz, Frankfurt a. M., Berlin, Bern, Bruxelles, New York, Oxford, Wien, 2000.

Knobbe-Keuk, Brigitte, Die Bilanzierung unentgeltlich erworbener Vermögensgegenstände in Handels- und Steuerbilanz, StuW 1978, 226 – 231.

Knobbe-Keuk, Brigitte, Bilanz- und Unternehmenssteuerrecht, 9. Aufl., Köln 1993.

Kormann, Bertold, Bilanzrechtliche Thesen zur Aktienreform 1965, DB 1966, 1777 – 1780.

Kücken, Norbert, Überlegungen zur Bilanzierung öffentlicher Zuschüsse/Zulagen (I), DB 1975, 1949 – 1953.

Kücken, Norbert, Überlegungen zur Bilanzierung öffentlicher Zuschüsse / Zulagen (II), DB 1975, 1999 – 2003.

Künkele, Kai Peter / Zwirner, Christian, Steuerpolitik: Ausweitung der Möglichkeiten durch das BilMoG, DStR 2010, 2263 – 2270.

Kupsch, Peter, Bilanzierung öffentlicher Zuwendungen - Stellungnahme zum Verlautbarungsentwurf des HFA zur Bilanzierung von Zuschüssen, Wpg 1984, 369 – 377.

Kupsch, Peter, Die Behandlung steuerfreier Investitionszulagen im Jahresabschluss, DB 1979, 365 – 372.

Kussmaul, Heinz, Bilanzierung von Nutzungsrechten an Grundstücken, StuW 1988, 46 – 60.

Kussmaul, Heinz, Sind Nutzungsrechte Vermögensgegenstände bzw. Wirtschaftsgüter?, BB 1987, 2053 – 2065.

Kussmaul, Heinz, Nutzungsrechte an Grundstücken in Handels- und Steuerbilanz, Hamburg 1987 (zugl. Habil.-Schr., Univ. des Saarlandes 1986/87).

Küting, Karlheinz / Pfirmann, Armin / Ellmann, David, Die bilanzielle Behandlung von öffentlichen Zuwendungen für Forschungs- und Entwicklungstätigkeiten im HGB-Recht, DStR 2010, 2206 – 2214.

Küting, Karlheinz, Die Erfassung von erhaltenen und gewährten Zuwendungen im handelsrechtlichen Jahresabschluß (Teil I) – ein Grundlagenbeitrag ergänzt um eine empirische Analyse -, DStR 1996, 276 – 280.

Küting, Karlheinz, Die Erfassung von erhaltenen und gewährten Zuwendungen im handelsrechtlichen Jahresabschluß (Teil II), DStR 1996, 313 – 316.

Laicher, Armin, Zur bilanziellen Behandlung von Investitionszuschüssen und Investitionszulagen in Steuer- und Handelsbilanz, DStR 1993, 292 – 297.

Lamers, Alfons, Aktivierungsfähigkeit und Aktivierungspflicht immaterieller Werte, München 1981 (zugl. Diss. Univ. Bamberg 1981).

Lange, Hans-Friedrich, Öffentliche Mittel und Umsatzsteuerrecht- Geldleistungen der öffentlichen Hand als Leistungsentgelt, UR 1994, 413 – 452.

Langel, Horst, Steuerliche Aspekte der Unternehmenssanierung, StbJb 1977/78, 320 – 366.

List, Heinrich, Zuschüsse aus öffentlichen Kassen im Umsatzsteuerrecht in der Rechtsprechung des BFH und des EuGH – Weicht der BFH von der Rechtsprechung des EuGH ab? –, UVR 2001, 201 – 208.

List, Heinrich, Subventionen und Zuschüsse aus öffentlichen Kassen als umsatzsteuer-liches Entgelt?; BB 2005, 241 – 245.

Littmann, Eberhard / Blitz, Horst / Pust, Hartmut, Das Einkommensteuerrecht, Kommentar, 15. Aufl., Stand: 90. Ergänzungslieferung, Stuttgart, Februar 2011, (zit.: Verfasser in Littmann/Blitz/Pust).

Lüdike, Jochen / Sistermann, Christian, Unternehmenssteuerrecht, 1. Auf, München 2008.

Mathiak, Walter, Rechtsprechung zum Bilanzsteuerrecht, StuW 1983, 69 – 76.

Mathiak, Walter, Rechtsprechung zum Bilanzsteuerrecht, StuW 1984, 71 – 76.

Mathiak, Walter, Rechtsprechung zum Bilanzsteuerrecht, DStR 1989, 232 – 239.

Mathiak, Walter, Rechtsprechung zum Bilanzsteuerrecht, DStR 1992, 1601 – 1610.

Mathiak, Walter, Anschaffungs- und Herstellungskosten, DStJG 1984, 97 – 140.

Maunz, Theodor / Dürig, Günter, Grundgesetz, Kommentar, 59. Ergänzungslieferung 2010, München 2010, Band III (zit.: Verf. in Maunz/Dürig).

Martini, Ruben / Roth, Matthias, Die einkommensteuerliche Behandlung der Umweltprämie, FR 2009, 846 – 852.

Meilicke Wienand, Bilanzsteuerrechtliche Beurteilung degressiver Leasing-Raten, DB 1983, 737 – 741.

Meinhold, Wilhelm, Subventionen, in: HdSW, hrsg. v. Erwin v. Beckerath u.a., Bd. X, Göttingen 1959.

Meißner, Cornelius, Bilanzierung von Baukostenzuschüssen bei Versorgungsunternehmen, DB 2003, 2080 – 2084.

Meyer, Bernd, Zur Verteilung größeren Erhaltensaufwand gemäß § 82b EStDV unter Berücksichtigung der Neuregelungen steuerrechtlicher Förderung selbstgenutzten Wohnungseigentums, DStR 1986, 394 – 399.

Meyer-Scharenberg, Dirk E., Zweifelsfragen bei der Bilanzierung von transitorischen Rechnungsabgrenzungsposten, DStR 1991, 754 – 758.

Meyer-Scharenberg, Dirk E., Tatbestand und Rechtsfolgen der Nutzungsüberlassung, StuW 1987, 103 – 110.

Meyer-Scharenberg, Dirk E., Sind Nutzungsrechte Wirtschaftsgüter?, BB 1987, 874 – 877.

Merkert, Hubert, Der Teilwert staatlich subventionierter Wirtschaftsgüter, DB 1979, 1056 – 1057.

Möller, Ferdinand, Gemeindliche Subventionsverwaltung, Stuttgart 1963.

Moxter, Adolf, Selbstständige Bewertbarkeit als Aktivierungsvoraussetzung, BB 1987, 1846 – 1851.

Moxter, Adolf, Fremdkapitalbewertung nach neuem Bilanzrecht, Wpg 1984, 397 – 408.

Moxter, Adolf, Das Realisationsprinzip – 1884 und heute, BB 1984, 1780 – 1786.

Musgrave, Richard Abel, The theory of public finance (dt.), aus dem Engl. übers., Tübingen 1974.

Nicolaysen, Gert, Europarecht, Band I, Baden-Baden 2002.

Nieland, Hubert, Zuschüsse im Einkommensteuerrecht – Teil 1 –, DStZ 1986, 183 – 187.

Nissen, Karl-Heinz, Änderungen der §§ 5 und 6 des Einkommensteuergesetzes, DStZ-A, 129 – 134.

Offerhaus, Klaus, Zur steuerrechtlichen Abgrenzung zwischen betrieblich (beruflich) veranlaßten und durch die Lebensführung veranlaßten Aufwendungen, I. Teil: Begriffserläuterungen, BB 1979, 617 – 622.

Offerhaus, Klaus, Zur steuerrechtlichen Abgrenzung zwischen betrieblich (beruflich) veranlaßten und durch die Lebensführung veranlaßten Aufwendungen, II. Teil: Begriffsanwendung, BB 1979, 667 – 672.

Ortmann-Babel, Martina / Bolik, Andreas / Gageuer, Patrick, Ausgewählte Chancen und Risiken des BilMoG, DStR 2009, 934 – 938.

Palandt, Otto / Bassenge, Peter / Brudermüller, Gerd, Kommentar zum Bürgerlichen Gesetzbuch, 70. Aufl., München 2011 (zit. Verfasser in Palandt).

Paulick, Heinz, Immaterielle Wirtschaftsgüter und Posten der Rechungsabgrenzung (I. Teil), FR 1968, 449 – 456.

Paulick, Heinz, Immaterielle Wirtschaftsgüter und Posten der Rechungsabgrenzung (II. Teil), FR 1968, 483 – 494.

Paus, Bernhardt, Bilanzierungsfragen bei betrieblichen Erbbaurechten, FR 1987, 163 – 166.

Pelka, Jürgen / Niemann Walter, Jahres- und Konzernabschluss nach Handels- und Steuerrecht, Band A, München 2010 (zit.: Verfasser in Pelka/Niemann).

Pezzer, Heinz-Jürgen, Bilanzierungsprinzipien als sachgerechte Maßstäbe der Besteuerung, DStJG Band 14 – Probleme des Steuerbilanzrechts, Köln 1991, 4 – 27.

Prang, Klaus-Martin, Die steuerliche Behandlung öffentlicher Fördermaßnahmen, DB 1984, 582 – 584.

Radisch, Hans-Joachim, Die Berücksichtigung staatlicher Zuschüsse bei der vermögen-steuerlichen Bewertung von Wirtschaftsgütern, insbesondere von Seeschiffen, DB 1980, 32 – 37.

Rau, Günter / Dürrwächter, Erich, Kommentar zum Umsatzsteuergesetz, Stand: 143. Ergänzungslieferung, Köln September 2010.

Rebmann, Kurt / Säcker, Frank / Rixecker, Roland, Münchner Kommentar zum Bürgerlichen Gesetzbuch, Band 3, 5. Aufl., München 2006 (zit.: Verf. in MünchKommBGB).

Reiß, Wolfram, Zur Umsatzsteuer, StuW 1983, 364 – 378.

Reiß, Wolfram, Der Belastungsgrund der Umsatzsteuer und seine Bedeutung für die Auslegung des Umsatzsteuergesetzes in Woerner, Lothar, Umsatzsteuer in nationaler und europäischer Sicht, DStJG 13, Köln 1990, 3 – 37.

Reiß, Wolfram / Kraeusel, Jörg / Langer, Michael, Umsatzsteuergesetz mit Nebengesetzen – Kommentar, Stand: 84. Ergänzungslieferung, Bonn, Juni 2010 (zit.: Verfasser in Reiß/Kraeusel/Langer).

Rodi, Michael, Die Subventionsrechtsordnung, Tübingen 2000 (zugl. Habil.-Schr. Univ. München 1998).

Rose, Gerd, Zur ertragsteuerlichen Behandlung der Fördermittel nach dem Krankenhausfinanzierungsgesetz bei privaten Krankenhausträgern, DB 1984, 2317 – 2321.

Rössler, Rudolf / Troll, Max, Bewertungsgesetz – Kommentar, Loseblattsammlung, Stand: 13. Ergänzungslieferung, München April 2010 (zit.: Verfasser in Rössler/Troll).

Rüfner, Wolfgang, Formen öffentlicher Verwaltung im Bereich der Wirtschaft, Berlin 1967 (zugl. Habil.-Schr., Univ. Bonn 1966).

Schenke, Ralf P. / Risse, Markus, Das Maßgeblichkeitsprinzip nach dem Bilanzrechtsmodernisierungsgesetz, DB 2009, 1957 – 1959.

Schetting, Gerd, Rechtspraxis der Subventionierung, Berlin 1973.

Schettler, Herwig, Umsatzsteuerrichtlinien 1988 und Verwaltungspraxis, UR 1988, 29 – 38.

Schoch, Frank, Unbestimmte Rechtsbegriffe im Rahmen des GATT, Europäische Hochschulschriften, Vol. 1659, Frankfurt/M., Berlin, Bern, New York, Paris, Wien, 1994.

Schoch, Frank / Schmidt-Aßmann, Eberhardt / Pitzner, Reiner, Verwaltungsgerichtsordnung Kommentar, 20. Ergänzungslieferung, München 2010 (zit. Verfasser in Schoch/Schmidt-Aßmann/Pietzner).

Scholz, Franz, Kommentar zum GmbH-Gesetz, II. Band, §§ 35 – 52, 10. Aufl., Köln 2007 (zit. Verfasser in Scholz).

Schönke, Adolf / Schröder, Horst, Strafgesetzbuch, Kommentar, 28. Aufl., München 2010 (zit.: Verfasser in Schönke/Schröder).

Schmidt, Karsten, Münchner Kommentar zum Handelsgesetzbuch, Band 1, 3. Auflage, München 2010, (zit.: Verfasser in MünchKomm zum HGB).

Schmidt, Karsten, Münchner Kommentar zum Handelsgesetzbuch, Band 4, 2. Auflage, München 2008, (zit.: Verfasser in MünchKomm zum HGB).

Schmidt, Ludwig, Einkommensteuergesetz, Kommentar, 30. Aufl., München 2011 (zit.: Verfasser in Schmidt).

Schulte-Groß, Horst, Zur Behandlung erhaltener Investitionszuschüsse im Jahresabschluss, WPg 1971, 155 – 159.

Schulze, Reiner / Griwotz, Herbert / Lauda, Rudolf, Bürgerliches Gesetzbuch, Vertrags- und Prozessformularbuch, 1. Aufl., Köln 2010 (zit.: Verfasser in Schulze/Griwotz/Lauda).

Schwarz, Bernhard, Kommentar zur FGO, Band 6, Köln, Stand: Juni 2010, 34. Ergänzungslieferung (zit.: Verfasser in Schwarz).

Schwarz, Bernhard, Kommentar zur Abgabenordnung, Band 3, Köln, Stand: Juni 2010, 34. Ergänzungslieferung (zit.: Verfasser in Schwarz).

Schwarz, Günter Christian, Europäisches Gesellschaftsrecht, 1. Aufl., Baden-Baden 2000.

Schweinitz v., Oliver, Abschreibungen zwischen Aufwands- und Subventionstatbestand, Berlin 2005 (zugl. Diss., Univ. Heidelberg 2004).

Smith, Adam, Der Wohlstand der Nationen. Eine Untersuchung seiner Natur und seiner Ursachen. Übersetzt aus dem Englischen von H. C. Recktenwald, München 1974.

Söhn, Hartmut, Der Leistungsaustausch im Umsatzsteuerrecht in Klein, Franz / Vogel, Klaus, Der Bundesfinanzhof und seine Rechtsprechung, Festschrift für Hugo v. Wallis, Bonn, 1985, 439 – 452.

Söffing, Günter, Die Angleichung des Werbungskostenbegriffs an den Betriebsausgabenbegriff, DB 1990, 2086 – 2088.

Söffing, Günter, Anmerkung zur Rechtsprechung: Zum Taqtbestandsmerkmal „bestimmte Zeit“ bei Rechnungsabgrenzungsposten, FR 1981, 511 – 512.

Sölch, Otto / Ringleb, Karl, Umsatzsteuergesetz – Kommentar, Stand: 63. Ergänzungslieferung, München April 2010 (zit. Verfasser in Sölch/Ringleb).

Spahlinger, Thomas / Wegen, Gerhard, Internationales Gesellschaftsrecht in der Praxis, 1. Aufl., München 2005.

Stapperfend, Thomas, Die Bilanzierung entgeltlicher Nutzungsrechte bei Einmalzahlungen, FR 1993, S. 525 – 532.

Stelkens, Paul / Bonk, Heinz Joachim / Sachs, Michael, VwVfG Kommentar, 7. Aufl., München 2008, (zit. Verfasser in Stelkens/Bonk/Sachs).

Stobbe, Thomas, Überlegungen zum Verhältnis von Handels- und Steuerbilanz nach dem (geplanten) Bilanzrechtsmodernisierungsgesetz – Ausschüttbarkeit von Gewinnen ohne vorherige Gesellschaftsbesteuerung?, DStR 2008, 2432 – 2435.

Stobbe, Thomas, Das Kriterium der „bestimmten Zeit“ bei den Rechnungsabgrenzungsposten, FR 1995, 399 – 402.

Stober, Rolf, Besonderes Wirtschaftsverwaltungsrecht, 14. Aufl., Stuttgart 2007.

Stober, Rolf, Handbuch des Wirtschaftsverwaltungs- und Umweltrechts, Stuttgart 1989.

Streng, Jürgen, Zuschüsse und Subventionen im Umsatzsteuerrecht, Köln 1999.

Streng, Jürgen, Zuschüsse/Subventionen und der umsatzsteuerrechtliche Leistungsbegriff, StuW 1999, 154 – 163.

Tertel, Hans-Joachim, Zur Behandlung öffentlicher Investitionszuschüsse und Investitionszulagen in Jahresabschluss einer Kapitalgesellschaft – IdW-Stellungnahme HFA 1/1984 richtungsweisend? (Teil I), DStR 1990, 17 – 25.

Tertel, Hans-Joachim, Zur Behandlung öffentlicher Investitionszuschüsse und Investitionszulagen in Jahresabschluss einer Kapitalgesellschaft – IdW-Stellungnahme HFA 1/1984 richtungsweisend? (Teil II), DStR 1990, 71 – 74.

Theile, Carsten / Hartmann, Angelika, BilMoG: Zur Unmaßgeblichkeit der Handels- für die Steuerbilanz, DStR 2008, 2031 – 2035.

Theile, Carsten, Totenglocken für das Maßgeblichkeitsprinzip – „Steuerbilanzgesetz" ante portas? – Zum Entwurf eines BMF-Schreibens zum Maßgeblichkeitsprinzip, DStR 2009, 2384 – 2386.

Theler, Herrmannn-Josef, Der Begriff „Leistungsaustausch" im Umsatzsteuerrecht – Versuch einer systemgerechten Auslegung, DStR 1983, 215 – 219.

Theler, Herrmannn-Josef, Die Umsatzbesteuerung staatlicher Subventionen, DStR 1995, 433 – 437.

Thieme, Hauke, Umsatzsteuerrechtliche Behandlung öffentlicher Beihilfen am Beispiel eines Investitionszuschusses für den Neubau einer Kläranlage, BB 2003, 1644 – 1648.

Tiedchen, Susanne, Rechnungsabgrenzung und „bestimmte Zeit", BB 1997, 2471 – 2475.

Tipke, Klaus / Lang, Joachim / Seer, Roman / Hey, Johanna, Steuerrecht, 20. Aufl., Köln 2010 (zitiert: Verfasser in Tipke/Lang).

Tipke, Klaus / Kruse, Heinrich Wilhelm, Abgabenordnung, Finanzgerichtsordnung, Kommentar, Stand: 123. Ergänzungslieferung, Köln, Juni 2010, (zit.: Verfasser in Tipke/Kruse).

Tjaden, Wilhelm, Bilanzierungsfragen bei Zuwendungen der öffentlichen Hand, Wpg 1985, 33 – 44.

Tubbesing, Günter, Zur Bilanzierung erhaltener Zuschüsse zu Investitionen, WPg 1967, 203 – 210.

Trzaskalik, Christoph, Nutzungsrechte im Einkommensteuerrecht, StuW 1983, 126 – 135.

Unverdorben, Reinhild, Institut „Finanzen und Steuern", Nr. 273, Die ertragsteuerliche und bewertungsrechtliche Behandlung öffentlicher Zuschüsse, Bonn 1987.

Uhlig, Annegret, Grundsätze ordnungsgemäßer Bilanzierung für Zuschüsse, Düsseldorf 1989.

Vogel, Horst, Auswirkungen des Aktiengesetzes 1965 auf das Bilanzsteuerrecht, DB 1966, 909 – 914.

Wassermeyer, Franz, Aktuelle Rechtsprechung des I. Senats des BFH – Inhalt und Auswirkung, WpG 2002, 10 – 16.

Weber-Grellet, Heinrich, Das BMF und die Maßgeblichkeit – Anmerkungen zum Entwurf des BMF-Schreibens vom 12.10.2009 – IV C6 – S2133/09/10001, DB 2009, 2402 – 2404.

Weber-Grellet, Heinrich, Drittaufwand – Konsequenzen aus dem Beschluß des Großen Senats vom 30.1.1995 GrS 4/92, DB 1995, 2550 – 2560.

Weddigen, Walter, Allgemeine Finanzwissenschaft, 4. Aufl., Berlin 1964.

Wegehenkel, Peter, Zuwendungsverträge mit Unternehmen, BB 1989, 1796 – 1799.

Weiß, Eberhard, Die Bemessung der Umsatzsteuer, UR 1986, 83 – 100.

Weiß, Eberhard, Anmerkung zu BFH v. 7.5.1981 – V R 47/76, UR 1991, 149 – 151.

Widmann, Werner, Anmerkung zum Urteil des BFH vom 20.4.1988 – X R 3/82, UR 1988, 325 – 326.

Widmann, Werner, Zur Umsatzbesteuerung von betrieblichen Sachzuwendungen, DStR 1981, 703 – 707.

Wilhelm, Sieghard / Hennig, Norbert, Kleines Handbuch der Steuerbilanz, 2. Aufl., Heidelberg 2002.

Winnefeld, Robert, Bilanz-Handbuch, Handels- und Steuerbilanz, Rechtsformspezifisches Bilanzrecht, Bilanzielle Sonderfragen IAS/US-GAAP, 4. Aufl., München 2006.

Woerner, Lothar, Grundsatzfragen zur Bilanzierung schwebender Geschäfte, FR 1984, 489 – 496.

Woerner, Lothar, Die Gewinnrealisierung bei schwebenden Geschäften, BB 1988, 769 – 777.

Wolf, Sandra, Bilanzierung von Zuschüssen nach HGB und IFRS, Diss., Univ. Frankfurt am Main 2010.

Wulf, Martin / Scheffbuch, Daniel, Bilanzierung von Werkzeugkostenbeiträgen in der Automobilindustrie, DStR 2000, 1884 – 1888.

Wüllenkemper, Dirk, Steuerliche Folgen der unentgeltlichen Bestellung eines Nießbrauchs an einem zum Betriebsvermögen gehörenden Grundstück, FR 1991, 101 – 108.

Wünnemann, Monika, Gewährung von Investitionszulage nach dem Investitionszulagegesetz 2007 - aktuelles BMF-Schreiben vom 8.5.2008, DStR 2008, 1363 – 1367.

Zacher, Hans F., Verwaltung durch Subventionen, VVDStRL 25 (1967), 308 ff.

Zwehl v., Wolfgang, Zuschüsse im Jahresabschluss, WPg 1970, 4 – 13.

www.ingramcontent.com/pod-product-compliance
Ingram Content Group UK Ltd.
Pitfield, Milton Keynes, MK11 3LW, UK
UKHW021913290926
8980IPUK00015B/1239